Klöster und Stifte in Schleswig-Holstein

Lübeck, ehem. St. Annen-Kloster, heute St. Annen-Museum, gotisches Portal der ehemaligen Kirche und Eingangshof zur Kunsthalle

Dieter J. Mehlhorn

Klöster und Stifte in Schleswig-Holstein

1200 Jahre Geschichte, Architektur und Kunst

Ludwig

Der Druck dieses Buches wurde gefördert durch
Ilse Hubert,
die AIK Architekten- und Ingenieurkammer Schleswig-Holstein
sowie
die Nordelbische Evangelisch-Lutherische Kirche, Nordelbisches Kirchenamt
Verein für Schleswig-Holsteinische Kirchengeschichte

Bibliografische Information Der Deutschen Bibliothek

Die Deutsche Bibliothek verzeichnet diese Publikation in der Deutschen Nationalbibliografie; detaillierte bibliografische Daten sind im Internet über http://dnb.ddb.de abrufbar.

Das Werk ist in allen seinen Teilen urheberrechtlich geschützt.
Jede Verwertung ist ohne Zustimmung des Verlages unzulässig.
Das gilt insbesondere für Vervielfältigungen,
Übersetzungen, Mikroverfilmungen und die Einspeicherung
und Verarbeitung durch elektronische Systeme.

© 2007 by Verlag Ludwig
Holtenauer Straße 141
24118 Kiel
Tel.: +49-(0)431-85464
Fax: +49-(0)431-8058305
info@verlag-ludwig.de
www.verlag-ludwig.de

Gestaltung: Daniela Zietemann

Gedruckt auf säurefreiem und alterungsbeständigem Papier
Printed in Germany

ISBN 978-3-937719-47-4

INHALTSVERZEICHNIS

Danksagung und Widmung		9
Vorbemerkungen		11
1.	**Klöster und Stifte in Schleswig-Holstein von den Anfängen bis zur Gegenwart**	13
1.1	Geschichte, Funktion und Bedeutung der Klöster im Mittelalter	15
1.1.1.	Klöster als geistliche Zentren ihres Umlandes	17
1.1.2.	Klöster als Orte der Memoria und Selbstdarstellung ihrer Stifter	18
1.1.3.	Einbindung in Mission, Landesausbau und Politik	20
1.1.4.	Klöster als Wirtschaftsbetriebe, Herrschaft über Land und Leute	22
1.1.5.	Klöster als Stätten von Kultur und Bildung	26
1.1.6.	Versorgungsfunktion für Angehörige der adeligen Stifterfamilien und des Patriziats	28
1.1.7.	Krankenpflege und Fürsorge für Arme und Durchreisende	29
1.1.8.	Alltag im Kloster	32
	1.1.8.1. Alltag in den Mönchsklöstern: arbeiten und beten!	*32*
	1.1.8.2. Nach außen abgeschlossenes Leben der Nonnen zwischen Chordienst, Hausarbeit und Zeitvertreib	*36*
1.2.	**Klöster und Stifte seit der Reformation**	39
1.2.1.	Krise und Reformen der Klöster vor der Reformation	39
1.2.2.	Reformation und Säkularisation der Klöster	41
1.2.3.	Fortbestand der Nonnenklöster als adelige Damenstifte	44
1.2.4.	Vom evangelischen Nonnenkloster zur Aufgabe des Gemeinschaftslebens in den Damenstiften	46
1.3.	**Klöster und Damenstifte in neuester Zeit**	49
1.4.	**Architektur und Ausstattung der Klöster und Damenstifte**	50
1.4.1.	Architektur und Ausstattung der mittelalterlichen Klöster und Stifte	50
	1.4.1.1. Architektonische Gestaltung von Kirchen und Konventsbauten	*50*
	1.4.1.2. Granit und Backstein als gestaltprägende Baustoffe	*54*
	1.4.1.3. Ausstattung der Kirchen und liturgisches Gerät	*61*
1.4.2.	Architektur und Ausstattung der Damenstifte	64

2.	**Die Orden und ihre Niederlassungen in Schleswig-Holstein**	67
2.1	Die Klöster in der schleswig-holsteinischen Kulturlandschaft	67
2.2.	Augustinusregeln, bis heute Grundlage allen klösterlichen Lebens	70
2.3	Benediktiner, Geist und Regeln des heiligen Benedikt	71
2.3.1.	Klosterplan von St. Gallen	73
2.3.2.	Benediktinerklöster	76
2.3.3.	Architektur	79
2.3.4.	Besonderheiten von Nonnenklöstern	81
2.3.5.	Benediktinermönchsklöster	81
2.3.5.1.	Zelle Welanao / Münsterdorf	81
2.3.5.2.	Schleswig – Kloster St. Michael (um 1000)	82
2.3.5.3.	Ratzeburg – Kloster St. Georg (1045)	83
2.3.5.4.	Lübeck – Kloster St. Johannis (1177)	84
2.3.5.5.	Cismar – Kloster St. Maria und St. Johannis (1238)	85
2.3.5.6.	Travenbrück – Kloster Nütschau / Priorat St. Ansgar (1951)	88
2.3.6.	Benediktinernonnenklöster	89
2.3.6.1	Schleswig – Kloster St. Johannis / Adeliges Damenstift (1196/1542)	89
2.3.6.2.	Preetz – Kloster Preetz / Adeliges Damenstift (1210?,1226/1542)	93
2.3.6.3.	Hemmingstedt, Benediktinernonnenkloster (1503)	114
2.4.	**Zisterzienser**	115
2.4.1.	Idealplan eines Zisterzienserklosters	117
2.4.2.	Zisterzienserklöster	120
2.4.3.	Architektur	120
2.4.4.	Besonderheiten von Zisterziensernonnenklöster	122
2.4.5.	Zisterziensermönchsklöster	124
2.4.5.1.	Kloster Reinfeld (1186/1189)	124
2.4.5.2.	Guldholm/Rudekloster (1192 // 1209/10)	126
2.4.6.	Zisterziensernonnenklöster	128
2.4.6.1.	Reinbek – Maria-Magdalenen-Kloster (1226)	128
2.4.6.2.	Kloster Ivenstedt, Itzehoe – Kloster St. Maria und St. Laurentius / Adeliges Damenstift (1230, 1256/1541)	130
2.4.6.3.	Kloster Uetersen / Adeliges Damenstift (1234 / 35 / 1555)	133
2.4.6.4.	Lübeck – St. Johannis-Kloster (1245)	136
2.5.	**Chorherren, geregelte Kanoniker**	139
2.5.1.	Augustiner-Chorherren	140
2.5.2.	Prämonstratenser	140
2.5.3.	Antoniter	141
2.5.4.	Architektur der Chorherren	143
2.5.5.	Stifte und Klöster der Augustinerchorherren	143
2.5.5.1.	Segeberg – Augustiner-Chorherrenstift St. Maria und St. Johannis (1131)	143
2.5.5.2.	Lübeck – Domkloster (um 1160)	178
2.5.5.3.	Neumünster/Bordesholm – Augustiner-Chorherrenstift St. Maria (1127/1327)	179
2.5.6.	Prämonstratenser, Ratzeburg – Domkloster (1157)	185
2.5.7.	Antoniter, Mohrkirch – Kloster Mohrkirchen (1391)	188

2.6.	Bettelorden (Mendikanten-Orden)	189
2.6.1.	Franziskaner und Franziskanerinnen	190
2.6.2.	Dominikaner	191
2.6.3.	Augustiner – Eremiten	192
2.6.4.	Wilhelmiten	193
2.6.5.	Klöster der Bettelorden	193
	2.6.5.1. Standort und städtebauliche Einbindung	193
	2.6.5.2. Klosterbauten	194
	2.6.5.3. Kirchen	195
	2.6.5.4. Bauliche Gestaltung	196
2.6.6.	Franziskanerklöster	197
	2.6.6.1. Lübeck – St. Katharinen-Kloster (1225)	197
	2.6.6.2. Schleswig – Kloster St. Paulus/Graukloster (1234)	202
	2.6.6.3. Kiel – Kloster St. Maria (1245)	207
	2.6.6.4. Flensburg – St. Katharinen-Kloster (1248)	209
	2.6.6.5. Husum – Franziskanerklöster (vor 1431? und 1494)	211
	2.6.6.6. Lunden – Franziskanerkloster (1513)	213
	2.6.6.7. Kiel – Franziskanermönchskloster (1930)	214
	2.6.6.8. Kiel – Franziskanernonnenkonvent Haus Damiano (2003)	214
2.6.7.	Dominikanerklöster	215
	2.6.7.1. Lübeck – Maria-Magdalenen-Kloster/Burgkloster (1229)	215
	2.6.7.2. Husum – Dominikanerkloster (um 1230?)	219
	2.6.7.3. Schleswig – Maria-Magdalenen-Kloster (1235)	219
	2.6.7.4. Meldorf – Kloster Marienau (1319)	220
2.6.8.	Augustiner – Eremiten und Wilhelmiten	222
	2.6.8.1. Neustadt in Holstein – Kloster der Augustinerinnen St. Anna (1230er Jahre)	222
	2.6.8.2. Kuddewörde – Kloster der Wilhelmiten/Augustiner – Eremiten (1495/1497)	223
	2.6.8.3. Neumünster – Augustinernonnenkloster (1498)	224
	2.6.8.4. Lübeck – Augustinernonnenkloster St. Anna (1503)	224
2.7.	Kartäuser, Kloster Ahrensbök – Templum Beatae Mariae (1397)	227
2.8.	Birgitten, Kloster Marienwohlde (1413)	231
2.9.	Schwestern vom gemeinsamen Leben, Plön – Marienkloster (1468)	233
2.10.	Schleswig-holsteinische Klöster jenseits der heutigen Landesgrenzen	234
2.10.1.	Hamburg	234
2.10.2.	Nordschleswig	236

Zwei Nachworte 240

Literatur 241

Orts- und Bautenverzeichnis 252

Abbildungsnachweise 256

Kiel, Denkmal für Graf Adolf IV. von Schauenburg, Skulptur von Karl-Henning Seemann auf dem Klosterhof, Standort des ehem. Franziskanerklosters

DANKSAGUNG UND WIDMUNG

Der Plan, eine Übersicht über die Geschichte, Architektur und Kunst der schleswig-holsteinischen Geschichte zu erstellen, ergab sich aus meiner langjährigen Beschäftigung mit der dem Städtebau wesensverwandten Klosterbaukunst und der Verwunderung darüber, dass die allgemein zugängliche Literatur über Schleswig-Holstein sich mit Herrenhäusern, der Heimatschutzarchitektur oder der Architekturentwicklung in Lübeck beschäftigt, nicht aber mit den in tiefere Schichten der vorreformatorischen Geschichte reichenden Kultur der Klöster. Bei weiteren Recherchen ergab sich jedoch ein ganz anderer Eindruck durch die unerwartete Fülle von kleineren Aufsätzen in Sammelwerken und in heimatkundlichen Periodika. Diese behandeln allerdings zumeist Einzelaspekte; eine Übersicht über die vielfältige Ausprägung klösterlichen Lebens oder die Einbettung der einzelnen Klöster in größere Zusammenhänge fehlt bis heute.

Die Auswertung dieser Literatur, hat eine Reihe von Fragen aufgeworfen, die ich nicht allein hätte beantworten können. Ich bin deshalb für zahlreiche Hinweise, Bereitstellung von Materialien und Fotos, Durchsicht der Texte außerordentlich dankbar, insbesondere:
- Prof. Dr. Uwe Albrecht, Kunsthistorisches Institut der CAU Kiel sowie
- Prof. Dr. Dr. h.c. Johannes Schilling, Institut für Kirchengeschichte der CAU Kiel und Vorsitzender des Vereins für Schleswig-Holsteinische Kirchengeschichte, und
- Johannes Rosenplänter, Stadtarchiv der Landeshauptstadt Kiel,

die sich freundlicherweise der Mühe unterzogen haben, trotz hoher eigener Belastung die Rohtexte oder Teile davon durchzusehen und mir wichtige weiter helfende Hinweise für die Bearbeitung zu geben.

Weiterhin erhielt ich Hinweise und Auskünfte von:
- Dipl.-Ing. Eckart Buchwald, Bauamt der Stadt Neustadt/Holstein
- Johannes Callsen, MdL, Mohrkirch
- Dr. Antjekathrin Graßmann, Stadtarchiv Lübeck
- Dr. Deert Lafrenz, Landesamt für Denkmalpflege Schleswig-Holstein
- Hubertus Graf Luckner, Probst des Klosters Uetersen
- Lennart M. Madsen, Oberinspektør Museum Sønderjylland, Haderslev
- Henning Peters jun., Lunden
- Elsa Plath-Langheinrich, Uetersen
- Dr. Christian Radtke, Landesmuseum für Kunst und Kulturgeschichte, Schloss Gottorf
- Prof. Dr. Joachim Reichstein, Direktor des Archäologischen Landesamtes Schleswig-Holstein a.D., Fahrdorf
- Dr. Holger Rüdel, Direktor des Stadtmuseums Schleswig
- Henny von Schiller, Priörin des St. Johannis – Klosters vor Schleswig
- Dr. Ursula Schwitalla, Bebenhausen
- Dr. Lutz Wilde, Landesamt für Denkmalpflege, Kiel
- Dipl.-Kfm. Bodo Zunk, Reinfeld

Eine große Anzahl der Fotos, insbesondere Innenaufnahmen, wurde unter Anleitung des Kieler Fotografen und Lehrbeauftragten Joachim Thode von Architekturstudierenden der Fachhochschule Kiel, Fachbereich Bauwesen in Eckernförde, erstellt: Oliver Broska, Till König, Andreas Richter, Ricardo Piñeiro Álvarez, Jonna Schulz und Jan Steinhusen. Joachim Thode hat

darüber hinaus noch einige Aufnahmen eigens für diese Veröffentlichung angefertigt.
Weitere Fotos stellten zur Verfügung:
- Jens Ahlers, Landesbibliothek Schleswig-Holstein
- Wolfgang Bauch, M.A., Archäologisches Landesamt Schleswig-Holstein
- Thomas Berg, Museum für Kunst und Gewerbe Hamburg
- Dr. Jan Drees, Landesmuseum für Kunst und Kulturgeschichte, Schloss Gottorf
- Annette Henning, Kunsthistorisches Institut der CAU Kiel
- Carsten Hofterheide, Klosteramtmann, Kloster Preetz
- Otfried Kohl, Vorsitzender der Gesellschaft der Freunde des Klosters Preetz e.V.
- Dr. Robert Knüppel, Altbürgermeister Lübeck, Generalsekretär der Deutschen Stiftung Denkmalschutz
- Elke Krüger, St. Annen-Museum Lübeck
- Sybille Lübcke, Kirchenbüro Mölln
- Dr. Friedhelm Schneider, Landesamt für Denkmalpflege Schleswig-Holstein
- Dr. Harald Stümpel, Institut für Geowissenschaften, Archäometrie und Ingenieurphysik der CAU Kiel

Christine Lange hat das Literaturverzeichnis durchgesehen.

Bei der (wenn auch nicht immer erfolgreichen) Einwerbung von Fördermitteln haben mich unterstützt:
- Dr. Klaus Alberts, Geschäftsführendes Vorstandmitglied der Architekten- und Ingenieurkammer Schleswig-Holstein
- Prof. Dr. Carl-Ingwer Johannsen, Vorsitzender des SHHB Schleswig-Holsteinischer Heimatbund e.V.;
- Hubertus Graf Luckner
- Dr. Michael Paarmann, Landeskonservator, Landesamt für Denkmalpflege Schleswig-Holstein
- Pastor Werner Rausch, Nordelbisches Kirchenamt der Nordelbischen Ev.-Luth. Kirche, Kiel
- Prof. Dr. Dr. h.c. Johannes Schilling.

Ein besonderer Dank gilt denen, die den Druck dieses Buches finanziell ermöglicht haben. In erster Linie Frau Ilse Hubert, die das von ihrer kleinen Rente eigentlich für ihren Sohn Ersparte zur Verfügung stellte. Nicht nur finanzielle, sondern auch motivierende Wirkung hatte das große Interesse von Dr. Klaus Alberts (Geschäftsführendes Vorstandsmitglied der AIK SH), Pastor Werner Rausch (Nordelbisches Kirchenamt) und Prof. Johannes Schilling (Verein für Schleswig-Holsteinische Kirchengeschichte).

Dem Verlag Ludwig, insbesondere Steve Ludwig und Daniela Zietemann, ist die sorgfältige Bearbeitung des Buches zu danken

Allen Beteiligten sei für die großzügige und uneigennützige Unterstützung sehr herzlich gedankt.

Das Buch ist der Erinnerung an den Freund Uwe Hubert gewidmet. Mit diesem hatte ich an seinem Krankenbett als Erstem über mein Vorhaben gesprochen, eine Übersicht über die schleswig-holsteinischen Klöster zu erarbeiten. Er sagte mir zu, mich dabei zu unterstützen, wobei wahrscheinlich nur er ahnte, dass ihm nur noch wenig Zeit zu leben blieb. Als es ihm besser zu gehen schien, sind wir im September 2002 noch gemeinsam nach Reinfeld gefahren um zu fotografieren. Dabei kam es aber zu einer dramatischen Verschlimmerung seines Gesundheitszustandes. Nach mehreren Operationen ist er schließlich am 16. Oktober 2002 verstorben.

Kiel, am 31. Dezember 2006
Dieter J. Mehlhorn

VORBEMERKUNGEN

Die Geschichte der schleswig-holsteinischen Klöster ist außerordentlich schwierig nachzuzeichnen. Wie anderenorts fehlen weitestgehend Nachrichten vom inneren Leben der Klöster. Unzureichend überliefert sind häufig Dokumente der Gründungszeit, vielfach sind allerdings Grundstücks- und Verkaufsakten oder Dokumente über Stiftungen erhalten geblieben, die indirekt Rückschlüsse auf die Entwicklung und Eigenheiten des jeweiligen Klosters erlauben. Vieles ist bei und nach Aufgabe der Klöster aus Unachtsamkeit, aber auch aus Vorsatz vernichtet worden. Bildliche Darstellungen fehlen fast völlig, da topografisch genaue Stadtansichten erst ab Mitte des 16. Jahrhunderts entstanden, als die Stadtklöster längst ausgelöscht waren und die Feldklöster verfielen. In einigen älteren Karten der Zeit erscheinen die Klöster bestenfalls als Abbreviaturen, die nur wenige Rückschlüsse auf das tatsächliche Aussehen der Klöster zulassen. Auch bei neueren Abbildungen wie denen von Meldorf und Segeberg von den Gebrüdern Braun & Hogenberg ist Vorsicht geboten, denn hier mischen sich detailgetreu erfasste Elemente mit eher generalisierenden, in einigen Fällen sind diese auch schlicht falsch.

Die Ausführungen dieses Buches stützen sich ausschließlich auf verfügbare Publikationen mit unterschiedlicher Vertiefung, um einen Gesamtüberblick für Menschen zu geben, die sich nicht wissenschaftlich mit der Materie beschäftigen, sondern Anregungen erwarten, sich in das Abenteuer Kloster in Schleswig-Holstein zu begeben. Wünschenswerte Grundlagenarbeit wie Durchsicht der Archivalien zur Verifizierung oder Vertiefung des einen oder anderen Aspekts hätte aber den Umfang dieser Arbeit gesprengt. Damit dürften die Erwartungen einiger Interessierter unerfüllt bleiben. Vereinfachungen und Unschärfen sind nicht immer auszuschließen, wo eine Differenzierung wünschenswert gewesen wäre. Dadurch ist auch die Gefahr verbunden, die eine oder andere Publikation nicht ausreichend gewürdigt oder gar übersehen zu haben. Freundlicherweise hat mir Johannes Rosenplänter Einsicht in seine im Verfahren befindliche Dissertation über das Kloster Preetz gewährt. Die sicher interessante Dissertation von Heike Trost über die Franziskanerkirche zu Lübeck ist allgemein noch nicht zugänglich, eine Veröffentlichung erfolgt voraussichtlich zeitgleich mit diesem Buch. Zur Erleichterung der Lektüre wird auf Fußnoten mit Ausnahme des Nachweises von Zitaten verzichtet.

Geografischer Betrachtungsraum ist das Land Schleswig-Holstein in seinen heutigen politischen Grenzen. Auf die kirchengeschichtlichen Besonderheiten einzelner Territorien wie der Hansestadt Lübeck, der Bauernrepublik Dithmarschen und des Herzogtums Lauenburg, aber auch des Königreiches Dänemark wird im Einzelfall hingewiesen. Auf die Darstellung der Klöster in der ehemals zu Holstein gehörenden Stadt Hamburg und im heute zu Dänemark gehörigen Nordschleswig kann aber nicht verzichtet werden, denn diese waren bis in die Neuzeit untrennbar mit der schleswig-holsteinischen Kulturlandschaft verbunden. Um die Systematik nicht zu verlassen, wird darauf in einem eigenen Abschnitt eingegangen.

Betrachtungsgegenstand sind die Klöster und Stifte, in denen es ein geregeltes Gemeinschaftsleben der Mönche oder Nonnen gab. Einrichtungen, die traditionell als Kloster bezeichnet werden wie z. B. mildtätige Stiftungen in einigen Städten (Heiliggeistkloster in Flensburg, Präsidentenkloster in Schleswig, Stadtkloster in Kiel

u. a.) bleiben ebenso wie die Beginenhöfe außerhalb der Betrachtung. Beim Domkloster in Lübeck bestehen Zweifel, ob die Kanoniker wirklich hier jemals oder von Anbeginn in eigenen Häusern lebten. Da es aber Anhaltspunkte für ein Gemeinschaftsleben bis zum Ende des 13. Jahrhundert gibt, wird es in die Betrachtung einbezogen.

Im ersten Teil wird auf die Funktion und Bedeutung der Klöster eingegangen. Je nach Betrachtungsweise gelten in Literatur und nach allgemeiner Ansicht die Klöster als beschauliche Stätten der religiösen Verinnerlichung ihrer frommen Bewohner oder als Orte lasterhaften und frivolen Lotterlebens verweltlichter Diener des Teufels. Tatsächlich waren die Klöster des Mittelalters aber auch Wirtschaftsbetriebe größter Effizienz, waren aktiv und mittelbar in das politische Leben einbezogen und herrschten über eine große Zahl von Abhängigen. Sie waren die wichtigsten Bildungsträger der Zeit und beteiligten sich an der Krankenpflege und Armenfürsorge, bevor diese Aufgaben auch von anderen Institutionen übernommen wurden. Als Bildungs-, Missions- und religiöse Zentren übten sie geistlichen Einfluss auf viele Menschen aus, auch auf die tatsächlich herrschenden Feudalherren, mit deren Familien sie auf vielfältige Weise verbunden waren.

Der zweite Teil ist so aufgebaut, dass zunächst auf die Geschichte, Spiritualität und Besonderheiten der in Schleswig-Holstein ansässig gewesenen und noch vertretenen Orden eingegangen wird. Auf in Schleswig-Holstein nicht vertretenen, für die Geschichte aber durchaus bedeutenden Orden wird nur im Einzelfall hingewiesen, wo es sachdienlich erscheint. Dadurch soll die gesamteuropäische Dimension und kulturelle Bedeutung der einzelnen Orden und ihrer Niederlassungen in Schleswig-Holstein erkennbar werden. Im weiteren werden die einzelnen Klöster nach ihrer Ordenszugehörigkeit und dem Datum ihrer Gründung geordnet beschrieben: die Geschichte und ihr Schicksal sowie Stellung im städtebaulichen Gefüge, die Baugeschichte und die Architektur sowie deren Ausstattung. In einer rein wissenschaftlichen Abhandlung hätte man darauf verzichten können, da vieles anderenorts nachzulesen ist. Für das direkte Verständnis ohne gleichzeitiges Nachschlagen anderer Schriften scheint es doch hilfreich zu sein, auf das Spezifische der einzelnen Orden hinzuweisen. Es wird bei Beschreibung der einzelnen Klöster nicht angestrebt, eine jeweils vollständige Baugeschichte der Anlagen zu schreiben, vielmehr sich auf das noch Sichtbare zu konzentrieren und Zusammenhänge aufzuzeigen, in denen die verbliebenen Reste stehen. Damit ist die Anregung verbunden, durch eigene Anschauung sich mit den Sachzeugen dieses außerordentlich interessanten Kapitels schleswig-holsteinischer Geschichte und Kultur zu beschäftigen.

Die große Zahl von Fotos nicht schleswig-holsteinischer Klöster soll dazu beitragen, den Einbezug der schleswig-holsteinischen Architektur in größere gesamteuropäischen Zusammenhänge, zugleich die Unterschiede zu anderen Kulturlandschaften und damit die regionale Eigenständigkeit zu veranschaulichen. Ziel war es auch, insbesondere mit den Innenaufnahmen – in Gegensatz zu den üblicherweise voll ausgeleuchteten, brillanten Aufnahmen in vielen anderen Publikationen – etwas von der mitunter düsteren, manchmal auch magischen Atmosphäre von Kirchen oder Kreuzgängen zu vermitteln.

Die heute in Schleswig-Holstein übliche Bezeichnung der Klostervorstände als »Probst« und »Priörin« in den vier Damenstiften wird nur dort verwendet, wo es sich um Eigennamen handelt. Die Schreibweise »Probst« war bis ins 19. Jahrhundert allgemein üblich, die der »Priörin« oder »Prieurin« kam in Schleswig-Holstein erst im 18. Jahrhundert auf. Zur besseren Lesbarkeit wird die heute allgemein übliche Schreibweise verwandt.

1. KLÖSTER UND STIFTE IN SCHLESWIG-HOLSTEIN VON DEN ANFÄNGEN BIS ZUR GEGENWART

Schleswig-Holstein ist kein so sehr durch seine Klöster geprägtes Land wie beispielsweise Alt-Württemberg oder Kursachsen, für die neuere Veröffentlichungen rund 500 bzw. 300 Klöster und Stifte auflisten. Das flächenmäßig etwa gleich große Land Schleswig-Holstein weist dagegen lediglich etwas weniger als 40 Standorte auf, von denen einige allerdings als nicht gesichert gelten oder Nachfolgeeinrichtungen aufgegebener Klöster waren. Gegenwärtig gibt es lediglich vier aus ehemaligen Klöstern hervorgegangene Damenstifte, die trotz ihrer Bezeichnung als »Kloster« keine klösterlichen Einrichtungen im ursprünglichen Sinne mehr sind, sowie als einziges aktives Kloster das erst 1950 durch die Benediktiner gegründete und noch in Ausbau befindliche Kloster Nütschau. In Kiel bestand kurzzeitig von 1930–1994 ein Franziskanermönchskloster. Vor einigen Jahren hat sich eine Kommunität von Franziskanerinnen in Kiel angesiedelt; die vor ein paar Jahren beabsichtigte Gründung eines Klosters in Neumünster kam nicht zustande.

500 Jahre lang haben die Klöster auf vielfältigste Weise die Kulturlandschaft des heutigen Landes Schleswig-Holstein geprägt. In Folge der Reformation vor wiederum nahezu 500 Jahren verschwanden sie durch eigenes Fehlverhalten, Vandalismus, Begehrlichkeit des Adels und der vielen Landesherren nach dem Klostergut aus dem Gesichtsfeld der Nachkommen. Anders als in den katholisch gebliebenen Landschaften Süddeutschlands oder den durch die Reformation nicht berührten Ländern Südeuropas war die Entwicklung der Klöster damit im zweiten Drittel des 16. Jahrhunderts definitiv beendet. Einige Klöster, deren Gebäude und Besitz in die Verfügungsmasse der weltlichen Herren gerieten, gingen völlig verloren: Husum, Marienwohlde, Mohrkirchen, Reinbek und Rudekloster. Nahezu nichts erinnert mehr daran, das Abbruchmaterial fand in einigen Fällen Verwendung beim Bau der noch heute bestehenden landesherrlichen Schlösser. Die Grundmauern einiger Klöster sind unterhalb der Erdoberfläche oder auf dem Grund von Seen nachgewiesen worden. Dennoch hat sich vieles erhalten, das es wert ist, als Zeugnis der untergegangenen vorreformatorischen Geschichte wieder ins Bewusstsein gerufen zu werden: die nahezu vollständig erhaltenen, wenn auch überformten Klöster in Schleswig und Lübeck, die Kirchen in Ahrensbök, Cismar, Preetz und Bordesholm, die baulichen und archäologischen Reste der anderen Klöster wie Flensburg, Kiel und Reinfeld.

Wertvolles Kulturgut wurde geraubt, vernichtet, verheizt, »verschenkt« oder verschleudert. Am ursprünglichen Standort hat sich deshalb nur wenig erhalten: in einigen Kirchen liturgisches Gerät und Chorgestühl oder in Cismar das für die europäische Kunstgeschichte überaus bedeutende Retabel. Anderes wie das eindrucksvolle Triumphkreuz aus dem Rudekloster, der »Bordesholmer Altar« des Klosters Bordesholm und ein Retabel des Franziskanerklosters in Kiel wurde in nahe gelegene Kirchen gebracht und damit der Nachwelt bewahrt. Über die Museen und Bibliotheken des Landes Schleswig-Holstein sowie zwischen Kopenhagen und Prag ist eine eindrucksvolle Reihe von Kunstwerken, Handschriften und Bücher verstreut. Das alles vermittelt allerdings nur einen beschränkten und unzusammenhängenden Eindruck von der

1–3 Europäische Klöster: Hosios Lukas (Griechenland), Fontenay (Frankreich), San Juan de la Peña (Spanien)

einst überaus reichen Ausstattung der Klöster am Vorabend der Reformation.

Die Klöster verdienen über den lokal- und regionalgeschichtlichen Aspekt im engeren Sinne hinaus besondere Beachtung aus mehreren Gründen: Die Klöster waren eine Art idealer Polis, eine Gemeinschaft von Menschen gleichen Glaubens und gleicher Gesinnung. Der Klostergrundriss kommt der menschlichen Sehnsucht, das himmlische Jerusalem schon auf Erden bauen zu können, gegenüber anderen Werken der Architektur noch am nächsten. Den Klöstern verdankt die abendländische Kultur herausragende, epochale Leistungen auf allen Gebieten von Wissenschaft, Literatur, Musik, Architektur, bildender Kunst und Kunsthandwerk, aber auch die rationale Wirtschaftsführung und die Regelmäßigkeit des Tagesablaufes ebenso wie das System der Wohltätigkeit und der Sozialversicherung. Eine der ersten bedeutenden Architekturzeichnungen des Abendlandes, der Klosterplan von St. Gallen, ist der geniale Entwurf eines »grandiosen Unternehmens, einem Kollektiv das einer Idee entsprechende Gehäuse zu geben« (Borst, S. 161) und setzte Maßstäbe für die Entwicklung der Architektur bis in die Neuzeit.

Die Ideale der Institution Kloster haben sich immer wieder als kaum erfüllbar erwiesen. Die Überwindung oder Negierung fundamentaler menschlicher Eigenarten, aus Sicht der Ordensgründer oder reformwilliger Mönche Untugenden oder Laster, hat schließlich das große Experiment scheitern lassen. Die eigenen Ideale waren immer auch so widersprüchlich, dass sie auf Dauer nicht umsetzbar sein konnten: Hohes Arbeitsethos, Askese und Sparsamkeit waren mit dem Gebot der Armut nicht in Übereinstimmung zu bringen, stattdessen häuften sich die Reichtümer und es kam zu zahlreichen Verirrungen, die das Prinzip auf den Kopf stellten. »Es war eine geteilte und mit unruhigem Leben erfüllte Welt, die ununterbrochen zwischen der reinen Askese und den handfesten Alltagssorgen hin- und her gerissen wurde, wie sie die Verwaltung eines gewaltigen Vermögens oder sogar die schlichte Mühe ums tägliche Brot erzwang... Die Ordensregeln selbst, die vom unversöhnlichsten Geist der Absonderung diktiert waren, mussten schließlich immer den Erfordernissen eines tätigen Lebens weichen.« (Bloch, S. 456)

Die Geschichte der Orden war deshalb neben steter Entfernung von den eigenen Anliegen auch durch die permanente Rückversicherung des richtigen Weges bestimmt. Von den Hauptorden spalteten sich immer wieder neue Zweige ab, stets mit der Absicht, auf eigene wirkungsvollere Weise dem Ideal doch näher zu kommen. Im 14. und 15. Jahrhundert häuften sich die Versuche einer »devotio moderna«, eine neue Frömmigkeit, das Klosterwesen grundlegend zu erneuern, sich der Welt zu öffnen und den veränderten Fragen der Zeit zu stellen. Zu spät, denn die Reformation hat schließlich das Klosterwesen gänzlich in Frage gestellt, nachdem der Drang der Menschen nach Individualität durch die kirchlichen Institutionen so sehr missachtet worden war. Dabei wurden auch die Klöster in den Sog neuer gesellschaftlicher, politischer und wirtschaftlicher Auseinandersetzungen gerissen, dem sie im protestantischen Teil Europas nichts entgegenzusetzen hatten, auch dann, wenn sie um eigene Reformen bemüht waren oder sogar den neuen Glauben angenommen hatten und diesen selbst lehrten.

Die Klöster waren im Mittelalter Knotenpunkte überregionaler Netzwerke, von denen aus Erfahrungen und Wissen über ganz Europa Verbreitung fanden und sich eine gesamteuropäische, abendländische Kultur herausbilden konnte. Die Umgangssprache war das universale Latein, so dass man sich über die Grenzen von Landschaften oder Volksstämmen hinweg ohne größere Schwierigkeiten verständigen konnte. Das Wissen des Altertums wurde so bewahrt und für die eigene Zeit nutzbar gemacht. Das Bildungswesen suchten die Klöster zwar in ihrem Sinne auf den christlichen Missionsauftrag hin auszurichten. Es beinhaltete aber auch zugleich den Samen für ein modernes, noch heute bestehendes, gegliedertes Bildungswesen in ganz Europa mit den Universitäten an der Spitze. Es entstanden großartige, für die Zeit vorbildhafte Leistungen in Architektur, Kunst und Kunsthandwerk. Toleranz gegenüber Andersgläubigen oder Abtrünnigen der eigenen Glaubensrichtung zählte allerdings nur selten zu den Tugenden des Christentums. Nicht wenige Orden beteiligten sich an der gewalttätigen, blutigen Missionierung der »Heiden«, konkurrierten miteinander und denunzierten sich, später wurden einige zu Trägern von Inquisition, Hexenverfolgung, Zensur und Gegenreformation.

Zahlreiche Orden waren zentralistisch, andere nur locker untereinander verbunden. Bei allen Klöstern war aber der Drang, sich den Besonderheiten des Ortes oder der Region anzupassen, unverkennbar. Analog zur zunehmenden Bedeutung des Einzelnen innerhalb der Orden oder der Gesellschaft im allgemeinen, haben die Klöster sich im Verlaufe des Mittelalters und am Beginn der Neuzeit zusehends gelöst von der Fremdbestimmung durch die Mutterhäuser und neue Wege gesucht, die ursprünglichen Ideale unter Berücksichtigung vor Ort bestehender Verhältnisse eigenständig zu verwirklichen.

Auf diese Weise konnten regional unterschiedliche Klosterlandschaften entstehen, die das Vorgefundene mit dem Anliegen der Orden verknüpften. Hierzu gehörte auch Schleswig-Holstein, dessen Architektur in der einschlägigen Literatur mit Ausnahme einiger Bauwerke in Lübeck oder Segeberg nahezu überhaupt nicht vorkommt, dennoch ein hohes Maß an Eigenständigkeit innerhalb der gesamteuropäischen Architekturgeschichte, insbesondere der Backsteinarchitektur entwickeln konnte und mehr Beachtung verdient. Eine Reihe neuer Veröffentlichungen über die mittelalterliche Kunst wie das kleine Buch von Marlies Buchholz über das Retabel der heiligen Sippe im Kloster Preetz und das noch in Aufbau befindliche Werk »Corpus der mittelalterlichen Holzskulptur und Tafelmalerei in Schleswig-Holstein«, von dem bisher der erste von Uwe Albrecht herausgegebene Band über im St. Annen-Museum in Lübeck aufbewahrte Kunstwerke erschienen ist, gewährt einen Blick auf fast Vergessenes und öffnet der Phantasie Raum, sich in die Welt der spätmittelalterlichen Klöster zu versetzen, zugleich aber auch Verbindungen zur allgemeinen Entwicklung in ganz Europa zu erkennen.

4–6 Klöster in Deutschland: St. Katharinen-Kloster in Lübeck (l.), Ochsenhausen (o.), Volkenrode

1.1 Geschichte, Funktion und Bedeutung der Klöster im Mittelalter

Die Klöster waren die wichtigsten kulturellen Zentren im weitesten Sinne, wenn man Kultur nicht auf Künstlerisches beschränkt, sondern Religion, Bildung, Sozialarbeit und Gesundheitswesen, aber auch Landesausbau, Ackerbau und Viehzucht, Fischzucht und Wasserbau in die Betrachtung einbezieht.

Von Anfang an übernahmen die Klöster dabei geistliche und weltliche Aufgaben zugleich und standen in einem feinmaschigen Beziehungsnetz zu den führenden sozialen und politischen Gruppen des Landes, was ihre Existenz ermöglichte und sicherte, auf die sie aber auch zurückwirkten. Die Klöster waren Träger und Vermittler des christlichen Glaubens und Multiplikatoren von überliefertem und neuem Wissen. Zugleich trugen sie zur Entfaltung und Konsolidierung von Territorialmächten oder zur Selbstdarstellung von Adeligen, später auch von Bürgern bei, standen mit diesen aber auch in Konkurrenz. Entsprechend den durch den heiligen Benedikt formulierten Regeln sollten sich die Klöster zur Sicherung der Weltabgeschiedenheit selbst versorgen und entwickelten daraus Wirtschaftsbetriebe mit teilweise umfangreichen Ländereien, die für die Zeit als mustergültig gelten konnten, zumal diese auch nicht durch Erbteilung gefährdet waren zu zersplittern. Auf diese Weise übernahmen die Klöster als Grundherren selbst weltliche Aufgaben: niedere Gerichtsbarkeit für das eigene Territorium, ab 1462 Zugehörigkeit der Vertreter des hohen Klerus, zu denen auch die Äbte der Mönchsklöster und Pröpste der Nonnenklöster zählten, als geborene Mitglieder zum Landtag und damit aktiv in die Landespolitik einbezogen.

Diese Überlagerung geistlicher und weltlicher Interessen und damit verbunden die Instrumentalisierung der Klöster für recht weltliche Ziele war in den Mönchs-, Nonnen- und Klerikerkonventen immer wieder Gegenstand intensiver Erörterungen und Reformbewegungen. Augenfällig sind zwei Tendenzen, die auch im heutigen Schleswig-Holstein und seiner monastischen Geschichte ablesbar sind:

- eine erste Tendenz der größeren Unterscheidung vom weltlichen Leben, was im Rückzug der Zisterzienser, später auch der Kartäuser in die Abgeschiedenheit, auch im Verzicht auf privates Eigentum, zum Teil auch Ablehnung des kollektiven Besitzes, augenfällig Ausdruck findet, und

- eine zweite Tendenz zur Entwicklung neuer Beziehungen zur Welt der Laien, getragen vor allem durch die Bettelorden, die sich durch Predigten auf den Marktplätzen oder Kirchen den Bürgern direkt zuwandten und deshalb in ihrer Anfangsphase sogar wie in Meldorf auf eigene Kirchen verzichten konnten. Die Franziskanerklöster in Flensburg, Kiel, Lübeck und Schleswig glichen offenen Häusern, in denen auch weltliche Veranstaltungen stattfanden. Von den Dominikanern ging eine intensive Bildungstätigkeit aus, die im 14. Jahrhundert zur Gründung der großen Universitäten führte und die Theologie zur unangefochtenen Leitdisziplin aller anderen Wissenschaften werden ließ.

Nur wenige Orden waren so zentralistisch wie die Zisterzienser oder Prämonstratenser organisiert. Unter den anderen Orden, vor allem beim größten und ältesten Ordensverband, den Benediktinern, ist die Bildung immer neuer Verbände von Klöstern zu beobachten, die gleichen Regeln folgend, diese aber unterschiedlich auslegten, und eigene Organisationsstrukturen und Reformansätze entwickelten. Für Norddeutschland ist dabei die Bursfelder Kongregation von 1433 von Bedeutung. An ihrer Spitze stand der Abt von Bursfelde als Präsident mit zwei frei gewählten Mitpräsidenten und dem Jahreskapitel, das für die Visitation zur strengen Einhaltung der Regeln zuständig war. Auch die Bettelorden, aus der Ablehnung der Verweltlichung des Benediktinerordens entstanden, waren in einer permanenten Reform begriffen. Die Observanten, aus dem Orden der Franziskaner hervorgegangen, mahnten immer wieder die strengere Beachtung der ursprünglichen Regeln an, während die Konventualen diese großzügiger auslegten.

Während in ganz Deutschland die Bedeutung der Feldklöster (Benediktiner, Zisterzienser) zugunsten der Stadtklöster (Bettelorden) im 14.–15. Jahrhundert zurückging, blieben die Verhältnisse in Schleswig-Holstein bis zur Reformation relativ ausgeglichen. Eine Erklärung dürfte darin zu suchen sein, dass mit Ausnahme der reichsfreien Stadt Lübeck, zugleich Hauptort der Hanse, und der als Handelsplatz und Gewerbestandort bedeutenden holsteinischen Stadt Hamburg die Entwicklung des Bürgertums und der damit verbundenen Wirtschaftsform in den kleinen Landstädten der allgemeinen nicht zu folgen vermochte: Die Franziskanerklöster in Flensburg, Kiel und Schleswig konnten sich mangels städtischen Umfeldes und geringen Wohlstands der Bürger stets nur gerade über Wasser halten, in Urkunden wird immer wieder über den schlechten Erhaltungszustand ihrer Gebäude berichtet. Im Graukloster von Schleswig lebten um 1500 gerade noch zwei Mönche und ein Konverse, die Gebäude waren so baufällig, dass eine Grundsanierung erforderlich war. In Friesland und Dithmarschen, beide ausgesprochen agrarisch geprägt, hatten die Bettelmönche einen schweren Stand. In Meldorf kam es nie zur vollen Ausbildung eines Klosterbauprogramms mit Kirche; mehrfachen Versuchen einer Klostergründung in Hemmingstedt und später in Lunden war kein wirklicher Erfolg beschieden. Mit Ausnahme der Bischofssitze Lübeck und Schleswig und möglicherweise von Husum kam es wegen der geringen Wirtschaftskraft der kleinen Landstädte zu keiner Ansiedlung von Dominikanern und Franziskanern zugleich. Es wird vermutet, dass sich die beiden Orden untereinander abstimmten, um sich nicht Konkurrenz zu machen. Die von den adeligen Familien getragenen Feldklöster Itzehoe, Preetz, Reinbek, Schleswig und Uetersen, obwohl in Anlehnung an einen Ort errichtet, wegen ihres großen Landbesitzes dennoch zu den Feldklöstern zu zählen, hatten sich zu Versorgungsanstalten von Witwen und unverheirateten Töchtern des Adels entwickelt,

was ihrem geistlichem Auftrag nicht förderlich war, ihre Existenz aber später mit Ausnahme von Reinbek sogar über die Reformation hinaus als adelige Damenstifte sichern half.
Im Folgendem sollen nur ein paar Hinweise auf allgemeine Aufgaben und Besonderheiten schleswig-holsteinischer Klöster gegeben werden: ihre Bedeutung als geistliche Zentren, die Einbindung in die feudale Territorialpolitik, die Funktion der Klöster als Wirtschaftsbetriebe und Stätten von Kultur und Bildung sowie die Versorgungsfunktion für unverheiratete oder verwitwete Frauen.

1.1.1. Klöster als geistliche Zentren ihres Umlandes

Zentrales Anliegen aller Klosterinsassen waren das »opus dei«, der Dienst an Gott durch das Gebet, die »lectio divina«, die Lesung der Schriften, und die Arbeit in klösterlicher Gemeinschaft. Dieses setzt einen geregelten Tagesablauf der Gebetszeiten und Gottesdienste voraus, zu denen die Mönche oder Nonnen zusammen kamen: alle zwei oder drei Stunden nach den nächtlichen Vigilien siebenmal von der Matutin über Prim, Terz, Sext, Non, Vesper bis zur Komplet vor der Nachtruhe. Wichtigster Bestandteil der vorgegebenen Gebete und Gesänge war der Psalter mit seinen 150 Psalmen. An Sonn-und Feiertagen konnten die Gebetszeiten den ganzen Tag umfassen.
Die »lectio divina« diente der Selbstbildung des Lernenden in drei Stufen: die »lectio« – das eigentliche Lesen, die »meditatio« – Überdenken und Reflexion des Gelesenen – und »oratio« – die innerliche Hinwendung zu Gott im Gebet.
Dem Gebot der Arbeit, bereits in den Regeln des heiligen Benedikt definiert (48.Kap.: »Müßiggang ist ein Feind der Seele«), folgten die Orden auf unterschiedliche Weise. Bei den Benediktinern galt die Herstellung von Büchern – das Schreiben, Kopieren, Illuminieren und Binden von Schriften – als eine der zentralen Aufgaben, die Zisterziensern räumten dagegen harter körperlicher Arbeit auf den Feldern oder Baustellen Vorrang ein.
Der Unterrichtung der Jugend widmeten sich alle Orden, besonders ausgeprägt die Chorherren und die Dominikaner. Auch die Nonnen der meisten Klöster unterhielten Schulen für die Mädchen adeliger und bürgerlicher Familien. Kernfach allen Unterrichts war natürlich Religion und damit gewissermaßen eine Ausweitung des permanenten innerklösterlichen Gottesdienstes. Eine ähnliche Verzahnung klösterlichen Lebens mit dem der Welt ergab sich in der Erfüllung karitativer Aufgaben wie der Krankenpflege.
Die geistliche Ausstrahlung der Klöster auf ihre Umgebung war vielschichtig. Die ersten Klöster spielten als Missionszentren in den ehemals sächsischen und slawischen Gebieten eine herausragende Rolle, die jedoch rasch abnahm, nachdem sich die Herrschaftsverhältnisse gefestigt hatten. In den siedlungsfernen Feldklöstern der Benediktiner und Zisterzienser konnten auch Laien in einer Vorhalle oder einem abgetrennten Teil der Kirche an den Gottesdiensten teilnehmen, diese, aber auch die zur Klosterfamilie gehörenden Konversen blieben stets streng von den im Chor versammelten Mönchen oder Nonnen getrennt. In vielen Fällen übernahmen als Priester geweihte Mönche auch

7 Lübeck, Burgkloster, Beichthaus

seelsorgerische Aufgaben in den Dörfern der Umgebung, sowohl in den zur klösterlichen Grundherrschaft gehörenden Kirchen als auch andere Gemeinden, deren Patronat einschließlich das Recht auf den kirchlichen Zehnten den Klöstern übertragen worden war. Nur geringe geistliche Außenwirkung entfalteten die Nonnenklöster, die sich gegenüber der Umwelt zunehmend abschlossen. Die seelsorgerische Betreuung der Nonnen übernahmen Geistliche benachbarter Pfarreien oder Mönchsklöster. In mehreren Fällen waren Nonnenklöster bestehenden Pfarreien angegliedert.

Völlig anders stellte sich die Arbeit der Bettelmönche dar, die ihre Aufgaben in der Seelsorge und der Hinwendung zu den Bedürftigen sahen. Ihren Lebensraum sahen sie in erster Linie auf den Straßen und Plätzen der jeweiligen Stadt, erst mit wachsendem Erfolg ergab sich die Notwendigkeit, eigene Kirchen zu errichten. Die Dominikaner in Meldorf verzichteten bis zuletzt auf eine eigene Kirche, sondern nutzten vermutlich die Pfarrkirche, wo sie der Überlieferung nach über einen eigenen Chor verfügten. Die Bettelklöster entwickelten sich im Gegensatz zu den Feldklöstern rasch zu geistlichen Zentren und Identifikationsorten städtischen Lebens, was die hohe Zahl wertvoller Stiftungen ebenso bezeugt wie der Bau eines umfangreichen Beichthauses beim Lübecker Burgkloster der Dominikaner. Zugleich verweltlichten die Klöster zusehends dadurch, dass hier auch Hochzeiten und Veranstaltungen unterschiedlichster Art stattfanden. Dieses machte die Klöster zwar zum Teil städtischen Lebens, ließ aber ihren geistlichen Auftrag immer mehr in den Hintergrund treten. Die protestantische gegen die Klöster gerichtete Polemik am Anfang der Neuzeit griff die tatsächlichen oder vermeintlichen Missstände in den Klöstern auf und trug wesentlich zu deren Untergang in der ersten Hälfte des 16. Jahrhunderts bei.

Zu regionaler Bedeutung gelangten einige Wallfahrtsorte: Ahrensbök mit einer wundertätigen Marienstatue, Cismar mit einer allerdings im 15. Jahrhundert als Fälschung erkannten Reliquie des heiligen Blutes. Größere Bedeutung erlangte Bordesholm durch das später verlorene Grab des heiligen Vizelin als Wallfahrtsort. Hier fanden vor und nach 1500 jeweils während der Karwoche geistliche Spiele mit großem Zulauf aus der Umgebung statt (Bordesholmer Marienklage). Die vor Ort hergestellten und verkauften Christusfiguren dienten den Pilgern als Wallfahrtsdevotionalien.

1.1.2. Klöster als Orte der Memoria und Selbstdarstellung ihrer Stifter

Die mittelalterliche Vorstellung vom Tod unterschied sich grundlegend von der heutigen. Der physische Tod bedeutete nicht das Ende, sondern war gewissermaßen der Beginn eines anderen Lebens mit den Zielen der Wiedergeburt und des ewigen Heils. Bis zum Jüngsten Tag

8–9 Bordesholm, Augustiner-Chorherrenstift, Devotionalien in Form von Christusfiguren (Museum des Klosters Bordesholm)

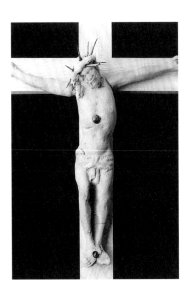
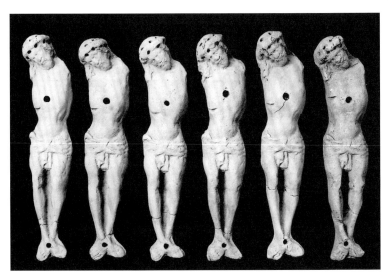

10 Höllenqualen der Todsünder (l.)

11 Bestrafung der Seelen im Fegefeuer

Holzschnitte, aus: Geistliche Auslegung des Lebens Jesu Christi, von Johann von Arnsheim, gedruckt von Johann Zainer. Ulm 2. Hälfte 15.Jh.

sollte deshalb das Gedächtnis des Verstorbenen bewahrt und für diesen gebetet werden. Daraus entstand eine Gedächtniskultur, für welche die Klöster den idealen institutionellen Rahmen boten. Dabei spielte es nur eine geringe Rolle, ob die Fürbitten von Mönchen oder Nonnen gesprochen wurden; höhere Wirksamkeit wurde jedoch allgemein den Gebeten frommer Jungfrauen zugemessen, da deren unberührte Körper eine besonders intensive Gottesnähe sicherten.

Wesentliches Mittel zur Vermittlung von Diesseits und Jenseits und Herstellung einer dauerhaften Verbindung zu höheren Mächten war die permanente Gebetshilfe, stellvertretend für die sündigen Verstorbenen nach deren Tod Gnade und Barmherzigkeit zu erflehen. Voraussetzung dafür war die »Geburt des Fegefeuers« gegen Ende des 12. Jahrhunderts zur »Befreiung der Seelen aus dem Purgatorium« (Le Goff, 2004, S. 207) als Reinigungs- und Läuterungsort, den die Verstorbenen durchlaufen müssen, um Sünden zu sühnen. Die Idee des Fegefeuers keimte »just am Ende des 12.Jahrhunderts, als der Warenaustausch Blüten zu treiben beginnt, als eine Art Handel zwischen dem Allmächtigen und den Menschen auf: Alle Gewinne aus guten Taten der Lebenden können auf ein Konto des Verstorbenen überwiesen werden, damit der sich von seiner Schuld freikaufen kann.

Auch hier haben wir es wieder mit tröstlicher Solidarität zu tun: Denn die auf der Erde Verbliebenen konnten durch ihre guten Werke und ihre Gebete den armen Seelen die Zeit im Fegefeuer verkürzen.« (Duby, 2000, S.133) Jedem musste deshalb daran gelegen gewesen sein, bereits zu Lebzeiten für die Zeit nach dem Tode und die andauernde Memoria Sorge zu tragen, sei es durch Gaben, Almosen oder eine Stiftung (»opus bonum«). Insbesondere vertraglich vereinbarte Stiftungen waren dafür bestimmt, eine dauerhafte Wechselbeziehung zwischen Stifter und Begünstigten zu gewährleisten. Weltliche Institutionen waren für die Totensorge weniger geeignet als auf Dauer angelegte kirchliche, und hier wieder vor allem Klöster und Stifte als sich permanent erneuernde Memorialgemeinschaften.

Eingelöst wurde die Memorialverpflichtung durch das liturgische Gedenken. Die Nennung des Namens eines Verstorbenen bewirkte dessen Vergegenwärtigung und damit Teilnahme an der Messfeier und letztlich dessen Seelenheil. Die Namen wurden in ein kalendarisch geordnetes Totenbuch eingetragen und anlässlich ihres Sterbetages während der Messfeier vorgelesen. Ein solches 1457 von einem Mönch niedergeschriebenes und 1547 ergänztes Totenbuch aus dem Kloster Cismar (»Necrologium Cismariense«) wird in der Königlichen Bibliothek von Kopenhagen aufbewahrt. Es verzeichnet 978 Verstorbene für alle Tage des Kalenderjahres. Es handelt sich dabei sowohl um Geistliche, als auch um Wohltäter, zumeist Angehörige adeliger Familien, für die aufgrund ihrer Stiftungen (es werden 309 genannt) Seelenmessen gelesen werden sollten. Die Aufnahme in die Gebetsgemeinschaft ließen sich die adeligen Familien, später auch die Bürger einiges kosten. Sie stifteten Vikarien und Ländereien zu Gunsten der Klöster, gaben Geld zum Bau und zur Reparatur von Klosterbauten und schenkten Kunstwerke und liturgisches Gerät zur Ausstattung der Kirchen. Vor allem Kunstwerke, Gemälde oder Skulpturen, mit Darstellung der Stifter mit Bild und Wappen sowie Inschriften sorgten für die stete Vergegenwärtigung der Toten. Sogar auf liturgischen Gewändern ließen die Stifter ihre Wappen anbringen. Wo das eigene Vermögen nicht reichte, legten Bürger ihr Geld für kollektive Stiftungen, sei es in Form von Priesterbenefizien, sei es zur Aufstellung eines aufwendigen Retabels in einer eigenen Kapelle, zusammen.

Dieses kann als eine Art Vertragsleistung angesehen werden: Entlastung des Gewissens von tatsächlichen oder vermeintlichen Sünden auf der einen Seite und damit Gewinn des ewigen Seelenheils, Absicherung der materiellen Lebensgrundlagen der Feld- und vor allem den Stadtklöster auf der anderen Seite. »Frömmigkeit war im spätmittelalterlichen Schleswig durchmonetarisiert« (Radtke, 2006, S. 15), was sicher auch für andere Orte gilt, denn anders wäre der geistliche Auftrag der Klöster nicht zu erfüllen gewesen, was aber zusehends auch die Reputation der Institution Kloster aushöhlte, denn die prachtvolle Ausstattung der Kirchen und Klöster widersprach entschieden dem Gebot der Armut der meisten Orden.

Luther bezeichnete später in Hinblick darauf, dass die in den Ablasshandel der Vorreformationszeit einmündende Fegefeuerlehre, biblisch nicht zu begründen sei, als unevangelisch und verdammte die mit »guten Werken« verbundene Absicht, dadurch gerecht und selig zu werden, als »gottlos, gotteslästerlich, ganz ohne Glauben und heidnisch«. (Luther, 1981, S. 314)

1.1.3. Einbindung in Mission, Landesausbau und Politik

Von Anbeginn waren die Orden in die Eroberungspolitik des 8. und 9. Jahrhunderts gegen die Sachsen und im 11. und 12. Jahrhundert gegen die Slawen einbezogen. Die Christianisierung erfolgte stets mit Schwert und Kreuz zugleich. Die Klöster bildeten dabei Missionsschwerpunkte, von denen aus die Mönche ins Land zogen und das Christentum verbreiteten, und leisteten damit einen wesentlichen Beitrag zur Stabilisierung und Erweiterung des weltlichen Machtgefüges. Durch ihre Beteiligung an Kolonisierung und Landesausbau nach der Eroberung trugen die Klöster zur Konsolidierung der neu geschaffenen Verhältnisse bei. Eine Klostergründung lag deshalb auch immer im machtpolitischen Interesse ihrer Gründer, den eigenen Einflussbereich gegen konkurrierende Interessen abzusichern und wo möglich auszudehnen.

Insbesondere Graf Adolf IV. hat sich als Klostergründer hervorgetan. Die Gründung des Zisterzienserinnenklosters Ivenstedt und des Franziskanerklosters in Kiel geht auf ihn zurück, den Benediktinern von Lübeck übertrug er in Cismar eine eigene Grundherrschaft. Das Kloster Preetz gründete er neu, obwohl dieses bereits durch den Grafen Albrecht von Orlamünde gegründet worden war. Einfluss nahm er auch auch auf andere Klöster wie Bordesholm oder Neustadt i.H. Graf Adolf IV. trat später selbst als Mönch in das Hamburger und einige Jahre danach in das Kieler Franziskanerkloster ein, seine Gattin Heilwig zog sich in das ebenfalls von Adolf gegründete Kloster Harvestehude vor den Toren Hamburgs zurück.

Nicht immer war die Gründung eines Klosters erfolgreich, Rückschläge blieben nicht aus: Nur wenige Jahre hat die Zelle Welanao in Münsterdorf bestanden, bevor sie von den Dänen zerstört wurde. Das Benediktinerkloster St. Georg in Ratzeburg wurde von den Slawen 1066 niedergebrannt. Das Segeberger Stift musste zeitweise nach Högersdorf verlegt werden, um den Angriffen der Slawen zu entgehen. Der Standort des Klosters Ivenstedt war schlecht gewählt und wurde wenige Jahre nach Gründung aufgegeben. Die Klöster Preetz und Reinbek wechselten mehrmals den Standort.

Die wahren Motive für Gründung, Aufhebung oder Verlagerung eines Klosters sind nur selten aus den überlieferten Texten zu entnehmen. Zu vermuten ist, dass es sich dabei vornehmlich um machtpolitische Aspekte gehandelt hat. Das wird insbesondere im Falle der Verlegung von Konventen wie dem der Benediktiner von Schleswig nach Guldholm und deren Verpflichtung auf die Zisterzienserregel und der Vertreibung der Benediktiner aus Lübeck nach Cismar deutlich. In beiden Fällen wurde unter dem Deckmantel moralischer Entrüstung das wirkliche machtpolitische Kalkül durch Hinweise auf das angeblich unzüchtige Verhalten des Abtes und der Mönche im Schleswiger St. Michaels-Kloster bzw. Mönchen und Nonnen im Lübecker Doppelkloster St. Johannis verschleiert. Die Denunziation ersetzt oder erleichtert Mühen um die Rechtfertigung politischer Absichten und Entscheidungen. Der Appell an die niederen Instinkte zieht sich wie ein roter Faden durch die Geschichte auch der schleswig-holsteinischen Klöster. Da die Beschuldigungen fast immer von Machtpolitikern oder rivalisierenden Konventen stammten, müssen diese als überwiegend tendenziös angesehen werden. Dass dieses auch anderenorts üblich war, machen die Bestrebungen des Regensburger Bischofs Gebhard I. deutlich, sich den Besitz des Klosters Emmeram in Regensburg anzueignen. Die Verleumdungen gegen den dortigen Abt Ramwold erwiesen sich nach einer Untersuchung 996 durch König Otto III. als haltlos. Dennoch versuchte es der Bischof wenige Jahre später erneut, indem er 1006 den Abt Richolf und den gesamten Konvent vertrieb: allerdings wiederum erfolglos. Berichte über Visitationen nach Denunziationen belegen, dass vieles übertrieben war und nicht immer mit der Realität übereinstimmte. Das war aber nicht ohne weiteres aus der Welt zu schaffen und beschäftigte die Neugier der Menschen: Bei der Verlegung des Benediktinerkonventes von Lübeck nach Cismar wurde auf geistlichem Verfall und wirtschaftliche Schwierigkeiten und »andere Gründe« (zit. n. Grabowsky, S. 17) hingewiesen, ohne letztere zu benennen. Gemeint waren sicher Vorinformationen über moralische Verfehlungen, von denen man ausging, dass sie allgemein bekannt waren, die zu beweisen sicher schwierig und auszusprechen aber verpönt waren. Geradezu grotesk ist die Überlieferung, dass ein

12 Doppelbildnis Graf Adolf IV., Kupferstich nach Gemälden von Hans Bornemann oder Lüdeke Clenod Bohnsack um 1450 im Franziskanerkloster zu Hamburg; oben als Sieger in der Schlacht von Bornhöved, unten als Franziskaner auf dem Todeslager. 1652

unterirdischer Gang vom Kloster Bordesholm an den nahe gelegenen See den Mönchen dazu gedient haben soll, unbemerkt zu den Nonnen im Kloster Preetz zu gelangen, ungeachtet dessen, dass sich Chorherren weitestgehend frei bewegen konnten und die Überwindung einer Entfernung von etwa 20 km für damalige Verhältnisse recht mühsam war.
Eine Reihe von Klostergründungen des späten 15. Jahrhunderts mit ausdrücklich landespolitischem Hintergrund wie in Hemmingstedt und Lunden blieb erfolglos, obwohl das Privileg zur Klostergründung gegen den erklärten Willen des Hamburger Dompropstes sicher einige Geldspenden an den Papst erfordert hatte. Nebenbei erreichten die Dithmarscher dadurch, dass die Landesvertretung durch die höchste kirchliche Autorität ein weiteres Mal anerkannt wurde. An der Westküste fehlte aber den auf das Betteln angewiesenen Dominikanern und Franziskanern das urbane Umfeld. Die Gesellschaft war dort vorwiegend agrarisch geprägt, über den sozialen Rang bestimmte vorrangig der Grundbesitz, den die Bettelmönche für sich ab-

lehnten. In Kuddewörde hat Herzog Johann IV. von Sachsen-Lauenburg noch 1494 versucht, Wilhelmiten, später Augustiner, anzusiedeln. Die Bedingung, sich ausschließlich seiner Aufsicht zu unterwerfen, war aber in Zeiten einer allgemeinen geistlichen Erneuerung der meisten Orden nicht akzeptabel.

In diesem Spiel der Mächte waren die Klöster Akteure und Getriebene zugleich. Zum einen nutzten sie das Interesse der weltlichen Mächte zur Einrichtung von Ordensniederlassungen und ließen sich damit für die Interessen der jeweiligen Territorialmächte instrumentalisieren, zum anderen entwickelten sie als einflussreiche Grundherren eigene politische Aktivitäten. Der Vereinnahmung für politische Ziele leisteten die Orden durch Konkurrenz und Aggressivität untereinander Vorschub. Das wird besonders deutlich am Beispiel der Zisterzienser, die die Vertreibung der Benediktiner aus Schleswig zur Einrichtung einer eigenen Niederlassung in Guldholm nutzten. Auch die Inbesitznahme des St. Johannisklosters in Lübeck durch Zisterzienserinnen, obwohl dort noch Benediktiner lebten und um Erhalt ihres Konvents in Lübeck kämpften, entsprach sicherlich nicht der gebotenen Rücksicht auf die Befindlichkeit der dort noch lebenden Mönche.

In die Realpolitik waren die Klöster insofern auch eingebunden, dass sie als einzige der Zeit über Wissen und Fähigkeiten verfügten, die es den Feudalherren, weitgehend ohne Schreib- und Lesefähigkeit, erlaubten, in einer Welt, in der Schriftlichkeit immer größere Bedeutung gewann, ihre Macht mit Hilfe von Mönchen zu festigen und zu rechtfertigen. Denn die Klöster lehrten und vermittelten nicht nur theoretisches Wissen, sondern gleichermaßen Handlungswissen: Latein diente der Verständigung mit Fremden und Verschriftlichung von Entscheidungen, Rechnen der wirtschaftlichen Leitung und Kontrolle des eigenen Besitzes, Rhetorik den eigen Willen verständlich zu machen und sich durchzusetzen. Aus den Klosterschulen gingen wiederum auch Bischöfe und Kleriker sowie Äbte und Klosterpröpste hervor, die aus den adeligen Familien stammten und mit diesen verbunden blieben und so das machtpolitische Beziehungsgeflecht immer enger zu knüpfen verstanden.

Die Klöster entwickelten dabei auch zunehmend politisches Eigenleben. Ihre Äbte traten als Ratgeber, Gesandte oder Vermittler auf. Im 15. Jahrhundert gehörten sie und die Pröpste der Frauenklöster dem 1462 gebildeten Landtag als »geborene« Mitglieder, die Vertreter der Klöster Marienwohlde und Reinbek dem lauenburgischen Landtag als Prälaten an. Die engen verwandtschaftlichen Beziehungen mit den maßgebenden adeligen Familien sicherte ihnen ein hohes Maß an Ansehen und Einfluss auf die politischen Entscheidungen. Als Inhaber umfangreicher, wohl geordneter und durch keine Erbteilung gefährdeter Grundherrschaften gerieten sie aber zugleich in Konkurrenz zu den nach weiterem Landbesitz strebenden Feudalherren, die schließlich durch Erhebung von Abgaben sowie Aufhebung und Enteignung der Klöster, vor allem der Feldklöster, deren Grundbesitz an sich bringen konnten. Die entscheidenden Vorgänge waren dabei die Landesteilungen von 1490 und 1544 und weitere »Subdivisionen«, als es galt, die zu bildenden Teilfürstentümer mit ausreichend Land auszustatten.

1.1.4. Klöster als Wirtschaftsbetriebe, Herrschaft über Land und Leute

War die Gründung vollzogen und hatte sich der Konvent eingerichtet, entwickelten sich die Feldklöster der Benediktiner und Zisterzienser rasch zu florierenden und sich selbst versorgenden Wirtschaftsbetrieben. In der Beschaffung von Lebensmitteln waren die Klöster nahezu autark: Das Brot wurde selbst gebacken, das Bier selbst gebraut. Die Mehrzahl der Klöster lag an Seen oder Flüssen, so dass für Fisch gesorgt war; wenn nicht, legte man Fischteiche an, um von den jahreszeitlich bedingten Zufälligkeiten der Lieferung unabhängig zu sein. Nur Wein, Salz und Gewürze mussten stets von außerhalb besorgt werden. Für die meisten Dienstleistungen gab es im Kloster die notwendigen Werkstätten: Schmiede, Stellmacherei, Mühle u. a.

Die Grundlage bildete der landwirtschaftlich nutzbare Grundbesitz, zumeist durch den Gründer dem Kloster als Schenkung überlassen. Die Mönche oder Nonnen mehrten diesen Grundbesitz durch Schenkungen, Stiftungen und Ankäufe, Geld wert waren auch Übernahme von Kirchpatronaten und sich aus dem Kirchenzehnt ergebende Einnahmen. Dadurch entstand gelegentlich ein weit verbreiteter Streubesitz, der schwer zu verwalten oder zu bewirtschaften war. Die Klöster waren deshalb daran interessiert, ihren klosternahen Besitz durch Zukäufe oder Verkauf entfernt liegender Flächen kontinuierlich abzurunden. Schwierigkeiten hatte das Kloster Itzehoe, seinen Streubesitz in 67 Dörfern zu arrondieren. Das Kloster Cismar verfügte im 15.–16. Jahrhundert dagegen über einen Grundbesitz von 1.000 ha, das Kloster Preetz sogar über 22.000 ha (im Kern die heutige Probstei) mit den dazugehörenden Dörfern in wohl arrondierten Besitzkomplexen. Der bewirtschaftete Grundbesitz umfasste nicht nur Felder und Weiden, sondern auch Wälder und Gewässer. Die Antoniter in Mohrkirchen waren weit über ihren eigenen Wirkungskreis als Schweinezüchter bekannt, die Zisterzienser als Fischzüchter, woran noch heute die Fischteiche in Reinfeld erinnern. Damit wurden die Klöster, zumeist umgeben von großen Scheunen, Ställen, Handwerksstätten, Fischzuchtanlagen und Nutzgärten zu einer Art Mustergüter, die den Gütern der adeligen Grundherrn weit überlegen waren und deren Neid erregen mussten. Ergänzt wurden diese wirtschaftlichen Aktivitäten durch Beteiligung an Handel und Gewerbe außerhalb der Klöster (Plön, Reinfeld), Devotionalienhandel in den Wallfahrtsorten (Ahrensbök, Bordesholm und Cismar) und sogar Kreditgeschäfte (Flensburg, Plön, Preetz).

Die Kenntnis über die Klöster ergibt sich heute weitestgehend aus der Auswertung des teilweise noch umfangreich erhaltenen Verwaltungsschriftgutes: Kauf-, Verkaufs- und Schenkungsurkunden sowie Besitz- und Abgabebücher sowie Listen über das Personal auf den einzelnen Hofstellen: Dokumente einer rationalen Wirtschaftsführung und Verwaltung, wie sie erst später durch andere Wirtschaftszweige übernommen werden sollte. In Preetz sind beispielsweise die Rechnungsbücher ab 1411 nahezu vollständig überliefert.

Die Verrichtung landwirtschaftlicher und handwerklicher Arbeiten oblag vorwiegend den Laienbrüdern oder Konversen sowie abhängigen Bauern, Knechten und Mägden. Die Zahl der

13 Zisterzienserabtei Fontenay, Schmiede (o.l.)

14 Lügumkloster, Reste eines Wirtschaftsgebäudes (o.r.)

15–16 Zisterzienserkloster Doberan, Ruine des Großen Wirtschaftsgebäudes (1978 abgebrannt)

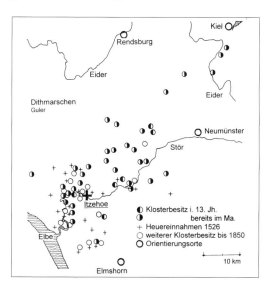

17 Streubesitz des Klosters Itzehoe

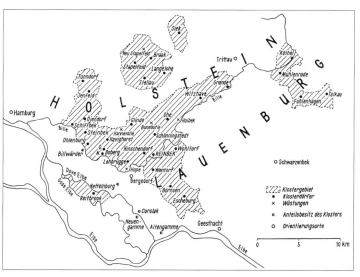

18 Besitzkomplex des Klosters Reinbek

Konversen überstieg gelegentlich die der Priestermönche oder Chorherren. Sie waren zumeist in einem eigenen Klosterflügel, in jedem Falle außerhalb der Klausur untergebracht. Die Zahl der Konversen ging nach der verheerenden Pest zwischen 1347 und 1352 merklich zurück. Zugleich deutete sich damit ein grundlegender Wandel der monastischen Kultur an, denn die jungen Leute waren zusehends weniger gewillt, den Dienst in Institutionen zu versehen, die ihnen keine Chancen zum Aufstieg boten und sich deshalb vermehrt der »devotio moderna«, einer neuen religiösen Erneuerungsbewegung, zuwandten. Dieses brachte die Klöster in erhebliche praktische Schwierigkeiten, ihre geistlichen Aufgaben zu erfüllen und zugleich den Wirtschaftsbetrieb aufrecht zu erhalten, und hat wesentlich zu denwirtschaftlichen Krisen der Klöster im 14.–15. Jahrhundert beigetragen.

Alle Mitglieder einer Grundherrschaft wurden als »familia« bezeichnet, über die der Grundherr, bei Mönchsklöstern der Abt, bei Nonnenklöstern der Propst in Vertretung der Priorin, Schutzherrschaft und der Rechtsgewalt mit Ausnahme der ausschließlich dem Landesherrn zustehenden Blutgerichtsbarkeit ausübte. Die Probstei bildete in ihrem adeligen Umland einen von Leibeigenschaft freien Bezirk, in dem die Bauern zu einem gewissen Wohlstand gelangten. Die Klöster verhielten sich ansonsten wie andere Grundherren, verfügten aber mit der Drohung, säumige Abgabepflichtige zu exkommunizieren, über eine ungemein scharfe Waffe, eigene Rechte durchzusetzen, hätte dieses doch Ächtung und damit Ausschluss der Betroffenen aus ihrem sozialen Umfeld bedeutet.

Der Grundbesitz der Nonnenklöster war überwiegend an adelige Familien verpachtet und erbrachte die zur Aufrechterhaltung des Klosterbetriebes erforderlichen Einkünfte. Die Verwaltung oblag einem Propst oder Verbitter, der wiederum einer adeligen Familie des eigenen oder benachbarten Territoriums entstammte. Dass die Pröpste ihren Aufgaben allerdings nicht immer mit der notwendigen Umsicht nachkamen, zeigen die Schuldenberge, die sie in Preetz anhäuften und der damit verbundene häufige Wechsel im Propstenamt (18 Pröpste innerhalb eines Zeitraumes von 1399–1498).

Gegenüber den Feldklöstern waren die Stadtklöster der Bettelmönche in der Anfangsphase aus eigenem Entschluss ausgesprochen arm, die Grundstücke waren ihnen durch die Städte nur übertragen worden, um kein Eigentum bilden zu müssen. Sie lebten zunächst ausschließlich vom Betteln auf der Straße, später häuften sich auch hier, vor allem im reichen Lübeck, große Reichtümer durch Schenkungen und Erbschaften. Zur wichtigsten Einnahmequelle wurden insbesondere bei den Bettelmönchen und den Kartäusern die Fürbitten in Form von Messen und Gebeten. Allerdings nahmen die Franziskaner in Kiel und Flensburg entgegen den Ordensregeln auch Grundbesitz an. Von den Flensburgern sind auch Geldgeschäfte bekannt, die Christen eigentlich grundsätzlich untersagt waren, da »die Zinsnahme als eine Form von Verkauf der Zeit betrachtet wurde, die allein Gott gehörte.« (Frugoni, S. 62) In den Städten des 13. und 14. Jahrhunderts waren Zinsgeschäfte jedoch unterhalb von 20 Prozent allgemein toleriert. In der zweiten Hälfte des 15. Jahrhunderts gründeten Franziskaner sogar eigene Leihhäuser (monte de pietá), um dem professionellen Wucher entgegenzuarbeiten. Schließlich legalisierte Papst Leo X. 1515 die Zinsnahme, wenn sie nur der Kostendeckung diente.

Zusätzliche Einnahmen ergaben sich aus der Beteiligung am Handel: Der Plöner Rat ließ sich 1480 zusichern, dass die Schwestern vom gemeinsamen Leben keinen Getreidehandel treiben dürften, was sie wohl bis dahin getan hatten. Die Klöster der Bettelmönche an der

19 Kloster Uetersen, Mahlstein der Klostermühle

bäuerlich geprägten Westküste, wo nur der Besitz von Boden wirklich zählte, hatten dagegen größte Schwierigkeiten, sich zu behaupten.

Zu den Klöstern und ihren wirtschaftlich ausgerichteten Außenbeziehungen ist die Einrichtung von Wirtschaftshöfen sowie Kloster- oder Stadthöfen zu zählen, auf die hier einzugehen ist, auch wenn davon nichts oder nur spärliche Reste erhalten sind.

Zur Bewirtschaftung des klosterfernen Grundbesitzes verfügten einige Klöster über verpachtete oder durch Laienbrüder geführte Wirtschaftshöfe in den jeweiligen Dörfern. Daran erinnern heute gelegentlich nur noch Flur- oder Straßennamen wie in Wilster der »Klosterhof«, wo sich ein ab 1163 dem Chorherrenstift in Neumünster bzw. Bordesholm gehörender und »Monnekenhaue« genannter Wirtschaftshof befand.

Die immer stärkere Einbindung der Klöster in das Wirtschaftsleben und die Politik machte es erforderlich, dass sich die Klosterangehörigen häufig auch außerhalb ihrer Klausur aufhalten mussten: der Abt zur Vertretung des Klosters vor Gericht, zu Beratungen mit dem Landesherrn oder den für die Klosteraufsicht zuständigen Bischöfen und Domkapiteln; andere Ordensleute suchten Märkte auf, um die Produkte ihres Klosters zu verkaufen oder Waren einzukaufen. Der wiederholte oder gar regelmäßige Aufenthalt vor allem in den Bischofsstädten gab vielen Klöstern Anlass, dort eigene Häuser zu erwerben und zu unterhalten. Zusätzlich boten diese Höfe den Konventen Rückzugsmöglichkeiten im Falle kriegerischer Auseinandersetzungen (Birgittenhof in Lübeck im Besitz des Klosters Marienwohlde).

Die Kenntnisse über die Klosterhöfe im heutigen Schleswig-Holstein sind begrenzt und beziehen sich auf den südlichen Landesteil mit den Bischofssitzen Lübeck und Ratzeburg. Demnach gab es in Lübeck sechs Klosterhöfe der Klöster Ahrensbök, Cismar (in zwei Häusern), Marienwohlde und Reinfeld aus der näheren Umgebung sowie Doberan (Mecklenburg) und Dünamünde (Lettland), in Ratzeburg jedoch nur einen des Klosters Reinfeld. Die wirtschaftlich sehr aktiven Reinfelder Zisterzienser unterhielten neben den Höfen in Lübeck und Ratzeburg weitere an anderen Orten wie Güstrow und Lüneburg, wo sie auch Anteile an der Saline besaßen und am Salzhandel beteiligt waren. Da

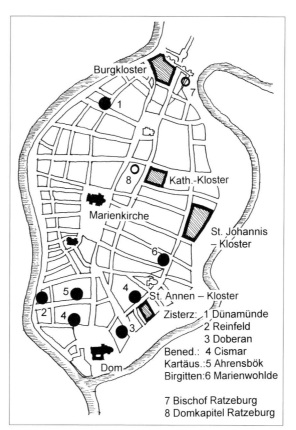

20 Lübeck, Standorte von Klosterhöfen

Zisterzienserklöster wegen ihrer abseitigen Lage durchwegs Stadthöfe besaßen, ist anzunehmen, dass auch das Rudekloster Klosterhöfe in den benachbarten Bischofssitzen unterhielten, darüber ist aber nichts bekannt: Vermutlich war Schleswig als Wirtschaftsstandort zu unbedeutend, um sich hier einzurichten.

Die Bettelorden brauchten wegen ihrer nur geringen wirtschaftlichen Tätigkeiten keine Höfe an anderen Orten, gegebenenfalls fanden die Mönche anderenorts in ordenseigenen Niederlassungen Unterkunft. Die Nonnenklöster wurden nach außen durch den jeweiligen Propst vertreten, das Erfordernis eigener Klosterhöfe bestand dadurch nicht.

Funktion und Gestalt der Wirtschafts- und Klosterhöfe waren im Einzelnen sehr unterschiedlich, so dass sich keine eigene Bautypologie entwickelt hat. Auch für die Wahl des Standorts innerhalb der Städte sind keine Regeln erkennbar. In Lübeck gab es eine erkennbare Häufung im Umfeld des Doms. Ob damit die Absicht verbunden war, dem Bischofssitz möglichst nahe zu sein oder sich dieses allein aus der zufälligen Verfügbarkeit von Grundstücken ergeben hatte, ist unklar.

1.1.5. Klöster als Stätten von Kultur und Bildung

21 Kloster Fontenay, Scriptorium

22 Kloster Preetz, Evangeliar: Heiliger und Evangelist Johannes, 1240/50

Im Vergleich zu den das Bild abendländischer Klosterkultur prägenden epochalen Leistungen der großen Klöster wie Cluny, St. Gallen oder auch der sächsischen Klöster im Harzvorland war der Beitrag der schleswig-holsteinischen Klöster vergleichsweise bescheiden. Hier ist ein deutliches »West-Ost- und Süd-Nord-Gefälle« (Zielinski, S. 176) sowohl hinsichtlich Größe und Bedeutung der Klöster als auch Umfang und Qualität von Ausbildung und künstlerischer Produktion festzustellen. Die für die Gottesdienste notwendigen Bücher und Schriften sowie Retabel und sonstige Kunstwerke bezog man weitestgehend von außerhalb oder vor Ort ansässigen Werkstätten. Doch das wenige Erhaltene lässt den Glanz der Klöster auch heute noch ahnen, obwohl vieles verstreut und nur noch in Museen bewundert werden kann. Auch in den schleswig-holsteinischen Klöstern wurden gregorianischer Gesang geübt und kunstgewerbliche Arbeiten ausgeführt, davon ist aber praktisch nichts überliefert. Eine Reihe erhaltener Retabel wie das in der Cismarer Klosterkirche von 1315–1320 oder die aus den Lübecker Stadtklöstern stammenden und heute im St. Annen-Museum in Lübeck aufbewahrten sowie der »Bordesholmer Altar« von Hans Brüggemann, ehemals in der Klosterkirche Bordesholm und seit 1666 im Dom zu Schleswig, gehören allerdings zu den besten Leistungen ihrer Zeit in Europa und zeugen vom hohen Anspruch der Stifter.

Die Klöster waren die einzigen Institutionen des Mittelalters, die das Wissen der Spätantike mit dem der humanistischen Renaissance verbanden. Grundlage dafür waren umfangreiche Bibliotheken, von denen sich nur Restbestände erhalten haben. Dass es hier auch Scriptorien, Schreibstuben zum Abschreiben älterer Bücher, wie in den großen berühmten Klöstern wie Fontenay, St. Gallen oder auch Helmarshausen gab, ist für die Domherrenstifte anzunehmen, für die übrigen Klöster aber nicht vorstellbar. Die einzige in Schleswig-Holstein erhaltene illuminierte mittelalterliche Pergamenthandschrift, das Preetzer Evangeliar von 1240–1250, stammt auch nicht aus Preetz, sondern vermutlich aus Nordelbingen (Lübeck?) oder Niedersachsen. Entweder ist es von dort bezogen worden, oder aber ein Braunschweiger Wandermönch hat es hier geschaffen. Die Handschrift enthält die vier Evangelien, fünfzehn Kanontafeln sowie ein Verzeichnis der Textabschnitte, die in Messen der Sonn- und Feiertage gelesen oder gesungen sog. Perikopen. Insgesamt haben sich vier ganzseitige Miniaturen mit den Darstellungen eines seine Jungen nährenden Pelikans und Samsons mit den Stadttoren Gazas sowie zwei Bildnissen Johannes als Apostel und Evangelisten erhalten.

Große Bedeutung erlangten die Bibliotheken in den meisten Klöstern und Stiften. Wertvolle Schriften des Klosters Marienwohlde befinden sich heute in Mölln. Die Bibliothek des Klosters Bordesholm, von der die wertvollsten Handschriften zunächst nach Gottorf, später nach Kopenhagen gebracht worden und umfangreiche Bestände in der vor Ort gegründeten Gelehrtenschule verblieben waren, bildete später den Grundstock der 1665 gegründeten Kieler Universitätsbibliothek. Wesentliche Teile der Bibliothek des Segeberger Stiftes befinden sich heute in der National- und Universitätsbibliothek zu Prag. Dass der Bibliotheks- und Archivbestand der Klöster bei deren Auflösung verstreut oder vernichtet wurde wie in Kiel oder Mohrkirchen, war im Übrigen auch in anderen Landschaften nicht selten.

23 Kloster Preetz, Bibliothek im Konventshaus

Auch wenn vielfach Belege fehlen, ist davon auszugehen, dass nahezu alle Klöster über eigene Schulen verfügten. Die Dom- und Stiftsschulen in Lübeck, Ratzeburg und Schleswig bzw. in Bordesholm und Segeberg waren zur Ausbildung der zukünftigen Bistumskleriker und Kanoniker bestimmt, standen aber auch anderen jungen Menschen der höheren Stände offen. Gelehrt wurden neun Jahre lang die grundlegenden sprachlichen Disziplinen Grammatik, Rhetorik und Dialektik (das sogenannte »Trivium« = Dreiweg) sowie die sogenannten mathematischen Disziplinen Arithmetik, Astronomie, Geografie und Musik (das sogenannte »Quadrivium« = Vierweg) als unverzichtbare Vorstufe zum Aufstieg in die drei Fakultäten (Theologie, Jura, Medizin) der ab 1200 entstehenden, in hohem Maße durch die Dominikaner beherrschten Universitäten.

Große Bedeutung kommt auch der Musikpflege zu, die zu den vier Disziplinen des »Quadriviums« zählte und wozu insbesondere die Benediktiner Wesentliches beitrugen. Ausgangspunkt war die Notwendigkeit, lateinische Choräle in der Messliturgie regelgerecht und ordnungsgemäß zu singen. Hymnen und Choräle wurden als Abbild der himmlischen Ordnung und im Zusammenhang mit den anderen Disziplinen gesehen: »... in der Ordnung der Schöpfung, in der Reinheit der Zahlenverhältnisse (Arithmetik) und Raumgrößen (Geometrie), im Lauf der Gestirne (Astronomie) und in den Klängen der Musik)«, alle von Harmonien und Proportionen handelnd und Ausdruck und Widerspiegelung der göttlichen Vollkommenheit. (Kintzinger S. 81)

In Frauenklöstern wurde der Fächerkanon des »Quadrivium« nicht gelehrt. Ziel des gemeinsamen Unterrichts von zukünftigen Klosterfrauen und weltlichen Mädchen waren vor allem Frömmigkeit und das Erlernen von Latein. Aus der Verwendung von Latein und Niederdeutsch, einem mittelalterlichem Plattdeutsch, im Preetzer »Buch im Chore« kann allerdings gefolgert werden, dass Latein nicht von allen Nonnen oder Schülerinnen in gleichem Maße beherrscht wurde, so dass es zweckmäßig schien, Fragen des Alltags in der Umgangssprache zu regeln. Die Vernachlässigung der Lateinkenntnisse führte auch zur Beeinträchtigung der Gottesdienste, des Chorgebetes und der liturgischen Gesänge: »Der Chorgesang... grenzte wohl in manchen Konventen an Katzenmusik.« (Gleba, 2004, S. 216) Für die Mädchen höherer Stände war dieser Unterricht die einzige Möglichkeit, in einer durch Männer dominierten Umwelt, eigene Talente zu entwickeln.

Andere Orden, wie die der Franziskaner und Dominikaner, beteiligten sich auch am Unterricht in kommunalen Schulen wie beispielsweise in Kiel. Wie groß die Bedeutung des klösterlichen Bildungswesens im Bewusstsein der Zeit auf beiden Seiten, der Klöster und der Bürger als Träger ordenseigener bzw. kommunaler Einrichtungen, gewesen sein muss, lassen die Versuche der Bordesholmer Chorherren im 14. Jahrhundert erkennen, das Schulpatronat gegen den städtischen Klerus in Kiel durchzusetzen. Den Anspruch auf das ausschließliche Recht des Lateinunterrichts an kirchlichen Schulen hat die Kirche stets vehement verteidigt. Auch dass der Lübecker Rat ein neues Kloster der Augustinerinnen noch 1503, also am Vorabend der Reformation, gründete, nachdem der Mecklenburger Herzog Magnus um 1500 begonnen hatte, das Kloster Rehna, in dem zahlreiche Töchter Lübecker Patrizier untergebracht waren, zu behindern, statt eine eigene städtische Schule zu gründen, zeigt wie sehr Kloster und Schule gleichgesetzt wurden. Diese Gleichsetzung von Kloster und Bildungsstätte muss auch noch nachgewirkt haben, als in den evangelischen Ländern aufgehobene Klöster in fürstliche Schulen umgewandelt wurden wie Schulpforta oder Maulbronn, in Schleswig-Holstein die Latein- bzw. Gelehrtenschulen in Meldorf und Bordesholm.

Diese neuzeitlichen Nachfolgeeinrichtungen der Klosterschulen waren auch an anderen Orten Keimzellen für die Bildung neuer Lehranstalten, als die Mächtigen, Landesherren wie Bürger, zur Verwaltung und Konsolidierung ihrer Herrschaft zunehmend gelehrtes Personal mit praktischen Kenntnissen benötigten, vor allem Juristen des kirchlichen wie römischen Rechts, Theologen, Mediziner und Philosophen. Sie ergänzten damit die älteren landesherrlichen, ab dem 13. Jahrhundert gegründeten und insbesondere durch die Dominikaner- und Augustinerorden dominierten Universitäten. In Schleswig-Holstein kam es zu einer eigenen Landesuniversität zunächst nicht. Die am nächsten gelegenen Universitäten waren: Rostock (1419) und Greifswald (1456) sowie Kopenhagen (1479). Erst 1665 wurde aus der Gelehrtenschule in Bordesholm die Kieler Christian-Albrechts-Universität entwickelt.

1.1.6. Versorgungsfunktion für Angehörige der adeligen Stifterfamilien und des Patriziats

Die Stiftung und nachhaltige Förderung von Klöstern durch Landesherren und adelige Familien folgte stets mehreren Zielen zugleich: Konsolidierung der eigenen Macht, Landesausbau, Verbreitung und Pflege des christlichen Glaubens, aber auch sich des ewigen Seelenheils durch heilbringende Gebete der Klosterangehörigen zu vergewissern. Mit der Stiftung eines Klosters und einer dazugehörigen Grundherrschaft und der Besetzung der Leitungsfunktionen mit Mitgliedern der Stifterfamilie wie den nachgeborenen Söhnen oder Töchtern blieb der Familienbesitz de facto letztlich in einer Hand. Zusätzlich hatte man ein geistliches Zentrum geschaffen, an dessen Wissen die eigenen Nachkommen durch den Erwerb von Kenntnissen in Lesen, Schreiben, Rechnen und Latein nicht nur zur Teilnahme am religiösen Leben teilhaben konnten, zugleich zur Bewältigung weltlicher Aufgaben wie die Anlage und Führung von Wirtschaftsbüchern oder Fischzucht und Landbau vorbereitet wurden.
Besondere Beachtung verdient die Funktion von Klöstern zur standesgemäßen Unterbringung

24 St. Johannis-Kloster Schleswig, Remter, im Hintergrund Totenschilde mit Familienwappen der Konventualinnen, 17.–20. Jh.

von unverheirateten Töchtern und Witwen des Adels, später auch des Patriziats, nicht zuletzt, weil dieses letztlich den Fortbestand einiger Klöster über die Reformation des 16. Jahrhunderts und vielfältige Schwierigkeiten im 19. und 20. Jahrhundert hinaus sicherte.

Die schleswig-holsteinischen Nonnenklöster folgten den Regeln der Benediktiner, Zisterzienser oder Augustinereremiten, die Bettelorden entwickelten keine eigenen Niederlassungen für Frauen im Land. Allerdings gelang es auch den die Zisterzienserregeln befolgenden Frauenkonventen nicht, sich dem Orden zu inkorporieren.

Es gab sicher einige Frauen, die aus religiösen Gründen oder um einer ungewollten Verheiratung zu entgehen, freiwillig ins Kloster eintraten, andere wurden gegen den eigenen Willen abgeschoben oder hatten Verfehlungen zu büßen. Wieder andere traten als Witwen ins Kloster ein oder wurden dorthin geschickt, um keine Konflikte in der Herrschaftsnachfolge entstehen zu lassen. Für manche Familie mag auch die Tatsache eine wichtige Rolle gespielt haben, dass die Verheiratung einer Tochter wesentlich teurer als die Mitgift für das Kloster war. Nicht wenige der aus der Oberschicht stammenden und bequemes Leben gewohnten Frauen, zugleich standes- und selbstbewusst, brachten die eigene Dienerschaft mit ins Kloster. Insbesondere nach Rückgang der Zahl von Laienschwestern im 14. Jahrhundert versahen bezahlte Mägde die niederen Dienste auch innerhalb der Klausur. Unter solchen Umständen war ein klösterlich geregeltes Gemeinschaftsleben von geweihten Nonnen und Schülerinnen, Laienschwestern und Mägden auf engstem Raum nur schwer zu praktizieren. Wiederholte Visitationen deckten immer wieder gravierende Mängel auf.

Die Nonnenklöster wurden bereits früh von den adeligen Familien bevorzugt mit mehr oder weniger reichen Stiftungen und Schenkungen bedacht, so dass man von gemeinsamen Hausklöstern der adeligen Familien sprechen könnte.

Die Lübecker Patrizier schickten ihre Töchter oder Witwen vornehmlich ins St. Johanniskloster vor Ort oder kauften diese in eines der adeligen Klöster wie vor allem Preetz ein. Aus der Familie von Johannes Hildemar aus Lübeck sind zwischen 1347 und 1357 allein fünf Töchter in

25 St. Johannis-Kloster Schleswig, Totenschilde

Preetz nachweisbar. Durch die Verschwägerung der nicht zahlreichen adeligen Familien ergaben sich überaus enge Verwandtschaftsnetze, die sich sowohl in den Namenlisten der Pröpste als auch der Nonnen widerspiegeln und das Leben im Kloster prägten.

Die Verwaltung oblag einem Propst, der als nachgeboren oder für den Ritterdienst nicht geeignet, wie die Priorin einer der einflussreichen adeligen Familien entstammte und den Konvent nach außen hin vertrat.

1.1.7. Krankenpflege und Fürsorge für Arme und Durchreisende

Kranke und gebrechliche Menschen des Mittelalters waren, sofern sie nicht Unterstützung durch Verwandte, Nachbarn oder Kirchgemeinden genossen, auf Almosen angewiesen. Klöster und Pfarreien waren deshalb verpflichtet, aus dem ihnen zustehenden Zehnten den Armen der Gegend und Umherziehenden Hilfe zu gewähren, zumeist in Form eines einfachen Essens oder Unterkunft für mindestens eine

Nacht. Die Klöster waren aber auch Arbeitgeber sonst Beschäftigungsloser: bei der Ernte, kleinen Arbeiten oder sonstigen Hilfsarbeiten.

Lange Zeit waren die Klöster und Stifte die einzigen Institutionen, in denen Kranke und Bedürftige Hilfe finden konnten. Die Sorge um Kranke, Kinder, Gäste und Arme gehörte nach den benediktinischen Regeln ebenso wie die Pflege älterer Mitbrüder zu den unabdingbaren Pflichten jedes Klosters. Krankheit und körperliche Missbildung galten als Folge und äußere Zeichen der Sünde, die Betroffenen als gottverflucht, die vor allem der christlichen Barmherzigkeit und geistlichen Betreuung vor Eintritt in das Jenseits bedurften.

Zentrum eines Hospitals war deshalb auch stets die Kapelle als Ort gemeinsamer Gebete und Gottesdienste. Dementsprechend wurde zur Heilung weniger Wissen und Diagnose vorausgesetzt, als Glaube, auch Aberglaube, wenn man an die vermeintlich heilende Wirkung von Reliquien denkt. Die medizinische Versorgung in engerem Sinne erfolgte auf sehr niedrigem Niveau. Über die antiken und in den Klöstern immer wieder abgeschriebenen Texte des arabisierten Arztes Galenos (Galen, 129–ca. 200) kam die Medizin des Mittelalters nicht wesentlich hinaus. Die von Galen aus der Beobachtung der Körperflüssigkeiten entwickelte Säftelehre (Humoralpathologie) und daraus abgeleiteten Therapieformen (z. B. Aderlass, Verabreichung von aus Kräutern gewonnenen Medikamenten) waren teilweise hilfreich, mitunter auch nutzlos, wenn nicht sogar schädlich. Neuere Forschungen verweisen allerdings auch auf das empirisch gewonnene Wissen, beispielsweise bei übermäßiger Kropfbildung jodhaltigen Seetang zu verabreichen oder zur Wundheilung Penicillin produzierende Schimmelpilze einzusetzen. Auch war die Wirkung von vielen Kräutern bekannt, die in mehreren Werken wie dem Lorscher Arzneibuch vom Ende des 8. Jahrhunderts oder dem vom Reichenauer Abt Walahfrid Strabo stammenden sogenannten Hortulus (de cultura horturum, Mitte des 9. Jahrhunderts) beschrieben und in den Klostergärten angebaut wurden. Auch die beiden medizinischen Bücher von Hildegard von Bingen zeugen von der Kenntnis der Mystikerin antiker Texte ebenso wie der Volksmedizin. Die narkotisierende Wirkung des Schlafmohns oder des Schlafkrautes, das für das Antoniterkloster Mohrkirchen nachgewiesen werden konnte, wurde bei Operationen oder Schmerzzuständen genutzt, um die Leiden der Patienten zu lindern. Antikes und volkstümliches Wissen bildeten so die Voraussetzungen für die Entwicklung der modernen Medizin mit Diagnostik und Therapie in den Klöstern. Auch hatte der ganzheitliche Ansatz, Geist und Körper in Einem zu sehen, mehr positive Wirkung, als es die rein medizinische allein hätte haben können.

Das Aachener Konzil 817 schrieb für Klostergründungen die Einrichtung eines dreigliedrigen Systems der Krankenpflege vor: eine »domus hospitum« für vornehme Reisende, ein »hospitale pauperum« für Arme, Kranke und Pilger außerhalb der Klausur, um den Klosterbetrieb nicht zu stören und die Ausbreitung von Krankheiten zu vermeiden, außerdem eine »infirmeria« für kranke Mönche in räumlicher Nähe der Klausur. Diese Zuordnung zum Teil

26 Mönche verteilen Brot an Arme, Holzschnitt, 15. Jh.

27 Exlibris des Arztes Theodor Bloch: die heiligen Ärzte Kosmas und Damian mit Uringlas und Salbtopf; Holzschnitt von Lucas Cranach, 1509

28 Harnschau und Pulsfühlen; Holzschnitt aus: Van allerleye Ghrbreck unde Kranckheyden der mynschen, gedruckt in Lübeck 1483

außerhalb der Klausur, zum Teil in Verbindung mit dieser, war charakteristisch für große Klöster, in kleineren dürfte diese funktionale Trennung weniger strikt gewesen sein.

Umfang und Bedeutung der Krankenpflege in den schleswig-holsteinischen Klöstern ist wegen der sehr dürftigen Quellenlage nicht im Einzelnen belegt. Zweifelsfrei bestand an allen Klöstern und Stiften eine Infirmerie, mindestens eine Krankenstube wie am St. Johanniskloster in Lübeck. Erhalten hat sich der zweigeschossige Hospitalflügel am Burgkloster der Dominikaner in Lübeck. Am St. Annenkloster in Lübeck gilt ein Hospital im Anschluss an den Chor der Kirche als gesichert. Im Kloster Preetz ist noch Ende des 15. Jahrhunderts ein Siechenhaus mit mehr als 30 Plätzen als Ersatz eines älteren Gebäudes für nur zwei Kranke errichtet worden. Für die reichen Zisterzienserklöster (Reinfeld und das Rudekloster) ist mindestens eine klostereigene Krankenversorgung anzunehmen.

Die vergleichsweise geringe Bedeutung des Hospitalwesens in den meisten schleswig-holsteinischen Klöstern könnte ihre Begründung darin finden, dass diese zu einem Zeitpunkt entstanden, als sich bereits andere Orden und Institutionen der Krankenpflege zuwandten und dieses als Hauptaufgabe ansahen. Zu ersteren gehörten die seit Ende des 11. Jahrhunderts entstehenden Pflegeorden, darunter die Antoniter-Chorherren (Mohrkirchen), ab Ende des 12. Jahrhunderts der sehr aktive Orden des Heiligen Geistes (Zusammenschluss mehrerer Laienbruderschaften) und später im 14. und 15. Jahrhundert mehrere nach den Augustinusregeln lebende Brüder- und Schwesterngemeinschaften (Schwestern vom gemeinsamen Leben in Plön).

Anders als die anderen Orden wandten sich die Franziskaner den sozialen Randgruppen direkt zu, gingen in deren Wohnquartiere, um diese dort zu pflegen und zu trösten und auch selbst zu leben. Nach Franziskus sollten »die Brüder sich freuen, wenn sie mit gewöhnlichen und verachteten Leuten verkehren, mit Armen und Schwachen und Aussätzigen und Bettlern am Weg«. (1. Regel, 9,2, zit. n. Dinzelbacher u. Hogg, S. 185)

Auch das Bürgertum gründete eigene Hospitäler, Pesthäuser und Leprastationen zur Isolierung und Pflege der Kranken. Die Übernahme von Bezeichnungen wie »Heiliggeisthospital«

29 Lübeck, Burgkloster: Halle im Erdgeschoss des Hospitalgebäudes

auch für diese bezieht sich allerdings nicht auf die Trägerschaft des Ordens, sondern auf das Patrozinium der Kapellen (Flensburg, Kiel, Lübeck, Neustadt, Ratzeburg, Rendsburg, Schleswig u. a.). In einigen Fällen ist für diese die unterstützende Tätigkeit von Franziskanermönchen bezeugt.

30 Kloster Zinna, Siechenhaus, im Hintergrund das Abtshaus

1.1.8. Alltag im Kloster

Aus dem Innenleben der Klöster ist nur wenig bekannt. Soweit noch vorhanden, lassen Berichte oder Akten auf nach außen gerichtete Aktivitäten oder den Kauf oder Verkauf von Klostergut schließen. Der Alltag wurde dagegen im Wesentlichen durch ordens- und klostereigene Regeln und Entscheidungsstrukturen bestimmt, in denen Individuelles als nicht mitteilenswert galt. Persönliche Aufzeichnungen oder gar Tagebücher von Mönchen oder Nonnen sind deshalb bis weit ins 15. Jahrhundert nicht überliefert. Aus den häufig sehr detaillierten Ordensregeln sind aber durchaus indirekt Rückschlüsse auf Interna erlaubt. Denn alles Menschliche wie Trunksucht, Unzucht, Völlerei, Neid und Missgunst müssen auch hinter den Klostermauern geherrscht haben, sonst hätte es nicht so umfangreicher Strafkataloge bedurft.

Besonders den Frauen galt das Misstrauen der Kirchenväter und die Sorge um deren Jungfräulichkeit: »Zu den unerschütterlichsten Vorurteilen des Mittelalters gehörte die Ansicht, dass Frauen nicht in der Lage seien, sich um ihre Angelegenheiten selbst zu kümmern und vor den Gefahren und Versuchungen der Welt beschützt werden müssten – sonst würden sie sehr rasch selbst Teil dieser Gefahren und Versuchungen werden«. (Brooks, S.202) Außer Acht gelassen wurde dabei allerdings, dass gerade im frühen und hohen Mittelalter Frauen als Stifterinnen und Klostergründerinnen eine große Rolle spielten, so stammten die Vorsteherinnen von Reichsstiften und bedeutenden Klöstern aus fürstlichen Häusern und übernahmen auch weitreichende politische Aufgaben. Schon 1298 forderte Papst Bonifatius VIII. eine völlige Klausur der Frauen, was sich aber erst nach und nach durchsetzen sollte. Über das nach außen abgeschlossene Leben im Kloster oder Stift kursierten dennoch schon von Anfang an Gerüchte über Ausschweifungen und Lotterleben, die sich leicht für machtpolitische Intrigen instrumentalisieren ließen und sich in Luthers Schriften zu tödlichem Gift verdichten sollten.

Den heutigen Kenntnisstand über das Leben in den Klöstern fassen zwei neuere Veröffentlichungen zusammen: »Klosterleben im Mittelalter« von Gudrun Gleba (2004) und der Ausstellungskatalog »Krone und Schleier, Kunst aus mittelalterlichen Frauenklöstern« (2005). Letzterer enthält eine Reihe aufschlussreicher Essays über die Entwicklung der Frauenkonvente. Einen authentischen Einblick in das Leben eines Nonnenklosters gewähren einige wenige persönliche Aufzeichnungen wie das einer Zisterziensernonne im Heilig-Kreuz-Kloster bei Braunschweig (1484–1507) oder das für den Betrachtungsraum einzigartige, im Kloster Preetz entstandene und dort aufbewahrte »Buch im Chore« der Nonne und Priorin Anna von Buchwald. Die drei von dieser mit persönlichen Anmerkungen versehenen Teile des Buches – Liturgie, Klosteragende und Wirtschaftsbuch zugleich – sind ein bedeutendes Dokument der Umbruchzeit am Vorabend der Reformation.

1.1.8.1. Alltag in den Mönchsklöstern: arbeiten und beten!

Die Aufgaben eines Mönchs bestanden im »opus dei«, also dem andauernden Gotteslob, in der »lectio divina«, der Lesung und Reflexion der heiligen Schriften, und in der Arbeit. »Ora et labora« gilt als der Sinnspruch der Benediktiner, der diese Aufgaben zusammenfasst.

Der Ablauf der Gebetszeiten, zu denen die Mönche achtmal zum Gottesdienst zusammenkamen, begann in der Nacht mit den Vigilien und setzte sich im Abstand von etwa zwei bis drei Stunden siebenmal am Tag fort bis zur Komplet vor der Nachtruhe. Der größte Teil der Gebete und Gesänge war vorgegeben. Der Psalter mit seinen 150 Psalmen sollte dabei im Laufe der Woche einmal ganz durchgenommen werden. An Sonn- und Festtagen verlängerten sich die Gebetszeiten bis zu einem den ganzen Tag andauernden Dienst. Die Mönche versammelten sich stehend oder sitzend hierzu im Chor, wo jeder einzelne seinen Platz im an den Längsseiten aufgestellten Chorgestühl hatte. Eine gewisse Erleichterung für die stehenden Mönche boten konsolartige »Miserikordien« unter den Klappsitzen als Gesäßstütze, um den stundenlangen Gottesdiensten und Gebeten folgen zu können.

Die von den Ordensregeln geforderte Arbeit bezog sich auf die im und beim Kloster anfallenden Arbeiten. Harte körperliche Arbeit war insbe-

31 Klosterkirche Bordesholm, Chorgestühl

sondere den Zisterziensermönchen abverlangt, wurde aber zunehmend auch den Konversen übertragen. Bei den Benediktinern gehörte das Schreiben, Kopieren, Illuminieren und Binden von Schriften zur wichtigsten Arbeit im Kloster. Die Hierarchie im Kloster war klar festgelegt. Der Abt vertrat die Stelle Christi und fungierte als Vater, Vorbild, Lehrer und Richter zugleich. Ihm folgten der Propst als Stellvertreter und der für Teilaspekte zuständige Dekan. Der Cellerar, Kellermeister, war verantwortlich für die klösterliche Wirtschaft, der Pförtner, zumeist ein älterer und gegen Versuchungen gefeiter Mönch, entschied an der Pforte über den Zugang zum Kloster und kontrollierte zugleich Pilger, Bettler und Gäste. Der Bibliothekar pflegte den Buchbestand und verteilte die für die individuelle »lectio divina« erforderlichen Schriften. Der Novizenmeister kümmerte sich um die Ausbildung der Novizen und klösterliche Einweisung. Weitere Aufgabenbereiche waren die Versorgung kranker Mönche, Armer, Pilger und Gäste, die Führung der Kleiderkammer sowie Küchen- und Waschdienste. Zu erledigen waren auch Aufgaben zur Leitung klostereigener Handwerksbetriebe, Mühlen und entfernt liegender Hofstellen und Klosterhöfe in den größeren Städten, weiterhin Vertrieb und Kauf landwirtschaftlicher und handwerklicher Produkte.

In diesem Spannungsfeld zwischen Kontemplation und Arbeit verfügte der Abt über weitreichende Kompetenzen, auch über die, den Konvent über einzelne Fragen beraten zu lassen oder nicht. Zur Sanktionierung von Vergehen gab es einen abgestuften Strafkatalog von der individuellen Ermahnung über Zuweisung eines untergeordneten Platzes in der Kirche, Ausschluss aus der Tischgemeinschaft bis zur völligen Ausweisung aus der Gemeinschaft. Im Konvent hatten alle Mönche gleiches Stimmrecht.

Die Formen der klösterlichen Askese werden im Verzicht auf weltlichen Luxus deutlich. Dem Mönch standen nur wenige Kleidungsstücke zu: jeweils eine Sommer- und eine Winterkutte aus Leinen bzw. Wolle, zwei »Tuniken« genannte Untergewänder, ein Kittel, Socken und Schuhe, sowie einige notwendige Gebrauchsgegenstände wie Messer, Griffel und Schreibtafel. Die Mönche und Novizen schliefen in großen Dormitorien, jedem einzelnen stand nur wenig Bettzeug zu: eine Matte, eine Decke, ein Kopfkissen. Alles war Eigentum des Klosters, Privatbesitz ausgeschlossen. Die Benediktiner trugen braune Kutten, die Zisterzienser weiße. Unzureichend war in allen Klöstern die Körperpflege. Während die Zisterzienser auf ein Mindestmaß an Reinlichkeit achteten und sogar verpflichtet waren, vor dem Essen im Brunnenhaus nahe dem Refektorium die Hände zu waschen, galten bei den Benediktinern Verhaltensregeln, die das Baden nur bei besonderer Gelegenheit und mit Zustimmung des Abts erlaubten: »Von den Bädern der Brüder: Sonst pflegen sich die Menschen, wenn sie sich rasiert haben, zu baden. Von unseren Bädern brauchen wir nicht viel zu sagen. Nur zweimal im Jahr, dann freilich ohne Erlaubnis, kann baden, wer will: vor Weihnachten und vor Ostern. Sonst darf man mit Erlaubnis baden, wenn es die Gesundheit erfordert«. (aus den Konstitutionen des Benediktinerabts Wilhelm von Hirsau, um 1090, zit. n. Klosterleben im Mittelalter, S.175) Das Zitat bezeugt, dass man den Zusammenhang von Sauberkeit und Gesundheit wohl kannte. Die zeitgenössischen Vorstellungen der Diätetik als Lehre von der gesunden Lebensordnung und -führung zielten darauf, durch ein gesundes Maß an Licht und Luft, Essen und Trinken, Bewegung und Ruhe, Schlafen und Wachen, Stoffwechsel und Gemütsbewegung die Gesundheit wieder herzu-

32 Einweisung von Novizen in die Bestimmungen des Klosterlebens. Holzschnitt, 15. Jh.

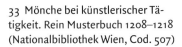

33 Mönche bei künstlerischer Tätigkeit. Rein Musterbuch 1208–1218 (Nationalbibliothek Wien, Cod. 507)

stellen. Demgegenüber wird von häufigen Erkältungen und Nasenbluten berichtet. Schon Bernhard von Clairvaux blieben die Magenbeschwerden seiner Brüder nicht verborgen und Hildegard von Bingen verwies auf die Gefährdung der Gesundheit durch fehlenden Schlaf. Vermutlich hat die durchschnittliche Lebenserwartung der Mönche etwa 30 Jahre betragen. Im Durchschnitt betrug diese dagegen im Spätmittelalter bei Männern 47, bei Frauen 44 Jahre.

Das Essen war recht kärglich und wurde zweimal am Tage eingenommen: mittags eine Hauptmahlzeit, eine weitere noch vor Sonnenuntergang. Mittags gab es zwei Speisen, dazu Obst und frisches Gemüse. Dem gesunden Mönch war der Verzehr von Fleisch vierbeiniger Tiere untersagt, Geflügel und Fisch waren dagegen erlaubt. Dieses hat zur Entwicklung der Fischzucht im Umkreis der Klöster wie in Reinfeld beigetragen, um jederzeit die Versorgung mit Frischfisch wie Zander, Forelle und Hecht sicherzustellen. Jeder Mönch erhielt auch eine Ration Brot, die er sich selbst über den Tag einteilen konnte. Getrunken wurde vor allem Wasser, eine geringe Menge von Wein oder häufig aus eigener Brauerei stammendes Bier waren jedoch erlaubt. Die verständnisvolle Warnung vor Trunksucht zeigt aber auch, dass diese ein Problem in den Klöstern gewesen sein muss: »Zwar lesen wir, Wein passe überhaupt nicht für Mönche. Aber weil sich die Mönche heutzutage davon nicht überzeugen lassen, sollten wir uns wenigstens darauf einigen, nicht bis zum Übermaß zu trinken, sondern weniger. Denn der Wein bringt sogar die Weisen zu Fall.« (Benedikt, 40.6-7)

Das Leben in den Klöstern der Benediktiner und Zisterzienser unterschied sich nur marginal. Bei den Benediktinern kam der Arbeit in den Scriptorien und der wissenschaftlichen Arbeit allerhöchste Bedeutung zu, die Zisterzienser lehnten dieses zunächst ab und widmeten sich mehr praktischen Tätigkeiten beim Landesausbau oder dem Bauen, zwei Aufgabenfeldern, in denen sie Hervorragendes leisteten.

Unterschiedlich waren die Entscheidungsstrukturen. Bei den Benediktinern verfügte der Abt des jeweiligen Klosters über die höchste, ausschließliche Macht nach innen wie nach außen. Dieses veränderte sich erst, als der gesamte Benediktinerorden durch Papst Benedikt XII. 1336 eine völlige neue Organisationsstruktur erhielt und in 30 Provinzen mit General- und Provinzialkapiteln eingeteilt wurde, um den Niedergang aufzuhalten. Schleswig-Holstein gehörte zu den Provinzen Deutschland bzw. Skandinavien. Nach dem Konstanzer Konzil 1417 bildeten sich mehrere Reformbewegungen. Zu diesen gehörte die Bursfelder Kongregation, der sich das Kloster Cismar anschloss. Durch gegenseitige Visitationen berieten sich die die Äbte befreundeter Klöster und sorgten für die Einhaltung gemeinsamer Beschlüsse.

Die Äbte der Zisterzienserklöster nahmen gegenüber den Benediktinern innerhalb ihrer Klöster eine vergleichsweise bescheidene Rolle als Erste unter Gleichen ein. Der Konvent hatte dadurch zwar größere Mitwirkungsrechte innerhalb des Klosters, Abt und Konvent waren aber durch die zentralistische Ordensverfassung an oft recht detaillierte Weisungen des Generalkapitels gebunden. Die Einhaltung dieser Weisungen wurde durch Beauftragte, zumeist Äbte benachbarter Zisterzienserklöster, überwacht.

Benediktinern und Zisterziensern war es nur im Ausnahmefall und mit ausdrücklicher Zustimmung des Abts gestattet, das Kloster zeitweilig zu verlassen. Noch stärker auf das eigene Kloster beschränkt lebten die Kartäuser wie Eremiten in ihren hausähnlichen Zellen. Durch verschiedene bauliche Vorkehrungen war vorgesorgt, dass kein Laut von außen die Stille störte. Mit Ausnahme des Chordienstes und gemeinschaftlicher Veranstaltungen des Konvents verbrachte hier der Mönch sein ganzes Leben. Das Essen wurde durch einen Laienmönch durch eine Klappe gereicht, die keinen Sichtkontakt zuließ. Der Tag war ausgefüllt mit Gebeten, Fürbitten und das Studium der heiligen Schriften sowie Pflege eines kleinen Gartens.

Demgegenüber hatten die Chorherren und Bettelmönche ein weitaus freieres Leben. Auch die Chorherren hatten die Verpflichtung, am Gemeinschaftsleben teilzunehmen: Chordienst, Zusammenkünfte des Konvents, gemeinsame Mahlzeiten. Darüber hinaus nahmen sie jedoch unterschiedlichste Aufgaben in der Diözesanverwaltung, bei der Seelsorge in anderen Kirchen, beim Unterricht in ordenseigenen oder kommunalen Schulen wahr.

Abgesehen von einigen festen Zeiten bewegten sich die Bettelmönche, Franziskaner und Do-

34 Zisterzienser beim Bau einer Kirche, Umzeichnung nach einer Tafelmalerei im Kloster Maulbronn, 15. Jh.

minikaner, fast völlig frei im Kloster wie in der Stadt. Die ersten Franziskaner zogen als Wanderprediger durch die Straßen, predigten in den Pfarrkirchen und bestritten ihren Lebensunterhalt durch Betteln. Zugleich gingen sie zu den Kranken und Armen, diese materiell wie seelsorgerisch zu betreuen. Die Bettelorden waren Personalverbände, d.h. der Mönch war nicht Mitglied eines bestimmten Konvents, sondern des Gesamtordens, der ihn auch in ein anderes Kloster versetzen konnte. Die Mönche waren mit einer grauen Kutte mit oder ohne Kapuze gekleidet, in der Regel gingen sie barfüßig, was ihnen die Bezeichnung »graue Mönche« (in Schleswig: Graukloster) oder »Barfüßer« eintrug. In ihren Klöstern verfügten sie über eigene Zellen. Die Mönche waren unter anderem durch ihre Mitgliedschaft in Flensburger Gilden auch in das städtische Leben einbezogen. Die Klausur verdiente häufig nicht mehr ihren Namen, denn sie war für fast jedermann zugänglich. Hier fanden Feiern, kommunale Veranstaltungen und sogar Hochzeiten statt, Laien verbrachten hier geistige Rüstzeiten.

Ähnliches gilt für die Dominikaner, die aber mehr die begüterten Bürger ansprachen als die ärmeren Bevölkerungsschichten. In stärkerem Maße als die Franziskaner widmeten sich diese den Wissenschaften und dem Schulunterricht. Die Ordenskleidung bestand aus einer weißen Tunika, einem weißen Skapulier (ein breiter von den Schultern herabfallender Tuchstreifen, der über dem Obergewand getragen wird und Vorder- und Rückseite bedeckt), sowie einer weißen Kapuze. Darüber wurde ein schwarzer Mantel mit einer schwarzen Kapuze getragen, weshalb auch die Dominikaner häufig als »schwarze Mönche« bezeichnet wurden.

1.1.8.2. Nach außen abgeschlossenes Leben der Nonnen zwischen Chordienst, Hausarbeit und Zeitvertreib

Das Leben in den Nonnenklöstern unterschied sich von denen der Mönche erheblich. Lebten in den frühen Kanonissenstiften die Frauen noch relativ frei, setzte sich angesichts zunehmender Klagen über angebliche Sittenlosigkeit die stete Verschärfung der Klausurbestimmungen durch, die es den Frauen verboten, sich außerhalb der Klausur aufzuhalten. Die Bursfelder Kongregation verfügte in der zweiten Hälfte des 15. Jahrhunderts für ihre Mitgliedsklöster sogar das Verbot jeglichen Kontakts nach außen. Ihr Einfluss wirkte sich auch auf das Kloster Preetz aus, über das die Cismarer Äbte die Aufsicht führten.

Die Aufnahme in das Kloster bedeutete für die häufig sehr jungen Mädchen oder Frauen immer auch zugleich den unwiderruflichen Abschied von der Welt. Bei unmündigen Mädchen unter 13 Jahren leisteten die Eltern das Gelübde, die ihre Tochter damit gleichsam dem Altar schenkten. Der Eintritt in das Kloster war für die Mädchen eine Art geistlicher Hochzeitstag mit Christus, der wie eine weltliche Hochzeit mit Geschenken und Festessen gefeiert wurde.

Die Nonnenklöster führten dennoch ein Leben, in dem sich Geistliches und Weltliches vielfach überschnitten. Schon die Augustinusregeln gestanden den Frauen zahlreiche Erleichterungen zu: Zuteilung von Speisen und Kleidung nach persönlichem Bedarf, Verzicht auf schwere körperliche Arbeit, Zugeständnisse in Hinblick auf persönliches Eigentum u.a. Die für Mönche geltenden Forderungen nach strenger Askese wären wohl auch nicht durchsetzbar gewesen, denkt man nur an die vielen Frauen, die sich aus völlig anderen als religiösen Motiven im Kloster aufhielten. Auch waren stets Männer in der Nähe: Priester für Gottesdienste und Beichte, der Propst und seine Helfer, Knechte für die groben Arbeiten und Durchreisende, was eine totale Abschirmung unmöglich machte.

Der Tagesablauf war bestimmt durch den Wechsel von Gebet, geistlicher Lesung, Arbeit, Ruhe und Zeitvertreib. Wesentliche Elemente des geistlichen Lebens waren das Stundengebet, zu dem sich die Nonnen jeden Tag siebenmal im Chor versammelten, und die Gebetsverpflichtungen in Erfüllung des Totenoffiziums für verstorbene Konventsmitglieder, Verwandte und Wohltäter sowie Messen und Prozessionen. Probleme des Konvents wurden anlässlich täglicher Zusammenkünfte im Kapitelsaal erörtert und gelöst. Themen waren dabei das Geständnis und die Ahndung von Verfehlungen sowie die Behandlung wirtschaftlicher Aktivitäten wie Landkauf und die Verteilung der täglichen Arbeit. Jeder Nonne war eine bestimmte Aufgabe zugeordnet, die zugleich die Hierarchie im

35 Klosterfrau beim Schreiben. Aus dem Missale Lebucense, Druck von Bartholomäus Ghotan, Lübeck, um 1487

Konvent festlegte. An der Spitze stand die Priorin (in Itzehoe die Äbtissin, ihr folgend die Priorin für die internen Angelegenheiten des Konvents), die für geistliche und wirtschaftliche Angelegenheiten zuständig war, die Kantorin für Chorgebet und Kirchengesang, die Kustodin für Kirche und Sakristei, die Kellermeisterin für den Klosterhaushalt, die Siechenmeisterin für die Krankenstube. Die Pförtnerin überwachte die Klosterpforte und verteilte Almosen an Kranke und Bedürftige. Für die Abwicklung wirtschaftlicher Aktivitäten und die Außenkontakte war der Propst bzw. in Itzehoe der Verbitter zuständig, die dem geistlichen Stand angehörten und in der Regel aus einer der Stifterfamilien stammten.

Die tägliche Arbeit umfasste Tätigkeiten innerhalb des Klosters wie Raum- und Wäschepflege, Kochen, Backen, Hilfe im Refektorium und bei der Krankenpflege. Bevorzugte Tätigkeiten waren daneben Handarbeiten wie das Besticken von Gebrauchstextilien, liturgischen Gewändern und Paramenten, von denen sich einige wertvolle Stücke in den Klöstern bzw. Museen erhalten haben. Diesen Arbeiten kam größte Bedeutung zu, dienten sie doch nicht dem Zeitvertreib, sondern neben den geistlichen Aufgaben der religiösen Vervollkommnung. Körperlich schwere Arbeiten übernahmen Laienschwestern mit reduzierten Gebetsverpflichtungen und zunehmend auch Mägde der Nonnen.

Breiten Raum im Tagesablauf nahm die Unterrichtung der zum Kloster gehörenden Mädchen und gegen Entgelt von Töchtern des Adels und des städtischen Patriziats, die für ein weltliches Leben und spätere Heirat vorgesehen waren, ein. Der durch die Schwester Scholastica geleitete Unterricht diente vor allem der Vertiefung des religiösen und sittlichen Lebens und beinhaltete nur die grundlegenden Fächer. Der Erfolg des Lateinunterrichts muss recht bescheiden gewesen sein, sonst hätte Anna von Buchwald nicht die lateinischen Texte durch in Niederdeutsch geschriebene Anmerkungen ergänzen müssen.

Die räumlichen und hygienischen Verhältnisse müssen aus heutiger Sicht völlig unzureichend gewesen sein. Wie auch in den Mönchsklöstern schliefen die Nonnen in einem gemeinsamen Schlafraum, erst im 15. Jahrhundert setzten sich Einzel- und Doppelzellen durch, die ein

36 Benediktinernonnenkloster Rehna mit dem abweisenden Äußeren der Konventsgebäude

Mindestmaß an Privatheit ermöglichten. Laienschwestern und Schülerinnen waren völlig unzureichend unter dem nicht gegen Wärme oder Kälte isolierten Dach untergebracht, in Preetz sogar in unbelichteten Verschlägen unter den Treppen. Die Fenster waren nicht zu öffnen, die Mehrzahl der Räume nicht zu heizen; man half sich mit Wärmepfannen, in die glühende Kohle eingefüllt war. Das Zusammenleben von Nonnen, Laienschwestern, Mägden und Schülerinnen kann angesichts der räumlichen Beengtheit und Abgeschlossenheit der Klöster nicht einfach und konfliktfrei gewesen sein. Es gab deshalb ein abgestuftes System von Strafen, das körperliche Züchtigung ebenso wie auch Ausschluss und sogar Exkommunikation einschloss.

37 Kloster Itzehoe, Mantelschließe, 3. Viertel des 15. Jh.

38 Kloster Preetz, Wandbehang mit biblischen Darstellungen, um 1450 (Landesmuseum Gottorf)

Einen gewissen Ausgleich für den geringen Komfort könnten die Nonnen in einem recht üppigen Speiseplan gehabt haben. Für das Kloster Preetz belegen die erhaltenen Rechnungen den Verzehr von unterschiedlichsten Fischen, darunter auch getrockneter Stör aus Russland, Schafs-, Schweine- und Rindfleisch sowie Geflügel. Von Einkaufsreisen der Priorin und des Propstes wurden Süßigkeiten, Rosinen, Datteln, Feigen und Gewürze wie Safran und Ingwer nach Preetz gebracht. Große Mengen von Mandeln dienten der Herstellung von Marzipan und Mandelmilch. Rosinen wurden während der Weihnachtszeit gepfefferten Weißwürsten zugesetzt, in der Fastenzeit erhielt jede Nonne ein Pfund Rosinen zum Naschen. Auch der Verbrauch von Rheinwein ist nachgewiesen. Der Verbrauch großer Mengen an Bier aus Hamburg, Plön und Einbeck wird allerdings durchreisenden Gästen zugerechnet. In der trotz aller Verpflichtungen nicht geringen freien Zeit, ging man gemeinschaftlichen Spielen nach. Bei Ausgrabungen zwischen 1979 und 1983 fand man auf dem Gelände des ehemaligen St. Johannis-Klosters in Lübeck Gegenstände von Spielen, »die um eines finanziellen Einsatzes betrieben wurden« wie Murmeln, Spielsteine und Würfel. (Gläser 2003, S. 62)

Das bereits erwähnte »Buch im Chore« wurde von der Nonne Anna von Buchwald, als Priorin zeitweilig auch die Aufgaben des Propstes erfüllend, ab 1471 verfasst. Die Texte sind teils in Latein, teils in Niederdeutsch geschrieben. Der überwiegend in Latein geschriebene erste Teil enthält eine Sammlung liturgischer Texte, der zweite ein Kalendarium mit der Zuordnung von Gesängen, Gebeten und Lesungen. Beide folgen dem Ziel einer Liturgiereform, durch Vereinfachung die Verinnerlichung des Glaubens zu fördern. Besonderes Interesse gebührt dem dritten Teil, da dieser einen der seltenen Blicke in das Leben hinter den Klostermauern erlaubt und die enorme Tatkraft der Anna von Buchwald erkennen lässt. Dabei ging es auch um die das Klosterwesen von Anfang an begleitende Frage persönlichen Eigentums. Anna entwickelte eine durchaus pragmatische Einstellung, die Privateigentum nicht grundsätzlich ausschloss, da es doch mehr um die innere Freiheit von Eigentum als den bloßen Besitz ginge, so wie Papst Gregor IX. schon 1230 Eigentums- und Gebrauchsrecht unterschieden hatte. Sie nahm damit die Situation ihres auf Stiftungen der adeligen Familien angewiesenen Klosters hin, in dem die Nonnen stets über privates Eigentum verfügten und dieses auch nicht an das Kloster zu vererben gewillt waren, ohne das Privateigentum letztlich damit ausdrücklich zu sanktionieren. Alles andere hätte den Bestand des Klosters in Frage gestellt. Im Weiteren beschrieb Anna von Buchwald ihre Bemühungen um die ökonomische Gesundung und bauliche Erneuerung ihres Klosters, das durch Misswirtschaft der vorherigen Pröpste in eine ernste Krise geraten war.

Anna von Buchwald leitete von 1484 bis 1508 das Kloster Preetz. Nach einer Visitation 1491 wurde das Kloster ernsthaft ermahnt, unnütze Ausgaben zu vermeiden und im Sinne der Bursfelder Kongregation zu handeln. 1491 und später noch einmal von 1494 bis 1498 übernahm Anna von Buchwald auch die Aufgaben des Propstes. In nur wenigen Jahren gelang es ihr, nach jahrelanger Misswirtschaft der vorherigen Pröpste die Finanzen unter anderem durch Erschließung neuer Einnahmen wieder in Ordnung zu bringen und die bauliche Erneuerung des Klosters einzuleiten, in der Klausur eine Heizung einzubauen, den Aufgabenbereich des Klosters durch den Bau eines Siechenhauses um den der Krankenpflege zu erweitern sowie eine Trinkwasserleitung für die Hauswirtschaft und einen Wäschetrockenplatz anzulegen. Vorrangiges Anliegen der Priorin war es auch, das Zusammenleben der Nonnen, Laienschwestern und Schülerinnen zu erleichtern. Hierzu trugen insbesondere die Einrichtung von Einzel- und Doppelzellen und durch die Nonnen individuell zu bewirtschaftenden Gemüse- und Kräutergärten bei. Das Buch enthält darüber hinaus zahlreiche Hinweise auf das eigene Leben der rastlosen Frau und die sie bewegenden Gedanken, allen Bedürftigen, die das Kloster aufsuchten, um der Liebe Gottes willen zu helfen. Sie muss unsäglich an den Unzulänglichkeiten ihrer Umgebung gelitten haben; der Text lässt nicht nur die vielfältigen Sorgen um das Kloster sondern auch die Bitternis über die Lieblosigkeit und Überheblichkeit ihrer Schwestern nachempfinden. Nach dem Rücktritt von ihren Ämtern trat Anna von Buchwald als einfache Nonne in den Kreis ihrer Schwestern zurück.

1.2. Klöster und Stifte seit der Reformation

1.2.1. Krise und Reformen der Klöster vor der Reformation

Die Reformation im 16. Jahrhundert hatte ihre Wurzeln in vielfältigen inner- und außerkirchlichen Spannungen, die zur Auflösung des einheitlichen christlichen Weltbildes des Mittelalters beitrugen. Durch das Abendländische Schisma 1378–1417 ging die Autorität des Papstes als Garant der kirchlichen Einheit verloren; mehrere Reformkonzilien zwischen 1409 und 1449 sowie das V. Lateranskonzil (1512–17) mit dem Ziel, die Kirche grundlegend zu reformieren, blieben ohne nachhaltige Wirkung. Verweltlichung des Klerus, Betonung des kirchlichen Brauchtums und Veräußerlichung der christlichen Lehre einschließlich der Kommerzialisierung von Glaubensangelegenheiten (Wallfahrten, Ablasshandel) bewirkten mannigfache Reformbewegungen in den Klöstern, sowohl in denen der Benediktiner wie auch der franziskanischen Observanten oder der Anhänger der »devotia moderna«.

Für das Benediktinerkloster Cismar und das mit diesem verbundene Kloster Preetz wurde die 1446 als eigener Verband innerhalb des Benediktinerordens anerkannte Bursfelder Kongregation maßgeblich. Kernpunkte der Reform waren die Rückkehr zur strengen Beachtung der Regeln des heiligen Benedikt und Vereinbarungen zur gemeinsamen Gottesdienst- und festen monastischen Lebensordnung sowie gegenseitiger Gedankenaustausch und organisatorischer Beistand. Dieses konnte allerdings auch unerwartete Folgen haben: Eine Visitation 1467 im Kloster Cismar ergab, dass die die Bedeutung des Klosters als Wallfahrtsstätte begründende Reliquie des heiligen Blutes eine Fälschung war.

Auch in anderen Orden formierten sich immer wieder Kräfte, dem ursprünglichen Auftrag gerecht zu werden. Innerhalb des Franziskanerordens forderten bereits im 14. Jahrhundert die Observanten die strenge Beachtung der Regeln gegenüber den Konventualen. Im 15. Jahrhundert erfasste diese Bewegung auch die schleswig-holsteinischen Klöster, vielfach auf Druck der städtischen Räte oder Landesherrn oder

39 Benediktinerkloster Bursfelde, Zentrum der für ganz Norddeutschland bedeutenden Reformbewegung

40 Kloster Bursfelde im Werratal

von diesen gefördert. Ob die Rückwendung zu den Wurzeln die richtige Antwort auf die fundamentalen Probleme einer sich neu bildenden Weltordnung mit völlig anderen Fragestellungen sein konnte, erschien bereits aus damaliger Sicht zweifelhaft. Neue Wege beschritten u. a. die Brüder und Schwestern vom gemeinsamen Leben, in Plön durch eine Gemeinschaft von Schwestern vertreten, die wie in einem Kloster, aber ohne Ordensgelübde lebten und aus der »devotio moderna« des Niederländers Gerhard Groote hervorgingen und ausgeprägt humanistischen Idealen folgten. Neben der persönlichen, verinnerlichten Frömmigkeit suchten die Brüder und Schwestern die Verwirklichung ihrer Ideale in Krankenpflege, Armenfürsorge und Erziehung. Weil von den anderen Orden sehr misstrauisch betrachtet und der Häresie beschuldigt, nahmen einzelne Häuser (zuerst das Kloster in Windesheim bei Zwolle) die Augustinerregel an. Auf gleicher Grundlage beruhte auch die Bildung der Windesheimer Reformkongregation zur Reform der Chorherren-Stifte, die rasch Zulauf gewann und der sich auch die Bordesholmer Chorherren und wahrscheinlich auch die Segeberger anschlossen.

Um 1500 erfolgte eine Welle von Klostergründungen: Franziskaner in Husum 1494 und Lunden 1513, Augustiner-Eremiten in Kuddewörde 1495, Augustinerinnen in Neumünster 1498 und Lübeck 1503, Benediktinerinnen in Hemmingstedt 1502. Bestehende Klöster erhielten gleichzeitig mit der inneren Erneuerung eine neue Ausstattung oder wurden wieder hergestellt (Bordesholm, Graukloster Schleswig u. a.).

Ob die tatsächlichen Verhältnisse in den schleswig-holsteinischen Klöstern den Vorwürfen des Reformators Martin Luther, die Klöster seien »des Papstes Hurenhäuser« oder »des Teufels Schlammpfützen und Hurenhäuser« (Luther, S. 313 ff.) entsprochen haben, dürfte zweifelhaft sein, wenn man bedenkt, dass beispielsweise im Graukloster Schleswig um 1500 gerade noch zwei Mönche und ein Konverse lebten, in Mohrkirchen waren es ein bis drei Antoniter. Dagegen erbrachte eine Visitation des Klosters Uetersen 1498 erhebliche Beanstandungen, die bis 1505 immer noch nicht abgestellt waren. Die Reinbeker Nonnen sollen den Tag der Klosteraufhebung herbei gesehnt haben, um zu ihren Familien zurückkehren oder heiraten zu dürfen. Mit den polemischen wie pauschalen Vorwürfen war jedoch ein Klima geschaffen, das es den Klöstern unmöglich machte, die existenziellen Bedrohungen der Reformationszeit zu überstehen.

Die Reformbemühungen der Konvente vollzogen sich gleichzeitig mit einer territorialen Neuordnung des Landes im Kontext sich herausbildender frühabsolutistischer Territorialstaaten. Der Zugriff der Landesherren auf das Klostergut fand seine staatspolitische Motivation darin, »die verfassungsrechtliche Sonderstellung des kirchlichen Besitzes, der von der weltlichen Gerichtsbarkeit ausgenommen und von öffentlichen Lasten frei war, und der geistlichen Herrschaftsträger, von denen die Bischöfe und Prälaten der großen Klöster dem Landesherren sogar als Landstand gegenüberstanden. Die Reformation hat wesentlich dazu beigetragen, das Verhältnis von Staat und Kirche grundlegend neu zu definieren.« (Bünz, 2004, S. 81) Diese für Sachsen getroffene Feststellung ist auch auf Schleswig-Holstein zu übertragen. Gegenüber anderen Territorien wie dem Kurfürstentum Sachsen oder der Landgrafschaft Hessen, wo die die Schließung der Klöster und die Übernahme deren Gutes vergleichsweise geordnet verlief, wenn auch letztlich mit gleichem Ergebnis, kam in den unterschiedlich strukturierten Herzogtümern Schleswig und Holstein die Notwendigkeit hinzu, die vielen Landesherren mit ausreichend Land auszustatten: »So wie

41 Der Papst als Antichrist, Holzschnitt von Lucas Cranach, aus dem Passional Christi und Antichrist, 1521

42 Bauer und Mönch, Holzschnitt von Sebald Beham, 1521

die Landesherren in vorreformatorischer Zeit noch die größten Förderer der monastischen Reformbewegungen gewesen sind ... so wurden [diese] nun zu energischen Gegnern des monastischen Lebens mit dem Ziel, die Klostergüter einer anderen Verwendung zuzuführen.« (Bünz, ebda.) Schon bei der ersten Landesteilung 1490 erfolgte die Zuordnung der Klöster zu verschiedenen Territorien: Zum Segebergischen Teil wurden die Klöster Reinfeld, Ahrensbök, Preetz und das Rudekloster gezählt, zum Gottorfschen die Klöster Bordesholm, Cismar, Reinbek und Lügumkloster. Dass dabei keine abgerundeten Herrschaftsbereiche entstanden, macht deutlich, wie sehr es den daran interessierten Herzögen nur darum ging, allein den eigenen Besitzstand zu vermehren.

In ärgste Existenznöte gerieten die Klöster, als der Landtag 1526 auch diese erstmalig zu Abgaben verpflichtete und dadurch nötigte, Teile ihres Gutes zu veräußern. Insbesondere den reichen uradeligen Familien der Ritterschaft wie den Rantzaus, Ahlefeldts, Buchwaldts, Pogwischs u. a. gelang es dadurch, ihren Besitz erheblich zu mehren, wobei ihnen sicher die verwandtschaftlichen Beziehungen zu den Klöstern hilfreich waren. Der Landesherr duldete das zunächst, war er der Ritterschaft doch für deren Unterstützung bei der Grafenfehde verpflichtet. Proteste des Hamburger Domkapitels ließ Herzog/König Friedrich I. dagegen nicht gelten, stattdessen entrechtete er dieses ebenso wie das Lübecker Domkapitel, welches er darauf hinwies, dass sich dessen Eutiner Güter innerhalb seines Territoriums befänden. Der Verkauf des klösterlichen Grundbesitzes an die adeligen Familien dauerte bis um 1540 an, wurde dann aber durch die Landesherren eingeschränkt, die ihrerseits das Klostergut an sich zu bringen suchten.

1.2.2. Reformation und Säkularisation der Klöster

Die Reformation setzte sich in Schleswig-Holstein nur langsam durch. Zunächst erreichte sie von Süden her die Städte: Hamburg 1521, Lübeck, Husum und Oldesloe 1525, Flensburg 1526, Wilster, Krempe und Itzehoe sowie Kiel 1527, von Norden nachdrücklich unterstützt durch Prinz Christian, Herzog von Hadersleben und Törninglehn und späterer König Christian III., der 1528 die »Haderslebener Artikel« als lutherische Kirchenordnung verkünden ließ und in Dänemark die Reformation 1536–37 mit

43 Luther als Junker Jörg, Holzschnitt von Lucas Cranach, 1522

Gewalt durchsetzte. Der schleswig-holsteinische Adel verharrte zunächst noch beim alten Glauben und leistete, unterstützt durch die Bischöfe und Vertreter der Klöster, erheblichen Widerstand. Mit der vom Landtag 1542 in Rendsburg angenommenen Kirchenordnung setzte sich die Reformation jedoch schließlich auch in den Herzogtümern Schleswig und Holstein durch. Diese Kirchenordnung blieb, wenn auch mehrfach verändert, bis 1867 in Kraft. 1559 wurde die Kirchenordnung auch in Dithmarschen und 1585 im Herzogtum Sachsen-Lauenburg eingeführt. Holstein-Pinneberg übernahm 1561 zunächst die mecklenburgische, ab 1640 ebenfalls die schleswig-holsteinische Kirchenordnung.

Im Gegensatz zur Auflösung der Klöster in der Landgrafschaft Hessen 1527, die genauestens dokumentiert die »Leistungsfähigkeit und Rationalität der landesherrlichen Verwaltung« bezeugt (Schilling, 1990, S. 6), vollzog sich die annähernd gleichzeitige Auflösung der Stadtklöster in Schleswig-Holstein ungeordnet und rücksichtslos. Vertrieben wurden 1528 die Franziskaner aus Flensburg und Hadersleben, 1529 die Dominikaner aus Schleswig; die Hamburger Bettelklöster wurden 1529 geschlossen, die Konvente der Franziskaner in Tondern, Kiel und in Lunden wurden 1530 bzw. 1532 aufgehoben. Nach Lunden hatten sich bereits um 1530 die Dominikaner aus Meldorf geflüchtet. Vergleichsweise lange hielt sich das Plöner Kloster der Schwestern vom gemeinsamen Leben. Dort hatte man sich schon früh dem lutherischen Glauben angeschlossen, konnte die Baulichkeiten aber nicht halten und verkaufte diese 1578 schließlich an den Herzog. Das Kloster Kuddewöhrde war schon vorher kaum lebensfähig, so dass dieses in der schwierigen Zeit vermutlich einfach einging. Die in den Städten liegenden Gebäude der Franziskaner in Kiel, Flensburg und Schleswig wurden neuen Nutzungen als Schule und Armenhaus zugeführt, das Vermögen den Städten übertragen.

Differenzierter gestaltete sich die Situation in Lübeck: 1531 erließ der Rat eine neue Kirchenordnung, die das Kirchen- und Schulwesen der Stadt reformierte und zur Aufhebung der Konvente führte, was bei den bürgernahen Klöstern (Burgkloster, St. Katharinen-Kloster und St. Annen-Kloster) unproblematisch war, beim Zisterzienserinnenkloster St. Johannis jedoch noch bis in die zweite Hälfte des 17. Jahrhunderts andauernde gerichtliche Auseinandersetzungen bewirkte. De jure ist das Kloster erst 1803 säkularisiert worden.

Die Feldklöster mit ihrem umfangreichen Grundbesitz weckten dagegen die Begehrlichkeit des Adels und der Landesherren zugleich. Das endgültige Aus wurde schließlich durch die Landesteilung 1544 und weitere Unterteilungen 1564 und 1582 besiegelt. Die folgende Auflösung, im Falle der Nonnenklöster in Itzehoe, Preetz, Schleswig und Uetersen die Umwandlung in adelige Damenstifte, sollte sich jedoch noch über viele Jahre und mit unterschiedlicher Dynamik hinziehen.

In einer ersten ungeordneten Phase vollzog sich vergleichsweise friedlich das Ende des Reinbeker Klosters, dessen Konvent sich schon 1529 mit der Erklärung aufgelöst hatte, die Nonnen seien in das Kloster gezwungen worden. Den Grundbesitz veräußerten sie; während der Grafenfehde 1534 erfolgte die Zerstörung der Gebäude. Dramatisch endete dagegen Birgittenkloster Marienwohlde, dessen Konvent 1534 die Zerstörung während der Grafenfehde erdulden

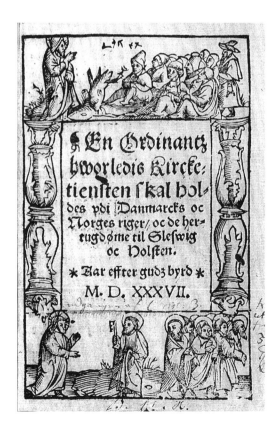

44 Titelblatt der Kirchenordnung 1537 für die Herzogtümer Schleswig und Holstein, gedruckt von Hans Barth in Roskilde, 1538

musste und nach Lübeck floh. Über das Schicksal der wenigen Antoniter in Mohrkirchen ist nichts bekannt, sie haben unter ungeklärten Umständen zwischen 1535 und 1541 ihr Kloster verlassen.

Die zweite Phase der Auflösung nach 1540 vollzog sich teilweise moderater, was sowohl auf rechtliche Auseinandersetzungen, als auch eine stärkere Beachtung menschlicher Aspekte zurückzuführen ist, am Ende stand dennoch definitiv die Schließung. Wie wenig dabei religiöse Belange eine Rolle spielten, sondern allein der Drang, sich den Besitz der Klöster anzueignen, zeigen beispielhaft das Rudekloster und das Segeberger Stift, die schon früh die lutherische Lehre angenommen hatten. Die letzten Kartäuser wurden 1565 aus dem Kloster Ahrensbök vertrieben, nachdem die anderen bereits vorher geflohen waren. 1566 gaben die Chorherren von Bordesholm ihr Kloster auf und flohen nach Holland. Am längsten bestand das Kloster in Reinfeld, das zum Anteil Herzog Johanns d.J. gehörte. Der Reinfelder Abt hatte 1554 wie das St. Johannis-Kloster in Lübeck 1532 einen kaiserlichen Schutzbrief erlangen können, der ihm allerdings am Ende wenig nützte: Herzog Johann d.J. übernahm 1582 das Kloster, ließ dieses abbrechen und neben der Kirche ein Schloss errichten.

Das trotz der Verkäufe an die adeligen Familien verbliebene beträchtliche Grundeigentum wurde zur territorialen Abrundung der im Zusammenhang mit der Landesteilung von 1544 entstandenen neuen Landesherrschaften zwischen Christian III. (Sonderburger oder »Königlicher« Anteil, dabei: Flensburg, Rudekloster, Reinfeld, Segeberg, Ahrensbök, Plön) und seinen Brüdern Johann d.Ä. (Haderslebener Anteil, dabei: Bordesholm) und Adolf (Gottorfer Anteil, dabei: Mohrkirchen, Husum, Kiel, Neumünster, Reinbek, Cismar und Neustadt) eingezogen, aufgeteilt und in Ämter umgewandelt. Nach dem Tode Christians III. (1564) teilten sich König Friedrich II. und sein Bruder Johann d.J. den Königlichen Anteil. Durch diese Subdivision gelangten Plön und Ahrensbök an Johann. Nach dem Tode Johanns d.Ä. (1580) teilten sich König Friedrich II. und der Gottorfer Herzog Adolf 1581 dessen Erbe, wobei Bordesholm an den König gelangte, Johann d.J. erhielt 1582 Kloster Reinfeld und Rudekloster.

45 König Christian II. von Dänemark, Holzschnitt von Lucas Cranach, 1523

46 Prinz Christian III., ab 1533 König, Kupferstich, 1535

Einige Klöster wurden wenige Jahre nach ihrer Aufhebung abgebrochen, daneben entstanden die noch heute bestehenden Schlösser Reinbek (1570er Jahre), Husum (1577–1582) und Glücksburg (1583–1587) sowie die inzwischen abgerissenen Schlösser Ahrensbök (1593–1601) und Reinfeld (1594–1604). Die Klosterbauten von Marienwohlde, Mohrkirchen und Cismar gingen in Guts- bzw. Amtshäusern auf und mit diesen teilweise unter. Andere Klöster erhielten neue Aufgaben wie die in Bordesholm und Meldorf als Gelehrten- bzw. Lateinschule oder wurden zu Armenhäusern und Hospitälern umgewandelt. Von wiederum anderen blieben nur schriftliche Überlieferungen oder archäologische Reste: Kuddewörde, ein vermutetes zweites Kloster der Franziskaner und eines der Dominikaner in Husum, das Dominikanerkloster in Schleswig, die Klöster in Neumünster und Plön.

Dass die Aufhebung von Klöstern nicht nur ein politischer und eigentumsrechtlicher Vorgang war, sondern damit auch menschliche Schicksale berührt wurden, bleibt in der Literatur weitestgehend ausgespart. In den Klöstern verbrachten sicher nicht alle Mönche und Nonnen ein »gotteslästerliches Leben« (Luther, S. 316), sondern suchten den Idealen ihres Ordens zu folgen und diese kontinuierlich zu reformieren. Mit Auflösung der Klöster sahen sich deshalb viele Klosterinsassen, vor allem jene, die wenig Kontakt mit der Umwelt hatten wie die Zisterzienser und Kartäuser, in eine Situation versetzt, auf die sie nicht vorbereitet waren, auch in eine Welt zurückversetzt, der sie eigentlich zu entfliehen gesucht hatten. Johannes Schilling hat die Geschichte einiger »gewesener Mönche« in der Landgrafschaft Hessen beschrieben, die nach einer eingehenden Prüfung als Pfarrer weiter tätig waren. Aus Schleswig-Holstein ist ähnliches nicht bekannt. Überliefert ist das Schicksal des letzten Franziskanermönchs in Flensburg, Lütke Namens, der nach Einbezug seines Klosters in das Heilig-Geist-Hospital dort weiterhin lebte und gegenreformatorische Schriften verbreitete.

Wolfgang Braunfels verweist auf einen Sachverhalt, der die Mönche, hier besonders die Kartäuser, in tiefe Gewissensnot gestürzt haben musste. Denn diese waren in besonders hohem Maße Gebets- und Messdienstverpflichtungen eingegangen, deren Nichteinhaltung die Seelen der Verstorbenen dem Fegefeuer überantworten musste. Für einen ernsthaften Mönch muss es eine unvorstellbare Qual gewesen sein, diesen Verpflichtungen nicht mehr nachkommen zu können und damit die ihm anvertrauten Seelen zu verraten. Eine umfangreiche Korrespondenz belegt, dass vertriebene Mönche die Brüder noch bestehender Kartausen anflehten, die oft sehr weit zurückreichenden Verpflichtungen zu übernehmen. (Braunfels, S. 163) Das alles hatte nach der neuen lutherischen Lehre aber nicht nur keine Bedeutung mehr, sondern wurde nachdrücklich als »absolut gottlos und Abgötterei« verdammt. (Luther, S. 314)

1.2.3. Fortbestand der Nonnenklöster als adelige Damenstifte

Die Ausschaltung der kirchlichen Macht und die Übernahme des Kirchen- und Klostergutes hat nachhaltig zur Entwicklung und Durchsetzung der absolutistischen Staatsform in Schleswig-Holstein beigetragen. Dem Drang der »regierenden« und später auch der »abgeteilten« Herren, die eigenen Territorien zu vergrößern und abzurunden, standen allerdings die Interessen der schleswig-holsteinischen Ritterschaft entgegen, deren Verdienste und Bedeutung zu respektieren waren, und die es durchsetzte, dass mehrere Nonnenklöster als evangelische Damenstifte erhalten und dem Zugriff der Fürsten entzogen blieben.

Der Fortbestand der vier Nonnenklöster Itzehoe, Preetz, Schleswig und Uetersen beruht auf einer Mischung unterschiedlichster Motive. Eine Auflösung hätte für alle Beteiligten – Landesherrn, adelige Familien und die Frauen selbst – nur schwer lösbare Probleme ausgelöst: Die Klostergüter waren eine Art gemeinschaftliches Gut der adeligen Familien, die untereinander konkurrierten, unterschiedlichen Konfessionen angehörten und darauf bedacht waren, dass sich weder eine Familie alles aneignet, noch gar der Landesherr – wie es in Reinbek geschehen war – alles übernimmt, und damit die Familien durch Übernahme der vorher gestifteten Ländereien quasi enteignet worden wären. Der Landesherr seinerseits war daran interessiert, dass der Adel nicht zuviel Macht gewinnt. Schließlich spielte die sich bereits im Spätmittelalter herausgebildete Funktion als Versorgungsstätte unverheirateter Töchter und Witwen des Adels eine wesentliche Rolle, denn die Rückkehr der Frauen in ihre Familien hätte nicht nur Abfindungen erforderlich gemacht, schwerer wog möglicherweise die Vorstellung, diese wieder in den häuslichen Kreis zurückkehren zu sehen. Überliefert sind die Klagen des Adeligen Lüder Schack, der sich zu seinem Leidwesen nach der Auflösung des Reinbeker Klosters veranlasst sah, vier Töchter zugleich wieder bei sich aufzunehmen. »Ein Antasten der Frauenklöster brachte gerade in der bis in die 1540er Jahre hinein unsicheren politischen Lage unkalkulierbare Risiken mit sich, weshalb alle Seiten am Status Quo festhielten. In der Frage der Frauenklöster neutralisierten sich die evangelische und die katholische Partei ebenso wie auf politischer Ebene die Ritterschaft und der Landesherr. In diesem Vakuum entstand das Konstrukt des evangelischen Damenstifts, das die katholischen Traditionen weiterführte.« (Rosenplänter, 2006, S. 348)

Die Umwandlung der Nonnenklöster in Damenstifte entsprach damit den gemeinsamen Interessen der Klöster selbst, deren Priorinnen ebenso wie die für die Ökonomie und Vertretung nach außen zuständigen Pröpste ausnahmslos den gleichen im Lande tonangebenden Familien entstammten. Der Landesherr hielt sich zunächst zurück und beließ den Klöstern oder nunmehr Stiften »ere fryheit«. Großer Einfluss auf diese Vorgänge wird der Rantzaufamilie und deren Verbundenheit mit dem Landesherrn zugeschrieben: Johann Rantzau (1462–1565) unterstützte als Feldherr und Geldgeber 1523–1525 König Friedrich I. und sicherte in der Grafenfehde 1534–1536 Christian III. die Herrschaft in Dänemark, sein Sohn Heinrich (1526–1598) wirkte als einflussreicher königlicher Statthalter, Bauherr, Gelehrter und Kunstförderer. Bereits nach 1526 hatten es die Rantzaus verstanden, aus dem Klostereigentum das eigene Territorium geschickt zu erweitern und abzurunden. Als Repräsentant der Ritterschaft ließ Johann Rantzau König und Landtag die Privilegienbestätigung von 1533 sowie zwei Visitationsanweisungen von 1541 und 1542 erneut bekräftigen, damit fielen die vier Nonnenklöster und deren Eigentum nicht unter die Teilungsmasse der Landesteilung 1544. Immerhin konnten die Rantzaus auch in der Folgezeit bis 1586 auf verschiedensten Wegen 71 Schlösser und Herrenhäuser, 14 adelige Güter, große Teile der klösterlichen Grundherrschaften Bordesholm und Segeberg, zahlreiche weitere Liegenschaften sowie die Klöster Hadersleben und Holmekloster auf Fünen an sich bringen, letzteres mit dem Hinweis, die Familie auch im Königreich Dänemark verankern zu wollen.

Der rechtliche und faktische Vollzug erfolgte zwischen 1542 und 1555. Dabei wurden die Damenstifte der gemeinsamen Regierung der drei Landesherren und der Aufsicht durch die Ritterschaft zugleich unterstellt. Diese mehrfache Zuständigkeit garantierte in der Folgezeit, dass weder Landesherren, noch einzelne adelige Familien das Klostergut an sich bringen konnten. Auf den Landtagen 1590 und 1610 sicherten die Landesherren erneut den Fortbestand der Klöster zu. Christian IV. erließ 1620 und 1625 zwei Klosterordnungen, eine weitere 1636, im Folgejahr wiederum erneut ergänzt.

Die »Revidirte Klosterordnung vom 18ten Octobr. 1636« bildete die endgültige Rechtsgrundlage der ritterschaftlichen Klöster zur Versorgung der unverheirateten Töchter des Adels. Die Pröpste und der Itzehoer Verbitter waren aus den Reihen der Ritterschaft zu wählen. Itzehoe hatte eine herausgehobene Stellung inne, da die Äbtissinnenstelle einer Prinzessin aus landesherrlichem Haus vorbehalten war. Die Verwaltung der Damenstifte wurde 1775 der »Fortwährenden Deputation der Prälaten und Ritterschaft« übertragen, die aus sechs gutsbesitzenden Rittern sowie einem Prälaten bestand. Die Damenstifte blieben als Wirtschaftsbetriebe bestehen und konnten bis ins 19. Jahrhundert umfangreiche Aktivitäten entwickeln. In Itzehoe kam es auf Stiftsland sogar zur Errichtung von kleineren Fabriken, bevor das Kloster durch Eingemeindung seinen besonderen Status und die Grundherrschaft verlor. Erhebliche Einbußen erlitt das Kloster Preetz in der Preußenzeit, als sein Grundsbesitz von mehr als 22.000 ha im Zusammenhang mit kommunalrechtlichen Verselbständigungen auf 3.455 ha reduziert wurde. 1928 endete der letzte Rest der klösterlichen Grundherrschaft. Das Kloster Schleswig, das am Ende des 19. Jahrhunderts noch über einen Grundbesitz von 6.500 ha verfügte, veräußerte diesen aus »heute schwer verständlichen Gründen«. (Rumohr/Müller, S. 35) Das Kloster Uetersen wurde 1927 in die Stadt Uetersen eingemeindet und verfügt heute lediglich noch über einen Grundbesitz von etwa 150 ha.

47 Kirchenordnung von 1542, der sich die schleswig-holsteinischen Klöster zu unterwerfen hatten

48–50 In Damenstifte umgewandelte Nonnenklöster in Norddeutschland: Benediktinernonnenkloster Lüne (o.l.), Zisterziensernonnenkloster Wienhausen (u.l.), Haus der Priorin im Damenstift Uetersen (r.)

Mit der Minderung wirtschaftlicher Bedeutung schwand die politische: 1838 Verlust der geldwerten Zollfreiheit, 1867 – von weitaus größerer Bedeutung – Verlust der selbständigen Gerichtsbarkeit zugunsten der preußischen Amtsgerichte und 1890 jeglicher obrigkeitlicher Gewalt und damit aller traditioneller Vorrechte. Die Vertretung der Klöster durch die Pröpste und den Verbitter als Gruppe der Prälaten in den schleswig-holsteinischen Landtagen 1867–1888 weist allerdings noch auf deren öffentlich-rechtlichen Charakter hin.

Der Bestand der Klöster war durch die Weimarer Verfassung 1919 ernsthaft in Frage gestellt, da diese Sonderrechte für bestimmte Bevölkerungsgruppen ausschloss. Zweifel bestanden insbesondere am öffentlich-rechtlichen oder privatrechtlichen Status der Klöster, denn mit Wegfall hoheitlicher Befugnisse erfüllten die Klöster vorwiegend private Interessen. Nach langwierigen gerichtlichen Auseinandersetzungen entschied das Reichsgericht in Leipzig 1941, dass die Zweckbestimmung der Damenstifte als öffentlich anzusehen sei und der Staat seine Rechte zugunsten der Ritterschaft nur zurückgestellt habe.

Im Jahr 1939 waren Bestand und Charakter der Klöster erneut in Frage gestellt, als die damalige NS-Reichsregierung verfügte, dass »nur hilfsbedürftige, vaterlose und unverheiratete Töchter von um Staat und Partei wohlverdienten deutschblütigen Männern, insbesondere Töchter von Staatsbeamten, Offizieren und Amtsträgern der Partei« (zit. nach Pelc, S. 61) aufgenommen werden dürften. Jede Verbindung zur Ritterschaft wurde untersagt. Da die Aufnahme von bis dahin in die Warteliste eingetragener Damen erlaubt blieb, erwies sich die Verfügung zunächst als wirkungslos bis 1943 eine vorläufige Satzung die Klöster zwingen wollte, sich in milde Stiftungen für Arierinnen umzuwandeln: ein Ansinnen, dem sich Pröpste und Verbitter hinhaltend entzogen, und das sich nach 1945 von selbst erledigte.

Zwischen 1946 und 1948 schlug die Landesregierung von Schleswig-Holstein vor, die Klosterordnung den neuen gesellschaftlichen und politischen Entwicklungen anzupassen und auch nichtadelige Damen aufzunehmen. Schließlich einigte man sich, alles beim Alten zu belassen.

1.2.4. Vom evangelischen Nonnenkloster zur Aufgabe des Gemeinschaftslebens in den Damenstiften

Der Alltag der nunmehr evangelischen Nonnen, Jungfrauen, Konventualinnen oder Stiftsdamen unterschied sich in der ersten Zeit nach der Reformation nur wenig von den mittelalterlichen Klöstern, denn die Klosterordnung von 1542 sicherte zunächst die Beibehaltung der jeweiligen Ordensregeln. Erst die revidierte Ordnung von 1636 durch Christian IV., stellte das Stiftsleben endgültig auf eine neue Grundlage. Seitdem löste sich das Gemeinschaftsleben allerdings zusehends immer mehr auf, um letztlich Ende des 18. Jahrhunderts fast völlig zu erlöschen.

Zu den geistlichen Aufgaben gehörte es, »vor des Landes Wohlfahrt zu beten« (Plath-Langheinrich, 1996, S. 6). Der Konvent traf sich zweimal am Tage zum Gottesdienst im Chor. Die Nichtbefolgung dieser Pflicht durch die Konvente sollte mit dem Einzug des Klostergutes geahndet werden, eine wirkungslose Drohung, denn die Stiftsdamen kamen den gemeinschaftlichen Pflichten dennoch immer weniger nach. 1777 gab man in Uetersen sogar das gemeinsame Chorgebet endgültig auf. Verpflichtend blieb die Teilnahme an den Gottesdiensten der Pfarrgemeinde. Waren bereits die Nonnen der mittelalterlichen Klöster an der Erfüllung geistlicher Aufgaben nur in beschränktem Maße interessiert, waren es die Stiftsdamen noch weniger. Sie unterhielten eigene Haushalte mit eigenem Gesinde, teilweise mit bis zu fünf Personen. Als der Zustand der Gebäude ein sicheres und bequemes Leben nicht mehr zuließ, war es den Damen in Uetersen sogar erlaubt, außerhalb des Klosters zu wohnen. Erst mit der Erlaubnis, eigene Häuser innerhalb des Klosterbezirks zu errichten, konnten die Damen wieder an das Kloster gebunden werden.

Üblicherweise hatten die Töchter der Ritterschaft nach Zahlung einer erheblichen Summe durch den Vater und Einschreibung in das sogenannte »Installierungsregister« vom Tage der Konfirmation an das Recht auf eine Klosterstelle für den Fall, dass eine solche frei würde. Damit erhielten die Mädchen eine Art Lebensversicherung, denn sie konnten ab einem bestimmten Alter ins Kloster eintreten, wenn sie unverheiratet geblieben waren, waren dazu aber nicht gezwungen. Sie konnten auch jederzeit das Kloster ohne Ehrverlust wieder verlassen, waren sie doch an keinerlei Gelübde ge-

51 Kloster Itzehoe, Klosterhof mit Haus einer Konventualin

bunden, verpflichtend für das Leben im Kloster war allein die Ehelosigkeit. Über den geregelten Ablauf der Eintragung wachte ein juristisch gebildeter und beamteter Schreiber.

Bei Eintritt ins Kloster wurden die Mädchen oder jungen Frauen wie in den mittelalterlichen Klöstern feierlich als Braut Christi eingekleidet und darauf verpflichtet, »das allgemeine Beste des Klosters dem privaten Nutzen vorzuziehen« (zit. n. Plath-Heinrich, 1998, S. 58). Dem klösterlichen Noviziat vergleichbar war die Pflicht zum Besuch von drei Schuljahren, der sich aber die meisten Mädchen entzogen, um unmittelbar nach der Eintragung in ihr Elternhaus zurückzukehren.

Als im 17. Jahrhundert auch auswärtige adelige und sogar bürgerliche Mädchen und Frauen aufgenommen wurden, setzte die Ritterschaft auf den Landtagen von 1636 und 1637 sowie 1671 bis 1673 das ausschließliche Recht an den Klöstern für die eigenen Familien durch. Sie musste allerdings dem Landesherrn das Recht einräumen, am Tage des Antritts der Herrschaft in jedes der vier Damenstifte eine erwachsene Dame seiner Wahl zum nächstmöglichen Termin »einzubitten« und die dafür notwendige Installierung zu bezahlen. Dieses Recht des »Ersten Bittens« verschaffte Töchtern, die auswärtigen und verarmten Adelsfamilien oder dem Hofbeamtentum, denen der Landesherr verpflichtet war, entstammten, eine Stiftsversorgung auf Lebenszeit. Neben den Namen bereits aus den mittelalterlichen Klöstern bekannter Familien, tauchen deshalb in den Büchern immer wieder auch

52 Kloster Uetersen, Stiftskirche, Kupferstich, 18. Jh.

53 Augusta Louise Gräfin von Stolberg-Stolberg und Johann Wolfgang Goethe, Scherenschnitte, 19. Jh.

54 Kloster Uetersen, Wohnhaus von Augusta Louise Gräfin von Stolberg

solche auf, die auf auswärtige oder bürgerliche Herkunft schließen lassen.

Im Konvent wurde die Priorin bzw. Äbtissin aus dem Kreis der Konventualinnen in geheimer Wahl und mit einfacher Stimmenmehrheit bestimmt. Die Verwaltung der äußeren Angelegenheiten oblag einem auf Lebenszeit gewählten Mitglied der Ritterschaft. Mussten die Pröpste der mittelalterlichen Klöster dem geistlichen Stand angehören, handelte es sich bei denen der Damenstifte um Gutsherren mit eigenen Einkünften; eine Residenzpflicht im oder nahe dem Kloster gab es deshalb nicht. In Itzehoe entsprachen die Aufgaben des Verbitters denen der anderen Klosterpröpste, allerdings hatte hier die aus königlichem Hause stammende Äbtissin institutionell Vorrang; eine Priorin war für den internen Betrieb zuständig. Wegen unklarer Aufgabenverteilung zwischen Äbtissin, Priorin, und Verbitter kam es wiederholt zu Kompetenzstreitigkeiten, die erst 1630 unter König Christian IV. durch recht komplizierte Regelungen geschlichtet werden konnten. In Uetersen kam es während des 18. Jahrhunderts sogar zu gerichtlichen Auseinandersetzungen zwischen Priorin und Propst. Um die hohen Prozesskosten zu begleichen, sah sich die Priorin veranlasst, den mittelalterlichen Klosterschatz zu veräußern.

In den Damenstiften waren die Aufgaben wie in den mittelalterlichen Klöstern einzelnen Konventualinnen zugeteilt, wozu diese aber auch ihre Mägde oder bezahlte Hilfskräfte einsetzen konnten. Zuletzt blieb mit geringer werdendem Gemeinschaftsleben allein die Funktion der Kirchenmeisterin, die für die Vorbereitung der Gottesdienste und die Pflege des liturgischen Geräts zuständig war. Ansonsten führten die Damen ein ausgesprochen selbstbestimmtes Leben, fuhren aus, empfingen und machten Besuche. Der Uetersener Propst Heinrich Graf von Reventlow beklagte sich 1729 über die lockere Klosterdisziplin: »Oh: wie hat man doch mit den lieben Frauenzimmern seine Not und sein Elend, und wie viel leichter ist es, ein ganzes Regiment Soldaten zu kommandieren als eine Handvoll Nonnen.« (zit. n. Plath-Langheinrich, 1998, S.136) Das alles bewirkte aber zugleich, dass die standesbewussten Damen zu großer persönlicher Selbständigkeit gelangten, wie es anderenorts nur wenigen Frauen vergönnt war. Im Konvent gleichberechtigter Stiftsdamen lernten sie, ihre Meinung zu vertreten und einen Konsens zu finden. Zeitgenössische Bildnisse zeigen recht selbst- und standesbewusste Damen. Die Stiftstracht in den Farben Grün und Schwarz trat zusehends in den Hintergrund; stattdessen kleideten sich Priorinnen und Konventualinnen nach der jeweils letzten Mode, durch kostbaren Schmuck ihren Reichtum nicht verbergend.

Einen detaillierten Einblick in das Stiftsleben in der zweiten Hälfte des 18. Jahrhunderts vermittelt Elsa Plath-Langheinrich durch ihre verdienstvollen Arbeiten über Augusta Louise Gräfin von Stolberg-Stolberg. Augusta Louise, 1753 als Tochter des Besitzers des Gutes Bramstedt geboren, kam – da die aus dem Harz stammende Familie nicht zur privilegierten Ritterschaft zählte und erst später von dieser »rezipiert« werden sollte – durch Einbitten König Christians VII. 1766 ins Kloster. Nach der feierlichen Einkleidung kehrte sie zunächst zu den Eltern zurück, ihre Klosterzeit begann erst 1770. Für Augusta Louise spielte das Kloster als geistliche Einrichtung sicher nur eine untergeordnete Rolle. Ihr Leben folgte gänzlich individuellen Interessen und Neigungen. Von ihrem Haus aus, das sie mit Anna Mette von Oberg teilte, suchte sie die Beengungen des Stifts zu überwinden und unterhielt einen regen Briefwechsel mit zahlreichen Geistesgrößen der Zeit wie Johann Wolfgang Goethe, Friedrich Gottlieb Klopstock und Matthias Claudius. Jedes Jahr verbrachte sie längere Zeit außerhalb des Stifts auf den Gütern der Familie, in Kopenhagen, Hamburg und Altona. Mehrere Reisen führten sie nach Schweden und zur Kur nach Meinberg und Pyrmont. Von ihren Reisen kehrte sie selten zum vorgesehenen Zeitpunkt zurück, was zu erheblicher Minderung ihrer Einkünfte führte, waren diese doch an die Erfüllung der wenigen verbliebenen klösterlichen Pflichten gebunden. Den Aufenthalt im Stift füllte sie aus mit Lektüre, dem Erlernen der englischen Sprache sowie mit Fahrten ins Umland in eigenem Wagen. In die Weltliteratur eingegangen ist die Stiftsdame durch ihre Korrespondenz mit Goethe von 1774 bis 1775, der ihr in seinen Briefen die eigene innere Zerrissenheit infolge seines Verlöbnisses mit Anna Elisabeth (Lili) Schönemann offenbarte. Goethe selbst hat die an ihn gerichteten Briefe leider verbrannt, so dass nur die an sein »Gustgen« adressierten erhalten geblieben sind. Zu einer Begegnung des Dichters und seiner Bewunderin oder gar einer Reise des Dichters nach Uetersen ist es nie gekommen. 1783 verließ Augusta Louise Uetersen und heiratete Graf Andreas Peter von Bernstorff, als Staatsminister eine Zentralfigur der dänischen Reformpolitik im ausgehenden 18. Jahrhundert. Bis zum Tod des Grafen 1797 blieb sie in Kopenhagen, danach kehrte sie nach Holstein zurück, wo sie zunächst in Bordesholm, später in Kiel lebte und 1835 dort 82-jährig starb.

Die Tätigkeiten der Stiftsdamen konzentrierten sich seit dem 19. Jahrhundert immer mehr auf karitative Aufgaben wie Mitarbeit in wohltätigen Vereinen oder beim Deutschen Roten Kreuz. In Itzehoe war zu Beginn des 20. Jahrhunderts sogar eine Dame Vorsitzende des Fabrikarbeiterinnenvereins. Die Stiftsdamen lebten bereits um 1900 zum größten Teil außerhalb ihrer jeweiligen Klosterbezirke.

1.3. Klöster und Damenstifte in neuester Zeit

Im Gegensatz zu Norddeutschland nahmen in den katholisch gebliebenen Ländern die Klöster im Kontext der Gegenreformation nochmals einen gewaltigen Aufschwung, der seinen sichtbaren Ausdruck in den gewaltigen Klosterresidenzen Süddeutschlands, der Schweiz oder Österreichs fand, bis auch dort die Säkularisation nach dem Reichsdeputationshauptschluss 1803 das Eigentum zahlreicher geistlicher Institutionen eingezogen und die Entwicklung der Orden beschnitten wurde.

Einen Neubeginn klösterlichen Lebens stellen in Schleswig-Holstein die Gründung eines Franziskanerklosters in Kiel-Gaarden (1930–1994) und das in den 1950er Jahren gegründete und seitdem in mehreren Bauabschnitten realisierte Benediktinerkloster Nütschau dar. Im Gegensatz zu den geschlossenen mittelalterlichen Klöstern suchen beide Klöster den Kontakt nach außen, das Franziskanerkloster durch seine Verbindung zur Liebfrauenkirche, das Benediktinerkloster durch seine Funktion als Bildungsstätte für ganz Norddeutschland.

Eine Niederlassung der Schwestern von der göttlichen Vorsehung in Münster/Westfalen war in den 1990er Jahren in Neumünster geplant, ist aber gescheitert. Seit 2003 besteht in Kiel ein kleiner Konvent von vier Franziskanerinnen als Ableger des Konvents der Franziskanerinnen Münster St. Mauritz im Haus Damiano, dem ehemaligen Pfarrhaus der Liebfrauenkirche in Kiel. Ihre Aufgaben sehen die Schwestern in der Kranken- und Altenseelsorge, im Betrieb einer Obdachlosenküche und ihres Hauses als Gebets- und Begegnungsstätte.

Die Konvente der vier erhaltenen Damenstifte bestehen traditionsgemäß noch immer aus jeweils 10 bis 12 Konventualinnen, auch wenn diese Zahl nicht immer erreicht wird. Das Gemeinschaftsleben der über die ganze Welt verstreuten Damen hat sich zugunsten freundschaftlicher Kontakte verändert, die Konvente treffen sich nur noch gelegentlich. Die gegenwärtige Situation wird geprägt durch die Sorge um personelle Kontinuität, ständig steigende finanzielle Lasten für Unterhalt und Erhaltung der außerordentlich wertvollen Kulturdenkmale sowie das persönliche Engagement einiger weniger Personen. Obwohl noch immer junge Mädchen eingeschrieben werden, wird zusehends fraglich, ob diese später zum Eintritt oder zur aktiven Arbeit zu gewinnen sein werden. Die Klosterordnungen sind nach und nach modifiziert worden. So wird es beispielsweise inzwischen auch katholischen Frauen gestattet, ins Stift einzutreten. Priorinnen und Pröpste werden nicht mehr auf Lebenszeit, sondern auf Zeit gewählt.

Die Öffnung der Damenstifte als Begegnungs- und Kulturstätten im weitesten Sinnen, sei es durch Führungen durch die Gebäude, Durchführung von Trauungen und Taufen, Veranstaltung von Konzerten und Ausstellungen, Vermietung der Gebäude und Einrichtung von gastronomischen Betrieben dient sowohl dem Ziel, die klösterliche Kultur nach außen sichtbar zu machen, als auch die dabei erzielten Einnahmen dem Erhalt der Gebäude zuzuführen. Seitens der Schleswig-Holsteinischen Ritterschaft ist daran gedacht, eine Dachgesellschaft zu gründen, um die finanziellen Lasten gemeinsam zu tragen. Im St. Johanniskloster in Schleswig hat sich 1994 das Norddeutsche Bibelzentrum etabliert, das durch Seminare und Studientage die geistliche Tradition des Klosters fortführt.

Vor allem Benefizkonzerte und Konzerte im Rahmen des Schleswig-Holsteinischen Musikfestivals bieten für die Aufführung geistlicher Musik einen authentischen Rahmen und regen die Konzertbesucher an, ganz im Sinne der Benediktiner Musik und Architektur in einem zu erfahren. Den gleichen Zielen dient die Weckung bürgerschaftlicher Initiativen durch Bildung von Freundeskreisen. Über den engeren Einzugsbereich bekannt sind seit 1992 die alljährlichen Klostertage Uetersen, veranstaltet durch eine Arbeitsgruppe »Ueterst End« im SHHB Schleswig-Holsteinischer Heimatbund e.V. und insbesondere getragen durch Elsa Plath-Langheinrich, auf deren Publikationen über das Kloster im Allgemeinen und Augusta Louise Gräfin von Stolberg-Stolberg im Besonderen in diesem Buch mehrmals Bezug genommen wird. In Preetz bemüht sich die »Gesellschaft der Freunde des Klosters Preetz e.V.« um die Erhaltung gefährdeter Kunstwerke. Dieser ist u. a. die 2002–2003 erfolgte aufwendige Restaurierung des »Buches im Chore« zu danken.

1.4. Architektur und Ausstattung der Klöster und Damenstifte

In der Literatur hat die mittelalterliche – sowohl die romanische als auch die gotische – Architektur Schleswig-Holsteins mit Ausnahme der Kirchen und des Domes in Lübeck nur wenig Interesse gefunden, obwohl der andere spätromanische Dom von Ratzeburg und die Stiftskirche in Segeberg von nicht geringerer Bedeutung für die Entwicklung der Architektur sind. Alle drei Bauwerke sind im Zusammenhang mit dem hier behandelten Thema der Klöster relevant, auch wenn bei den Domkirchen der ikonografische Anspruch einer Bischofskirche den des angefügten Klosters bzw. Kanonikerstiftes bei weitem überwog und die Klosterarchitektur dadurch nur wenig Eigenwert gewinnen konnte. Mit Übernahme des Backsteins als bestimmendes Baumaterial, Vervollkommnung der Bauweise und Entwicklung backsteingerechter Zierformen haben die genannten Großbauten Vorbildfunktion für die Region und darüber hinaus entfaltet. Dieses findet seine Fortsetzung im 13. und 14. Jahrhundert dadurch, dass die Baumeister der Marienkirche in Lübeck kongenial die bildhauerisch gestaltende Kathedralgotik Frankreichs in eine dem heimischen Backstein angemessene flächenbetonende Architektur übersetzt und die Entwicklung der Backsteinarchitektur im Ostseeraum maßgeblich geprägt haben.

Unterlagen Bau und Gestaltung der mittelalterlichen Klöster vielfältigen ordenseigenen wie auch externen Einflüssen zugleich, unterscheidet sich die der Damenstifte nur wenig von der sonstigen Architektur im Lande. Das wird sowohl an den funktional hervorgehobenen Gebäuden für die Priorinnen und Pröpste, die den gleichzeitigen Bauten der Gutsherren verpflichtet sind, als auch an den Wohnhäusern der Konventionalinnen erkennbar.

Im Gegensatz zum kargen und abweisenden Äußeren der Gebäude entwickelte sich die Pracht der Klöster nach innen. Retabel, Chorgestühl, Bildwerke und liturgisches Gerät ließen den Glanz des Himmlischen Jerusalem erahnen. »Es hätte als eine Unehrerbietung, ja als Schande gelten müssen, Gott, den größten Künstler (artifex), der die Natur in Schönheit eingerichtet und den Menschen sich zum Ebenbild geschaffen und der zuletzt im Menschensohn die schönste nur denkbare menschliche Gestalt angenommen hatte, mit unvollkommenen oder stümperhaften Kunstwerken zu entehren.« (Suckale, S. 23) Das gilt natürlich für das liturgische Gerät in besonderem Maße. Im Zusammenhang mit inneren Reformen der meisten Klöster um 1500 stifteten die adeligen Familien und Bürger eine Vielzahl von Kunstwerken, die die Klöster zu wahren Schatzhäusern der Kunst werden ließen.

1.4.1. Architektur und Ausstattung der mittelalterlichen Klöster und Stifte

1.4.1.1. Architektonische Gestaltung von Kirchen und Konventsbauten

Die schleswig-holsteinischen Klöster reichen bei weitem nicht an die großen Vorbilder Cluny oder Citeaux. Es handelte sich vielmehr zumeist um recht bescheidene, auf das Notwendigste beschränkte, den geringen materiellen Ressourcen entsprechende Bauten mit einfachsten Details. Mit Ausnahme der über eigene Bauleute verfügenden Zisterziensermönchsklöster – Kloster Reinfeld, Rudekloster und Lügumkloster – wurden die Bauten von klosterfernen Bauleuten erstellt, die gewohnheitsmäßig ihre beschränkten gestalterischen Fähigkeiten in den Bau einbrachten und die Klosterbauten nicht anders als andere kirchliche oder zivile Bauten erstellten. Bauherren waren zudem auch nicht die Orden, sondern die Stifter, d.h. Landesherren, adelige Familien oder Stadträte. Die Gestaltung des Grundrisses, des Baukörpers und der baulichen Details unterscheidet sich deshalb weit weniger, als es die Unterschiedlichkeit der Orden erwarten ließe. Der Bau knapp gefasster Volumen mit glatten Oberflächen und einfachsten Dachformen, Verzicht auf alles, was diese elementare Einfachheit stören könnte wie offenes Strebewerk oder über die Traufe oder den Ortgang ragende Schmuckelemente ließ Bauwerke entstehen, deren Kompaktheit und Homogenität durch die nahezu durchgängige Verwendung von rotem Backstein betont wird.

Dieses gilt auch für die Klöster der Zisterzienserinnen, die dem Orden nicht inkorporiert waren, sondern dieses erst anstrebten, als die Gebäude bereits weitestgehend standen. Die Unterstützung durch bauerfahrene, und als Meister ihres Faches geltende Zisterziensermönche kann damit ausgeschlossen werden. Umso mehr ist zu bedauern, dass sich von den beiden Zisterziensermönchsklöstern Rudekloster und Reinfeld nichts erhalten hat. Ein Blick über die heutigen Landesgrenzen nach Dänemark zum heutigen Løgumkloster oder zum mecklenburgischen Münster in Doberan lässt ahnen, wie hoch die baukünstlerische Qualität der verlorenen Anlagen gewesen sein könnte und was das Land verloren hat. Eine für die Franziskaner außergewöhnliche architektonische Qualität weist die Kirche des St. Katharinen-Klosters in Lübeck auf, die bauhistorisch in der Nachfolge der benachbarten Marienkirche steht. Die außergewöhnliche Gestaltung bestätigt die Einbeziehung des Baus in das lokale Geschehen dadurch, dass sich die Bürger Lübecks und ihre Baumeister sich vermutlich nichts anderes vorstellen, als den vertrauten Vorbildern zu folgen und Ebenbürtiges zu leisten. Das Gebot architektonischer Zurückhaltung der dem Armutsideal verpflichteten Franziskaner dürfte ihrem

55 Bau einer Stadt, erkennbar unterschiedliche Tätigkeiten: Zuhauen der Quader und deren Transport, links der Bauleiter, im Hintergrund ein Kran, Holzschnitt aus der Koehlhoffchen Chronik von Köln, 1499

Anspruch nach architektonischem Ausdruck der Bedeutung ihrer Stadt offensichtlich nicht entsprochen haben.

Auffällig ist, dass mit Ausnahme der Segeberger Stiftskirche und der Kirche in Ahrensbök alle schleswig-holsteinischen Klosterkirchen turmlos geblieben sind und lediglich Dachreiter aufweisen. War das bei den Zisterziensern, Bettelmönchen und Kartäusern verbindlich geregelt, so hatten die Kirchen der Benediktiner in anderen Kulturlandschaften in der Regel eine Doppelturmfassade oder einen Westturm. Der Grundriss der romanischen, ursprünglich als Pfarrkirche angelegten Kirche des Benediktinerklosters St. Johannis in Lübeck lässt erkennen, dass hier ein Westturm angelegt war, der aber nach Übergabe an die Zisterzienserinnen nicht fortgeführt wurde. Stattdessen wurde der Turm so in die Kirche einbezogen, dass er als solcher später nicht mehr erkennbar war. Das Gleiche gilt für die Klosterkirche von St. Johannis in Schleswig, was aber nach den ordenseigenen Traditionen so nicht erforderlich war. Turmlos sind auch die Benediktinerklöster Cismar und Preetz und das Chorherrenstift Bordesholm geblieben, die Gründe dafür sind nicht bekannt. Dass die Klosterkirchen Ahrensbök und Itzehoe entgegen den Ordensregeln Türme besitzen, ist auf deren gleichzeitige Funktion

56–58 Kreuzgänge in Batalha/Portugal (o. l.), Ribe (o. r.) und Ratzeburg (u.): Gestaltung in Abhängigkeit von den klimatischen Bedingungen des Ortes und den zur Verfügung stehenden Materialien

als Wallfahrts- bzw. Pfarrkirche zurückzuführen. Zu vermuten ist die Übernahme der durch die Zisterzienser und Bettelorden geprägten Vorstellung von der einem Kloster angemessenen Baugestalt ohne Turm. Es könnten aber auch sehr praktische Erwägungen ausschlaggebend gewesen sein: Das raue Klima legt die Beschränkung auf geringe Höhenentwicklung nahe, um den Wind wenig Angriffsflächen zu bieten. Vor allem für die Frauenklöster fehlte auch jedes Erfordernis einer architektonischen Außenwirkung.

Von den Wirtschaftsbauten ist nahezu nichts erhalten, sie gingen in Nachfolgebauten auf und später mit diesen verloren. Eine ungefähre Vorstellung von Größe und Aussehen der teilweise sehr großen Bauten ist im Kloster Doberan zu gewinnen, wo Brau- und Kornhaus von 1290, bzw. 1270/80, beides breitgelagerte, massive und aufwendig gestaltete Backsteinbauten, ganz oder nur in den Umfassungsmauern erhalten sind.

Die Baumeister aller Kirchen und Klöster bleiben im Dunkel. Allein die Zisterzienser planten und bauten ihre Bauten selbst und verfügten über eigene Bauhütten; die Beschäftigung klosterferner Bauleute war durch das Generalkapitel sogar untersagt. Erst um 1500 wird ein zum Bau des St. Annen-Klosters in Lübeck aus Braunschweig gerufener Baumeister, Synsisguß Heße (Vinzent Hesse), als Persönlichkeit namentlich fassbar.

Das Bauen erfolgte nach Erfahrung und Faustregeln, das Wissen um Baustatik im heutigen Sinne war auch in den großen Bauhütten des Mittelalters äußerst begrenzt. Das wird an den teilweise sehr komplizierten Dachstühlen der erhaltenen Kirchen mit überdimensionierten und unnötigen Gefügeelementen überdeutlich. Größe und Komplexität der Konstruktion setzten dennoch ein hohes Maß an Wissen und Erfahrung ebenso voraus wie eine vorhergehende Planung, sicher auch in Form von Zeichnungen, von denen aber nichts erhalten ist. Sollten Zeichnungen angefertigt worden sein, hat man diese sicher nicht für wert befunden aufzuheben. Interessante Einblicke in das mittelalterliche Bauwesen geben bildliche Darstellungen der Zeit, gesammelt durch Günther Binding und Norbert Nussbaum. Erkennbar ist in diesen allerdings die durchgängige Verwendung von Werkstein, stammen die Abbildungen doch zumeist aus südlichen Landschaften.

59–61 Turmlosigkeit der schleswig-holsteinischen Klosterkirchen: Lügumkloster, St. Katharinen-Kirche in Lübeck, Stiftskirche in Bordesholm

62 Rekonstruktion eines Lastkrans mit Tretrad neben der Klosterkirche Rehna

Für den Baubetrieb an schleswig-holsteinischen Klöstern und sich aus der Verwendung von Backstein ergebende regionale Besonderheiten liegen keine zusammenfassenden Untersuchungen vor. Neuerdings ist an der Klosterkirche von Rehna ein Lastenkran mit Tretrad und ein Gerüst nachgebaut worden. Beide vermitteln eine gute Anschauung über den mühseligen und mit Menschenkraft betriebenen Transport des Baumaterials nach oben.

62

1.4.1.2. Granit und Backstein als gestaltprägende Baustoffe

Bis ins 12. Jahrhundert wurde das Bauen durch die Verwendung von vor Ort vorgefundenen Materialien: Holz, Lehm und Granit, bestimmt. Die ersten Kirchen wie vermutlich die Zelle in Münsterdorf dürften ebenso aus Holz errichtet gewesen sein, wie später noch der Gründungsbau der 1163 von Heinrich dem Löwen gegründeten Marienkirche in Lübeck. Es handelte sich dabei vermutlich um Gebäude in der bis zum 12. und 13. Jahrhundert in Norddeutschland allgemein üblichen Pfostenbauweise, d.h. die First- und Wandpfosten waren in den Boden eingegraben und nicht wie bei der späteren Ständer- und Fachwerkbauweise auf Schwellbalken gesetzt. Die Wände waren in Flechtwerk mit Lehmbewurf hergestellt. Durch unzureichende Isolation gegen aufsteigende Feuchtigkeit und durch Schlagregen hatten die Gebäude allerdings keine lange Lebensdauer. Dieses und das Verlangen, den Kirchen dauerhafte Gestalt zu geben, gaben Anlass, nach Errichtung erster provisorischer Bauten diese stets möglichst bald durch einen massiven Steinbau zu ersetzen.

Ein weiteres, bis ins hohe Mittelalter gebräuchliches Baumaterial war der Granit, der in Form abgeschliffener eiszeitlicher Findlinge unterschiedlicher Größe fast überall reichlich zur Verfügung stand. Für zahlreiche Dorfkirchen waren die Findlinge sogar das wichtigste Baumaterial, in Munkbrarup wurden die Steine außen geglättet. Für Fundamente, Pfeiler und Konsolsteine blieb er auch später wegen seiner statischen und bauphysikalischen Eigenschaften bei den Klöstern und Kirchen unverzichtbar. Die kristalline Struktur des Granits erlaubt zwar, diesen relativ leicht in Quader zu spalten, macht aber eine im Vergleich zu weicheren Steinsorten wie Sand- oder Kalkstein eine differenzierte skulpturale Bearbeitung, wie man sie aus Cluny oder anderen Klöstern im Süden Europas kennt, außerordentlich schwierig (Kapitelle des St. Michaelis-Klosters in Schleswig, Portal der Kirche in Munkbrarup).

136
137
209

Leicht zu bearbeitender Werkstein stand in ganz Norddeutschland nicht zur Verfügung. Für große und bedeutende Bauten wie den Bremer Dom wurde im 11. und 12. Jahrhundert Werkstein auch aus großer Entfernung, in diesem Falle per Lastkahn auf der Weser aus dem Weserbergland, herbei geschafft. Das wäre für den Betrachtungsraum zu aufwändig gewesen. Ein vergleichsweise mit weniger Aufwand zu transportierender Ersatzbaustoff war der in der Eifel gebrochene Tuffstein, ein sehr leichtes, weil poröses und durch Sägen einfach zu bearbeitendes Magmagestein. Aus diesem Material bestehen noch heute große Teile des Doms zu Ribe, die ebenfalls in Tuffstein errichtete St. Michaeliskirche in Schleswig ist dagegen abgebrochen worden. Auch beim Erstbau der St. Johanniskirche in Schleswig fand der Tuffstein neben Feldsteinen Verwendung. Weitere Tuffsteinkirchen finden sich noch heute in Schleswig-Holstein vorwiegend in der durch die früher schiffbaren Flüsse Eider, Treene und Sorge durchzogenen Niederung zwischen Tönning und Schleswig. Der Tuffstein wurde in Quader im Format von 28–32 : 13–18 : 6,5–10 cm gesägt

101

63 Dom zu Ripen/Ribe, erkennbar der Wechsel von der Tuff- zur Backsteinbauweise

verbaut; dieses handliche Format ermöglichte es, den Bau ohne aufwändige Hebevorrichtungen voranzubringen.

Die Architektur ganz Norddeutschlands wird ab dem 12. Jahrhundert im Wesentlichen geprägt durch die Verwendung von Backstein, einem Baustoff, der schon in der römischen Antike Verwendung fand und nach allgemeiner Auffassung in der Mitte des 12. Jahrhunderts durch die Zisterzienser und Prämonstratenser von Süden herkommend in Norddeutschland eingeführt worden sein soll. Für die Klosterkirche in Esrum nimmt Hans Krongaard Kristensen allerdings an, dass die Benediktiner auch dort bereits 1151 Backstein verwandt hatten, so dass die Verbreitung des Backsteins nicht allein ausschließlich in Süd-Nord-Richtung erfolgt sein dürfte oder nur den genannten Reformorden zuzuschreiben ist. Für einen Schlüsselbau der norddeutschen Backsteinarchitektur, die Klosterkirche in Jerichow, wird vermutet, dass die Prämonstratenser Ziegelbrenner aus Oberitalien mitgebracht hatten, »denn eine so exakte, ausgereifte Backsteintechnik kann nicht an einem Erstlingswerk in einer Landschaft entstanden sein, in der es dafür keine Vorbilder gab«. (Kiesow, S. 82) Der Übergang von der Tuff- zur Backsteinbauweise vollzog sich ziemlich abrupt. Am Dom zu Ribe ist dieser Wechsel kurz nach 1150 noch heute gut erkennbar. Um 1160 fand am südlichen Querschiffarm des Schleswiger Doms, ab der Höhe von 9,20 m, der vor Ort hergestellte Backstein statt des bis dahin verbauten Tuffsteins Verwendung. Der Backstein in Schleswig hatte in etwa das gleiche Format wie der Tuffstein: 25–26,5 : 13–18 : 6,5–8,2 cm und konnte deshalb ohne besondere technische Schwierigkeiten wie gewohnt verarbeitet werden.

Für die Verwendung von Backstein und die rasche Ausbreitung der Backsteinbauweise im ganzen Ostseeraum hat sicher zum einen der praktische Gesichtspunkt der Verfügbarkeit eine wesentliche Rolle gespielt. Zum anderen wäre das aber nicht möglich gewesen, wenn sich nicht zeitgleich ein verändertes Verhältnis zum bis dahin als minderwertig angesehenen Baustoff durchgesetzt hätte. Jens Christian Holst weist darauf hin, dass auch in anderen Kulturlandschaften wie Altbayern und Rheinland, in denen Werkstein zur Verfügung stand, seit dem

64 Prämonstratenserkloster Jerichow, Blick vom Seitenschiff in das Langhaus

12. Jahrhundert eine nicht geringe Zahl von Backsteinbauten entstanden ist, was auf eine neue allgemeine und nicht nur auf den Norden beschränkte Wertschätzung des Backsteins schließen lässt. Die Verwendung von Backstein war bis dahin mit dem Verweis auf den aus Ziegeln errichteten Turm von Babel, Inbegriff menschlicher Hybris und Vergänglichkeit, gemieden worden (1. Mose 11.3: »... lasst uns Ziegel streichen und brennen! Und nahmen Ziegel zu Stein und Erdharz zu Kalk«), während der Tempel Salomos dagegen als Bau aus edlem Werkstein, Beständigkeit demonstrierend, beschrieben wird (1.Kö. 6.7: »waren die Steine zuvor ganz zugerichtet,...«). Wenn bis dahin Mauerziegel Verwendung fanden, dann mit Ausnahme der Volksarchitektur stets so, dass durch Putz, Übertünchen oder steingemäße Verarbeitung des Backsteins der Eindruck eines dauerhaften Werksteinbaus entstehen musste. Gelegentlich wurde noch um 1170 auch die Oberfläche von Backsteinen in Ratzeburg schariert oder schraffiert, um eine dem Werkstein ähnliche Oberfläche zu schaffen. Dieses änderte sich um die Mitte des 12. Jahrhunderts

grundlegend. An dieser Neubewertung hatten sicher die Reformorden, insbesondere die Zisterzienser und Prämonstratenser, einen großen Anteil. Ihren Vorstellungen zufolge war nicht nur die Arbeit immer auch Gottesdienst; auch die Verarbeitung und damit Veredelung des gewöhnlichsten Materials, des Lehms, durch schwere körperliche Arbeit in etwas Dauerhaftes, gehörte in den Kontext der Ablehnung jeglichen Bauluxus und war damit zugleich Ausdruck von Bescheidenheit und Demut in der Architektur. Die Verwendung von gebranntem Ton oder Lehm für alle sichtbaren Bauteile – Außenwände, Dächer und Bodenfliesen – gab den Bauten den angestrebten homogenen Charakter besser noch als die sonst üblichen Werksteinbauten mit Ziegeldächern. Die Farbe des Backsteins hat vermutlich zusätzlich die Akzeptanz und Verbreitung der Backsteinbauweise gefördert, galt die Farbe Rot doch auch als die des Blutes Christi und der Märtyrer. Dass die ersten Bauten in Backstein nicht etwa kleinere Landkirchen oder Kapellen, sondern die höchst anspruchsvollen Dome und Stifte wie die von Lübeck, Ratzeburg und Segeberg waren, bestätigt die große Bedeutung des Backsteins als gestaltprägender Baustoff.

Die Ausbreitung der Backsteinbauweise auf das heutige Schleswig-Holstein strahlte von einer Reihe von »Urzellen« mit bedeutenden frühen Kirchen wie dem Prämonstratenserstift Jerichow in der Altmark, dem Dom in Ratzeburg und der Stiftskirche in Segeberg auf die jeweilige Region aus. Die Dichte der Standorte von Backsteinkirchen im ganzen Land lässt ganz Norddeutschland von außen gesehen als eine »Backsteinlandschaft« erscheinen, tatsächlich sind jedoch »landschaftsprägende Bautenfamilien« (Holst, S.13) zu unterscheiden, denen hier jedoch nicht nachgegangen werden kann. Noch im 13. Jahrhundert scheint das hohe Ansehen der Backsteinbauweise wieder geschwunden zu sein, worauf die zunehmende Verwendung von importiertem Naturstein für die Bauskulptur an Portalen und Kämpfern oder die Veredelung der Backsteine durch Glasur ebenso hinweisen, wie das steinimitierende Putzen von Backsteinwänden. Ausgeprägt dekorative Wirkung hat auch das Ende des 15. Jahrhunderts aus den Niederlanden übernommene und durch unterschiedliche Farbe und Oberflächentextur kontrastierende Schichtmauerwerk aus Backstein und Sandstein, das sogenannte Specklagenmauerwerk, wie es an der Fassade des St.

65 Herstellung von Backsteinen durch den Ziegler, Produktionskette vom Einbringen der rohen Lehmmasse in einen Formkasten über den Transport bis zur Verwendung beim Bau eines Gebäudes, Holzschnitt aus dem Ständebuch von Jost Ammann, Frankfurt 1568

66 St. Annen-Kloster in Lübeck, Schichtung von Back- und Naturstein, sog. »Specklagenmauerwerk«

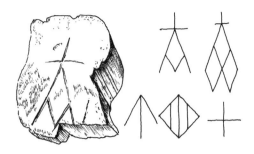
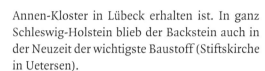

67–68 Formsteine mit Ritzzeichen aus dem Kloster Reinfeld (Heimatmuseum Reinfeld)

Annen-Kloster in Lübeck erhalten ist. In ganz Schleswig-Holstein blieb der Backstein auch in der Neuzeit der wichtigste Baustoff (Stiftskirche in Uetersen).

Die Herstellung von Backstein war technologisch ein großer Fortschritt, denn das machte den Bau unabhängig von Zufälligkeiten der Lieferung und konnte je nach Bedarf reguliert werden. Zugleich kam es zur Normierung, was den zügigen Bauablauf rationalisieren und den Einsatz ungeübter Hilfskräfte erleichtern half. Die Herstellung war sehr aufwändig und erforderte ein koordiniertes, planvolles Vorgehen. Die feuchte Lehmmasse wurde in hölzerne Formkästen gepresst und mit der Hand oder einem Brett abgezogen. Auf dem Boden mussten die Rohlinge vor dem Brennen an der Luft trocknen. Einige in Lübeck und Reinfeld gefundene Backsteine weisen Abdrücke von Tierpfoten auf, weil Tiere über die zum Trocknen ausgelegten frischen Backsteinrohlinge gelaufen waren. Der Brand in relativ einfachen, durch Züge unter der Sohle belüfteten Brennöfen erbrachte unterschiedliche Härten. Als »Hartbrenner« gelten die wegen des hohen Energieaufwandes teuren, bläulich gesinterten und sehr harten Klinker. Die Steine waren in etwa doppelt so lang wie breit, was das Mauern im Verband ermöglichte. Die Maße waren allerdings von Ort zu Ort geringfügig unterschiedlich. Das gebräuchlichste »Klosterformat« betrug 28–29 : 13,5–14,5 : 7–9 cm, in der Regel liegen 10–10½ Schichten in einem Meter aufgehenden Mauerwerks. Einige Backsteine sind mit Stempeln oder geritzten Zeichen versehen. Bei den Stempeln handelt es sich im Regelfall um Produktionsmarken der jeweiligen Ziegelei. Die Ritzzeichen an in Reinfeld gefundenen Formsteinen hat Bodo Zunk dagegen einleuchtend als System der Zuordnung der sich nur wenig unterscheidenden Formsteine zu einzelnen in Bau befindlichen Gebäudeteilen gedeutet; gewöhnlichen, d.h. überall verwendbaren Backsteinen fehlt dagegen jede Markierung.

Das Mauerwerk war in der Regel zweischalig. Zwischen äußerer und innerer Schale liegt ein Füllmauerwerk aus Backsteinbrocken, eingegossen in große Mengen von Kalkmörtel, die äußeren Schalen sind mit dem Füllmauerwerk durch die Binder verzahnt. Als Mauermörtel diente eine Mischung aus gelöschten Brandkalk und Sand. Den Kalk gewann man an der Westküste durch das Brennen von Muschelschalen, in den übrigen Landesteilen aus vor Ort zu gewinnendem Kalkgestein. Zumeist wurde vollfugig gemauert, d.h. der nach Setzen des Backsteins hervorquellende Mörtel wurde mit der Kelle bündig abgestrichen, gelegentlich wurde die Fuge auch schräg beschnitten oder eingeritzt (Fugenstrich). Als üblicher Mauerverband kam der gotische oder Klosterverband zur Anwendung: In jeder Backsteinschicht folgen auf einen auf Schmalseite gesetzten Binder zwei auf Breitseite gesetzte Läufer. Die auf Kopf gesetzten Backsteine greifen in die Tiefe des Mauerwerks und geben diesem den statisch notwendigen Zusammenhalt mit dem Füllmauerwerk. Im späten 14. Jahrhundert kam der wendische oder Wechselverband auf: ein regelmäßiger Wechsel von Läufern und Bindern (z. B. St. Annen-Kloster in Lübeck). Im späten 15., Anfang des 16. Jahrhunderts wurde der Mörtel immer breiter auf den Backsteinen auslaufend verstri-

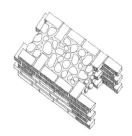
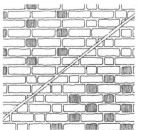
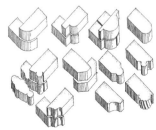

69 Zweischaliges Mauerwerk in gotischem Verband mit Füllmasse zwischen Backsteinschalen

70 Mauerwerksverbände: oben der gotische oder Klosterverband, unten der wendische oder Wechselverband

71 Unterschiedliche Typen von Formsteinen

72 Schmuckformen: einfacher Rundbogenfries am Domkloster Lübeck und durch Zierverbände gestaltetes Traufgesims an der St. Georgs-Kirche in Ratzeburg

chen, so dass der Eindruck einer verputzten oder steinernen Wand entstand. Fugen wurden dann auch durch eine eingedrückte, nicht immer die Höhe der Schichten nachzeichnende Nut betont, um den Eindruck von Werksteinmauerwerk zu vermitteln.

Die Einzelformen und Ornamente entwickelten sich aus den Besonderheiten und Beschränkungen des Materials: an den Traufen Rund-, später Spitzbogenfriese unter Verwendung kleinformatiger Backsteine, bzw. normal großer Backsteine zur Bildung von Zahn- oder Würfelfriesen, gelegentlich auch die Kombination mehrerer Friesformen. Für besondere Bauteile wie Fenster- und Türleibungen oder Kreuzrippen und Fenstermaßwerk wurden spezielle Formsteine verbaut. Diese ließen sich durch in Formkästen eingebrachte Leisten herstellen, komplizierte z. B. für Gewölberippen wurden mit einem Draht aus feuchten Rohlingen geschnitten. Die Rosetten an den Schildflächen der kleinen Würfelkapitelle am Kreuzgang im Domkloster zu Lübeck wurden mittels Model ein-

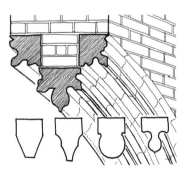 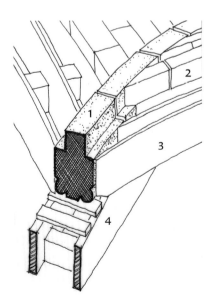

73 Gewölberippenformsteine, Querschnitt und unterschiedliche Formen

74 Mauerung einer Kreuzrippe auf Bogenlehre: 1: Rippenformstein, 2: Gewölbeschale aus Backstein, 3: Bogenlehre, 4: zwischen Rippen gespannte Bohlen

geprägt. Besonders dekorative Wirkung haben die teuren glasierten Backsteine, deren glasartige Oberfläche durch Schlämmen mit Blei- und Zinkoxiden und weiteren Zuschlägen und nochmaligen Brand schwarz, grün oder braun sind und die in wechselnden Schichten mit anderen einfacheren Backsteinen aufgemauert wurden (Westfassade der St. Katharinen-Kirche in Lübeck).

Die Gebäude standen auf Feldsteinfundamenten, teilweise mehrlagig und aus Feldsteinen unterschiedlicher Größe zusammen gesetzt und mit Ziegelbruch verkeilt. Das Mauerwerk sitzt im Allgemeinen direkt auf, in Reinbek wurde bei einigen Mauerzügen eine unvermörtelte Rollsteinschicht nachgewiesen. In vielen Fällen gab es zu Quadern gehauene Granitblöcke als unterste Schicht des aufgehenden Mauerwerks (Klosterkirche Bordesholm).

Verhältnismäßig selten und wenigen, künstlerisch zu bearbeitenden Bauteilen vorbehalten ist die Verwendung von Stuck an Kapitellen und Kämpfern wie in der Stiftskirche von Segeberg oder im Kloster Cismar. Die Stucktechnik hat in der sächsischen Kunst eine große und lange Tradition vom im dritten Viertel des 11. Jahrhunderts entstandenen Heiligen Grab in der Gernroder Stiftskirche St. Cyriacus bis zu den Chorschrankenreliefs in Halberstadt und Hildesheim oder auch in der Marienkirche in Lübeck Anfang des 13. Jahrhunderts (im St. Annen-Museum). Der Stuck wurde aus im Segeberger Kalkberg gewonnenem Gips, an den Küsten auch aus zermahlenen Muschelschalen, feinem Sand und verschiedenen Zuschlagstoffen hergestellt, in Blöcke gegossen, mit flachgeschnittenen Ornamenten versehen und farbig behandelt.

Dem geistigen und ästhetischen Anliegen, durch Verwendung nur weniger Materialien Einfachheit und Klarheit auszudrücken, entspricht auch die nahezu vollständige Einwölbung der Kirchen und Klausurräume. Technisch war das nicht notwendig, denn die Überdeckung auch großer Kirchen mit Holz war bis zum hohen Mittelalter unproblematisch, auch stand Holz ausreichend zur Verfügung und war leicht zu bearbeiten. Mit Holzbalkendecken sind u. a. ein Teil des Schiffes der Klosterkirche Ahrensbök (Spannweite: 10 m), der Gotische Saal im Nordostflügel und die ursprünglich überwölbte Halle im südlichen Westflügel im Graukloster in Schleswig überspannt.

Die Räume in den erhaltenen Klöstern weisen nahezu durchgängig eine Wölbung auf, deren Gestaltung das Ringen um die ästhetische wie konstruktive Verbesserung des konstruktiven Gefüges des Steinbaus im hohen und späten Mittelalter erkennen lässt. Die stilistische Entwicklung der gotischen Architektur wird durch den damit verbundenen Prozess der fortschreitenden Entmaterialisierung immer kühnerer Skelettkonstruktionen gekennzeichnet, wie sie von den französischen Kathedralen und der diesen verwandten Marienkirche in Lübeck bekannt sind. Deren Leichtigkeit und Eleganz findet sich in der klösterlichen Architektur Schleswig-Holsteins aber nur in Ansätzen wie bei der St. Katharinen-Kirche oder einigen Räumen im St. Annen-Kloster in Lübeck wieder. Die Architektur der anderen Kirchen und Klöster kam über die erdverbundenen, der Spätromanik-Frühgotik verpflichteten Formen nur wenig hinaus.

Die Wölbung erfolgte zunächst wie in der St. Marienkirche in Segeberg mit Kreuztonnengewölben, deren Herstellung einen hohen Aufwand durch den vorhergehenden Bau eines Lehrgerüsts aus Holz, auf dem die tragende Gewölbeschale gemauert werden konnte, erforderlich machte. Die Gratlinien der sich kreuzenden Tonnen beschreiben flachliegende Ellipsenhälften, was allgemein als unbefriedigend angesehen wurde. Werden die diagonalen Gratbogen dem Kreisbogen angenähert, ohne den Gurtbogen zu erhöhen, entstehen sogenannte gebuste oder kuppelige Gewölbe, was einen noch höheren Aufwand dadurch erforderte, dass auf die Bretter des Lehrgerüstes Erde in der Form der auszubildenden Gewölbeschale aufgetragen werden musste. Mit der Erstellung von Kreuzrippengewölben, Regelfall in den schleswig-holsteinischen Klöstern, wird dagegen sowohl die gewünschte formale Einheit und geometrische Klarheit, als auch die für die gotische Architektur charakteristische Sichtbarmachung der konstruktiven Zusammenhänge erreicht. Die Kreuzrippen übernehmen die Lasten und leiten diese auf das Mauerwerk. Kreuzrippen wurden aus Formsteinen mit unterschiedlichem Profil hergestellt; häufigste Rippenprofile sind die Band- und abgeschrägte Rippe sowie die Rundstab- und Birnstabrippe mit Hohlkehle. Zwischen Gurt- und Diagonalrippen wurden die nicht tragenden Gewölbeschalen als dünne

75 Kloster Volkenrode, Querschnitt durch die Gewölbeschale des ehem. Kreuzgangs

Membran (Kappe) gespannt. Das hatte auch recht praktische Vorteile: Lehrgerüste waren nur noch für die Gurte und Rippen in Form von Bogenlehren erforderlich, auf die die Rippenformsteine aufgesetzt werden konnten. Zwischen die Gurte und Rippen genügte es dann, nur noch Bohlen aufzulegen, um die Gewölbefelder aus flachliegenden Backsteinen mauern zu können. Als letztes setzte man den Schlussstein im Hauptknotenpunkt der Rippen ein, der fast immer in besonderer Weise künstlerisch gestaltet und mit figürlichen und ornamentalen Darstellungen geschmückt wurde. Im Kreuzgang des Domklosters in Lübeck laufen die Kreuzrippen in einem reichverzierten Hängezapfen aus Backstein zusammen. Ein besonders aufwendiger und schöner Schlussstein im Refektorium des Burgklosters zu Lübeck zeigt das Bild des heiligen Dominikus. In der Klosterkirche zu Bordesholm wurden die Schlusssteine durch holzgeschnitzte Zierscheiben mit biblischen Szenen und Sinnbildern aus der Werkstatt des Hans Brüggemann ergänzt.

Als Weiterentwicklung der einfachen Kreuzrippengewölbe wie sie in allen gotischen Bauten schleswig-holsteinischer Klöster üblich sind, haben sich weitaus kompliziertere Stern- und Netzgewölbe in einigen Räumen des spätgo-

76 Klosterkirche Preetz, Dachstuhl und Gewölbe

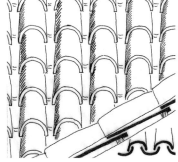

77 Dacheindeckung mit Ziegeln: »Mönch« und »Nonne«

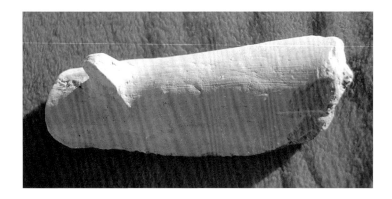

78 Kloster Mohrkirchen, Dachziegel (Heimatmuseum Mohrkirch)

tischen Südflügels des St. Annen-Klosters in Lübeck erhalten. Ein Sterngewölbe setzt sich aus Dreistrahlgewölben zusammen, die um einen Schlussstein gruppiert sind. Netzgewölbe werden aus sich durchkreuzenden Rippen gebildet, die rechteckige oder rautenförmige Gewölbefelder begrenzen. Diese ab dem 14. Jahrhundert entwickelte Gewölbeform unterstützt die für die gotische Architektur charakteristische Suche nach einheitlicher Wirkung der Saal- oder Hallenräume durch Herausbildung eines flächigen oberen Raumabschluss ohne jede Jocheinteilung. Die geometrisch teilweise unpräzise und ungelenke Ausbildung der Gewölberippen im Kalefaktorium des Lübecker St. Annen-Klosters lässt im Vergleich mit gleichzeitig entstandenen Bauten anderer Kulturlandschaften (Pirna, Dinkelsbühl u. a.) erkennen, wie wenig der Baumeister mit dieser Bauweise umzugehen verstand.

Über den Gewölben erhoben sich sehr komplizierte Dachstühle, nicht selten eine Mischung aus Pfetten- und Kehlriegelbalkendach, in Preetz durch Abstrebungen ergänzt. Der Dachstuhl der Preetzer Klosterkirche wurde auf 1325 datiert und ist damit außerhalb Lübecks der älteste Schleswig-Holsteins überhaupt. Bei der Kirche des St. Johannis-Klosters in Schleswig handelt es sich um die Folge wechselnder Konstruktionsarten von Kehlbalken- und Pfettendächern, deren Gebinde auf eine Flachdecke bzw. ein Gewölbe hin unterschiedlich angelegt waren; beim Chor der Kirche in Ahrensbök um ein Kehlbalkendach mit zusätzlichen Verstrebungen. Mit dem Ziel einer einfachen und einheitlichen Dachform blieben bei den einschiffigen schmalen Saalkirchen (die Mehrzahl der Nonnen- und Bettelklöster) oder bei Kirchen mit basilikalem Querschnitt (z. B. Katharinen-Kirche in Lübeck und Lügumkloster) die Dächer über den Schiffen verhältnismäßig niedrig, während die Höhe der Dächer bei mehrschiffigen Hallenkirchen oder Stutzbasiliken (Kiel, Preetz) die der Halle bzw. der Seitenschiffe sogar übertraf. Bei der Dachdeckung kamen »Mönch« und »Nonne« genannte Backsteindachziegel zum Einsatz: halbzylindrische Hohlziegel, mit der Höhlung abwechselnd nach unten oder oben verlegt.

79 St. Annen-Kloster in Lübeck, Netzgewölbe im Kalefaktorium

Das Innere der Kirchen und der Klosterbauten war ganz oder teilweise verputzt und ausgemalt. Eine flächendeckende Ausmalung wie in anderen romanischen Kirchen mit einem umfangreichen Bildprogramm gab es im Betrachtungsraum aber nicht. In den gotischen Kirchen und Kreuzgängen waren die Kreuzrippen und Schlusssteine der Gewölbe bemalt, rot oder grün, teilweise auch in unterschiedlicher Farbigkeit und mit Bänderung und Rankenwerk geschmückt (Domkloster Ratzeburg, St. Katharinen-Kirche in Lübeck, Klosterkirche Bordesholm). Für die Bettelordensklöster in Lübeck im 13. Jahrhundert konnten graue Wandtünchen mit rotem oder rotweißrotem Quaderfugennetz nachgewiesen werden. Durch das jeweils mehrere Backsteinschichten übergreifende Quaderfugennetz tritt der Backstein als Baustoff zu Gunsten der Wirkung von Werkstein zurück. In der zweiten Hälfte des 14. Jahrhunderts wurde dann die rote Doppellinienfugung üblich. In den Konventsgebäuden und Kreuzgängen haben sich bemerkenswerte Reste gotischer Wand- und Gewölbemalerei erhalten wie im Kreuzgang des Ratzeburgers Domklosters, in den Lübecker Klöstern St. Annen, St. Katharinen und im Burgkloster sowie im Gotischen Saal und im abgebrochenen Ostflügel des Grauklosters in Schleswig (jetzt im Landesmuseum Schloss Gottorf).

1.4.1.3. *Ausstattung der Kirchen und liturgisches Gerät*

Die Ausstattung der Klöster war entsprechend den Ordensregeln sehr unterschiedlich. Während die Benediktiner nicht nur der künstlerischen Ausstattung ihrer Bauwerke viel Aufmerksamkeit schenkten und diese von Anfang an reich ausstatteten, wiesen die Zisterzienser jeden überflüssigen, die Gedanken vom Wesentlichen ablenkenden Schmuck am Äußeren wie im Inneren entschieden zurück. Auch die Bettelorden lehnten zunächst die Ausstattung der Kirchen mit Bildwerken ab, durch ihre engen Verbindungen mit den Bürgern ihrer Städte konnten sie sich jedoch deren Drang nicht entziehen, private Kapellen für die Abhaltung privater Messen für ihr Seelenheil zu stiften und diese aufwändig und individuell zu gestalten. Die Bürger gewannen dadurch als Einzelperson oder Mitglied einer Gesellschaft ein erbliches Anrecht auf einen Teil der Kirche sowie das Privileg einer Grablege und eigenes Gestühl zu besitzen. Vor allem nach Einführung von Reformen im späten 15. Jahrhundert füllten sich die Kirchen nochmals durch Stiftungen mit Retabeln, Statuen und Epitaphien. Die Mehrzahl der erhaltenen und im im St. Annen-Museum in Lübeck aufbewahrten Retabel aus

80 St. Katharinen-Kirche in Lübeck, nördliches Seitenschiff, links die Grabkapelle der Familie Papendorp oder Gercken, im Hintergrund Lazarusbild von Jacopo Robusti, gen. Tintoretto

den örtlichen Klöstern stammt aus der Zeit um 1500 und aus den ersten Jahrzehnten des 16. Jahrhunderts. Eine Neuausstattung erfuhr die Kirche des Klosters in Bordesholm wenige Jahre vor der Reformation durch Herzog Friedrich I., der die Kirche zur eigenen Grablege und seiner Gemahlin bestimmte.

Die erhaltenen prachtvollen Kunstwerke von teilweise gesamteuropäischer Bedeutung lassen ahnen, wie reich auch die schleswig-holsteinischen Klöster ausgestattet gewesen mussten und damit Anlass zur Kirchen- und Bildkritik im 16. Jahrhundert gaben. Der nicht polychromierte »Bordesholmer Altar« lässt dagegen am Vorabend der Reformation im Gegensatz zur gleißenden Pracht der vergoldeten Retabel des Spätmittelalters eine völlig neue Haltung erkennen, die ihre Parallelen im Werk von Tilman Riemenschneider oder Veit Stoß findet und dem Geist der »devotio moderna« Ausdruck verleiht.

Nur wenige Ausstattungstücke haben sich am ursprünglichen Standort erhalten wie das für Norddeutschland einzigartige Reliquienflügelretabel von 1310–1350 in Cismar, das »ganz zu Unrecht wenig bekannte Retabel in der Marienkirche von Bad Segeberg« (Bonsdorff, S.9), sowie Chorgestühle in der St. Katharinen-Klosterkirche in Lübeck und in den Klosterkirchen Bordesholm und Preetz.

Anderes gelangte in benachbarte Pfarrkirchen und Museen und wurde vermutlich dadurch gerettet: das Triumphkreuz aus dem Rudekloster gelangte in die Kirche von Munkbrarup, ein Flügelretabel aus dem Kieler Franziskanerkloster in die benachbarte Nikolaikirche, einige Objekte aus dem Kloster Marienwohlde in die Nikolaikirche in Mölln, Epitaphien der Klosterkirche Reinfeld in die nahe Pfarrkirche u.a.. Der »Bordesholmer Altar« (1514–1521) wurde 1666 in den Dom zu Schleswig versetzt. Aus der Franziskanerkirche in Flensburg stammt wahrscheinlich ein vierteiliges Flügelretabel in der Dorfkirche Ulkebøl/Alsen, eine Antwerpener Arbeit vom Beginn des 16.Jahrhunderts. In das St. Annen-Museum in Lübeck wurden mehrere Retabel und weitere Kunstwerke der Lübecker Bettelordenskirchen gebracht. Im Nationalmuseum Kopenhagen werden Objekte aus mehreren Klöstern aufbewahrt, darunter das außerordentlich wertvolle mittelalterliche Retabel aus der Klosterkirche Preetz.

81 St. Katharinen-Kirche in Lübeck, Chorgestühl

82 Klosterkirche Bordesholm, Chorgestühl, Endwange

83 Kloster Preetz, spätgotisches Chorgestühl und barocke Logenfront

Dem liturgischen Gerät und Reliquienbehältern kam in allen Kirchen und Klöstern besondere Bedeutung zu. Die wertvollen Stücke wurden aus künstlerisch herausragenden Werkstätten größerer Städte wie Hamburg, einem der führenden Zentren der Gold- und Silberschmiedekunst in Norddeutschland, Lübeck oder sogar ein Abendmahlkelch des früheren Klosterschatzes von Meldorf aus Paris bezogen. Einiges hat sich in den Damenstiften Itzehoe, Preetz, Schleswig und Uetersen erhalten, darunter ein vergoldeter Kelch des 13. Jahrhunderts in Preetz und die Johannesschüssel im St. Johannis-Kloster Schleswig. Das Meiste wurde jedoch nach Auflösung der Klöster abtransportiert, vernichtet, gestohlen oder zwangsweise »verschenkt«, verkauft oder außer Landes gebracht.

1.4.2. Architektur und Ausstattung der Damenstifte

Die bauliche Entwicklung der Klöster nach der Reformation ist von einer fortschreitenden Auflösung der geschlossenen Klausur geprägt: Ausdruck der schwindenden Bedeutung des Gemeinschaftslebens zugunsten einer zunehmenden Individualisierung des Lebensstils der Konventualinnen im Damenstift. Dadurch ergab sich eine ähnlich lockere Bebauung, wie sie schon für die frühen Kanonissenstifte in der zweiten Hälfte des 10. Jahrhunderts nachgewiesen werden konnte. Das Leben der Damen aus bestem Hause, kultiviert, selbstbewusst und hohen Lebensstandard in eigenem Haushalt und mit eigener Dienerschaft gewohnt, lässt sich mit dem monastischen, an strenge Regeln gebundenen Leben in einer geschlossenen Klausur nicht in Übereinstimmung bringen. Nach einer Übergangsphase wie in Uetersen, wo zunächst noch die älteren Flügel der Klausur in Appartements aufgeteilt worden waren und das Haus der Priorin in Anlehnung an den Südflügel entstanden war, zogen es die Damen in Itzehoe, Preetz und Uetersen vor, eigene separierte Häuser, in Uetersen zeitweise sogar außerhalb des Klosterbezirks, zu bauen, die ein weitestgehend selbständiges Leben in räumlicher Nähe der Gemeinschaft ermöglichten.

Die Häuser sind im Unterschied zum benachbarten Niedersachsen (dort »im Verbund liegende Damengärten«; Formann, S. 316) von Haus- oder sogenannten Kuriengärten umgeben, die der Versorgung der jeweiligen Haushalte mit Obst und Gemüse dienten, im 18. und 19. Jahrhundert zusehends auch dem Aufenthalt im Freien. Dabei gewannen die Zierbereiche auch repräsentativen Charakter.

Die Architektur der Einzelhäuser unterscheidet sich in nichts von gleichzeitigen Häusern des Adels oder von Bürgern. Hervorgehoben durch Größe und repräsentativen Anspruch sind allein die Häuser der Pröpste und Priorinnen wie das Gebäude des Propstes in Uetersen als kleines spätbarockes Gutshaus oder das spätklassizistische Haus der Priorin in Preetz. Die mittelalterlichen Klausuren wurden dem Verfall überlassen und zum überwiegenden Teil abgebrochen oder überformt. Allein in Schleswig hat sich die Klausur als Ganzes erhalten, auch wenn die mittelalterlichen Gebäudeteile überwiegend nach und nach durch neue ersetzt wurden. Die sonstigen später errichteten Gebäude gruppieren sich locker darum. In den Damenstiften sind mit Ausnahme von Schleswig die Zwischenbereiche nach Art englischer Gärten mit Teichen, geschwungenen Wegen und malerisch angeordneten Baumgruppen gestaltet. In Schleswig entstand in den letzten Jahren ein Bibelgarten mit zeitgenössischen Plastiken.

In Folge der Reformation ging zwar ein Teil der reichen Ausstattung sowie liturgisches Gerät wie in Itzehoe verloren, insgesamt war es aber ein »besonderes Kennzeichen der norddeutschen Frauenklöster, dass sie nach ihrer Umwandlung in evangelische Stifte an alten Bräuchen und Bildern zäh festhielten« (Appuhn, S. 44). Erst die Neuordnung der Kirchen und Stifte im 18. und 19. Jahrhundert brachte große Verluste (z. B. Preetzer Hochaltarretabel und Klosterschatz von Uetersen), bestenfalls wurde einiges in Bibliotheken und Museen verbracht. Gleichzeitig entstand jedoch nur wenig Bedeutendes. Hierzu zählen die Ausstattung der St. Laurentius-Kirche in Itzehoe mit einer barocken Nonnenempore, darüber eine Arp Schnittger-Orgel, und der Preetzer Klosterkirche mit einer dem gotischen Nonnengestühl vorgestellten barocken Logenfront und mehreren Altären.

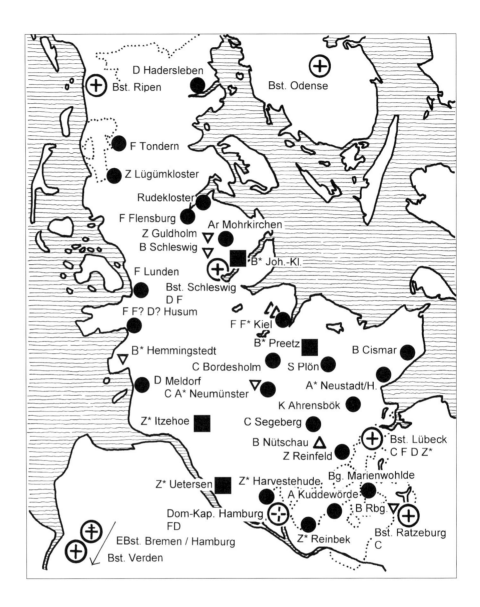

84 Standorte der Klöster und Stifte in Schleswig-Holstein

A: Augustiner, Ar: Antoniter, B: Benediktiner, Bg: Birgitten, C: Chorherrenstifte,
D: Dominikaner, F: Franziskaner, S: Schwestern vom gemeinsamen Leben, Z: Zisterzienser,
* Nonnenklöster der jeweiligen Orden

▽ Bereits vor Beginn der Reformation aufgelöste Klöster
● Während der Reformation und danach aufgelöste Klöster
■ Als Damenstift noch heute bestehende Klöster
△ Neuzeitliche Gründungen
⊕ Sitz des Erzbischofs von Bremen/Hamburg
⊕ Sitz des Domkapitels Hamburg, zuständig für große Teile von Schleswig-Holstein, heute Sitz des Erzbischofs von Hamburg
⊕ Bischofssitze, zu deren Diözesen die heutigen schleswig-holsteinischen Territorien gehörten, zumeist Standort mehrerer Klöster

2. DIE ORDEN UND IHRE NIEDERLASSUNGEN IN SCHLESWIG-HOLSTEIN

2.1 Die Klöster in der schleswig-holsteinischen Kulturlandschaft

Die schleswig-holsteinische Kulturlandschaft ist als Teil einer politisch stets in Veränderung befindlichen Grenzregion ausgesprochen heterogen. In der Landschaft zwischen den Meeren als nördlichster Teil Deutschlands und südlichster Dänemarks, überschnitten sich weltliche und geistliche Herrschaftsbereiche. Die heute zu Schleswig-Holstein gehörenden Teile der ehemaligen Herzogtümer wurden immer wieder territorial neu geordnet und unterhielten stets engere oder losere Verbindungen zum Königreich Dänemark. Im Herzogtum Lauenburg, einem der kleinsten Herzogtümer im Heiligen Römischen Reich Deutscher Nation, führten mehrere verstreute Enklaven anderer Fürstentümer und Auseinandersetzungen mit der Hansestadt Lübeck wiederholt zu Auseinandersetzungen, in welche die hier befindlichen Klöster stets unmittelbar einbezogen waren. Geistliche Oberhäupter für die heute zu Schleswig-Holstein gehörenden Landesteile waren die Bischöfe von Lübeck, Ratzeburg, Schleswig, Ripen, Odense und vor allem der Erzbischof von Bremen/Hamburg, der in Hamburg durch das Domkapitel vertreten war. Diese verfolgten auch eigene Besitzansprüche und gerieten dadurch in Konkurrenz zu den untereinander zerstrittenen Landesherren, deren Klostergründungen sie deshalb auch zu behindern suchten. Über die Territorialgrenzen von Fürstentümern, Grafschaften und Bistümern hinweg waren die Klöster in unterschiedlichen Ordensprovinzen organisiert, teilweise unterstanden sie der Oberaufsicht der Bischöfe bzw. dem Hamburger Domkapitel.

Eine Besonderheit stellt die »Bauernrepublik« Dithmarschen mit einer eigenen Sozial- und Herrschaftsstruktur dar. Dithmarschen gehörte zum Erzbistum Bremen/Hamburg, das die oberste Gerichtsbarkeit aber schon im 13. Jahrhundert auf einheimische Vögte übertragen hatte. Das von einer Art Landaristokratie regierte Land bot keinen wirklich fruchtbaren Boden für die Ansiedlung von Klöstern. Zu groß müssen die mentalen Unterschiede stolzer Land besitzender Bauern und bettelnder Mönche ohne jeden eigenen Besitz gewesen sein, um ein florierendes Klosterleben entstehen zu lassen. In den folgenden Abschnitten wird im Einzelnen darauf hingewiesen.

Damit ist die Festlegung des Betrachtungsraumes auf das heutige Bundesland Schleswig-Holstein aus historischer Sicht nicht ganz unproblematisch, aus heutiger aber praktikabel, um das Thema in sinnvoller Weise eingrenzen und überschaubar darlegen zu können. Auf die landes- und kirchengeschichtlichen Zusammenhänge, die Gründung, Förderung und das weitere Schicksal der Klöster bestimmten, wird bei Beschreibung der einzelnen Klöster eingegangen. Im Unterschied zu den zum Deutschen Reich gehörenden Territorien waren im Königreich Dänemark von Anfang an die rivalisierenden Mächte, Bischöfe und Könige, in besonderem Maße an den Klostergründungen beteiligt. Schicksalhaft wurde dieses besondere Verhältnis von Staat und Kirche aber bei Auflösung der Klöster im 16. Jahrhundert, denn nach längeren Auseinandersetzungen um das umstrittene Verhältnis zwischen beiden Gewalten seit dem 13. Jahrhundert setzte sich das Königtum zunehmend durch und drängte die Kirche in die Rolle einer Staatskirche unter staatlicher Hoheit. 1464 kam schließlich die landesherrliche Kirchenhoheit mit dem Nominationsrecht des Königs für die wichtigsten kirchlichen Ämter insbesondere die Bischofsstühle zum Durchbruch. Christian III. führte dieses System der Kirchenhoheit im folgenden Jahrhundert zum Sieg, indem er als oberster Kirchenherr, »Summus Episcopus«, 1536 alle katholischen Bischöfe in Gewahrsam nahm und durch beamtete Superintendenten ersetzte und schließlich 1537 die Reformation endgültig durchsetzte. Nur aus diesem Verhältnis von Staat und Kirche ist die massive Einflussnahme der dänischen Könige auf das Klosterwesen sowohl im eigenen Königreich, als auch in den Herzogtümern bei der rigorosen Auflösung der Stadtklöster zu verstehen. Dabei fand der König die Unterstützung des Bürgertums, das sich durch die Beteiligung der Bettelmönche am Handel beeinträchtigt fühlte. In der Folge wurden die großen Herrenklöster im Königreich zwar in königliche Lehnshöfe umgewandelt, konnten aber bei Verbot, neue Nonnen oder Mönche aufzunehmen, bis zum Auslaufen als katholische Institutionen fortbestehen.

Diese kirchengeschichtlichen Eigenarten der zu Deutschland und/oder Dänemark gehörenden Landschaften spielen nur im Einzelfall eine Rolle, denn durch die überregionale Organisation der Orden haben sich deren Niederlassungen, waren sie einmal gegründet, weit weniger unterschiedlich entwickelt als die kirchen- und landesgeschichtlichen Zusammenhänge annehmen lassen. Ähnliches gilt für die Entfaltung von Architektur und Kunst im Kontext der europäischen Entwicklung, an die sich die Klöster im Betrachtungsraum immer nur zögerlich und unabhängig von politischen Grenzen angeschlossen haben. Die spätmittelalterliche Architektur ganz Norddeutschlands und Jütlands wird ab dem 11.–12. Jahrhundert durch die Verwendung von Backstein geprägt und lässt – von außen gesehen – noch heute Schleswig-Holstein einschließlich Herzogtum Lauenburg sowie Hamburg und Nordschleswig als eine relativ homogene Kulturlandschaft erscheinen.

Von den vielen registrierten Orden waren nicht alle im heutigen Schleswig-Holstein vertreten, sondern allein Benediktiner und Zisterzienser, Chorherren (Augustiner, Prämonstratenser und Antoniter), Bettelorden (Franziskaner, Dominikaner und Augustinereremiten) sowie Kartäuser, Birgitten und Schwestern vom gemeinsamen Leben. Die vier Klöster der Zisterzienserinnen waren dem Gesamtorden nie inkorporiert, obwohl sie dessen Regeln befolgten.

In den folgenden Darstellungen werden nur die im Land vertretenen Orden und ihre Niederlassungen beschrieben, andere bleiben unberücksichtigt oder werden nur erwähnt um zum Verständnis notwendige Querbezüge aufzuzeigen.

Die wichtigsten, die Kultur des Mittelalters prägenden Orden, Benediktiner und Zisterzienser, kamen aus dem Süden, d.h. aus Italien und vor allem Frankreich, siedelten sich im Spätmittelalter nördlich der Elbe an und beteiligten sich an der Christianisierung und Kolonisierung des Landes. Allein der Birgittenorden hat seinen Ursprung in Schweden und sich von dort aus nach Süden ausgebreitet.

Die Mönche brachten nicht nur ihre Lehren und Regeln klösterlichen Lebens, sondern auch ihre architektonischen Vorstellungen mit. Sie verstanden es aber, sich rasch den örtlichen Gegebenheiten anzupassen. Die Verfügbarkeit nur weniger Baustoffe wie Granit, Holz und Backstein sowie das durch Wind und Regen geprägte raue Klima führten zur Beschränkung auf das Wesentliche: gedrungene, geschlossene Bauten bei Verzicht auf allen Zierrat und dem Wind besonders ausgesetzte Türme. Die homogene Erscheinung wird durch die von gebranntem Ton in Form von Backsteinen und Dachpfannen geprägte Materialität geprägt. Voraussetzung dafür war die bis ins 12. Jahrhundert unbekannte Wertschätzung des Backsteins als vollwertiges Baumaterial.

Dieses bewirkt letztlich, dass sich die Klöster äußerlich trotz der den Orden eigenen Grundrissschemata nur wenig unterscheiden. Auch wenn von Schleswig-Holstein nie epochale Entwicklungen ausgingen, weder im Klosterwesen, noch in der Architektur oder bildenden Kunst, hat sich eine eigenständige homogene Kulturlandschaft gebildet, die sich von den benachbarten Landschaften absetzt und in der die Einflüsse von außen nie bedenkenlos übernommen, sondern stets nur zögerlich in das Bestehende einbezogen wurden. Dieses gilt natürlich auch für die zivile Baukunst, mit der die klösterliche über Auftraggeber und Bauleute aufs Engste verbunden war. Allein in Lübeck hatte sich ab dem 12. Jahrhundert eine Entwicklung vollzogen, die die Stadt nicht nur zu einer der reichsten Mittel- und Nordeuropas und zum Haupt

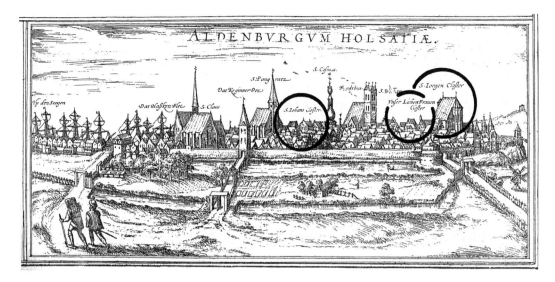

85 Oldenburg in Holstein, Stadtansicht Braun & Hogenberg, 1588, dargestellt drei Klöster, obwohl es in der Stadt nie eines gab. Tatsächlich handelt es sich um ein Bild der Stadt Stade.

der Hanse mit weit reichendem Einfluss auf die Politik und Kultur ganz Nordeuropas, vor allem des Ostseeraums und Skandinaviens werden, sondern auch eine über die Stadt hinaus für den Ostseeraum vorbildhafte Architektur entstehen ließ.

Unklar ist bis heute, wie viele Klöster es in Schleswig-Holstein tatsächlich gab. Eine Häufung ist in den Bischofsstädten Lübeck und Schleswig festzustellen, neben dem Bischofssitz Ratzeburg gab es dagegen jedoch nur eines, das Domkloster. Während die Land besitzenden Feldklöster der Benediktiner und Zisterzienser eigene Territorien bildeten, waren die Bettelmönche auf die Gaben der Bürger angewiesen, so dass es in den kleinen schleswig-holsteinischen Landstädten in der Regel nur zu je einer Niederlassung kam, mehr hätten diese wirtschaftlich nicht verkraftet. Erstaunlich wäre deshalb angesichts der geringen Größe von Husum das vermutete gleichzeitige Bestehen von drei Bettelmönchskonventen, hier besteht noch Klärungsbedarf. Hinweise auf ein Augustinerkloster in Schleswig beruhen auf Fehlern in älteren Dokumenten, über Klöster in Rendsburg oder Marne bestehen nur vage Vermutungen. Falsch ist das Bild der Stadt Oldenburg/Holstein von Braun & Hogenberg, das drei Klöster darstellt und namentlich benennt, obwohl die Stadt nie eines besessen hatte, was nur aus der seriellen, nicht immer fehlerfreien Produktion von Stadtbildsammlungen im späten 16. Jahrhundert zu erklären ist.

Zum Beginn der Reformation bestanden 29 aktive Klöster, rechnet man die beiden fraglichen Husumer Klöster hinzu, waren es 31. Unklarheit besteht darüber, ob das neben dem Lübecker Dom errichtete Domkloster als solches tatsächlich

86 Lübeck, Stadtansicht von Braun & Hogenberg, 1572, mit Kennzeichnung der vier Klosterkirchen, von links St. Annen-, St. Johannis-, St. Katharinen-, St. Maria Magdalenen-Kirche, links der Dom, in der Mitte die Marienkirche

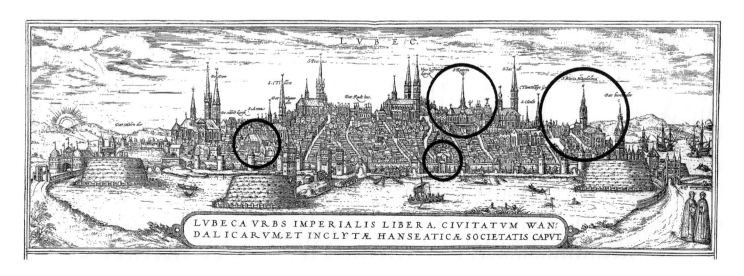

lich auch jemals genutzt wurde. Schon früher aufgegeben waren die Zelle Welanao (Münsterdorf) und die vermuteten, archäologisch aber nicht nachgewiesenen Kanonikerstifte in Alt-Lübeck, Oldenburg und Bosau, die Benediktinerklöster in Ratzeburg und Schleswig sowie das Augustinerchorherrenstift in Neumünster; das Kloster der Benediktinerinnen in Hemmingstedt bestand nicht einmal zehn Jahre (bis um 1512). Lässt man die frühen Gründungen in Welanao und die drei fraglichen Kanonikerstifte außer Acht und zählt die die vier aufgegebenen Klöster und das Lübecker Domkloster hinzu, kommt man auf die Zahl von insgesamt 34 bis 36 Klöstern und Stiften auf dem Gebiet des heutigen Landes Schleswig-Holstein. Historisch sind die drei Hamburger und drei Nordschleswiger Klöster in die Betrachtung einzubeziehen, so dass man auf eine Gesamtzahl in den historischen drei Herzogtümern Holstein und Schleswig sowie im Herzogtum Lauenburg und in Lübeck von insgesamt 42 kommt. Nicht in die Aufzählung einbezogen wurden die Klostergründungen, die wie Guldholm oder Ivenstedt in späteren Gründungen, hier das Rudekloster bzw. Itzehoe, aufgingen, oder Standorte wie Högersdorf, wohin das Segeberger Stift zeitweise verlagert wurde. Von allen diesen Klöstern haben nur vier bis heute die Wirren der Zeiten als adelige Damenstifte überstanden, die auch heute noch als Kloster bezeichnet werden, obwohl sie im ursprünglichen Sinne keine mehr sind.

Im 20. Jahrhunderts entstanden als Neugründung ein inzwischen wieder aufgegebenes Franziskanerkloster in Kiel und das Benediktinerkloster in Nütschau, vor wenigen Jahren siedelten sich die Franziskanerinnen im Haus Damiano in Kiel an.

2.2. Augustinusregeln, bis heute Grundlage allen klösterlichen Lebens

Die Geschichte der Klöster in Schleswig-Holstein begann im 12. Jahrhundert, als sich das abendländische Mönchtum bereits etabliert und feste Regeln für sein Leben und den Bau von Klöstern entwickelt hatte. Die Regelwerke der in diesem Buch behandelten Orden von den Benediktinern bis zu den Brüdern und Schwestern vom gemeinsamen Leben gehen ausnahmslos, wenn auch vielfach modifiziert, auf den heiligen Augustinus (354–430) zurück. Im Laufe der Zeit Laufe entfernte sich die Praxis zwar immer wieder von den Wurzeln. Der Rückgriff auf das Werk Augustinus gab jedoch den permanenten Reformbewegungen des hohen und späten Mittelalters stets geistliche Orientierungshilfe und legitimierte die Gründer neuer Orden, wie im Bild des heiligen Norbert von Xanten, Gründer des Prämonstratenserordens, dargestellt, in der Nachfolge des Kirchenvaters.

Vermutlich kurz nach der Gründung seines ersten Klosters im afrikanischen Tagaste 387 legte Augustinus die Lebensgewohnheiten der Mönche in einer ersten Regel »Ordo monasterii« fest. Diese enthält Anweisungen über den klösterlichen Tagesablauf als Ausdruck eines von völliger Armut und äußerster Bußfertigkeit geprägten Lebens mit der Verpflichtung zu Fasten, Handarbeit und Schweigen. In einer zweiten Regel »Praeceptum« begründete er wenig später die Verpflichtungen der Mönche theologisch wie moralisch. Hierzu gibt es eine zweite Version, »Regularis informatio«, in der sich Augustinus auf die Besonderheiten weiblicher Gemeinschaften bezieht.

Die Texte definieren nach dem Vorbild der Urkirche das persönliche Vollkommenheitsstreben

87 Der heilige Norbert an der Seite der Muttergottes und des heiligen Augustinus; der Kirchenvater als geistliche Orientierung und Legitimation zugleich. Anonymer Holzschnitt, 15. Jh.

88 Bild des heiligen Augustinus, Reliquienschrank im Lügumkloster, 14. Jh.

und die brüderliche Rücksichtnahme und Liebe als Sinn der »vita communis«, dem klösterlichen Gemeinschaftsleben: »Liebe besagt: Das Gemeinsame über das Eigene, nicht das Eigene über das Gemeinsame stellen. Ihr seid also umso weiter vorangekommen, je mehr ihr um die gemeinsame Sache bemüht seid, statt um eure privaten Interessen.« (V, 2, zit. n. Schwaiger, S. 75)

Augustinus verließ etwa 397 sein Kloster, um als Bischof von Hippo, dem heutigen Bone, zu gehen. Bei seinem Tod soll es bereits mehr als 20 Klöster in Afrika gegeben haben. Von diesen ist nichts erhalten, was eine ungefähre Vorstellung geben könnte, wie sich die von Augustinus aufgestellten Regeln in Baulichkeiten konkretisiert haben.

Durch recht allgemein gehaltene und grundsätzliche Bestimmungen für das gemeinsame brüderliche Leben mit ihren Aussagen über Armut, Ehelosigkeit und Gehorsam, gemeinsames Gebet und Gotteslob erwiesen sich die Regeln als brauchbar für die Entfaltung des Gemeinschaftslebens bis heute. Ergänzt um eigene Regeln und zum Teil in Anlehnung an die Zisterzienserregeln befolgten die reine »Augustinus-Regel« die Priesterorden wie die Prämonstratenser und Mendikanten, auch die in Schleswig-Holstein nicht vertretenen Ritterorden, sowie die Augustiner-Chorherren und -Eremiten und im 15. Jahrhundert die Brüder und Schwestern vom gemeinsamen Leben.

2.3 Benediktiner, Geist und Regeln des heiligen Benedikt

Der Benediktinerorden ist der älteste heute noch bestehende Orden des Abendlandes. Im Gegensatz zu anderen Orden war er jedoch zunächst keine geschlossene Institution mit zentraler Leitung, sondern ein Verband aller Klöster und monastischen Kongregationen, die nach der Regel des heiligen Benedikt von Nursia lebten. Eine monastische Kongregation ist die Vereinigung selbstständiger Klöster unter einem Oberen, häufig mit einem eigenen Reformprogramm, wie z. B. Cluny, Gorze und Hirsau. Ausgenommen sind die Abzweigungen, die einen eigenen Orden bildeten wie die Zisterzienser oder Kamaldulenser, die wiederum auf die Bildung des Kartäuserordens Einfluss hatten. Eine zentralistische Organisationsform gab es zunächst nicht, dazu kam es erst im 14. Jahrhundert.

Benedikt von Nursia (um 480 bis vor 553) war es gelungen, mit 73 Kapiteln seiner Regeln der Entwicklung des abendländischen Mönchtums den entscheidenden Anstoß zu geben. Es kam Benedikt darauf an, Tageslauf im Kirchen- und Sonnenjahr, Bedürfnisse und Verpflichtungen der Klostergemeinschaft sowie deren Gottespflichten in Übereinstimmung mit den menschlichen Bedürfnissen zu bringen. Den Mönchen wurden genauestens Tagesablauf, d.h. die Gebets-, Arbeits- und Schlafordnung, aber auch das Ausmaß von Speisen und Getränken aufgegeben ebenso wie Rücksichtnahme auf die besonderen Belange von Schwachen, Kranken, Alten und Jungen. Entscheidend für das benediktinische Mönchstum und die Herausbildung des Klosters als Lebensform ist die Verpflichtung des Lebens in der Gemeinschaft: »Man betete gemeinsam, arbeitete gemeinsam und schlief zur gleichen Zeit.« (Braunfels, S. 37) Statt dauernden Schweigens bevorzugen die Benediktiner die Schweigsamkeit: Reden, wenn erforderlich; statt Armut Sparsamkeit; statt Buße und Strafe Erziehung.

Vollkommenheit im christlichen Sinne, Ziel jedes Ordens, suchten die Benediktiner in erster Linie in Gottesdienst und Gebet, sowie in Tätigkeiten innerhalb des Klosters zur Pflege von Wissenschaften und Unterricht, Kunst und Handwerk und außerhalb in Seelsorge, karitativer Arbeit, Volks- und Heidenmission oder anderen kulturellen Aufgaben zu erreichen. Bekannt wurde diese Verbindung liturgischer und praktischer Tätigkeiten unter dem Gesichtspunkt des »opus dei« durch den Wahlspruch »ora et labora (deus adest sine mora)« = »Bete und Arbeite (Gott ist da ohne Verzug)«. Praktischen Tätigkeiten maß Benedikt eine hohe Bedeutung zur Reinhaltung der Seele zu: »Müßiggang ist der Seele Feind. Deshalb sollen die Brüder zu bestimmten Zeiten mit Handarbeit, zu bestimmten Stunden mit heiliger Lesung beschäftigt sein.« (Benedikt, 48/1)

Das Kloster war streng hierarchisch organisiert: Der Abt wurde als »Stellvertreter Christi« im Kloster oder »Vater« der Mönchsfamilie auf

89 Bild des heiligen Benedikt, Reliquienschrank im Lügumkloster, 14. Jh.

Lebenszeit gewählt, was ein hohes Maß an Konsens- und Überzeugungsfähigkeit wie auch Durchsetzungsqualitäten voraussetzte. Bei größeren Klöstern beaufsichtigten Dekane Gruppen von jeweils zehn Mönchen. Einzelne Mönche erhielten besondere Aufgaben: der »Cellerar« war zuständig für Essen und Trinken, der Novizenmeister für die Unterrichtung des Nachwuchses, der Krankenbruder für die Pflege Kranker, der Pförtner für die Außenkontakte. Privateigentum war nicht erlaubt, alles gehörte allen gemeinsam.

Ursprünglich waren nur wenige Mönche eines Klosters zugleich als Priester geweiht. Seit dem 10. Jahrhundert bildete sich die Scheidung von zum gemeinsamen Chordienst verpflichteten, zu den Priestern zählenden Mönchen, und den Laienbrüdern heraus. Letztere bildeten die Gruppe von Brüdern, die nur die niederen Weihen erhielten, dennoch der Klosterfamilie, nicht aber dem Konvent angehörten, und deshalb auch als »Halbkonversen« im Gegensatz zu den »Konversen« bezeichnet werden. Konversen (»fratres exteriores, conversi«) wurden ab dem ausgehenden 11. Jahrhundert ins Kloster aufgenommen. Ihre Aufgabe bestand in der Verrichtung niederer Dienste und Arbeiten auf den Feldern, in den Werkstätten und in den Ställen. Sie stammten zumeist aus dem Bauernstand und folgten eigenen Regeln, waren dem Kloster aber durch ewiges Gelübde verbunden. Die Institution der Laienbrüder und Konversen hatte insofern auf die Baustruktur der Klöster Einfluss, da ihre Zahl im Hochmittelalter die der Mönche in einigen Fällen erheblich überstieg und eine Unterbringung außerhalb der inneren Klausur um den Kreuzgang erforderlich machte, um diese nicht zu stören. Benedikt wollte die Zahl der Mönche im Kloster beschränken. Man nimmt an, in seiner ersten Gründung, Monte Cassino, hätte es aber bereits 150 Mönche gegeben. Bei seinem Tode gab es bereits zwölf Niederlassungen, die sich Monte Cassino angeschlossen hatten. In Cluny sollten es sogar bis zu 1200 Patres und Brüder werden.

Ein Mitglied des Benediktinerordens in Rom, Gregor der Große (540–604), trug als Papst wesentlich dazu bei, benediktinisches Gedankengut im Abendland durchzusetzen. Seine Schrift über das Leben des heiligen Benedikt ist nicht nur eine Beschreibung der Vita und Verdienste des Heiligen, sondern vermittelte auch das für die Folgezeit maßgebliche Leitbild eines guten Abtes. Die fränkischen Synoden 743 und 744 bestimmten schließlich, dass alle Klöster die Regeln Benedikts übernehmen sollten. 789 ordnete Kaiser Karl der Große die Einführung von Schulen an den Klöstern an, um den Söhnen der Oberschicht die erforderliche Bildung zu vermitteln, wodurch sich die Klöster in Zentren abendländischer Kultur und Bildung entwickeln sollten. 816 erlangte das Regelwerk Benedikts die Wirkung eines Reichsgesetzes und war damit bindende Norm für alle Klöster des Frankenreiches.

Die Regeln erfuhren im Laufe der Zeit zahlreiche Ergänzungen und Modifikationen sowie Ausführungsbestimmungen, sogenannte »Consuetudines«. Reformen gingen im 11./12. Jahrhundert von Cluny, Gorze (damit in Verbindung stehend eine große Zahl deutscher Klöster) und Hirsau aus. Die Benediktiner verloren im 12. und 13. Jahrhundert ihre dominierende Rolle nach Bildung neuer Orden wie den der Zisterzienser, die den alten nicht überwinden, vielmehr reformieren wollten.

Papst Benedikt XII. verfügte 1336 den Zusammenschluss aller Benediktiner in 30 Provinzen, um durch Visitationen Fehlentwicklungen entgegen wirken zu können. Für Norddeutschland gelang es dem Kloster Bursfelde an der oberen Weser, zu einem Mittelpunkt monastischer Reformen zu werden. Schon 1436 erklärte sich die Bursfelder Kongregation »in observanti regulari reformati«, d.h. reformiert im Sinne der Benediktinerregel. (Dinzelbacher, S.72) 1445 wurde die neu ausgearbeitete Gottesdienstordnung durch das Baseler Reformkonzil anerkannt, ein Jahr später erfolgte die Aufnahme der Reformklöster als eigene Kongregation in den Verband der Benediktinerklöster. Statuten regelten die straffe Organisation, die Rechte des Präsidenten, des Generalkapitels und der einzelnen Konvente, wie das Recht der eigenen Abtswahl, Rechtsverbindlichkeit gemeinsamer Beschlüsse und Struktur des klösterlichen Lebens. Kollektoren wachten über die Finanzen, Definitoren über den ordnungsgemäßen Verlauf der Versammlungen, Visitatoren nahmen Kontrollbesuche vor. Mehrere Schriften regelten das liturgische Leben und wiesen die Mönche in ein korrektes monastisches Leben ein.

Die Bursfelder Union umfasste am Ende des 15. Jahrhunderts 30 Benediktinerabteien mit gleicher Gottesdienstordnung und gemeinsamer Lebensordnung vor allem in Norddeutschland und angrenzenden Gebieten. Sie waren sehr stark von der Spiritualität der Kartäuser beeinflusst und verzichteten bewusst auf schöpferische Aktivitäten, pflegten aber insbesondere die Geschichtswissenschaft. In Schleswig-Holstein gehörte das Kloster Cismar dazu, von hier aus wurde das Nonnenkloster in Preetz stark beeinflusst.

Die Leistungen der Benediktiner für die kulturelle Entwicklung Europas sind unermesslich, nicht nur auf dem Gebiet der Architektur, in gleichem Maß auch für die Wissenschaften, die Kunst und Literatur. Den Schreibstuben der Klöster sind die besten Handschriften der Zeit, die Übersetzung und Erhaltung von Werken der klassischen Literatur und der Kirchväter zu danken, den Bibliotheken die Überlieferung des Wissens der Antike und dessen systematische Erschließung. Dazu kommt als eine der Hauptbeschäftigungen der gelehrten Mönche die Geschichtsschreibung insbesondere über die Heiligen. Von nicht geringerer Bedeutung war die Pflege der Musik, nicht nur des gregorianischen Gesangs, es spielten auch musiktheoretische und musikpädagogische Fragen der Unterweisung eine Rolle. Die Verbindung von Musik und Architektur bezeugen u. a. die Kapitelle der dritten Klosterkirche von Cluny mit Darstellungen der neun Töne. »Wo auf Töne geachtet wird, da wird auf die Maßzahlen der Architektur und deren ideologischen Sinn geachtet... Dass es ein solches [Zahlen-] System gegeben hat, ist ebenso offenkundig wie die Tatsache, dass es einer der bestimmenden Gegenstände der Nachdenklichkeit der Baumeister gewesen ist. Schönheit bewies sich durch das rechte Maß.« (Braunfels, S.109)

Das Schicksal der Benediktiner in der Neuzeit war in den einzelnen Ländern sehr unterschiedlich. Während der Orden in den protestantischen Ländern unterging, konnte er sich in Frankreich nach einigen Reformen noch bis zum Verbot durch die Nationalversammlung 1790 halten. In den katholischen Regionen Deutschlands, in der Schweiz und in Österreich blühte der Orden erneut im 17. und 18. Jahrhundert als Träger der Gegenreformation auf bis die Säkularisierung 1803 in Deutschland die Auflösung der verbliebenen 104 Abteien und 38 Priorate bewirkte. Eine Neubelebung des Ordens setzte wieder in der ersten Hälfte de 19. Jahrhunderts ein. Heute gibt es etwa 50 Benediktinerklöster im deutschsprachigen Raum, eines davon auch in Schleswig-Holstein: Kloster Nütschau.

2.3.1. Klosterplan von St. Gallen

Für die Anlage eines Benediktinerklosters gab es anfangs kein Schema, weniger noch einen Regelgrundriss wie später bei den Zisterziensern. In Organisation und Grundrissdisposition eines karolingischen Klosters gibt jedoch der St. Galler Klosterplan Einblick: die einzige Architekturzeichnung Europas vor dem 13. Jahrhundert, die einen derartig großen städtebaulich organisierten Komplex darstellt, und damit ein einzigartiges Dokument der Baugeschichte ist. Sein Zweck als Ideal- oder konkreter Bauplan war lange Zeit umstritten und ist auch heute noch nicht in allen Einzelheiten zweifelsfrei geklärt. Nach Binding soll es sich um die 817/18 in Aachen angefertigte Kopie eines auf der Grundlage der Beschlüsse der Aachener Synode vom 10. Juli 817 gezeichneten Musterplans handeln. Dieser Plan, in dem die Überlagerung idealer Vorstellungen über die Organisation eines Klosters in Übereinstimmung mit den Regeln benediktinischen Lebens und konkreter Bau- und Planungsabsichten sichtbar wird, gelangte 819 nach St. Gallen zu Abt Gozbert (816–836). Ein siebenzeiliger Text in blasser Schrift an einer der Schmalseiten des Pergaments verweist auf Empfänger und Zweck des Planes: »Ich habe Dir, liebster Sohn Gozbert, diese bescheidene Abbildung der Anordnung der Klostergebäude geschickt...« (zit. n. Binding. 2001, S. 49) Bei dem durch Zufall erhaltenen und wieder gefundenen Dokument handelt es sich um ein Kalbspergament im hochrechteckigen Format mit den Maßen von 77,5 × 112 cm. Die Zeichnung wurde mit roten Linien in Mennigefarbe, die Beschriftung in braunschwarzer Tinte im Maßstab 1:192 gezeichnet, lediglich die Kirche ist durch Maßeintragungen vermaßt. Eine unmittelbare Umsetzung des Planes ist nicht bekannt.

Den Forderungen Benedikts entsprechend, dass sich die Mönche nicht nur geistlichen Übungen und den Wissenschaften widmen, sondern

90 Abtei Neresheim, 18. Jh.

91 Kloster Nütschau, 20. Jh.

auch körperlich arbeiten und damit für ihren Unterhalt sorgen sollten, sieht der Plan vier nach funktionalen Kriterien zu unterscheidende Hauptbereiche um die Kirche herum vor:

Im Mittelpunkt steht die Kirche als dreischiffige Basilika; im Westen schließt eine Apsis mit Ringatrium und freistehenden Rundtürmen an, im Osten Querhaus, Vorchorjoch mit Krypta und Apsis. Der Grundriss entspricht im Wesentlichen dem damals gerade in Bau befindlichen romanischen Kölner Dom.

Südlich an die Kirche angrenzend bildet die Klausur um den Kreuzhof den von der Umwelt nahezu vollständig abgeschlossenen Bereich der Mönche: das Dormitorium mit seinen 77 Betten im Osten (im Erdgeschoss der geheizte Tagesraum der Mönche und eine Wärmestube), das Refektorium im Süden (im Obergeschoss ein Kleiderraum) und im Westen erdgeschossig ein Wein- und Bierkeller für die Mönche, im Obergeschoss Vorratsräume. Der Kreuzgang ist ein wettergeschützter Erschließungsgang, dient aber auch dem Aufenthalt und der Versammlung der Mönche. Der einzige Zugang von außen erfolgt über den Sprechraum der Mönche zwischen dem Westtrakt und der Kirche. Da man dort Fremden die Füße wusch, zugleich die Mönche die Worte Christi »Mandatum novum do vobis: ut diligatis invicem...« (»ein neues Gesetz gebe ich euch, dass ihr einander liebet...«) wurde dieser Raum auch »mandatum« genannt. (zit. n. Braunfels, S.58) Der Kreuzgang hatte die Abmessungen von genau 100 Fuß im Quadrat, eine archetypische, Ruhe und Konzentration ausdrückende Form, deren »äußere, ästhetische Ordnung die innere widerspiegeln« sollte. (Braunfels, S.59)

Nördlich der Kirche, auf der gegenüberliegenden Seite der inneren Klausur, erstreckt sich ein der Welt zugewandter Komplex mit mehreren Gebäuden für vornehme Gäste einschließlich einer Küche mit Bäckerei und Brauerei, die Schule für Laien und Fremde, der Palast des Abtes, daneben ein Gebäude mit Küche, Keller und Badehaus für den Haushalt des Abts. Am Zugang zur Kirche war ein größeres Gebäude vermutlich für das Gefolge des Kaisers vorgesehen. Der Komplex östlich der Kirche war den Novizen und Kranken vorbehalten, die das strenge Leben des Klosters noch nicht oder nicht mehr führen mussten. Für beide Gruppen war ein kleines Doppelkloster mit eigenen Kapellen, Kreuzgängen, Refektorien und Dormitorien sowie Vorratshäusern, Küchen und

92 Klosterplan von S. Gallen, schematische Darstellung der Funktionsbereiche, Norden oben, ohne Maßstab

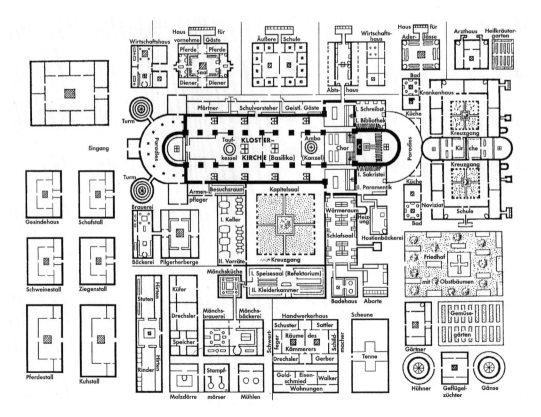

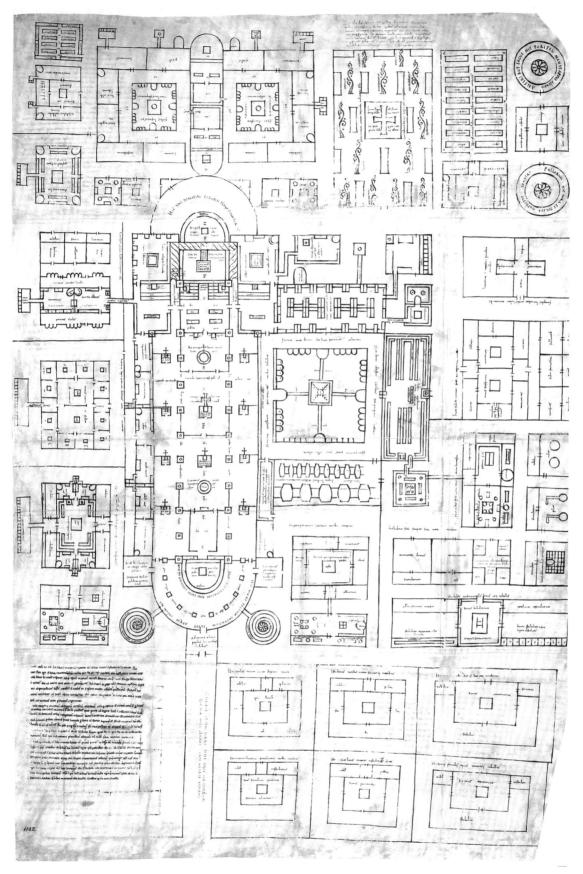

93 Klosterplan von St. Gallen, Norden links

94 St. Gallen, Barockkirche des heutigen Klosters

Badehäusern vorgesehen, nördlich des Krankenhauses das Haus für den Aderlass und das des Arztes in Verbindung mit einem Garten für Heilkräuter. Südlich des Hospitals bzw. Noviziats liegt der Friedhof mit Obstgarten, eine Kombination, die für moderne Menschen befremdlich sein dürfte, für den mittelalterlichen aber sehr symbolträchtig, sowie Gemüsegarten der Mönche mit Gärtnerhaus und Ställen für Hühner und Gänse, für die Verpflegung der Mönche von größter Bedeutung, war ihnen doch der Verzehr von Fleisch vierbeiniger Tiere untersagt. Ein dritter Bereich südlich der Kirche war der Werkbereich, mit Kornscheune, Haupt- und Nebenhaus der Werkleute, Mühle, Stampfe, Darre sowie Küferei, Drechslerei und Getreidehaus für die Brauerei. Nach Westen anschließend die Ställe für Pferde und Ochsen, Schafe, Ziegen, Kühe, Schweine und ein eigener Stall für trächtige Stuten und Fohlen sowie Räume für die dazu gehörigen Hirten. Nahe dem Eingang zur Klausur ist ein Pilger- und Armenhaus mit eigener Küche, Bäckerei und Brauerei angeordnet.

Der Plan enthält weiterhin eine Reihe von ergänzenden Angaben, die hier nicht wiedergegeben werden können. Fein differenziert ist die große Anzahl selbständig zu bewirtschaftender Einheiten. Den in Klausur lebenden Mönchen, dem Abt, den Gästen, Pilgern, Kranken und Armen sowie den Novizen waren jeweils eigene Küchen, Brauereien und Bäckereien zugeordnet. Auch gab es Latrinen und zahlreiche Badehäusern (nicht jedoch für die Knechte und den Tross!), obwohl nach den Regeln der Benediktiner den Gesunden und Jüngeren eigentlich nur selten erlaubt war zu baden: nach dem Kapitular von 816 nur zu Weihnachten und Ostern, nach dem Kapitular von 817 lag es im Ermessen des Priors, die Häufigkeit des Badens zu regeln. Die Latrinen sind bei den meisten Gebäuden über schmale Gänge erreichbar.

Der Klosterplan zeichnet sich durch ein hohes Maß modern anmutender Funktionalität aus, die jedem Element die sinnvolle Stellung im Gesamtzusammenhang gibt. Über das Streben nach Perfektion ist der Plan aber auch ein einmaliges Zeugnis benediktinischer Frömmigkeit und Geistigkeit, die in jeder Zahl eine religiöse Bedeutung und die Harmonie des Ganzen und seiner Einzelteile aus der gesetzmäßigen Proportionierung abzuleiten sucht. »Gerade seine Vollkommenheit erhebt ihn [den Plan] über alle praktische Verwendbarkeit hinaus zu einem Werk, das den Klostergedanken fördern, das Leben im Kloster verherrlichen soll.« (Braunfels, S.65)

2.3.2. Benediktinerklöster

Mit dem Klosterplan von St. Gallen war der Prototyp eines Klosters, hier vor allem die Klausur formuliert. Selbst das gigantische, mehrfach umgebaute und vergrößerte Kloster von Cluny weicht davon nicht wesentlich ab.

Neben der Kirche als geistlichem Zentrum und durch Größe und Höhe dominierendem Bauwerk jedes Klosters kommt dem Kreuzgang als wesentlichem Element der räumlichen Organisation zur Erschließung der engeren Klausur besondere Bedeutung zu. Hierauf verweist nicht zuletzt die Gleichsetzung von Kreuzgang und Kloster im Französischen wie im Englischen (»cloître« bzw. »cloister«). Trotzdem sind Herkunft, Entwicklung und Bedeutung in der Forschung noch immer umstritten: Vermutlich hatte der Kreuzgang in der bekannten Form als Kreuzhof mit vier Flügeln und diesen umgebenden Arkadengängen in aufgelassenen, zu Klöstern umgewandelten römischen Villen oder frühchristlichen Atrien Vorbilder oder Vorgänger. Erst in karolingischer Zeit setzte er sich, wie im Klosterplan von St. Gallen voll ausgebildet, in der mittelalterlichen Klosterbaukunst als selbstverständliches und unverzichtbares Element durch. Noch vielschichtiger ist die symbolische Bedeutung des Kreuzgangs samt Kreuzhof und Brunnen als Ort der moralischen Läuterung und Zugang zum himmlischen Paradies, als Abbild des Paradieses und der himmlischen Gefilde oder Verweis auf die Vorhalle des salomonischen Tempels.

Die Bezeichnung »Kreuzgang« wird auf das bei Prozessionen oder dem Einzug der Mönche in die Kirche zum Chordienst voran getragene Kreuz zurückgeführt. Die bildliche Ausstattung der Kreuzgänge mit Skulpturen und Wandmalereien weist deshalb häufig Verbindungen zur Liturgie oder liturgischen Praxis auf. Im Alltag bildete der Kreuzgang das funktionale und geistliche Zentrum des Klosters zugleich, denn er diente nicht nur der Verbindung der

Konventsbauten, sondern auch als Verweilraum für Kontemplation, Gebet oder Lektüre wie auch alltäglichen Verrichtungen wie dem Unterricht des Nachwuchses oder dem Vollzug von Rechtshandlungen. Weder die Benediktiner noch die späteren Orden schrieben den Bau eines Kreuzgangs vor, noch regelten sie dessen Gestaltung. Er war rein »pragmatische Architektur« (Legler, S. 204 ff.), um die nach außen abgeschlossene, in der Regel nicht von Klosterfremden zu betretende Klausur rational und wettergeschützt zugleich zu erschließen sowie die internen Funktionsabläufe und die Mönche oder Nonnen zu kontrollieren. Fehlende Regeln erlaubten einen großen Gestaltungsspielraum für die Entwicklung bildkünstlerischer Programme in Form von Skulpturen und Wandmalereien und ließen den Kreuzgang »zum architektonischen Hauptmotiv des Klosters« schlechthin werden (Braunfels, S. 110). Den belehrenden Reichtum an Bildern in Benediktinerklöstern sollte später Bernhard von Clairvaux als absurden und unnötigen Bauluxus verurteilen.

Der Bautypus des Kreuzgangs, vier Arkadengänge um einen Hof, hat sich von Anbeginn nicht grundsätzlich geändert, erfuhr aber vielfach Veränderungen. War der Kreuzgang bis zum Hochmittelalter ein autonomes, vor die Konventsgebäude gesetztes Bauwerk, wurde dieses zunehmend und vor allem in Nordeuropa in die Gebäude eingezogen. In den schleswig-holsteinischen Klöstern bildeten diese sogenannten »falschen Kreuzgänge« (Legler, S. 260) mit Ausnahme der Zisterziensermönchsklöster den Regelfall. Unterschiedlich ist auch die Durchfensterung: Waren die Arkaden in südlichen Ländern weitgehend offen, so erforderte das Klima im Norden Europas eine stärkere Schließung.

Der Kreuzgang umschloss den zumeist regelmäßig – quadratisch oder rechteckig – angelegten Kreuzhof; nur wo es topografische Besonderheiten verlangten, wurde davon abgewichen. Der Klosterplan von St. Gallen zeigt zwei von rundbogigen Durchgängen von der Mitte der vier Kreuzgangsflügel ausgehende axiale Wege, die den Hof in vier gleichgroße Felder teilen und die vier vom Paradies ausgehenden Flüsse versinnbildlichen, deren Zahl wiederum Bedeutungsbeziehungen zu den jeweils vier Evangelisten und Evangelien sowie Kardinaltugenden, Elementen, Himmelsrichtun-

gen, Jahres- und Tageszeiten u. a. erlaubt. Im Mittelpunkt steht ein Sade- oder Sevenbaum, ein giftiger dem Wacholder ähnlicher Baum, dessen säulenförmiger Wuchs zur Bezeichnung »Zypresse des Nordens« beigetragen hat. Als immergrüner Baum symbolisiert er Paradies und Endzeit zugleich und steht an der Schwelle von Leben und Tod. Die Hoffläche im St. Galler Klosterplan sollte vermutlich als Garten angelegt werden. In vielen spätmittelalterlichen Klöstern wurde statt des Baumes ein Brunnen errichtet, der den Symbolgehalt des Lebensbrunnens mit dem des Lebensbaumes verknüpfte und den durch den Kreuzgang umschlossenen Raum zum »rechtwinkligen Schnittpunkt der Achsen des Universums« werden ließ. (Duby, 2004, S.122)

Die überzeugende Übereinstimmung von Metaphorik, Form und Funktion dürfte dazu bei-

95–97 Kreuzgänge in Benediktinerklöstern: Kreuzhof in Blaubeuren (o.l.), Kreuzgang in Aarhus (o.r.), ehem. Kreuzhof in Preetz (u.)

98 Einsiedeln (Schweiz), barocke Benediktinerabtei

99 Klosterkirche St. Bonifaz in München, Innenraum, Zeichnung von Hans Döllgast, erstes Projekt 1948

Unpraktisch war im St. Galler Plan auch die Unterbringung von Bibliothek und Schreibstube neben dem Abtshaus. Da die Beschäftigung mit Theologie und Naturwissenschaften sowie das Schreiben und Kopieren heiliger wie auch antiker Texte zu den wichtigsten Aufgaben der Benediktiner gehörte, war es stattdessen sinnvoll, die Räume neben den sonstigen Räumen der Mönche und mit guter Belichtung und Heizung, in der Regel im Erdgeschoss des Mönchshauses, einzurichten.

Die sich später ergebende Notwendigkeit, Laienbrüder und Konversen voneinander getrennt unterzubringen, erforderte weitere Modifizierungen des Planschemas. Der Bau des Konversenhauses erfolgte außerhalb der inneren Klausur: beispielsweise in Cluny II auf der Westseite der Kirche neben der Armenherberge und den Stallungen. Erst die Zisterzienser fanden für diese Bauaufgabe eine eigene originelle Lösung.

In der Neuzeit kam es nicht zur Fortführung oder Entwicklung einer ordenseigenen Bautypologie, auch wenn die Zahl der Neugründungen wieder zunahm. Bemerkenswert sind vor allem die barocken Abteien in Süddeutschland, Österreich und in der Schweiz: symmetrische schlossartige Anlagen in Höhenlage auf freiem Platz, die beherrschende, axial angelegte Kirche mit Türmen,

getragen haben, dass der Bautypus des Kreuzgangs, wenn auch in unterschiedlicher Form und Gestalt und unabhängig von der Ordenszugehörigkeit bis zum Ende des Mittelalters als unabdingbarer Teil jedes Klosters angesehen wurde und nur wenige Klöster wie das von Meldorf ohne Kreuzgang auskamen. Von diesen sind in Schleswig-Holstein allerdings nur wenige in ihrer ursprünglichen Gestalt erhalten geblieben, am besten noch in den drei Lübecker Stadtklöstern, am Domkloster in Ratzeburg sowie in den beiden Schleswiger Klöstern, fragmentarisch in Itzehoe und Uetersen sowie im Domkloster Lübeck.

Ungelöst im St. Galler Klosterplan war die Anordnung eines Raumes zur täglichen Versammlung der Mönche. Wäre der Klosterplan realisiert worden, hätten sich die Mönche im Kreuzgang oder im Tagesraum treffen müssen, was natürlich sehr unpraktisch gewesen wäre. Ein erster eigener Versammlungsraum des Konvents ist aus dem Kloster Heiligenberg bei Heidelberg (1030) bekannt. Beim Bau von Cluny II (um 1043) kam es zur endgültigen Anordnung im östlichen Teil des Mönchshauses im Anschluss an den Ostchor, zugänglich über den Kreuzgang. Von Anbeginn diente der Kapitelsaal wegen seiner hervorgehobenen Bedeutung auch als Begräbnisstätte für Äbte.

beidseitig flankiert von zwei Klostertrakten mit Innenhöfen. »Hinter dem unerhörten Aufwand steht noch immer das Ideal, das Kloster als Verwirklichung der Civitas Dei auf Erden auszugestalten. Weltordnung, Staatsordnung, Klosterordnung sollten sich als von den gleichen Prinzipien dartun.« (Braunfels, S. 240)

Erst im 19. Jahrhundert suchten König Ludwig I. von Bayern und sein Architekt Friedrich Ziebland mit dem Kloster St. Bonifaz nahe dem Königsplatz in München von 1826 bis 1850 einen bemerkenswerten Neubeginn zur Schaffung eines neuen Klostertyps durch die Zusammenfassung von Bildungseinrichtungen und Kloster, beide verbunden durch eine Bibliothek. In der neueren Architekturgeschichte ist die Kirche durch die sensible, Altes und Neues zusammenführende Neugestaltung durch Hans Döllgast bekannt geworden (1950er Jahre). Neuere Klöster, darunter in Schleswig-Holstein das Kloster Nütschau, suchen zum einen die Öffnung des Klosters nach außen, zugleich aber auch die Wahrung der Kontemplation nach innen. In Kloster Nütschau wendet sich der Bauteil mit den Räumen für die Mönche zum ruhigen Naturraum, alle anderen Räume dagegen einladend nach außen, beide werden durch einen kleinen Kreuzhof verbunden.

2.3.3. Architektur

Die Architektur der Benediktiner zu beschreiben, hieße die Geschichte der Weltarchitektur von der karolingischen Kunst über die Romanik und Gotik bis zum Hochbarock zu schreiben. Über das wichtigste Kloster des Abendlandes Cluny in Burgund schreibt Wolfgang Braunfels: »Fragt man sich, was dieses Kloster für die Entwicklung der abendländischen Baukunst geleistet hat, so muss man sagen: unendlich viel mit seinen Kirchen, seinen Großbauten, für Kranke, Gäste, Äbte... Im eigentlichen Klausurbereich waren es nur Details: vielleicht das Riesenmaß des Dormitoriums, weiterhin als eine Sonderform die Verbindung von Kapitelsaal und Marienkapelle, die Einrichtung eines Parlatoriums und des Mönchssaals. Sicher ist: durch Cluny wurden die Gebäude rings um den Kreuzgang in neuer Weise zur ›großen Architektur‹ – ...Hier waren zum erstenmal Fußböden, Wände, Türen und Fenster aus Stein. Hier gewann zum erstenmal jedes Baudetail jene Vollkommenheit, die bisher nur Kirchen angemessen erschien... Es hat den Maßstab für viele Klöster der zweiten Hälfte des 11. Jahrhunderts gesetzt.« Und Emile Mâles zitierend: »Cluny,

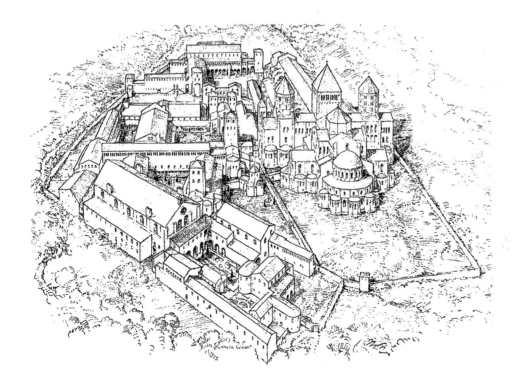

100 Kloster Cluny, Rekonstruktion nach der Fertigstellung der Phase III, 11.–13. Jh.

101 Kloster Cluny, beeindruckende Reste nach den Zerstörungen während der Französischen Revolution, im Hintergrund ein Turm des ehem. Querschiffes

das ist das Größte, was das Mittelalter geschaffen hat.« (Braunfels, S. 108)

Davon und von der atemberaubenden Entwicklung in den kulturell tonangebenden Regionen und Klöstern Europas klingt in der spätmittelalterlichen Architektur Schleswig-Holsteins nur wenig nach. Von der karolingischen Zentralbauten entfernt verpflichteten romanischen Kirche des St. Michaelklosters in Schleswig ist mit Ausnahme einiger Spolien nichts erhalten. Die wenigen Bruchstücke mit sorgfältig gearbeiteten Details lassen dennoch im Zusammenhang mit neuzeitlichen Darstellungen der Kirche die künstlerische Kraft benediktinischen Denkens ahnen. In der Folgezeit übernehmen auch die schleswig-holsteinischen Klöster der Benediktiner die Prinzipien der deutschen Backsteingotik und tragen den Eigenheiten des heimischen Klimas und des hauptsächlich zur Verfügung stehenden Backsteins Rechnung. Allein die Klosterkirche von Preetz weist durch das Zusammenspiel des dämmrigen Nonnenchors und des hellen Chorhaupts eine beeindruckende Rauminszenierung auf, die über das Übliche hinausgeht.

In der Regel verfügen die Klosterkirchen der Benediktiner über Türme und häufig als imposante Doppelturmanlagen ausgebildete Westfassaden (z. B. Bursfelde). Diese werden allgemein als Bild des Tores zur Gottesstadt, zum Himmlischen Jerusalem, gedeutet. Neben dieser zeichenhaften Bedeutung besaßen die Türme auch sehr praktische Aufgaben als Glockenträger und Hochwacht, hatten aber auch sakrale Funktion als Kapellen oder dienten zur Aufbe-

102–104 Architektur von Benediktinerklöstern: Paulinzella, Aarhus, Cismar

wahrung von Reliquien und Kirchenschatz. Die Zweiturmfront galt als ein charakteristisches Merkmal von Kathedralen oder Abteikirchen, ein Motiv, das nach der Reformation in zahlreichen deutschen Barockabteien fortlebte. Weshalb das Benediktinermöchskloster Cismar und die norddeutschen Nonnenklöster auf dieses signifikante Bauteil verzichteten, ist unklar. Weder aus den Statuten des Ordens, noch aus dem Bursfelder Regelwerk, ist die Forderung nach Turmlosigkeit abzuleiten. Zu vermuten ist, dass sich hier, da die Klöster verhältnismäßig spät entstanden sind, das Verbot von Türmen durch die Zisterzienser und Bettelorden als vorbildhaft ausgewirkt haben könnte. Bei den Frauenklöstern dürfte auch das Fehlen jeder Notwendigkeit, nach außen zu wirken, Grund gewesen sein, auf einen Turm zu verzichten. Beim St. Johannis-Kloster in Schleswig wurde sogar der bereits angelegte Turm der älteren übernommenen Kirche zusammen mit dem Kirchenschiff durch ein großes einheitliches Dach so überdeckt, dass der Turm von außen nicht mehr erkennbar ist.

2.3.4. Besonderheiten von Nonnenklöstern

Die von Frauen bewohnten frühen Anlagen des 9.–10. Jahrhunderts (in karolingischer Zeit Essen –852, in ottonischer Zeit Quedlinburg –937, Gernrode –959/61 und Hochelten am Niederrhein –967) übertrafen die der Männer nicht selten erheblich an Bedeutung und Größe. Die Gründungen im Rheinland und in Sachsen verfügten über großräumige Kirchen, die Wesentliches zur Entwicklung der romanischen Architektur beitrugen. Den hohen politischen Rang der Kanonissenstifte bezeugt u. a. die Stiftskirche St. Servatius in Quedlinburg, die zu den bedeutendsten der hochromanischen Architektur in Deutschland zählt. Charakteristisch war die freie Anordnung von Einzelhäusern für die zum Teil aus dem Hochadel stammenden und einen eigenen Haushalt führenden Stiftsdamen. Solche »propiae domus mansiones« finden bereits in der zweiten Hälfte des 10. Jahrhunderts urkundliche Erwähnung. (Binding/Untermann, 2001, S. 92)

Die Grundrisse der späteren Konventsbauten entsprachen im Wesentlichen dem oben beschriebenen Schema, passten sich aber zugleich flexibel den Erfordernissen des jeweiligen Konvents an. Als sich im 13.–14. Jahrhundert die Tendenz verstärkte, die Nonnen zum ausschließlichen Leben in einer nach außen abgeschlossenen Klausur zu verpflichten, kam es zur Bildung völlig kompakter, nach außen abweisend wirkender Gebäudekomplexe mit kleinen vergitterten Fenster, wie es u. a. heute noch in Rehna zu sehen ist.

2.3.5. Benediktinermönchsklöster

2.3.5.1. Zelle Welanao / Münsterdorf

Die am Ende des 7. Jahrhunderts einsetzende Mission in den nördlichen und östlichen Gebieten des fränkischen Reiches, das mit dem Friedensschluss von 811 bis an die Eider reichte, erreichte im folgenden Jahrhundert auch das heutige Schleswig-Holstein. Ludwig der Fromme (814–840) unterstellte Dithmarschen dem zum Erzbistum Köln gehörenden Bistum Bremen, Holstein und Stormarn dem zum Erzbis-

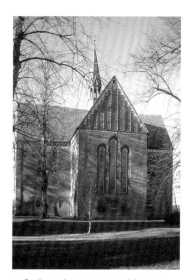

106 Zisterziensernonnenkloster Neukloster, Ostchor der Klosterkirche

107 Benediktinernonnenkloster Rehna, Kreuzhof und Kirche

105 St. Johannis-Kloster Schleswig, Kirche und Westflügel der Klausurgebäude

108 St. Michaelskloster Schleswig, Lageplan des ehem. Standorts

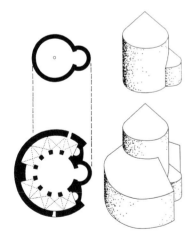

109 Schleswig, St. Michaelskirche, oben Ursprungsbau, unten Erweiterung mit Umgang, vermutlich anlässlich der Einrichtung des Klosters (M 1:1.000)

tum Mainz gehörenden Bistum Verden. Der König schickte 823 den Reimser Erzbischof Ebo zu den Dänen, wo ihm aber der Erfolg versagt blieb. Auf seinem Rückzug begleitete ihn Harald Klak, einer der Anwärter auf den dänischen Thron, nach Mainz. 826 getauft, kehrte dieser mit zwei Geistlichen, einer davon war Ansgar, der spätere »Apostel des Nordens«, zurück nach Dänemark.

Erfolgte unter Karl dem Großen die Taufe der Nichtchristen noch zwangsweise, so bediente sich Ansgar subtiler Methoden: Geschenke, Predigt und Überzeugung. Nach Erfolgen in Dänemark und einer Missionsreise nach Schweden übertrug Kaiser Ludwig der Fromme Ansgar 831 die Leitung des neu gegründeten Erzbistums Hamburg, das alle nordelbischen Gebiete umfasste. Wenige Jahre später (840 und 845) überfielen die Dänen die Hammaburg, das heutige Hamburg, plünderten und verbrannten die Stadt: Anlass zur Vereinigung der Bistümer Hamburg und Bremen unter Ansgar. 847/848 war damit zwar Bremen zum Erzbistum erhoben worden, bis 1224 blieben jedoch der erzbischöfliche Titel und die Zuständigkeiten (auch für die Bestätigung neuer Klostergründungen) zwischen Hamburg und Bremen umstritten. In Hamburg verblieb danach ein Domkapitel, dessen Propst die kirchliche Gerichtsbarkeit und Verwaltung in den nordelbischen Bistumsteilen bis zur Einführung der Reformation oblag.

Im Kontext der Christianisierung der nordelbischen Gebiete und machtpolitisch instabilen Lage gründete Ebo von Reims 823 in Welanao, dem heutigen Münsterdorf bei Itzehoe, eine klosterähnliche Anlage, eine sogenannte Zelle (cella). Hier wurde später ein Brunnen verehrt, der dem heiligen Ansgar Wein anstelle Wasser gespendet haben soll. Auch wird Ansgar die Weihe einer Kapelle zu Ehren des heiligen Sixtus zugeschrieben. Wo die Zelle tatsächlich gestanden hat, ist ebenso wenig bekannt wie ihr Aussehen. Wie im alten Hammaburg wird es sich dabei um provisorische Hütten und eine hölzerne Kapelle oder Kirche gehandelt haben. Während der Kriegszüge der Wikinger gegen Hamburg 845 wurden auch diese restlos zerstört. An diese erste klösterliche Anlage in Schleswig-Holstein erinnert heute nichts mehr. Die Geschichte des Ortes, insbesondere die der ehemaligen Zelle, begründet eine Reihe kirchlicher Traditionen. Der Bau einer Kapelle 1304 ließ Münsterdorf zum Wallfahrtsort werden, der auch Sitz der Münsterdorfer Kalandbrüderschaft, einer Vereinigung von Priestern, war und in dessen Nachfolge das Münsterdorfer Konsistorium eintrat.

2.3.5.2. Schleswig – Kloster St. Michael (um 1000)

Das nicht mehr bestehende Kloster wurde vermutlich um 1000 gegründet. In einer Urkunde von 1192 werden die Ordensleute erstmalig erwähnt und das Kloster als Doppelkloster bezeichnet, was durch die Quellen allerdings als nicht gesichert gilt. Christian Radtke nimmt an, dass in den letzten Jahren innerhalb des Klosters lediglich auch einige Frauen seelsorgerisch betreut worden sind. Die Ableitung einer Kontinuität des St. Johannisklosters aus dem Kloster St. Michael, wie in der älteren Literatur wiederholt angeführt, hätte damit keine nachweisbare Begründung. Ob das Kloster auch die Funktion eines Kanonikerklosters nördlich vor der Stadt gehabt hat, ist bis heute ebenfalls nicht geklärt.

Die Auflösung des Klosters erfolgte 1191/96 durch die erzwungene Übersiedlung nach Guldholm am Langsee und den damit verbundenen Wechsel zur Zisterzienserregel. Durch Bischof Waldemar, der mit Guldholm ein eigenes Hauskloster gründen wollte, wurde der umfangreiche Grundbesitz des älteren Klosters an den neuen Zisterzienserkonvent übertragen. Der Überlieferung nach soll der angebliche Sittenverfall Grund dafür gewesen sein. Tatsächlich dürften politische und regional-wirtschaftliche Gründe den Ausschlag gegeben haben. Nach Ausschaltung des Bischofs Waldemar, der nach der Krone gestrebt hatte, kehrten 1192 einige Mönche nach Schleswig zurück. Dabei kam es zu handgreiflichen Auseinandersetzungen über die Eigentumsverhältnisse, ein regelrechter »Mönchskrieg«, der 1196 zu Gunsten der Guldholmer entschieden wurde. Ob und wie lange ein Konvent am alten Standort wieder auflebte, ist nicht bekannt. Die in Guldholm verbliebenen Zisterziensermönche gaben um 1209/10 ihren Standort auf und ließen sich im Rudekloster nieder.

Die bauhistorisch bedeutende Kirche stand in engem kultischen Zusammenhang mit dem Dom; mit den Konventsbauten war sie baulich nur lose verbunden. Es handelte sich um einen Rundbau aus dem 12. Jahrhundert in der Nachfolge frühmittelalterlicher Zentralbauten nach dem Vorbild der Heiliggrabrotunde in Jerusalem oder Michaelsrotunden mit einer dreigeschossigen Rotunde und acht Arkadenpfeilern, mit Ostapsis und zweigeschossigem, auf drei Vierteln des Rundbaus herumgeführten und im Erdgeschoss gewölbten Umgang. Rekonstruktionszeichnungen von H. Hansen 1856 vermitteln ein anschauliches Bild des wahrscheinlichen Aussehens dieser außergewöhnlichen Kirche (Lafrenz 1985, Abb. 47f.). Die Materialien waren Granit und Tuffstein, spätere Anbauten aus Backstein hatten diesen romanischen Bau mehrfach bis zur Unkenntlichkeit überformt. Patrozinium, Stellung auf einer Anhöhe und Zentralbaumotiv zugleich verweisen auf den im Mittelalter weit verbreiteten Kult des Erzengels Michael als Seelengeleiter beim Jüngsten Gericht. Braun & Hogenberg (1584) stellen die durch ein Kegeldach bekrönte zylindrische Rundkirche völlig freistehend, d.h. ohne jegliche, damals offensichtlich nicht mehr bestehende Klostergebäude oder Anbauten, in den Mittelpunkt der Stadtansicht von Schleswig.

In den 1850er Jahren ergab sich die Notwendigkeit umfassender Instandsetzungsarbeiten. Zunächst war geplant, den romanischen Zentralbau zu rekonstruieren. Das noch vorhandene Mauerwerk sollte erhalten bleiben, die Arkaden der inneren Rotunde ergänzt und diese durch eine Fensterzone und ein hölzernes Zeltdach erhöht werden (Baumeister E. Hillebrand). Am 7. November 1870 stürzte die Kirche jedoch ein; nach Beseitigung der Ruine entstand 1874 eine neuromanische Kirche, die wiederum 1971 wegen Baufälligkeit abgebrochen und 1973 durch das bestehende Gemeindehaus ersetzt wurde.

Nach dem Verlust der Kirche lässt nur noch eine Reihe von Spolien das Aussehen der romanischen Architektur ahnen, wie sie an den Domen in Schleswig und Ribe noch heute zu sehen ist. Es handelt sich dabei um ein paar im Landesmuseum Schloss Gottorf ausgestellte Kapitelle aus Granit. Die romanischen Kapitelle mit ursprünglich unterschiedlicher, nicht nachzuweisender Situierung im Ursprungsbau weisen flächenhafte und durch umlaufende Bänder eingebundene Fingerpalmetten auf, deren Vorbild in der Akanthus- und Volutenornamentik der klassischen Antike zu suchen ist. Weitere Spolien wie Eckquader und Halbsäulenbasen sowie ein Granitquader mit Löwenrelief werden im Magazin des Museums verwahrt.

2.3.5.3. Ratzeburg – Kloster St. Georg (1045)

Ratisburg (Ratzeburg) war die Residenz des König Ratibors, der über den wendischen Stamm der Polaben herrschte. Deren wichtigstes, der Göttin Siwa geweihtes Heiligtum soll sich auf der heutigen Domhalbinsel (Plamberg = Polabenberg, der vor dem Dom befindliche Anger) befunden haben. Der christliche Abodritenfürst Gottschalk (1043–1066), dem es gelungen schien, die wendischen Stämme geeinigt zu haben, rief nicht nur sächsische Siedler, sondern auch die Benediktiner ins Land und gründete das Kloster St. Georg als Missionszentrum, mit dem er seine Macht zu sichern suchte. Im Jahre 1066 erhoben sich jedoch die von ihm vereinigten Stämme gegen den Fürsten. Am 15. Juli 1066 überfielen sie das Kloster und steinigten den später als Märtyrer heilig gesprochenen Abt Ansverus und 18 Mönche.

110–111 Romanische Architekturdetails an den Domen von Schleswig (Südportal) und Ribe/Ripen (Apsis) (l. Spalte)

112 Schleswig, St. Michaelskirche und Dom, romanisches Löwenrelief (Landesmuseum Gottorf)

113 Schleswig, St. Michaelskirche, Arkadenwand im nördlichen Umgang der Kirche

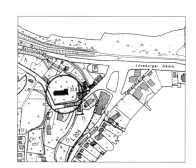

114 Kloster St. Georg, Ratzeburg, Lageplan

115–116 Ratzeburg – St. Georgskirche, Ostgiebel und Südwand mit Mauerresten der romanischen Klosterkirche

Damit waren Kolonisierung und Christianisierung der Wenden bis zur erneuten Kolonisierungspolitik Herzog Heinrich des Löwen (1129–1195) zunächst unterbrochen. Heinrich der Löwe gründete 1154 das Bistum Ratzeburg neu und 1157 das Domkapitel, das dem Prämonstratenser-Orden angehörte. In einer Urkunde des Bischofs Ludolf von Verden aus dem Jahr 1158 wird ein Abt aus Ratzeburg erwähnt. Bis zum Bezug des eigenen Domklosters nutzten die Domherren das alte Kloster St. Georg. Immerhin dauerte die Neunutzung etwa einhundert Jahre, so dass größere Baumaßnahmen erfolgt sein dürften, worüber aber keine Nachrichten vorliegen. Im 13. Jahrhundert dienten die Gebäude als Leprastation. Über das weitere Schicksal und den Abbruch der Gebäude ist nichts bekannt.

Der Standort des Klosters auf dem St. Georgsberg liegt strategisch günstig über dem See und in Sichtweite zum heidnischen Heiligtum. Von den Klostergebäuden, die auf einem Geländeplateau südlich der Kirche, heute Friedhof, gestanden haben, ist nichts erhalten. Die heutige Kirche geht auf einen einschiffigen Gründungsbau zurück, der auf einem Sockel behauener Feldsteine errichtet war. Ob die teilweise sichtbaren Feldsteine noch zur alten Kirche gehören, ist ungewiss. Die Mauern in Backstein mit Zierfriesen und Ecklisenen stammen aus der ersten Hälfte des 13. Jahrhunderts, als die Kirche noch zum Kloster gehörte. Ein vermauertes Portal auf der Südseite, darüber eine spitzgiebelige Blende, könnte der vormalige Durchgang von der Kirche zum Kreuzgang gewesen sein.

2.3.5.4. Lübeck – Kloster St. Johannis (1177)

Als Gründungsjahr des ältesten Klosters Lübecks wird das Jahr 1177 angenommen. Von Anfang an war es in die machtpolitischen Händel von Landesherrn, Episkopat und Stadt einbezogen. Gründer des Klosters war der Vertraute Herzog Heinrichs des Löwen Bischof Heinrich I., der wie der erste Abt Arnold aus dem Kloster St. Ägidien in Braunschweig stammte.

Das Kloster lag im Osten der Stadt an der Wakenitz. Anlässlich der Gründung erhielt es mehrere Ländereien und weitere Einkünfte zugewiesen; später kamen einige innerstädtische Grundstücke dazu. Mehrere Urkunden belegen, dass es sich um ein Doppelkloster gehandelt hat; unklar ist aber, ob es von Anbeginn als solches gegründet worden war, oder ob sich erst zu einem späteren Zeitpunkt Nonnen dem Mönchskloster anschlossen. Das muss im ersten Drittel des 13. Jahrhunderts geschehen sein, da ein Dokument von 1231 über die Verlegung des Klosters nach Cismar mit dem Hinweis »propter…discipline impedimenta« begründet. (Grabowsky, S. 17) Mit diesem Dokument von 1231 wird erstmalig von der Verlegung des Klosters nach Cismar auf Bitten des Abts berichtet. Beurkundet wurde die Übertragung des Ortes Cismar auf das Kloster aber erst 1238 durch Graf Adolf IV. Der Vollzug der Verlegung dauerte danach noch viele Jahre und bewirkte eine Reihe von Rechtsstreitigkeiten und innerklösterlichen Auseinandersetzungen, so dass bis 1255 noch kein Benediktiner nach Cismar umgezogen war.

Es wurde von geistlichem Verfall, wirtschaftlichen Schwierigkeiten und »anderen Gründen« (Grabowsky, S. 17) gesprochen, ohne diese genauer zu benennen. Die Entscheidung war jedoch eine evident machtpolitische: die Rivalität der Mönche untereinander sowie die widerstrebenden Interessen des holsteinischen Grafen, des Lübecker Rates, des Bischofs und des Domkapitels. Die Holsteiner Grafen Adolf III. und Adolf IV. waren an der Ansiedlung in ihrem Kolonisierungsgebiet interessiert. Die Bürger waren bestrebt, sich des welfen- und dänenfreundlich gestimmten Klosters zu entledigen und innerhalb der Stadtmauern ein Nonnenkloster zu haben, das keine eigene Politik betrieb und in dem man Witwen und Töchter unterbringen konnte. Der Bischof war daran interessiert, seinen Einfluss auszudehnen und sich die Einkünfte und Rechte der aufzulösenden Benediktiner-Niederlassung anzueignen. Den Zisterziensern scheint dabei wie anderenorts eine gewisse Aggressivität in der Übernahme älterer Klöster eigen gewesen zu sein, denn noch während des andauernden Streits um die Aussiedlung waren bereits 1245 Zisterzienserinnen in die noch nicht geräumten Klostergebäude eingezogen. Nach langen zähen Verhandlungen, innerhalb derer der widerspenstige Abt und einige seiner Brüder exkommuniziert wurden, mussten sich die Mönche 1256 schließlich mit einem Vergleich abfinden, der ihnen eine hohe Entschädigung zugestand, sie zugleich aber auch verpflichtete, endgültig nach Cismar umzusiedeln.

Über die Baugeschichte ist wenig bekannt: Grabungen lassen mehrere Phasen der Bauentwicklung der Kirche erkennen. Kurz nach der Gründung entstand zunächst eine Holzkirche über Fundamenten aus Granitfindlingen. Es folgte ein romanischer dreischiffiger Bau in gebundenem System und mit Halbrundapsis und halbrunden Nebenapsiden. Bettina Gnekow vermutet, dass nach Baubeginn 1180 das Langhaus etwa 1238 im Wesentlichen vollendet war. Dieser Bau wurde in den folgenden gotischen Bau der Zisterzienserinnen einbezogen und überformt. Nicht fertig gestellt war der Westturm, der später in das Langhaus einbezogen werden sollte.

2.3.5.5. Cismar – Kloster St. Maria und St. Johannis (1238)

Der Standort des neuen Klosters war durch Graf Adolf IV. festgelegt worden, der hier ein Dorf besaß und damit die materielle Grundlage sicherte: ein Dorf mit kolonisiertem Land und ausreichend Bauern zur Feldarbeit, einer Mühle, Fischteichen und Wasserversorgung, nahe der Ostsee an einer Bucht, die erst 1872–1875 trockengelegt werden sollte.

Wie andere Klöster auch entwickelte Cismar rege wirtschaftliche Aktivitäten. Es erwarb in Holstein und Mecklenburg umfangreichen Grundbesitz mit mehreren Dörfern. Die wirtschaftlichen Verhältnisse müssen jedoch nicht immer gut gewesen sein: Da das Kloster seine Schulden nicht bezahlen konnte, wurde der gesamte Konvent um 1330/1331 exkommuniziert.

Im letzten Drittel des 14. Jahrhunderts verkaufte es den gesamten mecklenburgischen Besitz, der bis auf die Insel Poel bei Wismar reichte, vermutlich um seinen Grundbesitz in eigenem Umkreis, der zuletzt etwa 100 km² einschließlich der städtischen Siedlungen Grömitz und Grube umfasste, abzurunden.

Nach dem Anschluss an die Bursfelder Kongregation und der damit verbundenen ordensinternen Reform 1450 häuften sich die Schenkungen und Stiftungen. Eine wichtige Einnahmequelle war bis dahin auch die Verehrung von über 800 Reliquien und die damit verbundene Wallfahrt bis zum Verbot der Verehrung einer vom Grafen Gerhard II. 1296 geschenkten Heilig-Blut-Reliquie im Jahr 1467, als sich diese anlässlich einer Nachprüfung als gefälscht erwies. Bernd Bünsche spricht von einem der »bedeutendsten Wallfahrtsorte im norddeutschen Raum«. (Bünsche, S. 62)

Über Größe und Zusammensetzung des Konvents ist wenig bekannt bzw. unvollständig und widersprüchlich. Da der Konvent nicht reformwillig und völlig verschuldet war, wurden 1449 neun Mönche mit Abt und Prior aus Bursfelde nach Cismar gerufen. In einer Urkunde von 1501, einem Jubelablass, wird mit einer gewissen Verlässlichkeit die Zahl der Mönche neben Abt und Prior mit 21 angegeben. Zahlreiche Hinweise belegen, dass das Armutsgebot nicht immer ernst genommen wurde und Privatbesitz üblich war.

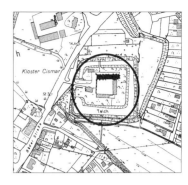

117 Kloster Cismar, Lageplan

118 Kloster Cismar, Grundriss des Klosters im 14. Jh.: 1: Altar, 2: Mönchschor, 3: Lettner, 4: Laienkirche, 5: Seitenkapellen, 6: Kapelle, 7: Sakristei, 8: Kapitelsaal (darüber Dormitorium), 9: Refektorium und Küche, darunter Heilige Quelle), 10–12: Kreuzgang mit Kreuzhof, 13: Mönchspforte, 14: Laienpforte (M 1 : 750)

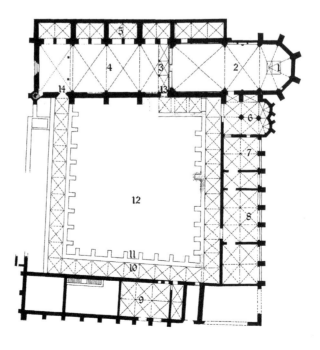

119 Kloster Cismar, Kreuzhof, Lage des ehem. Kreuzgangs erkennbar an Lauffläche entlang der Südwand der Kirche

120 Südwand der ehem. Klosterkirche, rechts der als Gemeindekirche genutzte Chor, links der zum Amtshaus umgebaute und heute museal genutzte Teil der Kirche

Um 1500 muss das Kloster erneut in wirtschaftliche Schwierigkeiten gelangt sein, denn zur Reparatur der Kirche erlaubten Herzog Friedrich von Schleswig, die Bischöfe von Schleswig und Lübeck und der Propst von Hamburg das Halten einer Kollekte. Existenz bedrohend wirkte sich die auf dem Landtag von Kiel 1526 beschlossene Besteuerung geistlicher Institutionen aus, was bis in die 1540er Jahre zu mehreren Landverkäufen und zunehmender Verschuldung führte.

Dem landesherrschaftlichen Verbot 1541, den katholischen Gottesdienst auszuüben, hat sich der Konvent offensichtlich nicht widersetzt. Die letzte Nachricht über den Klosterkonvent stammt von 1560, danach hat sich dieser aufgelöst. Über den Verbleib der Mönche ist nichts bekannt; der hochbetagte Abt Augustinus war bereits vorher verstorben. Der gesamte Klosterbesitz wurde im Zusammenhang mit der Landesteilung 1544 dem Gottorfer Herzog Adolf zugesprochen und 1561 in ein Amt, das Kloster zum herzoglichen Gutshof umgewandelt. Die reiche Bibliothek, zunächst nach Schleswig gebracht, gelangte später nach Kopenhagen, wo noch heute 117 Nummern im Provenienzregister auf Cismar verweisen. Die Laienkirche diente als Scheune, der Kapitelsaal als Pferdestall, die sonstigen Räume zivilen Zwecken. 1628 versuchte die Bursfelder Kongregation vergeblich, das Kloster wieder mit englischen Mönchen zu beleben. Die Kirche wurde 1768/69 teilweise zum Wohnsitz des Amtmanns umgebaut, gleichzeitig erfolgte der weitestgehende Abbruch der baufälligen Klostergebäude. Die Mönchskirche dient seit 1835 der evangelischen Gemeinde als Gotteshaus. Seit der Zugehörigkeit des Landes zu Preußen 1865 war das Kloster bis 1921 Wohnsitz des Landrats. Danach dienten die Gebäude unterschiedlichsten Zwecken. Nach jahrelangem Leerstand erfolgten 1982–1995 umfassende Restaurierungsarbeiten. Heute beherbergt das Kloster eine Außenstelle der Landesmuseen Schloss Gottorf, der Chor wird weiterhin als Pfarrkirche genutzt.

Von der Klausur ist allein die Kirche vollständig erhalten. Der Backsteinbau lässt außen wie innen die Folge der Bauabschnitte erkennen. Als erstes errichtete man um 1245 eine bescheidene Saalkirche mit einem ersten Chor. Nachdem die endgültige Verlegung des Konvents nach Cismar 1256 feststand, erfolgte der Ausbau der Kirche entsprechend den neuen Ansprüchen. Priorität müssen die Vergrößerung und Erneuerung des Chores gehabt haben, um den erhöhten Ansprüchen gerecht zu werden. Nach Abbruch des ersten Chors wurde zunächst das zum Ursprungschor gehörende heute zweite quadratische Joch von Osten erneuert und 1260–1280 durch ein weiteres queroblonges Joch und einen polygonalen 5/8-Chor ergänzt. Das Chorpolygon weist große dreiteilige Spitzbogenfenster mit frühgotischen Viertelstabgewänden auf. Auch die Wandgliederung wird durch Dienstbündelvorlagen aus Viertelstäben bestimmt, deren weiche Modellierung von den Fenstergewänden aufgenommen wird. Carsten Fleischhauer spricht von »Viertelstabsgotik«, mit der sich »die norddeutsche Backsteinarchitektur ... erstmals von der bloßen Nachahmung ihrer Vorbilder aus Naturstein gelöst und zu wirklich eigenständigen, ›backsteingemäßen‹ Lösungen gefunden« hat. (Fleischhauer, S. 19) Die Kreuzrippengewölbe mit Birnstabrippen und Stuckkämpfern mit Laubranken stammen aus der Zeit um 1310–1320.

Das Laienschiff im Westen war vermutlich noch vor 1256 zunächst dreijochig als Saalbau angelegt und vom Chor durch einen breiten Gurtbogen getrennt worden. Im ersten Drittel des 14. Jahrhunderts erfolgte hier ein umfassender Umbau. Die Verwendung besonderer Formsteine und die andersartige Fundamentierung lassen auf eine Bauzeit um 1320/1330 schließen. Später folgte wegen der zunehmenden Wallfahrt die Erweiterung um ein weiteres Joch nach Westen. Aus dieser Zeit stammt auch der Stufengiebel im Westen mit Blendfenstern. Das Laienschiff ist mit spätgotisch flachen Kreuzrippengewölben überspannt. Die Nordwand wurde durch eine Reihe nicht erhaltener Kapellenbauten begleitet.

1768/69 erfolgten zahlreiche Änderungen zum Einbau von drei Wohngeschossen im Inneren. Davon haben sich Holztreppe, Saal und einige Räume mit Rokokostukkaturen erhalten. Dabei wurden auch die Fenster in den Jochen und der Westwand zugunsten von Stichbogenfenstern geschlossen. Der gedrückt wirkende Raum des obersten Geschoss wird durch die erhaltenen Kreuzrippengewölbe überdeckt. Das Äußere wird geprägt durch das einheitliche Dach ohne Turm oder Dachreiter. Zum Teil später angebrachte Stützpfeiler machen die Jocheinteilung nach außen ablesbar.

Von der an der Südseite angebauten Klausur sind nur noch Mauerreste erhalten. Im Ostflügel, von dem beachtliche Reste der Westwand und einige Querwände erhalten sind, befanden sich eine doppelchörige Kapelle, die Sakristei und der Kapitelsaal, darüber das Dormitorium, im Südflügel das Refektorium. Frühgotische Kapitelle und Basen aus gotländischem Kalkstein vom Kapitelsaal fanden als Taufständer und im Altar der Winterkirche Verwendung. Mauerwerk aus der Zeit um 1330 ist auch im Südflügel erkennbar. Hier befinden sich auch ein zweischiffiger Keller mit acht Jochen und Kreuzrippengewölben sowie eine Quelle (heiliger Brunnen). Bei einer Grabung nachgewiesene Fundamentreste lassen auf die Existenz eines Westflügels schließen; wann dieser beseitigt wurde, ist nicht bekannt. Die moderne Gestaltung der Freiflächen im Bereich des Kreuzhofes macht Lage und Größe des Kreuzgangs anschaulich. Auf die Gewölbe des ehemaligen Kreuzgangs weisen auch Spuren abgeschlagener Stuckkämpfer an der Außenwand des Ostflügels hin.

Von der früher reichen Ausstattung, neben dem Hochaltar weitere 14 Altäre, hat sich nur weniges erhalten, darunter allerdings das einzige am ursprünglichen Standort erhaltene Hochaltarretabel einer schleswig-holsteinischen Klosterkirche. Es handelt sich dabei um eines der ältesten Schnitzretabel überhaupt (1315–1320) und stammt aus der Lübecker Werkstatt von Hermann Walther von Kolberg (1305–1341 nachweisbar).

121 Kloster Cismar, Strebepfeiler am Ostchor

Der zentrale Schrein weist Reliefs aus der Passion und dem Leben Christi auf, mittig und unterhalb der Marienstatue und der Kreuzigungsszene die Geißelung als Hinweis auf die Bedeutung der im Kloster lange Zeit verehrten Reliquie des heiligen Blutes. Die Reliefs in der Pultdachzone mit alttestamentarischen Szenen nehmen Bezug auf das Bildprogramm der unteren Reihe. Die nicht vollständig erhaltenen Seitenflügel zeigen rechts Szenen aus dem Leben des heiligen Benedikt, links aus dem Leben des Evangelisten Johannes. Es wird vermutet, dass die Gefache des Schreins zur zeitweiligen Aufstellung der Reliquien gedient haben. Überragt wird das Retabel durch drei tabernakelartige Turmgehäuse mit eingestellten Figuren der Patronatsheiligen des Klosters: Maria mit dem Kind, der Evangelist Johannes und der heilige Auctor. Die Farbfassung stammt noch weitgehend aus der Entstehungszeit.

Die große kunsthistorische Bedeutung des Retabels erklärt sich daraus, dass hier erstmals »die Architektur des gotischen Flügelretabels verwirklicht« worden ist, »in einer Form, die für das ganze Spätmittelalter bis zur Renaissance bestimmend bleiben sollte. Die Flügeltüren werden zu Trägern eines wandelbaren Bildprogramms; mit der bekrönenden Turmarchitektur und ihren Figuren wird das Gesprenge der spätmittelalterlichen Retabel vorweggenommen.« (Bünsche, S. 24).

Im Landesmuseum Schloss Gottorf wird die Figur eines Laute spielenden Engels aus der Zeit um 1460 aufbewahrt. Die etwa 60 cm hohe Figur besteht aus gebranntem Ziegelton und ist vermutlich Fragment einer größeren Figurengruppe mit der Darstellung der drei heiligen Könige.

2.3.5.6. Travenbrück – Kloster Nütschau / Priorat St. Ansgar (1951)

Das Kloster ist die zweite nachreformatorische Gründung eines Klosters in Schleswig-Holstein überhaupt. Als Erstes erfolgten der Erwerb des Herrenhauses Nütschau und eines dazu gehörenden Restgutes und die Eröffnung eines Exerzitienhauses der Abtei Gerleve in Billerbeck/ Münsterland. 1960 wurde Nütschau zum einfachen, von Gerleve abhängigen Priorat erhoben; 1972 erhielt es das Recht, selbständig zu wirtschaften. 1975 folgte das Gründungsdekret, drei Jahre später mit der Wahl eines eigenen Priors die auch rechtliche Verselbständigung. Damit verbunden war auch die Einrichtung eines eigenen Noviziats. In engem Zusammenhang mit dem Kloster steht seit 1971 eine Bildungs- und Begegnungsstätte für Jugendliche und Erwachsene, das St. Ansgar-Haus, das von den Clemensschwestern aus dem Mutterhaus der Barmherzigen Schwestern in Münster/ Westfalen getragen wird. 1976 entstand im ehemaligen Inspektorhaus das Jugendhaus St. Benedikt. Diese Einrichtungen machen das Kloster über den Ort hinaus zu einer für ganz Norddeutschland bedeutenden Bildungs- und Begegnungsstätte.

Die Architektur des Klosters ist sehr uneinheitlich, was der Übernahme des nicht für heutige Zwecke gebauten und aus dem 16./17. Jahrhundert stammenden Herrenhauses und der abschnittsweisen Errichtung der neuen Klausurgebäude zuzurechnen ist. Zugleich wird dabei aber auch das Fehlen ordenseigener Vorstellungen über die Architektur eines Klosters im 20. Jahrhundert deutlich.

Das Herrenhaus von Heinrich Rantzau wird aus drei parallelen Häusern gebildet und ähnelt den zeitgleichen Schlössern von Ahrensburg und Glücksburg. 1792 erhielt das Gebäude den das heutige Bild bestimmenden Höhenakzent durch einen kleinen spätbarocken Firstturm. Das erste Klausurgebäude, entworfen vom Architekten Eduard Frieling, stammt aus dem Jahr 1972 und nimmt den Wirtschaftsteil mit Speiseraum, sowie Unterkunfts- und Seminarräume sowie die Kirche auf. Die Architektur mit eingeschossigen, flach gedeckten Gebäuden ordnet sich dem älteren Gebäude unter und vermeidet jede Konfrontation mit dem Bestand. Dieses wahrt den Eigenwert des Schlosses, gibt aber den Konventsgebäuden keine eigene Signifikanz. Die Kirche ist, um nicht die Flachbauten zu überragen, durch Tieferlegen des kreisförmigen Zentralraums innerhalb eines Quadrats von 17×17 m auf ihre nach außen nicht wahrnehmbare Höhe gebracht. Die Mönche verfügen darin über kein eigenes Chorgestühl, sondern sind in den Kreis der Gemeinde einbezogen. Die künstlerische Gestaltung der Kirche stammt von Siegfried Assmann. Die farbigen Fenster lassen von starken Rottönen an den Rändern ausgehend eine Bewegung zur Mitte hin durch immer lichtere Farben entstehen, eine Wirkung, die bei Abendsonne den Raum zum Leuchten bringt und »eine Ahnung von der Schönheit und Herrlichkeit des himmlischen Jerusalem« vermittelt. (Per ducatum evangelii, S. 26)

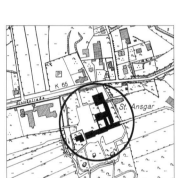

122 Kloster Nütschau, Lageplan

123 Kloster Nütschau, ehemaliges Herrenhaus und Konventsgebäude

Ein zweiter Bauabschnitt nach dem Entwurf der Architekten Gisberth Hülsmann und Elmar Sommer wurde 1999 fertig gestellt. Das neue, 55 m lange und nur neun Meter tiefe Mönchshaus ist Ausdruck eines völlig anderen Architekturverständnisses. Es respektiert den Altbau, stellt sich aber selbstbewusst daneben. First- und Traufhöhen bleiben nur wenig unter denen des Herrenhauses. Die Verbindung erfolgt über einen verglasten Zwischenbau mit Pultdach, die schräge Seitenwand des Konventgebäudes reagiert auf dieses Spiel von Senkrechten und stürzenden Linien. Der Neubau beherbergt in den Obergeschossen 19 Mönchszellen, im Erdgeschoss das Refektorium, einen Gästeraum und nach Osten ausgerichtete Räume zur Pflege kranker Brüder. Zur Besucherseite schließen schmale schlitzartige Fenster die Klausur nach außen ab und schützen diese vor fremden Blicken. Die Konventsräume hinter den Fensterschlitzen sind schnörkellos gestaltet und von subtilen Proportionen. Klarheit, Helle und Wärme sowie Sparsamkeit der Materialwahl – außen halbmeterdicke, weiß verputzte Wände und ein Zinkdach, innen Stein, Holz, Beton und gebrannter Ton – und die Kargheit der Detaillierung entsprechen dem benediktinischen Streben nach Reduktion als Mittel zur Kontemplation, Schönheit aus Ordnung entstehen zu lassen.

2006 konnte das renovierte Herrenhaus eingeweiht werden. Es nimmt die der Gemeinschaft dienenden Räume auf. Die bemalten, restaurierten Holzbalkendecken stehen in einem bemerkenswerten Widerspruch zur Kargheit der sonstigen Ausstattung.

2.3.6. Benediktinernonnenklöster

2.3.6.1 Schleswig – Kloster St. Johannis / Adeliges Damenstift (1196/1542)

1196, gleichzeitig mit der nachträglichen Bestätigung des Umzugs der Mönche von St. Michael nach Guldholm durch König Knud VI. von Dänemark, gewinnt die Existenz des Nonnenklosters auf dem Holm bei Übereignung einer dem heiligen Olaf geweihten, älteren Kirche Kontur. Die älteste, das Kloster betreffende Urkunde datiert vom 7. März 1251, darin bestätigt Abel als König von Dänemark und Herzog von Jütland umfangreiche Freiheiten. Allerdings erst am Ende des 14. Jahrhunderts wird das Kloster ausdrücklich als »Benediktinerinnenkonvent« bezeichnet.

Schon früh gehörte der Adel zu den Förderern des Klosters, dessen wirtschaftliche Entwicklung aber zunächst bescheiden blieb. Von Anfang an war das Kloster auf eine vergleichsweise geringe Größe des Konvents angelegt, der nie über acht bis zehn Nonnen hinauskam. Am Ende des 13. Jahrhunderts zerstörte ein Brand die Gebäude, für deren Wiederaufbau im ganzen Land Geld gesammelt werden musste. Der schlechte bauliche Zustand der Gebäude soll nach einem Ablassbrief von 1329 Ursache für Unregelmäßigkeiten im Konvent gewesen sein. Dazu kamen Schäden durch Sturm und Wasser, 1372 riss ein Sturm große Teile des Kirchendaches herunter, so dass die Kirche nicht mehr benutzbar war. Erst am Ende des 14. Jahrhunderts verbesserte sich die wirtschaftliche Lage durch Übertragung des Patronats über die Kirche von Kahleby und die damit verbundenen hohen Einnahmen. Weitere Schenkungen im »Schleidistrikt« östlich des Haddebyer Noors und in Angeln, kamen bis zum Ende des 15. Jahrhunderts hinzu. 1487 brannte das Kloster erneut ab, wiederum musste Geld für den Wiederaufbau gesammelt werden.

Die enge Bindung an den schleswig-holsteinischen Adel verhinderte eine Aufhebung des Klosters zugunsten eines evangelischen Damenstifts auf der Grundlage der Kirchenordnung von 1542. Proteste der Nonnen dagegen sind nicht bekannt, vermutlich weil sich die Familien, denen die Nonnen entstammten, ebenfalls bereits zum neuen Glauben bekannt hatten. König Friedrich II. von Dänemark bestätigte 1566 die Privilegien des Klosters unter der Voraussetzung, dass die Kirchenordnung »ungekrencket« bleibt. Der Grundbesitz verblieb beim Kloster. Noch im 19. Jahrhundert umfasste dieser über 6.500 ha mit 84 Bauernhöfen, vier Mühlen und 140 kleineren Landstellen, wurde dann aber veräußert.

Die Zahl der Konventualinnen ist, die Priorin eingeschlossen, auf 10 begrenzt, von denen aber allein letztere im Kloster lebt. Die Kirche ist Sitz der Subkommende des Johanniter-Ordens und diente von 1959 bis 2004 auch der benachbarten, inzwischen aufgegebenen Garnison der Bundeswehr. 1994 siedelte sich hier

124 Kloster Nütschau, Refektorium im ehem. Herrenhaus

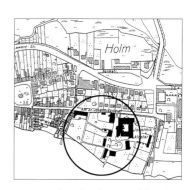

125 St. Johannis-Kloster Schleswig, Lageplan

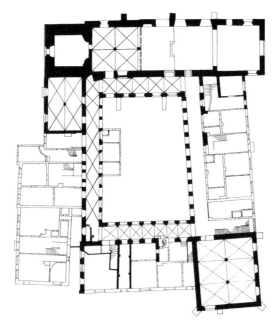

126 St. Johannis-Kloster Schleswig, Erdgeschossgrundriss der Klausur M 1:750, dunkel hervorgehoben die vorreformatorische Bausubstanz

127 St. Johannis-Kloster Schleswig, nachmittelalterliche Anbauten auf der Westseite, Wohnhaus und Amtshaus

das Nordelbische Bibelzentrum an, das durch Ausstellungen, Seminare und Fortbildungsveranstaltungen den Zugang zu den biblischen Texten erleichtern will. Diese Öffnung nach außen wird durch das Kloster selbst durch Führungen, Konzerte und Lesungen gefördert. Mit der Einrichtung eines Skulpturengartens mit zeitgenössischen Werken insbesondere von Ulrich Lindow, Jan Koblasa und deren Umkreis mit Themen der biblischen Prophetie wurde nicht nur der Anschluss an die Moderne gesucht, sondern auch ein neuer Publikumsmagnet geschaffen.

Die Gründe für die Wahl des Standortes sind im Einzelnen nicht bekannt. Die dem Kloster zugewiesene ältere Kirche könnte eine Kaufmannskirche mit dem Patrozinium des St. Jacob oder St. Olaf gewesen sein, wie sie als Gebäudetyp in den Ostseestädten häufig vorkam und in denen auch Waren gelagert wurden. Wahrscheinlich hatte sie diese Funktion in Folge der geminderten Bedeutung Schleswigs als Handelsplatz im 13. Jahrhundert verloren. Der Standort für ein Benediktinernonnenkloster war sinnvoll, bot er doch den Nonnen sowohl die notwendige Weltabgeschiedenheit, als auch im Notfall den Beistand einer benachbarten Siedlung.

Unter den schleswig-holsteinischen Klöstern vermittelt das St. Johannis-Kloster am ehesten das Bild einer spätmittelalterlichen, geschlossenen Klausur, obwohl die Kirche teilweise noch aus vorklösterlicher und große Teile der Klausur aus nachreformatorischer Zeit stammen und zusätzlich stark überformt sind. Ergänzt wird die Klausur im Klosterbezirk durch eine Reihe von Gebäuden des 17. und 18. Jahrhunderts. Das Kloster war wie üblich ummauert, von der mittelalterlichen Mauer haben sich jedoch nur geringe Reste nördlich der Kirche erhalten. Die übrige Ummauerung stammt aus dem 17.–18. Jahrhundert.

Die langgestreckte und einschiffige Kirche stammt im Kern noch aus dem 12. Jahrhundert und besteht aus Tuffsteinen mit Feldsteinkernen. Romanisch sind der eingezogene Turm sowie die vermauerten Portale im Süden am Kreuzgang und im Norden sowie das mit Kämpfern gestaltete Westportal aus Granit im nur bis zur Höhe des Schiffes aufgeführten und mit dem Kirchendach einheitlich überdeckten Turm. Der heutige Dachreiter stammt von 1907, einen älteren von um 1860 ersetzend. Das saalartige, ursprünglich flach gedeckte Schiff wird durch Kreuzrippengewölbe in vier querrechteckige Joche und ein quadratisches Chorjoch gegliedert. Möglicherweise endete der Chor ursprünglich in einer Apsis; der heutige östliche Kastenchor stammt aus nachmittelalterlicher Zeit und wurde 1899 völlig erneuert. Die Nonnen hatten ursprünglich ihren Platz auf einer Empore im

128 St. Johannis-Kloster Schleswig, Kreuzgang, Nordflügel

Obergeschoss des Turmes. Der Zugang erfolgte aus der Nordwestecke des Kreuzgangs. Nach der Reformation wurde der Nonnenchor in den östlichen Teil des Kirchenschiffes verlegt, das nunmehr durch ein spätgotisches Chorportal mit Triumphkreuz und Figuren von Maria und Johannes, den Schutzpatronen des Klosters, in der Art eines Lettners in eine Vorkirche und den Chor geteilt wird (Anfang des 16. Jahrhunderts).

Von der vorreformatorischen Innenausstattung ist ein spätgotisches Sakramentshaus hervorzuheben: ein 4,50 m hoher, zweigeschossiger Turmaufbau auf achteckiger Stütze mit Maßwerk, Fialen und hohem Spitzhelm aus der Mitte des 15. Jahrhunderts. Der barocke Altar mit einem Gemälde des Gekreuzigten mit Säulen und gesprengtem Giebel (1715) sowie die Logen der Priorin, der Konventualinnen und des Pastors stammen aus dem 18. Jahrhundert. Beidseits des Altars erinnern Wappenschilde adeliger Familien an das Herkommen der Stiftsdamen. Die Klausur entwickelt sich südlich der Kirche um einen rechteckigen, nicht ganz regelmäßig angelegten Kreuzhof mit vierflügeligem Kreuzgang, der im Wesentlichen aus der Zeit nach dem Brand von 1487 stammt. Der Kreuzgang ist im Erdgeschoss mit Ausnahme des flach gedeckten Ostflügels mit Kreuzrippengewölben versehen. Die mittelalterlichen Gebäudeflügel sind durch Veränderungen der Grundrisse für Wohnzwecke, Ersatz ganzer Gebäudeteile (Südflügel: Wohnhaus und ehem. Amtshaus, 1704) und Rekonstruktion des Ostflügels im 19. Jahrhundert erheblich überformt. Trotz teilweisen Abrückens einiger Bauteile vom Kreuzgang blieb aber der ursprüngliche bauliche Zusammenhang der Klausur gewahrt.

Erhalten haben sich innerhalb der Klostergebäude zwei spätgotische Räume: am südöstlichen Ende des Ostflügels der Remter, neben dem Turm im Westflügel der Kapitelsaal. Der Remter ist ein zweischiffiger Saal mit drei Jochen und sechs Kreuzrippengewölben, getragen durch zwei Rundpfeiler. Obwohl erst Ende des 16. Jahrhunderts gebaut, dürfte dieser schon früher, d.h. bei Wiederaufbau des Klosters nach 1487 so geplant worden sein. Heute befindet sich hier das ursprünglich auf der Empore aufgestellte zehnsitzige Nonnenchorgestühl, in wesentlichen Teilen aus der Zeit um 1240 stammend: die hohen Endwangen mit frühgotischem Rankenwerk und Fabelwesen. An den Wänden, oberhalb des Gestühls sind weitere Wappenschilde der das Kloster fördernden adeligen Familien angebracht. Der Kapitelsaal ist ein rechteckiger stark überformter Raum mit vier Kreuzrippengewölben auf einem mittigen Pfeiler. Die unübliche Anordnung des Kapitelsaals im Westflügel ist vermutlich darauf zurückzuführen, dass aus der Ecke zwischen Kirche und Kapitelsaal die Treppe zur Nonnenempore führte.

Von den Bauten im Klostergelände sind beachtenswert: das Propstenhaus, ein anderthalbgeschossiges Breithaus mit neun Achsen und übergiebeltem Mittelrisalit (1754); ein stark erneuertes Fachwerkhaus gegenüber dem Remter (Ende 16. Jahrhundert); an der Strasse das ehemalige Pastorat mit Wohnungen für Pastor, Kantor und Prediger, ein eingeschossiger Breitbau mit sechzehn Achsen und zwei flach vortretenden übergiebelten Risaliten (1776). Die übrigen Gebäude auf dem Klostergelände stammen aus dem 17.–19. Jahrhundert.

Neben anderen spätgotischen Kunstwerken des Klosters ist insbesondere die Johannesschüssel mit dem aus Eichenholz geschnitzten und auf

129 St. Johannis-Kloster Schleswig, Pastorat mit Pastoren-, Kantors- und Predigerwohnung, 18. Jh.

einer Schüssel ruhenden Haupt Johannes des Täufers beachtenswert. Die Schüssel wird am Tage der Enthauptung des Heiligen am 29. August und am 24. Juni, dem Johannistag und Tag der Geburt, in der Kirche aufgehängt. Ein kulturhistorisches Kuriosum ist das Tafelsilber aus dem Hause Goethe. Dieses gelangte durch Erbgang von Ottilie von Pogwisch, Gattin von August von Goethe, dem Sohn des Dichters, auf die Priorin Ulrike von Pogwisch und durch diese 1875 ins Kloster.

2.3.6.2. Preetz – Kloster Preetz / Adeliges Damenstift (1210?, 1226/1542)

Die Erstgründung des Klosters erfolgte vermutlich im ersten Jahrzehnt des 13. Jahrhunderts, eine Gründungsurkunde ist nicht vorhanden, mit Sicherheit hat das Kloster 1220 bestanden. Als Gründer gilt Graf Albrecht von Orlamünde, Statthalter über Holstein und Neffe des Schleswiger Herzogs und ab 1202 dänischen Königs Waldemar II., als Mitbegründer Bischof Bertold von Lübeck. Der Standort wird bei der einige Jahre älteren Pfarrkirche an der heutigen Kirchenstraße vermutet. Albrecht übereignete dem Kloster 1222 umfangreiche Ländereien westlich von Preetz, dazu kam der Zehnte aus mehreren Dörfern um Plön.

Nachdem Graf Adolf IV. von Schauenburg wieder nach Holstein zurückgekehrt war, gründete er das Kloster am 29. Sept. 1226 neu und stattete es mit weiteren umfangreichen Ländereien aus, die das auch heute noch Probstei genannte Gebiet nordöstlich der Kieler Förde umfassten. Unklar ist der ursprüngliche Standort des Klosters, dieser wird im Umkreis der Pfarrkirche vermutet. Schon 1232 erfolgte die Verlegung nach Erpesvelde nahe Rönne, 4 km westlich von Preetz, etwa um 1240 nach Lutterbek bei Laboe. In der Mitte des 13. Jahrhunderts folgte die Rückverlegung nach Preetz an den heutigen, an der Straße von Kiel nach Lübeck günstig gelegenen Standort. Die Gründe für diese innerhalb von 20 Jahren dreimalige Verlegung sind ebenso wenig bekannt wie Struktur und Aussehen der Gebäude.

Die ersten Klosterbauten nach endgültiger Festlegung des Standortes entstanden schließlich unter Propst Johannes (1261–1275). Dazu gehörte auch eine zwischen 1268 und 1280 erbaute Klosterkirche, nachdem man vermutlich bis dahin die Pfarrkirche des Fleckens mitbenutzt hatte. 1307 zerstörte ein Feuer Kirche und Klausur völlig; der Wiederaufbau erfolgte 1325–1340.

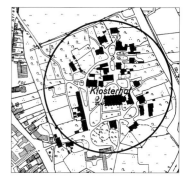

130 Kloster Preetz, Lageplan

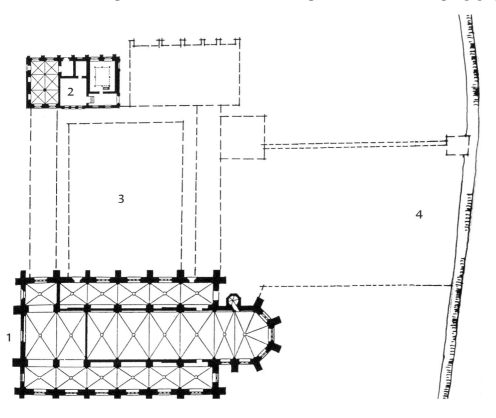

131 Kloster Preetz, Grundriss der Klausur M 1:750, erhalten sind 1: die Kirche und 2: das sog. Konventshaus (vermutlich das frühere Sommerrefektorium), dazwischen der nicht erhaltene Kreuzhof mit 3: Kreuzgang und Konventsgebäuden, 4: östlich der Kirche der Klostergraben

132 Kloster Preetz, Klosterkirche, Querschnitt, M 1:500

133 Kloster Preetz, Klosterkirche

Schon früh war der Zulauf adeliger Frauen groß, in einem Dokument von 1286 ist erstmalig von einer Priorin (»priorissa«) die Rede. Offensichtlich mit großem Geschick mehrten die Nonnen das Grundeigentum durch Kauf, Stiftungen und Erbschaften. Die häufig wechselnden Pröpste (allein 18 in nur hundert Jahren zwischen 1399 und 1489) haben allerdings zu Misswirtschaft und zur Verschuldung des Klosters beigetragen, nachweisbar in nahezu lückenlos erhaltenen Rechnungsbüchern des 15. Jahrhunderts. Bemerkenswert ist, dass es in den Klosterdörfern der Probstei nie Leibeigenschaft gab. Durch Getreidelieferungen und Heeresfolge der Hintersassen zugunsten des Landesherrn gerieten die Nonnen während des 25jährigen Krieges der Holsteiner mit dem dänischen Königs Erich von Pommern (1415–1440) wiederum in Existenznöte, wie auch angeblich durch die Lockerung der Sitten. 1437 verbot der Lübecker Bischof den Nonnen unter Androhung der Exkommunikation jeden Umgang mit Männern. Die Schule muss dennoch einen guten Ruf und Zulauf gehabt haben; überliefert sind für das 15. Jahrhundert zahlreiche Namen von aus dem holsteinischen Adel und Lübecker Patrizierfamilien stammenden Schülerinnen.

Am Ende des 15. Jahrhunderts kam der Konvent unter den Einfluss der Bursfelder Kongregation. Aus dieser Zeit stammt das »Buch im Chore« der Priorin Anna von Buchwald (im Amt 1484–1508): Liturgie, Klosteragende und Wirtschaftsbuch zugleich. Anna von Buchwald, zeitweise auch in der Funktion des Propstes, setzte nicht nur eine geordnete Wirtschaftsführung durch und erhöhte die Einnahmen durch das Erschließen neuer Geldquellen auf das Zehnfache, sondern begann auch mit der Erneuerung der Gebäude und errichtete das 1495 fertig gestellte Siechenhaus. Das sumpfige Gelände zwischen Klausur und der Schwentine ließ sie trockenlegen und einen Garten anlegen. Zugleich entstand eine Wasserleitung, um den Nonnen das Wassertragen zu ersparen. Eine Visitation 1491 erbrachte die Mahnung, unnütze Ausgaben zu vermeiden und die Regeln der Bursfelder Kongregation strenger zu beachten.

Bei der Landesteilung 1490 zwischen König Hans von Dänemark und Herzog Friedrich fiel das Kloster dem König zu. Bereits ab 1526 gabe es einen evangelischer Prediger im Kloster. Seinen Status als Benediktinerinnenkonvent verlor das Kloster aber erst unter König Christian III. Nach Annahme der Kirchenordnung 1542 bestätigte dieser am 21. März 1542 die Rechte des Klosters mit der üblichen Einschränkung, dass die Kirchenordnung »ungekrencket« bleibe. Den Nonnen wurde freigestellt, das Kloster zu verlassen; wie viele das getan haben, ist nicht bekannt. Danach wurde das Kloster in ein evangelisches Adeliges Damenstift umgewandelt. Die Höchstzahl der Stiftsdamen einschließlich der Priorin wurde auf 40 festgesetzt.

Im 16.–18. Jahrhundert entstanden innerhalb des Klosterbezirks mehrere Einzelhäuser der Damen mit eigenem Hausstand sowie im 19. Jahrhundert die Häuser der Priorin und des Propstes. Die Klausurgebäude blieben zunächst erhalten, ihre neuzeitliche Nutzung, nachdem die Stiftsdamen eigene Häuser bezogen hatten, ist aber nicht überliefert. Zu vermuten ist, dass diese teilweise für Wohnzwecke hergerichtet waren. Erst 1847–1848 erfolgte der nahezu völlige Abbruch. Die Grundherrschaft blieb auch nach der Reformation bestehen und umfasste bis 1867 über 22.000 ha. und endete erst 1928. 1950 brannten die Gebäude des Wirtschaftshofes ab.

Mittelpunkt der nach dem Brand von 1307 errichteten Klausur war die gotische Kirche von 1325 bis 1340. Die schlichten backsteinsichtigen Außenwände werden allein durch kräftige Stützpfeiler gegliedert. Das nördliche Seiten-

134 Kloster Preetz, Seitenschiff der Klosterkirche

schiff ist 1886–1889 vollständig in den alten Maßen erneuert worden. Die Kirche wird durch ein hohes, nach Westen halbabgewalmtes Satteldach überdeckt, der barocke Dachreiter ist eine Zutat von 1783, jedoch ist ein kleiner Dachreiter bereits für das 15. Jahrhundert nachgewiesen. Die Kirche mit drei Schiffen ist das charakteristische Beipiel einer Stutzbasilika oder Pseudobasilika. Dieser Bautyp zwischen einer Basilika mit hohem Mittelschiff und niedrigen Seitenschiffen und einer Halle mit gleich hohen Schiffen kommt zunächst in gedrückter Form (13. Jahrhundert), später »in hohen, schlanken Verhältnissen« (Rudloff, S.178) insbesondere in Niedersachsen und am Niederrhein sowie in Holstein, Mecklenburg, Deutschordensland Preußen und Schlesien sowie in Dänemark, dort im Spätmittelalter als vorwiegende Form, vor. Die durch den Wegfall der Fenster im Obergaden schlechte Ausleuchtung wurde durch zunehmend größere Höhe der Seitenschiffe versucht auszugleichen, wodurch in vielen Fällen ein nahezu hallenartiger Eindruck bewirkt wurde. Das Kircheninnere in Preetz wird durch die oberhalb der Arkaden durch Blendfenster gegliederte Mittelschiffswand und den einjochigen Chor mit 5/8-Schluss, in den das Mittelschiff mit seinen hohen, spitzbogigen Arkaden einmündet, geprägt. Schmale Dienstbündel mit Laubwerkkapitellen tragen die Kreuzrippengewölbe. Der Nonnenchor in den drei östlichen Jochen des Mittelschiffes wird zusammen mit dem Chorjoch durch eine halbhohe Mauer gegen die Seitenschiffe abgetrennt. Das nördliche Seitenschiff war als Flügel des Kreuzgangs in die Klausur einbezogen, vom südlichen Seitenschiff aus konnten auch Laien an den Gottesdiensten teilnehmen. Das Zusammenspiel von dämmrigem Nonnenchor und strahlendem Chorhaupt, dazwischen der barocke Altar von 1743, bewirkt einen theatralisch inszenierten Raumeindruck: »... ein starker symbolischer Ausdruck für das ungeschaffene Licht..., das das Dunkel der Finsternis überwindet«. (Hein, in: Germania Benedictina, Bd. 11, S.502)

Aus der zweiten Hälfte des 14. Jahrhunderts haben sich wesentliche Teile eines siebzigsitzigen Chorgestühls in Hufeisenform erhalten. Vermutlich stammt dieses aus der gleichen Lübecker Werkstatt wie das der St. Katharinen-Kirche in Lübeck. Besonders reich ist die Westseite ausgestattet, hier hatten die Priorin und die Klosterfrauen mit hervorgehobener Funktion ihren Platz. Der obere Abschluss der Dorsalfelder und vorspringende Baldachine in Form von Wimpergiebeln sind mit reichem aus der zweiten Hälfte des 14. Jahrhunderts stammendem geschnitzten Maß- und Rankenwerk, kleinen Figuren und Wappen geschmückt; im Mittelfeld, über dem Sitz der Priorin, das spätgotische Bild eines Gnadenstuhls. Die Dorsale sind am Ende des 15. Jahrhunderts mit fast 150 Bildern in zwei Reihen mit vorwiegend hellen Leimfarben bereichert worden, was im Zusammenhang mit den wahrscheinlich ebenfalls farbig behandelten Wimpergen einen festlichen Eindruck bewirkt haben dürfte. In der zweiten Dekade des 16. Jahrhunderts war vor dem Gnadenstuhl ein vermutlich aus Lübeck stammendes Retabel der heiligen Sippe aufgestellt worden, das sich heute im Konventsaal befindet. Der Schrein dieses kleinen Retabels zeigt die heilige Sippe mit der heiligen Anna, der Mutter Marias, und verweist als »Symbol kollektiver Identität« auf die herausragende Bedeutung der Priorin Anna von Buchwald und ihrer Nachfolgerin Anna von Qualen. (Buchholz, S. 23) Die den Seitenschiffen zugewandten Rückwände des Chorgestühls blieben ungestaltet. Zu vermuten ist, dass diese früher mit Teppichen oder bestickten Tüchern behängt waren.

Das spätgotische Flügelretabel des Hochaltars aus dem Umkreis des Hamburger Meisters Francke (um 1435) gelangte zunächst in die Pfarrkirche, von dort 1830 ins Nationalmuseum in Kopenhagen. Das geschnitzte Retabel ist zweizonig aufgebaut und wird durch eine filigrane Kleinarchitektur gegliedert. In den Mittelfeldern werden übereinander die Marienkrönung durch Christus und die Auferstehung Christi dargestellt, in den beidseitig angeordneten Feldern Figuren von Bischöfen, den vier kanonischen Kirchenvätern und den Aposteln. Auf der Außenseite des Innenflügels sind auf Tafelbildern die Anbetung der Könige bzw. die Kreuzigung im Gedränge zu sehen. Insbesondere in der Kreuzigungsszene wird die Nähe zum Thomas-Altar der Englandfahrer von Meister Francke in der Hamburger Kunsthalle erkennbar. Während die 1992 abgeschlossene Restaurierung dem Retabel die mittelalterliche qualitätsvolle Originalfassung weitgehend zurückgeben konnte, ist der Erhaltungszustand der Tafelbilder schlecht.

135 Schleswig, St. Michaels-Kloster; Ansicht der Stadt Schleswig von Braun & Hogenberg 1588, in der Mitte der Rundbau der Michaelskirche, links Schloss Gottorf, rechts Kloster St. Johannis

136–137 Schleswig, St. Michaels-Kloster, romanische Kapitelle der St. Michaelskirche (Landesmuseum Schloss Gottorf)

138 Ratzeburg, St. Georgs-Kirche mit baulichen Resten der ehem. Klosterkirche; das vermauerte Portal vermutlich der Durchgang von der Kirche zum Kreuzgang

138 Kloster Cismar; Westgiebel der ehem. Klosterkirche

139 Kloster Cismar; Gewölbe der ehem. Klosterkirche, heute Ausstellungsraum des Landesmuseums Schloss Gottorf

140 Kloster Cismar; Eckspornkapitelle

141 Kloster Cismar; Chor mit Altar und Reliquienretabel

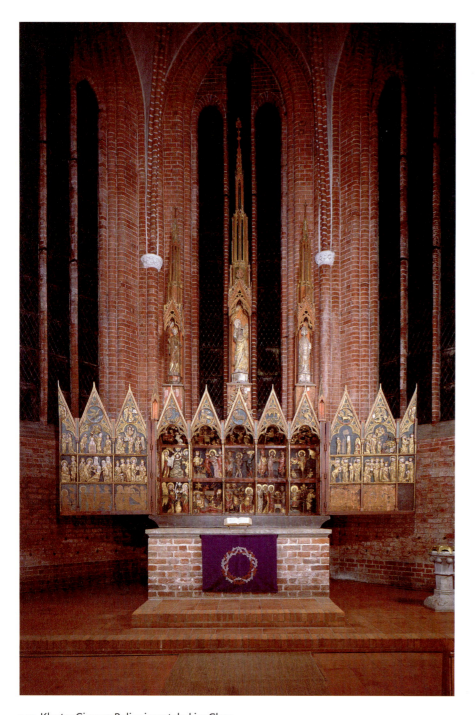

142 Kloster Cismar; Reliquienretabel im Chor

143 Kloster Cismar; Blick auf die Südfront der Klosterkirche, rechts der Ostflügel (o.r.)

144 Kloster Cismar; Spuren der Kreuzganggewölbe im Winkel von Kirche und Ostflügel

145 Schleswig, St. Johannis-Kloster; Klosterkirche, rechts der Wohnhaus und Amtshaus der Priorin

146 Schleswig, St. Johannis-Kloster; Romanisches Portal der Klosterkirche (o.r.)

147 Schleswig, St. Johannis-Kloster; Kämpferstein aus Granit am Portal der Klosterkirche (M.r.)

148 Schleswig, St. Johannis-Kloster; Johannisschüssel mit dem Haupt Johannes d.T.

149 Schleswig, St. Johannis-Kloster: Kreuzgang, Ostflügel

150 Schleswig, St. Johannis-Kloster: Kreuzhof mit Blick auf Kirche

151 Schleswig, St. Johannis-Kloster: Klosterhof, rechts die Klausurgebäude

152 Schleswig, St. Johannis-Kloster; Saalkirche nach Osten gesehen, im Vordergrund spätgotisches Chorportal

rechte Seite:
156–157 Kloster Preetz; Buch im Chore, Seiten 3 und 139, auf Seite 139 der Name »Anna de blockwolde« (Anna von Buchwalde) erkennbar

153 Kloster Preetz; Klosterkirche, Westfront mit barockem Firstturm

154 Kloster Preetz; Chor der Klosterkirche (u.l.)

155 Kloster Preetz; Haus der Priörin

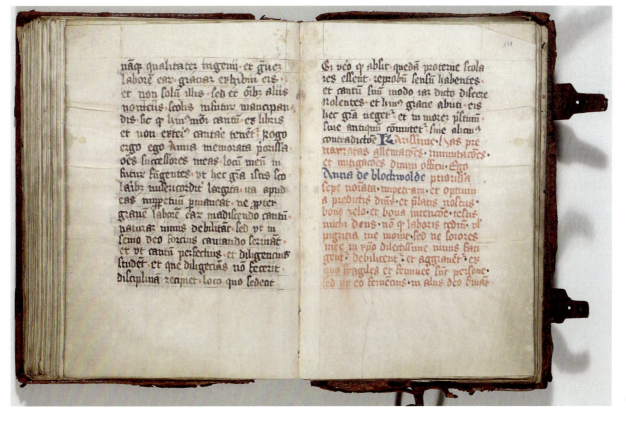

158 Kloster Preetz; Blick aus dem Nonnenchor in den Chor mit barockem Altar

159 Kloster Preetz; Abendmahlkelch, Mitte 13. Jh. (Landesmuseum Schloss Gottorf)

160 Kloster Preetz; Flügelretabel der Klosterkirche, um 1425–30 (Nationalmuseum Kopenhagen)

rechte Seite:
161 Kloster Preetz; Nonnenchor im Mittelschiff der Klosterkirche mit spätgotischem Chorgestühl und barocken Logen der Konventionalinnen

162 Reinfeld, Zisterzienserkloster; Klostermauer, einziger aufrecht stehender Rest des Klosters

163 Reinfeld, Zisterzienserkloster; Herrenteich, noch heute zur Karpfenzucht verwendet

164 Reinfeld, Zisterzienserkloster; Backstein mit Abdruck der Pfote eines während des Trocknens des Lehms darüber gelaufenen Tieres

165 Reinfeld, Zisterzienserkloster; Bodenfliese (Heimatmuseum Reinfeld)

166 Munkbrarup, Triumphkreuz aus dem Rudekloster

167 Glücksburg, Rudekloster; Grundriss des Klosters; Georadar-Planum

168 Glücksburg, Rudekloster; Schloss Gücksburg neben dem Standort des ehem. Rudeklosters

169 Reinbek, Kandelaber vor der Maria-Magdalenenkirche, vermutlich Säule aus dem ehemaligen Kloster

170 Kloster Itzehoe: Klosterbezirk mit Kirche und Äbtissinnenhaus

171 Kloster Itzehoe: Äbtissinnenhaus, dem ehem. Kreuzhof zugewandte Gartenseite

172 Kloster Itzehoe: Prinzesshof, Gartenseite des heutigen Museums (u.r.)

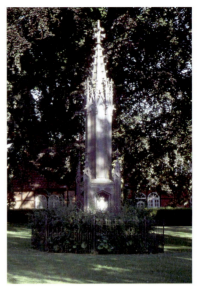

174 Kloster Itzehoe; Denkmal für die Prinzessin Juliane von Hessen, Äbtissin 1810–1860

173 Kloster Itzehoe; Kirche St. Laurentii mit Empore der Konventualinnen und Orgel

175 Kloster Itzehoe; Klosterbezirk mit dem Haus einer Konventualin

176 Kloster Itzehoe; Nordflügel des Kreuzgangs (r.)

Die sonstige Ausstattung stammt im Wesentlichen aus nachreformatorischer Zeit, darunter der Hauptaltar mit spätbarockem Pfeiler-Säulenaufbau von Theodor Schlichting (1743), sowie ein Orgelwerk aus dem 16.–18. Jahrhundert und das Chorgitter (1738). Ein Hauptwerk des schleswig-holsteinischen Knorpelbarock, ein aus Dänischenhagen nach Preetz versetzter Altar, ist nur fragmentarisch erhalten. Es handelt sich um einen dreiteiligen Aufbau mit bewegtem Umriss, gedrehten Säulen und Reliefbildern von Hans Gudewerdt d. J. (1656).

Dem spätgotischen Chorgestühl ist im 18. Jahrhundert eine barocke Logenfront vorgeblendet worden, was die Wirkung der spätgotischen Teile zwar beeinträchtigt, zugleich aber die beiden historischen Epochen, mittelalterliches Nonnenkloster und neuzeitliches Damenstift, anschaulich macht. Von den Logen für die adeligen Familien aus nahmen die Damen getrennt voneinander an den Gottesdiensten teil (um 1700).

Die Konventsgebäude waren nördlich der Kirche um einen längsrechteckigen Kreuzhof mit dreiseitigem Kreuzgang angeordnet, der vierte Kreuzgangsflügel war in das Nordschiff der Kirche einbezogen. Die Funktion der einzelnen Räume ist nicht völlig zweifelsfrei geklärt. Im Westflügel waren die Wirtschaftsräume mit Küche und Lagerräume angeordnet und im Ostflügel die geistlichen Räume mit einem ungewöhnlich schmalen Kapitelsaal sowie Schatzkammer und Beichtkammer. Die Alltagsräume mit Refektorium und Dormitorium befanden sich im Nordflügel sowie Teilen des Ostflügels. Der gesamte Komplex war wahrscheinlich zweigeschossig ausgeführt, das Obergeschoss mit weiteren Dormitorien der Nonnen in Fachwerk. Dem Ostflügel auf der Schwentineseite war ein Badehaus angebaut, hier stand auch das durch Anna von Buchwald errichtete Siechenhaus. Von diesen Gebäuden des 14.–15. Jahrhunderts ist lediglich ein Teil des Nordflügels, das heutige Haus Klosterhof 19, erhalten geblieben, in dem das Refektorium (Remter) und die Bibliothek vermutet werden. Das Gebäude beherbergt heute das Klosterarchiv mit Urkunden aus vorreformatorischer Zeit und eine außerordentlich wertvolle Bibliothek mit vorwiegend nachmittelalterlichen Beständen. Es handelt sich um ein zweigeschossiges Traufenhaus, dessen Nordwand teilweise aus dem 15. Jahrhundert stammt, die übrigen Wände und Fenster sind neugotisch völlig überformt; im Inneren hat sich ein Saal mit Kreuzrippengewölben auf Mittelstützen erhalten. Die Stellung des Gebäudes macht Lage und Größe des Kreuzhofes erkennbar, wie er von Richard Haupt aufgezeichnet bzw. wiedergegeben wurde (Haupt 1925, S. 239 und 614). In den Häusern Klosterhof 4 und 5 hat sich ebenfalls spätmittelalterliches Mauerwerk mit Fragmenten von Segmentbogenfenstern erhalten.

In dem parkähnlich angelegten Gelände befindet sich eine Reihe beachtenswerter Häuser der Konventualinnen aus dem 16.–19. Jahrhundert. Die ein- bis zweigeschossigen Gebäude sind teils aus Backstein, teils in Fachwerk- oder in Mischbauweise errichtet. Das älteste Haus ist das Ende des 16. Jahrhunderts errichtete Thünenhaus (Klosterhof 6). An einigen anderen Häusern haben sich barocke Türen, im Haus Klosterhof 11 auch eine wertvolle Rokoko-Inneneinrichtung erhalten. Formal hebt sich das Haus der Priorin von 1847 (Klosterhof 26) hervor: ein zweigeschossiger Putzbau mit flachem Satteldach und Dreiecksgiebeln mit Rankenwerk. Die fast völlig geschlossene monumen-

177 Kloster Preetz, Konventhaus, Rückseite mit mittelalterlicher Bausubstanz

tal gestaltete Nordseite wendet sich mit dem Portal der Kirche zu und steht in der Tradition der klassizistischen Architektur von Christian Friedrich Hansen. Das größte Gebäude ist das Propstenhaus (Klosterhof 8) von 1838–1839: ein dreigeschossiger schlichter Putzbau mit Formen der toskanischen Frührenaissance.

Das Torhaus (Klosterhof 1) ist ein zweigeschossiger Breitbau mit Torrisalit und Pilastern, Korbbogenöffnung und flachem Dreiecksgiebel von 1737. Die Wirtschaftsgebäude umstanden unregelmäßig die Klausur, an der der Schwentine zugewandten Ostseite die Gebäude für den Bedarf der Nonnen. Priestergebäude und Wirtschaftsgebäude wie Kornspeicher, Ställe, ein als »Bauhaus« bezeichnetes Wohn- und Stallgebäude, Ziegelei mit Ziegelofen und Ziegelscheune, Back- und Brauhaus u. a. waren auf der Südseite angeordnet. Die zum heutigen Wirtschaftshof gehörenden Gebäude wurden etwa zehn Jahre nach dem Brand von 1950 errichtet.

Im Klosterarchiv werden u.a. das für die Geschichte des Klosters bedeutsame Buch im Chore der Nonne und Priorin Anna von Buchwald und das einzige in Schleswig-Holstein noch vorhandene mittelalterliche Evangeliar aufbewahrt. Die wertvolle Pergamenthandschrift mit Miniaturen und anderem Buchschmuck stammt wahrscheinlich aus Braunschweig oder Hildesheim und enthält die vier Evangelien mit den Vorreden und fünfzehn Kanontafeln sowie ein in der Reihenfolge der Tage des Kirchenjahres geordnetes Verzeichnis der Textabschnitte, die in der Messe des jeweiligen Sonn- oder Feiertages gesungen oder gelesen wurden. Wann und wie das Evangeliar nach Preetz kam, ist nicht bekannt.

Besonders wertvolle Stücke der früheren Ausstattung der Kirche befinden sich als Leihgaben im Landesmuseum Schloss Gottorf, darunter der älteste in Schleswig-Holstein erhaltene Abendmahlskelch, ein Meisterwerk früher norddeutscher Goldschmiedekunst (um 1250–1260) und wahrscheinlich in Lübeck gefertigt. In Gottorf werden auch mehrere im mittelalterlichen Kloster durch die Nonnen hergestellte Leinentücher mit Weißstickerei als Leihgaben des Klosters aufbewahrt. Besondere Beachtung verdienen die biblische Szenen aufweisenden Wandbehänge, die möglicherweise an den Rückseiten der Chorschranken aufgehängt worden waren.

2.3.6.3. Hemmingstedt, Benediktinernonnenkloster (1503)

Anlass zur Gründung eines der letzten Klöster im Lande nur wenige Jahre vor der Reformation war das Gelübde der Dithmarscher vor der Schlacht in Hemmingstedt am 17. Februar 1500, im Falle eines Sieges der Mutter Maria ein Kloster zu stiften. Die Stiftungsurkunde ist auf das Jahr 1502 datiert. Darin erklärten die Dithmarscher dem Hamburger Dompropst Johann Klitzing, dass sie ein Nonnen- bzw. Jungfrauenkloster errichten wollten, was ein Jahr danach am 29. Mai 1503 erfolgte. Die Urkunde nennt als Anlass der Gründung, den Sieg der Dithmarscher und deren Bitte an Gott, ihnen beizustehen, und das Gelübde, »zu Ehren des Herrn unseres Gottes und der glorreichsten Jungfrau Maria« ein Kloster zu bauen und dieses auch zu unterhalten. Das Kloster sollte für nach Regeln des heiligen Benedikts lebende Nonnen errichtet werden. Zur wirtschaftlichen Absicherung erhielt das Kloster das während der Schlacht erbeutete Siegesgut, zugleich wurde es mit Grund- und Pfandbesitz ausgestattet, der jährliche Einnahmen von 300 Mark sichern sollte.

Das Kloster war aber eine Fehlgründung: »Für Dithmarschen waren sie [die Klöster] immer etwas Fremdes; hier gab es keine Herrenklöster, und selbst Bettelklöster, …, konnten wohl nicht gedeihen, schon weil es an Städten fehlte, und überhaupt konnte sich die Bevölkerung in diese Form der Frömmigkeit nicht recht finden.« (Haupt 1925, S.232) Das heißt, die Ursachen für das Scheitern sind eher in »der grundsätzlichen Unverträglichkeit und konflikthaltigen Spannung von agrarklösterlicher und kommunalistischer Lebens- und Verfassungsform« in Dithmarschen zu suchen, als in den überlieferten Nachrichten, dass sich nicht genügend junge Frauen für das Klosterleben gefunden hätten (Hansen, S. 577). Auch die Aufnahme älterer Frauen hat den Bestand des Klosters nicht sichern können, da diese das Kloster offenbar weniger als religiöse Stätte ansahen, denn allein als eine Versorgungsanstalt, damit meinend, die Klosterregeln nicht beachten zu müssen. Nach Zwangsmaßnahmen stand das Kloster leer. Bereits um 1513 muss an eine Verlegung und Umwandlung in ein Franziskanerkloster gedacht worden sein. Der Hamburger Dompropst

Johann Klitzing verbot dieses zwar, Papst Leo X. erteilte dagegen am 6. September 1513 die Zustimmung zur Gründung eines Franziskaner-Observantenklosters in Lunden.
Über Lage und Architektur des Klosters ist nichts bekannt. Bauliche Reste gibt es nicht. Richard Haupt vermutet, dass zuerst eine Holzkirche als Provisorium errichtet worden sei. Der wie an anderen Standorten übliche Steinbau unterblieb, nachdem das Kloster nicht lebensfähig war. Die Überlieferung besagt, dass die Baulichkeiten nach 1518 abgebrochen wurden und alles bewegliche Gut nach Lunden gebracht worden sei.

2.4. Zisterzienser

Die Verweltlichung der Benediktinerklöster während des 12. Jahrhunderts bewirkte von Cluny ausgehend die Reformbewegung der Zisterzienser. 1075 verließ der Mönch Robert mit einigen Brüdern sein Kloster St. Michèle de Tonnère, um in der Einsamkeit von Molesme den Geboten von Armut und Askese folgend zu leben. Der gewählte Standort war aber noch zu leicht zugänglich: 1098 Anlass zu einer weiteren Flucht in die unzugänglichen Sümpfe von Citeaux südlich von Dijon. Aus dieser Zeit stammen die wichtigsten die Ziele des neuen Ordens festlegende Schriften: die »Carta Caritas« des Engländers Stephan Harding, 1119 durch Papst Calixtus II. bestätigt, die neue Klosterordnung »Consuetudines« (Beschreibung der Regel ergänzenden Gewohnheiten), dem zweiten Abt von Citeaux (1099–1109) zugeschrieben, und die Geschichte des Auszugs der Mönche aus Molesme und das Leben am neuen Standort bis 1115, das »Exordium Cisterciensis Cenobii«. Diese drei frühen Schriften bildeten zusammen mit den Bestimmungen des jährlichen Generalkapitels, die »Instituta«, 1134 niedergeschrieben und 1154 ergänzt, die Grundlagen für die weitere Entwicklung des Ordens.
Entscheidendes hat schließlich der später heilig gesprochene Bernhard de Fontaines, nach seiner ersten Neugründung Clairvaux (1115) genannt, geleistet: 1112 war er mit dreißig anderen

178 Der heilige Bernhard von Clairvaux, Wandmalerei im Kloster Zinna, um 1440

Adeligen nach Citeaux gekommen. Als einer Persönlichkeit von begeisternder Überzeugungskraft, unbegrenzt geistiger Macht, theologischem Scharfsinn, unerschöpflicher Energie und grenzenlosem Askeseverlangen gelang es ihm, die Voraussetzungen für einen der erfolgreichsten Orden zu schaffen. Bis zu dessen Niedergang im 14. Jahrhundert gab es ein über ganz Europa gespanntes Netz von mehr als 700 Niederlassungen. In Deutschland entstand bereits 1123 das erste Kloster in Kamp (Kamp-Lintfort am Niederrhein). Reinfeld entstand 1186 als Tochtergründung von Loccum (gegr. 1163), nahezu zeitgleich das Kloster in Guldholm, dessen Mönche wenig später das Rudekloster gründeten.
Ziel der zisterziensischen Reformer war es, die Benediktusregeln wieder ganz genau zu befolgen, deren Grundgedanken sich unmittelbar auf die bauliche Gestaltung der Kirchen und Klöster wie folgt auswirkten:
- der *Armutsgedanke*: Verzicht auf individuelles wie gemeinschaftliches Eigentum, Schlichtheit aller Räume und Gegenstände, Verzicht auf repräsentative Architekturelemente wie Fassaden, Türme, figürlichen Schmuck und Farbig-

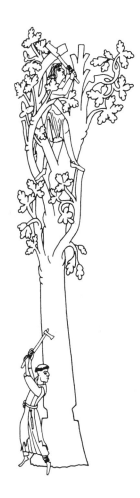

keit sowie Bevorzugung des nackten, schmucklosen Steins,
- das *Weltfluchtverlangen*: Errichtung von Klöstern fern jeder menschlichen Ansiedlung in schwer zugänglichen, sumpfigen, nicht kultivierten Gegenden, Unabhängigkeit von anderen kirchlichen und weltlichen Institutionen,
- der *Auftrag zu Filiation*: Ausbreitung des Ordens über die ganze bewohnte Erde, Gründung von Töchterklöstern unter Beibehaltung enger Verbindungen zum Mutterhaus, Abstimmung der Baupläne mit dem Generalkapitel und Überwachung durch Visitatoren, sowie
- ein *neues Ordnungsstreben*: verbindliche Festlegung des monastischen Tagesablaufes und des Kirchenjahres, Lebensordnung für Mönche und Konversen, damit verbunden ein verbindliches Planschema für die Anlage von Klöstern.

Keine diese Forderungen hat sich auf Dauer erfüllen lassen. Der Weitsicht Bernhards war »der Zusammenhang zwischen Arbeit, Askese und Reichtum verborgen geblieben, denn der befohlene Fleiß in Verbindung mit der befohlenen Armut musste den Wohlstand bringen«, offensichtlich entgangen. (Braunfels, S. 120) Die Zisterzienser waren die besten Ackerbauern und Viehzüchter, Meister des Bergbaus, der Fischzucht und des Wasserbaus, die besten Forstwirte und Baumeister. Dieses erforderte weitreichende Verbindungen in die Welt und den Austausch von Wissen und Fertigkeiten. Die Zisterzienser waren gesuchte Bauleute, die von fernen Diözesen um Rat und Unterstützung gebeten wurden. Fromme Stiftungen und die Übertragung von Vermögen, insbesondere Ländereien mehrten den verabscheuten Reichtum. Dort wo das Land aufblühte, zum Garten wurde, war keine Einsamkeit mehr möglich, die Klöster wurden zu Kristallisationspunkten wirtschaftlichen, kulturellen und politischen Lebens. In Missionsgebieten bildeten sich an Kampfgeschehen aktiv beteiligte Ritterorden wie die von Calatrava in Spanien oder die Schwertbrüder im Baltikum, die in Schleswig-Holstein aber keine Rolle spielten. Selbst der Filiationsgedanke musste letztlich ins Leere stoßen, denn am Ende war Europa mit einem so dichten Netz von Klöstern versehen, dass die Fähigkeit des Ordens, alles in der geforderten Weise zu regeln, beeinträchtigt werden musste. 1152 lehnte das Generalkapitel die Aufnahme weiterer Häuser kategorisch ab und legte fest, dass zwischen jeweils zwei Klöstern eine Entfernung von mindestens 15.000 Fuß bestehen müsse. 1220 verbot es die Inkorporation weiterer Konvente und 1228 jede Neugründung.

Auch die gestalterische Zurückhaltung ließ sich auf Dauer nicht durchhalten: Kirchen, Kreuzgänge, Refektorien und Dormitorien der Zisterzienserklöster gehören noch heute zu den vollkommensten, edelsten und prächtigsten Räumen des Mittelalters. Mit Einzelverboten suchte das Generalkapitel vergeblich, Kunst allein aus Ordnung und Vollkommenheit entstehen zu lassen, durchzusetzen. Am Ende unterschieden sich die Klöster der Zisterzienser nur noch wenig von denen der Benediktiner.

Der Niedergang des Ordens setzte bereits im 14. Jahrhundert ein: Die Pest ließ einige Klöster verwaisen, die Zahl der Mönche und vor allem der Konversen nahm merklich ab. Zahlreiche Reformbemühungen, die zisterziensischen Ideale wach zu halten, blieben erfolglos. Die ursprüngliche Einfachheit der Lebensführung und die Form des Zusammenlebens wandelten sich zu stärkerer Individualisierung. Ein Grund des Niedergangs dürfte auch in der schwärmerischen Religiosität und der damit verbundenen Ablehnung von Naturwissenschaften und in dem Beharren auf einer elitären, an den Prinzipien des Adels orientierten Ständeordnung zu suchen sein. Die Zisterzienser öffneten sich nicht den neuen Fragen und Aufgaben der sich emanzipierenden bürgerlichen Gesellschaft, an deren Entstehung sie ursprünglich wesentlichen Anteil hatten. Die vorwiegend aus der bäuerlichen Bevölkerung stammenden Konversen wandten sich zusehends von den Klöstern ab und der »devotio moderna« zu, was die Fortführung der Klosterökonomie immer schwieriger werden ließ. Eine Verbindung zum Volk gab es nie: Während des Bauernkrieges 1525 in großen Teilen Mittel- und Süddeutschlands entlud sich der Zorn der Bauern in der Plünderung und Zerstörung vor allem der Zisterzienserklöster.

Die Reformation beendete in Nordeuropa und damit auch in Schleswig-Holstein definitiv alle Aktivitäten der Zisterzienser, auch wenn sich die Aufhebung formal noch weit ins 17. Jahrhundert hineinziehen sollte (Kloster Reinfeld, St. Johannis-Kloster Lübeck). In den katholischen Ländern führten um 1800 und in den ersten Jahrzehnten des 19. Jahrhunderts mehrere Aufhebungswellen den Orden an den Rand der

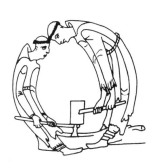

179–180 Zisterzienser bei der Arbeit: beim Fällen und Entästen von Bäumen sowie beim Holzspalten, Umzeichnung ma. Handschriften

Existenz. Spätere Reformbewegungen bewirkten durch Neubesinnung und Neuorganisation die Revitalisierung, aus der u. a. die Richtung der Trappisten als Anhänger der strengen Observanz (Askese = Verzicht auf Fleisch, Schweigegebot = Zeichensprache, Handarbeit) hervorging, seit 1902 »Zisterzienser von der strengen Observanz« genannt.

2.4.1. Idealplan eines Zisterzienserklosters

Der Zentralismus des Ordens musste sich auch auf das Bauen auswirken. Wo alles geregelt wurde, der Tagesablauf, das Zusammenleben von Mönchen, Novizen und Konversen sowie vieles andere, mussten die Klöster auch nahezu gleich sein. Gab der St. Galler Klosterplan nur Hinweise auf die sinnvolle Anordnung der einzelnen Funktionen und ihr Zusammenwirken, so hatte der Grundriss von Citeaux Verbindlichkeit für alle Klosterneugründungen in ganz Europa. Wie kein anderer Orden haben die Zisterzienser auf die Einhaltung der selbst verordneten Regeln geachtet. Die Pläne für den Bau eines neuen Klosters mussten dem Generalkapitel vorgelegt werden, die Einhaltung der Regeln wurde durch die Äbte benachbarter Klöster überwacht. Dennoch kam es immer wieder zu neuen Varianten der Grundrissbildung und architektonischen Gestaltung, die letztlich doch wieder eher eine gemeinsame geistige Grundhaltung ausdrücken und als Ausdruck eines gemeinsamen Selbstverständnisses der Zisterzienser zu interpretieren sind, denn als das stupide Befolgen von oben verordneter Regeln.
Wichtig war zunächst die Wahl des Standortes. Die Klöster lagen jenseits aller menschlichen Ansiedlungen immer an fließenden Gewässern, in Tälern, nur gelegentlich an Seen, nie auf Anhöhen. Von dem gewählten Standort aus verwandelte sich die Umgebung zu Meisterwerken der Landschaftsgestaltung, durch ihre architektonische Ordnung zu einer Klosterlandschaft. »Das strenge Planschema der Zisterzienser, die Monumentalität ihrer Bauten, die Tatsache, dass es sich meist um die einzige Architektur in Sichtweite handelt, bestimmen noch einprägsamer den Eindruck. Man bemerkt, wie die Kultur sich der Natur bemächtigt. Ein Garten, Weinberge, Ackerland, Fischteiche entstehen. Und wo das Land sich belebt, kommt mit der Architektur das geistige Maß.« (Braunfels, S. 123)

Das auf der Grundlage von Vorarbeiten von Marcel Aubert und Pater Dimier von Wolfgang Braunfels entwickelte Grundrissschema lässt einen ausgereiften Klosterorganismus erkennen, der alles Unnötige vermeidet und aus gleichartigen Elementen besteht. Alles ist im rechten Winkel zueinander geordnet, Strenge und Klarheit bestimmen das Bild. Das Idealschema

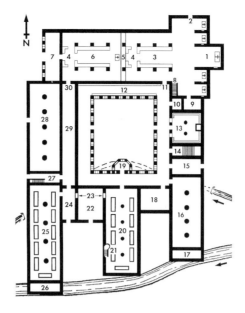

181 Idealschema eines Zisterzienserklosters: 1: Presbyterium, 2: Friedhofspforte, 3: Mönchschor, 5: Krankenchor, 6: Laienchor, 7: Vorhalle (Paradies), 8: Nachttreppe zum Dormitorium, 9: Sakristei, 10: Armarium, 11: Mönchspforte, 12: Kreuzgang mit Lesesitzen an der Kirchenwand, 13: Kapitelsaal, 14: Aufgang zum Dormitorium, 15: Sprechraum, 16: Auditorium, 17: Mönchslatrinen, 18: Calefaktorium, 19: Brunnenhaus, 20: Mönchsrefektorium, 21: Lesekanzel, 22: Küche, 23: Durchreichen, 24 Sprechraum der Konversen, 25: Konversenrefektorium, 26: Konversenlatrinen, 27: Durchgang mit Aufgang zum Konversendormitorium, 28: Vorratsraum, 29: Konversengang, 30: Konversenpforte; Dormitorien der Mönche im Ostflügel (über 9–17, zugänglich über 8 und 14) und der Konversen im Konversentrakt (25–28, zugänglich über 27), ohne Maßstab

182 Idealbild eines Zisterziensermönchsklosters, östlich der Klausur ein Hospital, daneben und von einer Mauer umgeben Wirtschaftsgebäude

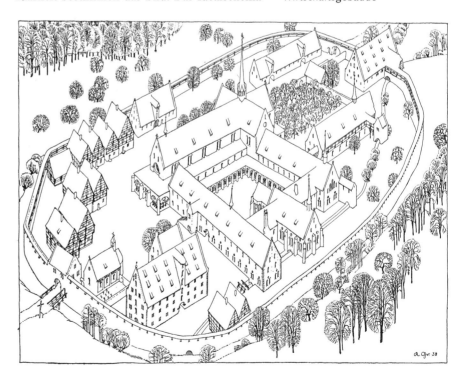

183–184 Kreuzgänge in Fontenay und Bebenhausen

185–188 Charakteristische Merkmale von Zisterzienserklöstern: rückseitige Gebäudeflügel (Maulbronn), Brunnenhaus im Kreuzhof (Maulbronn) (u.), Turmlosigkeit (Bebenhausen) (l. Spalte), gewölbtes Dormitorium (Eberbach) (r. Spalte)

bringt gegenüber den Benediktinerklöstern nicht viel grundsätzlich Neues, was nicht erstaunlich ist, wollten doch die Zisterzienser das benediktinische Mönchtum nicht überwinden, sondern reformieren und auf seinen ursprünglichen Kern zurückführen: eine »schöpferische Konservativität« (Braunfels, S.139), die auch bei späteren Reformbemühungen anderer Orden erkennbar werden wird. Die auf dem neuen Ordnungsdenken beruhende Systematisierung der Bauplanung und die Beschränkung auf nur wenige Elemente, was die Anpassung an unterschiedlichste topografische oder lokale Besonderheiten ermöglichte, weisen jedoch weit über die eigene Zeit hinaus.

Die Kirche steht im Norden und ist nur für die Mönche gedacht, für Laien gibt es allein im Westen eine Vorhalle, nur bis dorthin konnten Besucher oder Pilger gelangen. Ein Westportal war damit ebenso unnötig wie eine repräsentativ gestaltete Fassade. Die Kirche ist eine Pfeilerbasilika mit Querhaus im Osten sowie einem kleinen rechteckigen Chor und einer Reihe von vier oder sechs Kapellen im Querhaus, in denen die Mönche private Messen lesen konnten, geteilt durch einen Lettner in einen Mönchs- und einen Konversenchor und ergänzt durch Bänke für Kranke. Mönche und Konversen betreten die Kirche jeweils durch eigene Pforten. Beiden Gruppen ist allein der Ausgang zum Friedhof auf der Nordseite gemeinsam; die Totenpforte dient ausschließlich diesem einen Zweck.

Das Zentrum der Klausur bildet der südlich der Kirche angeordnete Kreuzhof mit vierflügeligem Kreuzgang, an der Kirchenseite mit Steinbänken zum Studium und zur liturgischen Fußwaschung. Er dient der inneren Erschließung des Klosters, zur geistigen Sammlung der Mönche und für feierliche Prozessionen an Festtagen.

Der Ostflügel beherbergt im Erdgeschoss Sakristei und Armarium, den Kapitelsaal, ein Auditorium oder Sprechraum des Abtes, zugleich Ausgang nach draußen, einen Mönchsraum, das Noviziat und Latrinen, im Obergeschoss das Dormitorium der Mönche und Novizen, mit der Kirche durch eine Treppe verbunden, der Dormitoriums- oder Nachttreppe, ein für die Ordensbaukunst einzigartiges Bauelement,

das nur in den Klöstern der Zisterzienser anzutreffen ist und es den Mönchen ermöglicht, auch in der Nachtzeit ohne Verzug zum Chordienst zu eilen.

Der Westflügel dient den Konversen und ist durch einen Gang, den sogenannten Konversengang, vom Kreuzgang abgerückt. Im Erdgeschoss befinden sich ein Vorratsraum und sowie das Refektorium und die Latrinen, im Obergeschoss das Dormitorium. Ein dritter Flügel erstreckt sich genau zwischen den beiden Trakten und parallel zu diesen vom Kreuzhof nach Süden und nimmt das Refektorium der Mönche auf. Am Kreuzgang, gegenüber dem Eingang zum Refektorium, dient ein Brunnenhaus den Mönchen dazu, vor den Mahlzeiten die Hände zu waschen. Für ein Obergeschoss sahen die Bauregeln keinen Nutzungszweck vor. Das nahezu dreiseitig freistehende und eingeschossige Refektorium bot damit Anlass, dieses auf besondere Weise architektonisch als hohe Halle auszubilden, nicht zuletzt um allen Gebäuden die gleiche Firsthöhe zu geben.

Zwischen die parallelen Trakte sind im Osten ein Wärmeraum, der einzig beheizte Raum des Klosters, indem die Mönche sich aufwärmen oder nach Regen trocknen können, eingeschoben, im Westen, dem Konversentrakt zugewandt, die Küche mit dem Sprechraum des Cellars.

Die Anordnung der Trakte ist eine außerordentlich praktische Erfindung, die es gestattet, trotz unterschiedlicher oder wachsender Größe der Konvente am vorgegeben Schema festzuhalten, ohne die einmal gewählte Form des Kreuzhofes verändern zu müssen. In diesem Idealschema haben zwei Funktionen keinen Platz, ohne die aber das Kloster nicht funktionieren kann, die zugleich den nicht lösbaren Widerspruch des Anspruchs nach Weltabgeschiedenheit und Askese zum einen und den Anforderungen der Umwelt an ein prosperierendes klösterliches Unternehmen zum anderen anschaulich machen: das Abtshaus und das Hospital.

Zunehmende Größe sowie wachsende kulturelle, wirtschaftliche und politische Bedeutung der Klöster machten immer mehr Außenkontakte erforderlich: Besuche Durchreisender und Pilger, Beherbergung und Beköstigung hochgestellter Gäste oder Konsultationen mit Pächtern. Sollte nach den Vorstellungen des heiligen Bernhards der Abt als Erster unter Gleichen im Konvent leben, war dieses innerhalb der Klausur praktisch nicht möglich, ohne den höchstkomplizierten klösterlichen Tagesablauf der Mönche zu stören. Sinnvoll war es deshalb, das Abtshaus wie in Reinfeld mit den dazu gehörigen Wirtschaftsräumen außerhalb der inneren Klausur anzuordnen.

Zu den originären Aufgaben jedes Klosters gehörte auch die Fürsorge für Alte und Kranke, nicht zuletzt auch für die nicht mehr aktiven Brüder. Die dafür notwendigen Hospitalbauten entstanden außerhalb der inneren Klausur, stets aber innerhalb der Klostermauern. In einigen Klöstern gab es neben der Pforte mit einer kleinen Kapelle, also dort, wo sich der Kontakt mit der Außenwelt abspielte und Almosen verteilt wurden, ein weiteres Spital zur Pflege von Armen, Durchreisenden und Pilgern sowie ein Gästehaus für Pilger und Besucher des Klosters. Neben der Klausur entstand um das Kloster herum, eine Reihe von Wirtschaftsgebäuden: Stallungen, Scheunen, Mühlen, Bäckerei, Brauerei, Werkstätten u. a. Diese erreichten in einigen Fällen riesige Ausmaße wie in Maulbronn oder Doberan noch heute erkennbar. Umfasst wird der Klosterbezirk, die Trennung von der Welt und die Geborgenheit in Gott sichtbar machend, von einer oft mehrere Kilometer langen und mehrere Meter hohen auch als »Klosterschranken« bezeichneten Mauer.

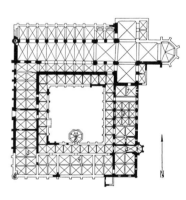

189 Kloster Eldena bei Greifswald mit dem für Norddeutschland charakteristischen kompakten Grundriss, hervorgehoben die erhaltenen Bauteile, ohne Maßstab

190–191 Klöster Pontigny (1114) (l.o.) und Fontenay (1118) (l.u.), zwei der ältesten und wichtigsten Zisterzienserklöster

192 Kloster Zinna, Konversenbau, im Erdgeschoss Reste des Kreuzgangs

193 Abteikirche Villers-la-Ville, Rekonstruktion des Bauzustands um 1315 von B. Kervyun de Meerendre; ungewöhnlich der für Zisterzienserkirchen ausgeprägte Westriegel

2.4.2. Zisterzienserklöster

Die Entwicklung der Zisterzienserklöster ist umfassend erforscht und in zahlreichen Publikationen dokumentiert. Alle Anlagen gehen auf den Idealplan zurück, die einzelnen Teile nach örtlichen Gegebenheiten oder Erfordernissen variierend. Für Nordeuropa hat sich eine Reihe von Besonderheiten ergeben, die daraus resultieren, dass die typologische Grundrissentwicklung bereits vollzogen war, als die ersten Zisterzienserklöster auch in Norddeutschland und Dänemark gegründet wurden, und die Besonderheiten des Klimas und der zur Verfügung stehenden Baustoffe eine nochmalige Konzentration der Formen auf das Wesentliche erforderlich machten. Der Konversengang wurde in Deutschland nur selten (z. B. Eberbach, Schönau), in Norddeutschland nie gebaut, denn die angestrebte Ruhe war auch durch das Nebeneinander der Gebäudetrakte zu erreichen, ohne die Nachteile einer engen, düsteren Gasse zwischen Konversenflügel und fensterloser Rückwand des Kreuzgangs in Kauf nehmen zu müssen. Die Klöster waren auch von Anfang an recht klein und erreichten weder Bedeutung noch Größe der großen Abteien in Frankreich wie das Mutterhaus Citeaux mit nicht weniger als 700 Mönchen oder Maulbronn und Eberbach. Diese geringe Größe machte es auch nicht erforderlich, die drei Trakte der Klausur über eine dem Kreuzgang parallele Kontur hinaus zu verlängern. Die sich daraus ergebende gedrungene Bauform der Konventsgebäude unterscheidet sich deshalb äußerlich nur wenig von den bekannten Benediktinerklöstern. Nur der Grundriss lässt die durch die Bauregeln festgelegte funktionale Ordnung eines Zisterzienserklosters erkennen. Anschauliche Beispiele dafür sind in Norddeutschland Kloster Michaelstein bei Blankenburg und Lügumkloster in Nordschleswig.

2.4.3. Architektur

Die Kirchen der Mönchsklöster waren nahezu ausnahmslos dreischiffige Basiliken mit Querhaus, Chor und westlicher Vorhalle und entsprachen damit im Wesentlichen dem Klosterplan von St. Gallen. Saalkirchen ohne Querhaus und Kapellen sind nur aus Norwegen, einschiffige Kirchen mit Querhaus und Apsiden auch aus Südeuropa bekannt. Verpflichtendes Vorbild für eine große Zahl der Zisterzienserkirchen wurde der noch durch den heiligen Bernhard festgelegte »bernhardinische Plan« von Clairvaux mit dem gerade abschließenden Chor und flankierenden Seitenkapellen an jedem Querschiffarm, ebenfalls mit geradem Abschluss. Als für die frühe Ordensarchitektur charakteristisch gilt die Kirche von Fontenay. Im Betrachtungsraum haben sich die von den

194 Zisterziensische Präzision von Form und Detail: Kloster Pontigny (Seitenschiff) und Lügumkloster (Chor-Ostwand)

fünf Mutterklöstern geprägten Unterschiede baulicher Gestaltung, die sich insbesondere in der Gestaltung des Chores bemerkbar machen, nur wenig ausgewirkt. Das auf die Mutterabtei Clairvaux und deren Tochter Esrum zurückgehende Rudekloster steht in der Tradition des Grundrisses von Fontenay mit glatt abschließendem Chor und seitlichen Kapellen an den ebenfalls glatt abschließenden Querhausarmen. Der Grundriss der Reinfelder Klosterkirche dürfte dem Vorgängerbau der im 13. Jahrhundert errichteten Kirche in Loccum und damit ebenfalls dem von Fontenay entsprochen haben, (Filiationslinie von Morimond-Kamp-Volkenrode). Das Lügumkloster geht auf Citeaux zurück und wurde von Herrevad aus gegründet. Es weist ebenfalls einen Rechteckchor auf, variiert diesen aber in Form eines Staffelchores. Als die Kirche von Clairvaux in der zweiten Hälfte des 12. Jahrhunderts um einen halbrunden Chorumgang mit Kapellenkranz erweitert wurde (Beginn 1157, Schlussweihe 1173), galt diese wiederum als Vorbild für den Bau neuer bzw. den Umbau älterer Kirchen, noch nicht aber für die schleswig-holsteinischen Klöster, obwohl deren Bau einige Jahrzehnte nach dem Beginn in Clairvaux erfolgte: Lügumkloster ab 1173, Reinfeld ab 1186, Rudekloster ab 1209.

Von noch größerer Bedeutung als die Formulierung des Grundrisses waren die architektonischen Leistungen der Zisterzienser und ihr Beitrag zur Entwicklung der romanischen und gotischen Baukunst in ganz Europa. Der Armutsgedanke, nicht nur auf das Individuum, sondern auf das gesamte Kloster bezogen, gab Anlass für die Formulierung sehr strenger Vorschriften zur Vermeidung jeden Bau- und Kunstluxus: Geboten waren Klarheit, Reinlichkeit und Dauerhaftigkeit. Die Kirchen durften keine Türme besitzen, die Fensterscheiben nur farblose Muster aufweisen, die Fußböden nur mit einfachen Platten belegt werden. Dass in Norddeutschland im Wesentlichen nur der Backstein als Baumaterial in ausreichendem Maße zur Verfügung stand, muss den Zisterziensern nicht als Nachteil, eher als Herausforderung, neue Formen zu entwickeln, empfunden worden sein. Backstein für die Wände, Pfeiler und Säulen, Ziegelpfannen für das Dach, Tonfliesen für den Fußboden: Das entsprach der Forderung nach homogener Erscheinungsform in idealer Weise, nachdem die Ablehnung des als minder-

195–197 Kloster Lehnin: deutsche Backsteinromanik (l.), Kloster Doberan: hochgotische Basilika (M.), Kloster Walkenried: Kreuzgang (r.)

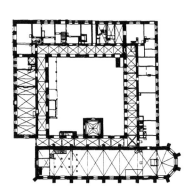

198 Kloster/Stift zum Heiligengrabe mit dem für Nonnenklöster charakteristischen kompakten Grundriss und einer einschiffigen Saalkirche, im Westen die Nonnenempore, ohne Maßstab

wertig geltenden Backsteins im 12. Jahrhundert überwunden worden war. Der Verzicht auf Strebebögen betont die Geschlossenheit der Baukörper ebenso wie die Ausbildung einheitlicher Dachflächen, die Kirchen werden lediglich durch Dachreiter über der Vierung überragt.

Als einziges Bildwerk war eine Marienstatue zugelassen. Bernhard verdammte ausdrücklich den überquellenden Skulpturenschmuck an den Portalen und Kreuzgängen von Cluny. Die aus den Geboten von Armut und Askese selbst auferlegte Beschränkung formaler Mittel gab Anstoß auf den noch heute beeindruckenden Reichtum, der sich aus Vereinfachung, Verdeutlichung, Präzision und Harmonie herleitet. Die Beschränkung auf wenige Materialien ließ die Mönche zu Meistern der Steinbehandlung und der Wölbung werden. Der Gestaltungsdrang ließ sich aber auf Dauer nicht zurückhalten. Bereits ab Mitte des 12. Jahrhunderts gewannen Details wie Knospenkapitelle und geometrische Ornamente an Bedeutung: stets eingebunden in ein strenges konstruktives Netz und von vollkommener Präzision. Säulengeschmückte Räume – insbesondere Kapitelsaal und Refektorium – übertreffen alle bis dahin bekannten Innenräume des Mittelalters an Pracht und subtiler Ästhetik.

Die beiden schleswig-holsteinischen Mönchsklöster Reinfeld und Rudekloster sind im 16. Jahrhundert abgebrochen worden, so dass zisterziensische Architektur im heutigen Schleswig-Holstein nicht mehr wirklich erlebbar ist. Erhalten hat sich jedoch in Nordschleswig Lügumkloster (gegr. 1173) mit einer eindrucksvollen Kirche des Übergangsstils von der Romanik zur Gotik und einem Teil der Konventsgebäude. Als ein Höhepunkt der nordeuropäischen Backsteingotik gilt die Klosterkirche von Doberan in Mecklenburg, dort sind auch bedeutende Wirtschaftsgebäude und die nahezu vollständige Klostermauer von 1.400 m Länge erhalten geblieben.

Andere Orden wie die Prämonstratenser und die Mendikanten haben wesentliche Elemente der Ordens- und Bauregeln übernommen und diese weiterentwickelt.

2.4.4. Besonderheiten von Zisterziensernonnenklöster

Das erste Nonnenkloster des Zisterzienserordens, Le Tart bei Dijon, wurde 1125 gegründet und sieben Jahre später bezogen, das erste in Deutschland entstand 1135 in Wechterswinkel/Unterfranken. Eines der wenigen noch heute ohne Unterbrechung aktiven Klöster in Deutschland ist das 1248 gegründete St. Marienstern in Panschwitz-Kuckau.

Die Zahl der Frauenklöster war besonders in Deutschland groß, im deutschsprachigen Raum zählte man etwa 300 Niederlassungen, was die Zahl der Männerklöster bei weitem übertraf. Die Übernahme so vieler Frauenkonvente und die damit verbundene administrative und seelsorgerische Betreuung scheint dem Orden neben seiner grundsätzlich männlichen Orientierung erhebliche geistliche und organisatorische Probleme bereitet zu haben. Das Generalkapitel

199 Rostock, Heilig-Kreuz-Kloster, neben und innerhalb der Stadtmauer (l.)

200 Kloster Wienhausen (r.)

beschäftigte sich deshalb in der ersten Hälfte des 13. Jahrhunderts mehrfach mit dieser Frage. Der Druck von außen durch kirchliche Institutionen und adelige Stifter wurde jedoch so groß, dass der Orden schließlich sehr strenge Bedingungen für die Inkorporation festlegte. Klöster, die keine Aufnahme in den Orden erreichten, fanden eine pragmatische Lösung für sich, den Ordensregeln zu folgen, zugleich sich aber seelsorgerisch einem benachbarten Mönchskloster zu unterstellen. Zumeist übernahm der zuständige Bischof die Aufgaben, die gewählte Äbtissin zu bestätigen und zu weihen, einen Beichtvater für die Nonnen sowie den für geistliche und wirtschaftliche Fragen zuständigen Propst zu bestellen. Von den vier schleswig-holsteinischen Nonnenklöstern in Itzehoe, Lübeck, Reinbek und Uetersen erreichte keines die Inkorporation in den Zisterzienserorden.

Die Klöster der Frauen unterscheiden sich in einigen wesentlichen Punkten von denen der Männer. Dieses betrifft den Standort, das Funktionsschema und die bauliche Gestaltung: Im Gegensatz zu den in Weltabgeschiedenheit errichteten Mönchsklöstern entstanden die der Nonnen häufig in unmittelbarer Anlehnung an Städte oder auch innerhalb geschlossener Ortschaften, um sich gegen Gewalt von außen zu schützen. Dabei waren sie nicht selten mit Pfarrkirchen verbunden (Itzehoe, Uetersen). Die Kirchen waren häufig einfache Saalkirchen wie in Uetersen und Reinbek. Die in den Mönchsklöstern üblichen Kapellen fehlten hier völlig, da die Nonnen vom Dienst am Altar ausgeschlossen waren. Die Trennung von Laien und Nonnen erfolgte dadurch, dass den Nonnen ein eigener, von der Klausur aus zugänglicher, von den Laien nicht einsehbarer Chor auf der Empore zugewiesen wurde.

Im Klosteralltag bestand eine nur wenig strikte Trennung von Nonnen und Laienschwestern. Wenn auch die Zuordnung von Kirche, Kreuzhof, Kreuzgang und des östlichen Traktes sowie des der Kirche gegenüber liegenden Trakts weitestgehend dem Regelgrundriss der Zisterzienser entsprach, ergab sich aus dem Fehlen von Konversen die Freiheit, dem Westtrakt eine eigene Funktion zuzuordnen. Die nicht fest gelegten Räume wurden nach Zweckmäßigkeit entweder als Äbtissinnenhaus, Wirtschaftsgebäude oder weitere Dormitorien genutzt. Insgesamt zeichnet sich der Grundriss durch eine größere Kompaktheit aus, denn wegen der geringen Größe der Konvente war es nicht erforderlich, die drei für die Mönchsklöster typischen Trakte nach außen zu verlängern. Innerhalb des Klosterbezirks verfügten die Pröpste über eigene, von der Klausur abgesetzte Gebäude.

Die bauliche Gestaltung der Nonnenklöster erreichte nie die dem Orden eigene hohe Qualität. Dieses ist darauf zurückzuführen, dass die Konvente in Schleswig-Holstein erst dann die Inkorporation in den Gesamtorden betrieben, als die Gebäude zum größeren Teil längst standen, die Beachtung der ordenseigenen Bauregeln und die Beteiligung von ordenszugehörigen Bauleuten an Planung und Bau ist deshalb auszuschließen. Da die Kirchen zumeist gleichzeitig auch als Pfarrkirchen dienten, unterlagen sie zudem anderen Einflüssen und Gesetzlichkeiten. So verfügt die Pfarr- und Klosterkirche in Itzehoe sogar über einen Turm, was nach den Zisterzienserregeln nicht zulässig gewesen wäre.

Im ausgehenden Mittelalter gewannen die Klöster zusehends die Funktion von Versorgungseinrichtungen für unverheiratete Töchter des Adels und des reichen Bürgertums; zugleich dienten sie als Schulen. Dadurch lebten neben den Nonnen auch deren Mägde und Schülerinnen zusammen im Kloster, was das Funktionsschema der Zisterziensernonnenklöster noch mehr verunklarte.

2.4.5. Zisterziensermönchsklöster

2.4.5.1. Kloster Reinfeld (1186/1189)

Das Kloster Reinfeld ist eine Gründung des holsteinischen Grafen Adolf III. zwischen 1186 und 1189 und besetzte eine strategisch wichtige Position östlich des Limes Saxoniae im slawischen Wagrien. Die Wahl des Standortes sollte die Besiedlung des Landes durch sächsische Bauern, Kaufleute und Geistliche und damit die Christianisierung des bis dahin heidnischen Landes stützen.

Kloster Reinfeld ist eine Tochtergründung des Klosters Loccum (1163) und steht damit in der von der Primarabtei Morimond ausgehenden Filiationslinie. Die aus Loccum gekommenen Mönche errichteten zunächst eine provisorische Holzkirche, es folgten die Errichtung des Klosters und seiner Nebengebäude sowie die Rodung von Wäldern und die Kultivierung des Bodens. Noch heute wird die Stadt durch die dabei für die Fischzucht angelegten Fischteiche geprägt. Der rasche wirtschaftliche Erfolg wird erkennbar im Grunderwerb weit über den engeren Bereich des Klosters hinaus bis nach Pommern. Gleichzeitig erwarb das Kloster Salzpfannen in Lüneburg und Weideland auf den sächsischen Elbmarschinseln. 1295 wurden die Klostergüter für ewig vom Königspfennig, eine von Königsfreien an den König zu leistende Abgabe für die Innehabung und Nutzung von Königsland, befreit, eine Vergünstigung, die 1323 auf den neu erworbenen Besitz ausgedehnt wurde. Am Ende des 15. Jahrhunderts verfügte das Kloster über mehr als 300 Bauernstellen.

Für ein hohes Ansehen des Klosters spricht, dass die Äbte im Gefolge der Lübecker Bischöfe und holsteinischen Grafen zur Bezeugung von Urkunden herangezogen wurden. Im 13. Jahrhundert erhielten die Reinbeker Äbte auch mehrfach päpstliche Legationsaufträge. Zu den bedeutendsten Äbten zählte Abt Friedrich, der dem Kloster 1433–1457 vorgestanden hat. Die Zahl der Mönche betrug zuletzt 52, hinzu kamen acht Laienbrüder sowie eine nicht bekannte Zahl von Konversen und abhängig Beschäftigten. Dieser Erfolg aus den engen Verbindungen zu Lübeck und der Lage an einem wichtigen Handelsweg von Lübeck nach Hamburg ließ allerdings die ordenseigenen Ideale Armut und Weltabgeschiedenheit zusehends in den Hintergrund treten. Abt Friedrich suchte 1440 der Fehlentwicklung entgegen zu steuern, um wenigstens im Konvent das Armutsideal in leiblichen Dingen und der äußeren Bescheidenheit lebendig zu halten. Der ihm 1440 verfasste »Reinfelder Abtsspiegel« enthält eine Sammlung von Anordnungen zur Einhaltung der Klosterordnung und Verwaltung des umfangreichen Besitzes.

Als Christian III. 1538 die Reformation forcierte, kam das Kloster unter Druck, sich zu reformieren. Zwei lutherische Visitatoren besuchten 1541 das Kloster. Abt und Konvent leisteten zwar keinen Widerstand, befolgten aber auch nicht die Anweisungen der Lutheraner. Abt Otto (1543–1560) suchte stattdessen auf Reichsebene Unterstützung, in seinem Kloster die katholische Konfession zu wahren. 1554 gelang es ihm, beim Kaiser ein Schutzprivileg zu erwirken, das die bestehende Ordnung des Klosters bestätigte.

Der Anstoß zur endgültigen Auflösung des Klosters kam nach 1564 aus dem Erfordernis König Friedrichs II., seinen Bruder, Herzog Johann d. J., mit einem angemessenen Territorium auszustatten. Nach langen Verhandlungen und monatelanger Gegenwehr kam das Kloster unter herzogliche Verwaltung. Am 10. Oktober 1582 erfolgte die endgültige Übereignung des Klosters und seiner Besitztümer an den Herzog, nachfolgend der Abbruch der Konventsgebäude. Erhalten blieb zunächst allein die Kirche. Auf dem ausgedehnten Klostergelände ließ der Herzog nördlich der ehemaligen Klausurgebäude ein Wasserschloss errichten. 1635 wurde die Kirche schließlich bei einem Durchbruch des Herrenteiches so sehr unterspült, dass ein Wiederaufbau unmöglich schien. Das herzogliche Schloss wurde 1775 abgebrochen.

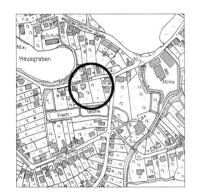

201 Kloster Reinfeld, Lageplan, im Norden der Herrenteich

202 Kloster Reinfeld, Lageplan mit Eintragung des ehem. Klosters: schwarz: Kirche, kreuzschraffiert: Klausur, einfach schraffiert: Klostermühle, punktiert: wahrscheinlicher Verlauf der Klostermauer, fette Linie: durch Grabungen nachgewiesener Verlauf der Klostermauer, durch Pfeil gekennzeichnet: erhaltener Rest der Klostermauer, südlich der Klausur spätere Wirtschaftsbauten, ohne Maßstab

Über Größe, Grundriss und Aussehen des Klosters gibt es nur teilweise durch Grabungsergebnisse bestätigte Mutmaßungen. Anzunehmen ist, dass Grundriss und Anordnung der Gebäude dem bernhardinischem Plan entsprochen haben. Da die Kirche nahe dem Herrenteich stand, ist zu folgern, dass diese wie bei Zisterzienserklöstern üblich den Nordflügel der Klausur bildete. Die wenigen gefundenen Formsteine lassen, da ihr Fundort nicht dokumentiert ist und es sich um verschiedenste Profile und Formate handelt, keine gesicherte Rekonstruktion der Kirche zu. Bettina Gnekow vermutet, bei der Kirche habe es sich angesichts der Größe des Konvents und der Bedeutung des Klosters um eine kreuzförmige Basilika mit rechteckigem Chor und Querhauskapellen gehandelt. Auszuschließen ist allerdings eine stilistische Abhängigkeit zum noch bestehenden Kloster Loccum, da dieses erst später als Reinfeld gebaut wurde (Kirche 1230/40, Klausur Mitte 13. bis Anfang 14. Jahrhundert).

Neuere Erkenntnisse über die Ausdehnung des Klosters und die Lage einiger Funktionsgebäude haben Grabungen gebracht. So konnte der Verlauf der Klostermauer auf der Nordostseite präzisiert werden. Ergraben wurde u. a. ein Torhaus für die Verbindung zur Mühle. An der Einmündung des heutigen Heimstättenweges in die Klosterstraße konnte eine von außen der Mauer angebaute Küche nachgewiesen werden. Da die Küche für die Mönche gemäß den Regeln neben dem Refektorium angeordnet sein musste, kann es sich nur um die des Abts handeln, die auch zur Versorgung von Durchreisenden und des Hausgesindes diente. Rußspuren in den Fugen geborgener Mauer- und Dachziegelreste lassen vermuten, dass es sich um ein offenes Rauchhaus gehandelt hat, wo auch Fleischspeisen zubereitet wurden, was zahlreiche Knochenreste von Haustieren bestätigen. Außerdem wurden eine ebenerdige Feuerstelle und ein aufgebockter Herd nachgewiesen. Die Begründung für diese abseitige Lage der Abtsküche ist im allgemeinen Fleischverbot der Zisterzienser zu sehen. Die daraus resultierende Bedeutung der Fischzucht wird durch die umfangreichen Fischteiche in der unmittelbaren Umgebung des ehemaligen Klosters erkennbar.

Ein beachtlicher, wenn auch stark restaurierter Rest der Klostermauer ist auf dem Grundstück Matthias-Claudius-Straße 35 erhalten. Dieser und der Vergleich mit älteren Karten zur Parzellierung des Kloster- bzw. Schlossgartens lassen die von Bodo Zunk angefertigte Karte des Klosterbezirks als gesichert erscheinen. (Zunk, 1998)

Von großer historischer Bedeutung sind die in und neben der zum Teil aus dem Abbruchmaterial der Klosterkirche errichteten Matthias-Claudius-Kirche aufgestellten Grabplatten der Reinfelder Äbte Hildebrand, Johannes, Marquard und Theoderich in der sogenannten Herzogsloge oder Nordkapelle aus der Zeit von 1483 bis 1526, und an der Außenwand die Grabplatten für die Äbte Hartwig von Reventlov (1380), Georg (1508) und Paulus (1541). Alle Steine zeigen die vom 11. bis zum 16. Jahrhundert charakteristische Gestaltung: Die Figur, meist frontal oder halb seitlich dargestellt, nimmt den größten Teil der Kalksteinplatte ein. Eine umlaufende Schrift folgt den äußeren Kanten, nicht der Figur. Der Raum zwischen Figur und Rand wird durch Zierformen oder Architekturelemente ausgefüllt. Die stereotypische Darstellung findet ihre Begründung in der Absicht, nicht das Individuelle des Verstor-

203 Reinfeld, Grabstein des Abtes Johannes in der Pfarrkirche

204 Kloster Reinfeld, Formsteine einer Birnstabrippe mit Hohlkehlen (Heimatmuseum Reinfeld)

benen, sondern diesen als Vertreter seines Standes darzustellen. Durch Farbe oder schwarzen Kitt wurde die tiefer gelegene Reliefschicht dunkel hervorgehoben.

2.4.5.2. Guldholm/Rudekloster (1192 || 1209/10)

Guldholm – Kloster »Aurea Insula«: Das Kloster hat nur weniger als zwanzig Jahre von 1192–1210 bestanden. Äußerer Anlass zur Gründung durch Bischof Waldemar waren die angeblich skandalösen Zustände im Schleswiger Benediktinerkloster St. Michael. Waldemar führte die Benediktiner gegen deren Willen mit aus Esrum (1150/51, Filiationslinie Clairvaux) stammenden Zisterziensern zusammen und verpflichtete diese, gemeinsam die Zisterzienserregel anzunehmen und sprach ihnen den Besitz des St. Michael-Klosters zu Schleswig zu. Ein Motiv für die Gründung eines eigenen Hausklosters durch den ehrgeizigen, nach dem Thron strebenden Bischof ist in der Rivalität zum Herzog und späteren König Waldemar I. zu sehen. Nach der Gefangennahme des Bischofs Waldemar kehrten einige unzufriedene Benediktiner umgehend nach Schleswig zurück und stritten mit St. Michael um den alten Besitz. Die Übertragung auf das Kloster Guldholm wurde jedoch 1196 durch eine päpstliche Kommission und König Knud VI., vormals Gegner der Zisterzienser, als rechtens bestätigt. Bedingung dafür war allerdings die Anerkennung des herzoglichen Patronats. Der Besitz des Klosters umfasste um 1200 neben der durch den Bischof Waldemar übertragenen Halbinsel und einer Reihe von Bischofszehnten, mehrere Güter in der Umgebung sowie Grundstücke in der Stadt Schleswig.

Das Kloster lag am Nordufer des Langsees auf einer von Norden vorspringenden Halbinsel. Der Platz liegt verhältnismäßig niedrig und war vermutlich zeitweiligen Überschwemmungen ausgesetzt. Da der Wasserspiegel heute höher als im 12. Jahrhundert liegt, ist anzunehmen, dass mehrere große Steine im See Reste von Fundamenten sind. In der Wüstung des Klosters finden sich immer wieder Ziegelbrocken, gelegentlich auch großformatige Backsteine, was darauf schließen lässt, dass es in der unmittelbaren Umgebung eine Ziegelei gegeben haben muss.

205 Kloster Guldholm, Standort nahe dem heutigen Güldenholm an der Schlei

206 Rudekloster, Lageplan

Von besonderem Interesse ist der Fund einer sogenannten »Teufelskralle« aus Sandstein, eine stilisierte Blüte aus der Familie der Phytema-Arten. Die krallenförmig gebogenen Blütenblätter galten nach den Vorstellungen der Zeit als blitzanziehend, wenn sie abgerissen wurden. Da diese vermutlich in ein größeres Gebäude eingemauert war, kann als sicher gelten, dass der Bau des Klosters über das Stadium hölzerner Provisorien hinaus gediehen war. Weshalb das Kloster 1209 geschlossen wurde, ist nicht bekannt. Gründe dafür sind in der ungünstigen, durch Überschwemmungen bedrohten Lage des Klosters ebenso zu suchen wie in neuen territorialen Überlegungen des Königs.

Rudekloster: Das heute ebenfalls nicht mehr bestehende Rudekloster entstand nach Verlagerung des Kloster Guldholm in das Kirchspiel Holdenesbratorp (heute Munkbrarup), 10 km östlich von Flensburg, dem heutigen Glücksburg. Der Klostergrund gehörte dem König und hieß deshalb »rus regis« (Königsland). Der Bauplatz war unwirtlich und fast völlig mit Sümpfen und Wald bedeckt. Am 21. Dezember 1210, am Tage des heiligen Thomas, begannen die Mönche die ersten Gottesdienste zu feiern. Die dringlichsten Aufgaben der Mönche dürften in der Urbarmachung des Klostergrundes durch Trockenlegung der Sümpfe, Regulierung des Wasserablaufes und Verlegung des Flussbettes der Ruhnau zwischen Munkbrarup und Schwennau bestanden haben. Diesem Ziel diente auch die Anlage einer Reihe von Teichen mit Schleusen zur Regulierung des Wasserstandes und eines Wegenetzes einschließlich mehrerer Brücken. Die Teiche dienten sowohl der Verteidigung, als auch der Fischzucht. Zu den landespflegerischen Arbeiten gehörte auch die Anlage einer Wassermühle, die zugleich den Bauern der Umgebung zum Mahlen des Korns diente, und von der aus die Wasserversorgung des Klosters über Rohre aus ausgehöhlten Buchenbaumstämmen reguliert werden konnte. Bereits zur Gründung wies Bischof Nikolaus von Schleswig dem Kloster den Bischofszehnt von Munkbrarup, Grundhof und Broaker zu. 1237 erlangte das Kloster durch Zahlung einer größeren Geldsumme die eigene Gerichtsbarkeit und die Freistellung von landesherrlichen Leistungen und Rechten. Den ursprünglich übertragenen Grundbesitz insbesondere auf der

Halbinsel Broaker (Sundewitt) und im Kirchspiel Munkbrarup haben die Mönche kontinuierlich vergrößert. In Husby, Grundhof, Oeversee, Groß-Solt, Havetoft und Satrup, aber auch in Bredstedt und bei Flensburg erwarben sie eine Reihe von Einzelgehöften, später das Tal Neufeld; noch nach der Reformation kam eine große Wiese hinzu.

Im späten Mittelalter war die Kirche von Munkbrarup dem Kloster inkorporiert, die Kirche von Gelting wurde in der zweiten Hälfte des 14. Jahrhunderts Annex des Klosters. 1420 plünderten die Dänen das Kloster im Zusammenhang mit dem Kampf um die Duburg. Eine Urkunde von 1514 berichtet, dass das Kloster durch »üble Ursachen« verarmt gewesen sei und mehrere Gebäude verbrannt seien, was einige Mönche veranlasste, das Kloster zu verlassen, um nicht Hungers zu sterben.

Nach Einführung der Reformation 1538 und Aufhebung des Klosters gelangte der Klosterbesitz an Herzog Hans d. Ä. von Holstein-Hadersleben, der diesen ohne in den Bestand einzugreifen als herzogliche Domäne weiterführte. Abt Johannes Hildebrandt hatte sich die Lehren Luthers zu eigen gemacht und eine lutherische auf das Studium der evangelischen Theologie vorbereitende Lehrstätte eingerichtet. Aus Altersgründen gab der Abt 1557 die Leitung des Klosters ab.

1582 schließlich gelangte das Rudekloster an Herzog Hans d. J. von Schleswig-Holstein-Sonderburg, der die Gebäude abbrechen und unter Verwendung von Abbruchmaterial des ehemaligen Klosters 1583–1587 unmittelbar daneben das bestehende Schloss Glücksburg errichten ließ. Das Wasserschloss erhebt sich innerhalb eines durch die Stauung der Munkbrarup-Au entstandenen Sees, in dem das gesamte Klosterareal zusammen mit dem Mönchsfriedhof versank.

Vom Kloster ist mit Ausnahme einiger Relikte und überspülter Fundamente nichts mehr erhalten. Nach Ablassen des Wassers im Herbst 2005 erfolgten geomagnetische Messungen, die ein verlässliches Bild von der Lage und Größe des ehemaligen, Anfang des 13. Jahrhunderts errichteten Klosters erlauben. Eine Luftaufnahme lässt zweifelsfrei erkennen, dass das Kloster nordwestlich des heutigen Schlosses lag. Die Klosterkirche war als dreischiffige Basilika von insgesamt etwa 63 m Länge und mit Rechteckchor angelegt. Die Querschiffarme hatten – ähnlich der Klosterkirche von Fontenay (das sog. Fontenay-Schema, von dem auch das Idealschema von Braunfels abgeleitet ist) – beidseits des glatt geschlossenen Chores jeweils zwei ebenfalls glatt schließende Kapellen. Die bisherigen Untersuchungen lassen noch keine Aussage über eine möglicherweise vorhandene Wölbung zu. Erkennbar ist auch die Anlage eines quadratischen Kreuzhofes mit vierflügeligem Kreuzgang und Teilen des Ostflügels mit Sakristei oder Abtskapelle, Kapitelsaal als quadratischer Raum mit Mittelsäule, Durchgangsraum (Parlatorium) sowie ein Raum unbekannter Funktion mit zwei Mittelsäulen. Ungewöhnlich ist, dass die Wand des Kreuzgang-Westflügels nicht mit der Kirchenwestwand fluchtet, was vermuten lässt, dass der Westflügel nicht zur Klausur gehörte. Aus den Aufnahmen schließt Heiko K.L. Schulze, dass nicht nur die Fundamente erhalten sind, sondern auch noch aufstehendes Mauerwerk vorhanden sein muss. Nordwestlich der Kirche ist das Fundament eines quadratischen Bauwerks zu erkennen, dessen Zusammenhang mit dem Kloster unklar ist. Es könnte sich dabei um einen für Zisterzienserklöster völlig unüblichen Turm handeln, wie in der Karte von Marcus Jordanus 1559 dargestellt.

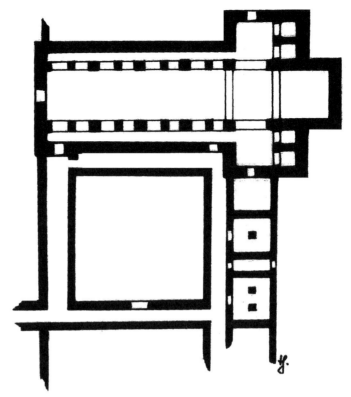

207 Rudekloster, Vorschlag für eine Rekonstruktion des Grundrisses, M 1:750

208 Rudekloster, Darstellungen des 16. Jh.: aus der Karte des Marcus Jordanus (1559) und Holsteinische Cronica von Andreas Angelus (1596)

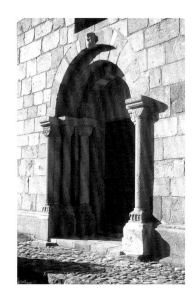

209 Munkbrarup, romanisches Portal der Kirche

210 Kloster Reinbek, Lageplan, Kloster in unmittelbarer Nähe des heutigen Schlosses Reinbek

Die Errichtung der Wirtschaftsgebäude erfolgte mit Blick auf den Waldreichtum vermutlich in Holzbauweise auf Feldsteinfundamenten, die östlich der Klosterkirche erkennbar sind. Schon früher konnte ein der Wasserversorgung dienendes Röhrensystem vom Mühlenteich bis zur Nord-Ost-Ecke des Schlosses nachgewiesen werden. Dieses war mit 5,60 m langen und durchbohrten Buchenbaumstämmen mit dazu gehörenden Eisenringen und Verbindungsmanschetten aus Blei und Rohrteilen gefertigt. Gefunden wurden auch Abzugsteine einer Hypokaustenheizung, einige Granitsteine sowie Form- und Backsteine. Diese wenigen Funde und die neueren Untersuchungen lassen über den Grundriss hinaus kein einigermaßen verlässliches Gesamtbild des Klosters zu. Die einzige zeitgenössische Abbildung in der 1594 gedruckten Holsteinischen Chronik von Andreas Engel ist eine zeittypische Abbreviatur eines Zisterzienserklosters mit rechteckigem Chor und Dachreiter. Zum Zeitpunkt des Erscheinens war das Kloster längst dem Neubau des Schlosses gewichen und enthält neben der Bezeichnung »Ruhcloster« auch den Namen des neuen Schlosses »Lucksborg«.

Von der Ausstattung der Kirche haben sich ein paar beachtliche Stücke erhalten: ein bronzenes Weihrauchgefäß aus der 2. Hälfte des 13. Jahrhunderts, heute im Schloss aufbewahrt, und vor allem ein Triumphkreuz, das sich in der Kirche von Munkbrarup befindet. Diese ist eine der bedeutendsten romanischen Kirchen in Schleswig-Holstein, ihr Bau war bereits ein paar Jahre früher als der des Rudekloster begonnen worden. Ob die Mönche noch an der Vollendung beteiligt waren, ist ungewiss, doch aufgrund der engen Beziehungen von Kloster und Kirchspiel anzunehmen. Dafür könnte der für Zisterzienser charakteristische gerade Abschluss des Chors als Ersatz für eine ältere halbrunde Apsis sprechen. Als die Kirche 1565 abbrannte, wurde sie teilweise mit Material des abgebrochenen Rudekloster wieder aufgebaut. Wahrscheinlich ist, dass das Triumphkreuz nach Übernahme des Klosters durch den Landesherrn nach Munkbrarup gebracht worden ist, als ein dort befindliches durch den Brand 1565 vernichtet worden war. Die beträchtliche Größe des Kruzifixes und die rückwärtige Bemalung, die Darstellung der Vorderseite wiederholend, legen es nahe anzunehmen, dass es tatsächlich aus der Klosterkirche stammt, wo es wie in vielen anderen Kirchen frei im Raum geschwebt haben könnte. Das 4 m hohe und fast 3 m breite Kreuz aus der Mitte des 15. Jahrhunderts hängt jetzt über dem Altar und ist aus dicken Bohlen gefertigt. Die Vorderfläche ist als Lebensbaum gestaltet. Flach geschnitzte Dreiblätter in dichter Folge überragen die Seiten, die Vierpassenden weisen die Symbole der vier Evangelisten auf. Das Kreuz ist mit roter und grüner Farbe bemalt, davon hebt sich der gekreuzigte Christus in hellem Farbton deutlich ab. Die Gestaltung des Corpus entspricht ganz der von Bernhard von Clairvaux geprägten Passionsmystik des hohen und späten Mittelalters, die Leiden Christi durch die feingliedrige, sehr menschliche Darstellung des Gekreuzigten und Hervorhebung von spitziger Dornenkrone und Wunden mitleiderregend anschaulich zu machen. Die Mönche sollten angeregt werden, sich »bis aufs äußerste in Betrachtungen und Visionen mit den einzelnen Vorgängen der Passion zu identifizieren«. (Reinle, 1988, S. 194)

2.4.6. Zisterziensernonnenklöster

2.4.6.1. Reinbek – Maria-Magdalenen-Kloster (1226)

In einer Urkunde des 17. Jahrhunderts wird als Gründungsdatum der 4. Juni 1226 genannt, die Gründungsurkunde ist jedoch nicht überliefert. Die erste Originalurkunde berichtet von der Schenkung des Dorfes Glinde und dessen Mühle an ein Kloster »Hoibek« durch Graf Adolf IV. Schon bald erfolgte die Verlegung des Klosters Hoibeke (Mühlenbek) nach Köthel (Reinbek), wenig später um 1250 von dort nach Hinschendorf an der Bille, dem heutigen Reinbek.

Schon in Hoibek muss das Kloster recht schnell aufgeblüht sein, denn bereits 1234/35 konnten zwölf Nonnen nach Uetersen zur Besiedlung eines neuen Klosters geschickt werden. Von Anfang an verfolgten die Nonnen die Ausbildung einer geschlossenen Grundherrschaft, zuletzt besaßen sie zwei zusammenhängende Komplexe von 23 bzw. 5 Dörfern sowie das Kirchdorf Sieh und zählten zusammen mit dem Hamburger Domkapitel zu den bedeutendsten

211 Kloster Reinbek, Standort des Klosters im Vorbereich des heutigen Schlosses

212 Schloss Reinbek, Vorhof der Dreiflügelanlage

Grundherren der Umgebung. Die Geschichte des Klosters muss sehr ruhig verlaufen sein, denn es ist nichts von wirtschaftlichen Schwierigkeiten, Bränden, Plünderungen oder Zerstörungen bekannt. Am Ende des 15. Jahrhundert gab es auch hier eine Reihe von Reformansätzen, über deren Umsetzung aber nichts bekannt ist.

Die Äbtissinnen, so wird berichtet, hatten nahezu uneingeschränkte Macht im Kloster. Der politische Einfluss muss im Gegensatz zu andern Klöstern allerdings vergleichsweise gering gewesen sein. Die nach 1477 amtierenden Pröpste wurden nachweislich vom Landesherrn eingesetzt. Zuletzt gehörten dem Kloster 41 Nonnen an, die meisten waren Töchter reicher Hamburger Bürger, nur sieben stammten aus adeligen Familien.

Die Reformation gewann im Kloster durch evangelische Prediger und lutherische Schriften rasch Anklang. Johannes Bugenhagen schrieb 1528 an Martin Luther, dass die Nonnen, abgesehen von Kleidung und Gesang, wenig »Nonnentum« an sich hätten. Die damalige Äbtissin von Plessen berichtete Bugenhagen, dass sie schon sieben Nonnen in die Ehe entlassen hätte, und sie wolle solange bleiben, bis alle Nonnen versorgt seien. Bevor die Nonnen das Kloster verließen, um zu ihren Familien zurückzukehren, verkauften sie das Kloster einschließlich aller sonstigen Besitztümer für 12.000 Mark an Herzog Friedrich I. In einer Erklärung vom 7. April 1529 nannten sie als Grund für diesen Schritt, sie seien als Kinder gegen ihren Willen ins Kloster gegeben worden. Durch das Lesen der Heiligen Schrift sei ihnen nunmehr klar geworden, dass ihr Leben im Kloster nicht den Forderungen der Evangelien an ein christliches Leben entspräche. Weshalb sich der Adel nicht gegen die Auflösung stemmt, ist nicht bekannt, könnte aber auf die Erstmaligkeit eines solchen Vorgangs und die Geheimhaltung der Verkaufsverhandlungen zurückzuführen sein. Die Aneignung der auf seinem Gebiet gelegenen acht klostereigenen Dörfer durch Herzog Magnus von Lauenburg löste einen Prozess vor dem Reichskammergericht aus, der nicht weniger als 150 Jahre andauern sollte. Wenige Jahre nach Auszug der Nonnen wurde das Kloster geplündert und verwüstet. Zu Beginn der 1530er Jahre dachte man daran, in den aufgegebenen Gebäuden wieder ein Kloster zu einzurichten. Während der Grafenfehde 1534 wurden die Gebäude durch die Lübecker jedoch endgültig zerstört. Heute erhebt sich im Klostergelände das 1585 vermutlich unter Verwendung von Abbruchmaterial errichtete Schloss, die erste dreiflügelige Renaissanceanlage im Lande.

Die Wahl des Standorts entsprach den ordenseigenen Vorstellungen von Weltabgeschiedenheit. Mit der Bille war auch die Versorgung mit frischem Wasser gesichert. Die Klausurgebäude standen etwas oberhalb und 70–100 m nördlich des Baches auf einem leicht ansteigenden Plateau vor dem heutigen Schloss.

Von der Architektur ist bis auf geringe Reste wie Fundamente, Formsteine und möglicherweise zwei Säulen des Refektoriums nichts erhalten. Der Grundriss konnte bei Grabungen 1985–1987 nur teilweise erschlossen werden, da der Standort durch neuere Gebäude und eine Straße überbaut ist. Demnach handelte es sich um eine der üblichen Vierflügelanlagen mit einem annähernd quadratischen, leicht verzogenen Kreuzhof, allseitig durch einen Kreuzgang umgeben. Im vermutlich Mitte des 14. Jahrhunderts entstandenen Ostflügel befanden sich Sakristei, Kapitelsaal, Sprechraum der Priorin und ein Arbeitsraum sowie das Dormitorium für etwa 60 Nonnen. Im Südflügel, der Kirche gegenüber, wird das Refektorium vermutet, unter dessen Fußboden eine Hypokaustenheizung nachgewiesen ist. Ein sonst üblicher Wärmeraum war offenbar mit dem Refektorium zusammengefasst gewesen. Das ebenfalls aus der Mitte des 14. Jahrhunderts stammende Refektorium war zweischiffig mit achteckigen Mittelsäulen aus Granit, von denen sich zwei als Laternenträger vor der Maria-Magdalenen-Kirche in Reinbek als einzige noch senkrecht stehende Reste des ehemaligen Klosters erhalten haben könnten. Die Existenz eines Westflügels ist nicht nachgewiesen, eine Notwendigkeit dafür gab es wegen des Fehlens von Laienschwestern eigentlich nicht, denkbar sind die Wohnung der Priorin und/oder ein Gästehaus. Rätsel gibt der archäologische Befund in Bezug auf die Kirche auf, da keinerlei Reste davon im Nordflügel gefunden wurden. Ein ergrabener relativ großer, ungegliederter Raum könnte Teil der Kirche gewesen sein, seine Funktion ist aber ungewiss. Vorstellbar ist auch, dass die Kirche nicht die gesamte Breite der Klausur, sondern möglicherweise nur den Ostteil einnahm. Die Gründe für das Fehlen von archäologischen Spuren der Kirche sind das sorgfältige Abtragen der Mauern, belegt durch eine Rechnung von 1599, und spätere, tief in den Boden eingreifende Baumaßnahmen.

2.4.6.2. Kloster Ivenstedt, Itzehoe – Kloster St. Maria und St. Laurentius / Adeliges Damenstift (1230, 1256/1541)

Kloster Ivenstedt: Ein Zisterziensernonnenkloster wurde 1230 in Ivenstedt auf einer Wurt an der Mündung der Stör in die Elbe gegründet. Die Wahl des abseitigen Standorts stand mit dem durch Graf Adolf IV. betriebenen Landesausbau der Kremper Marsch im Zusammenhang. Zu vermuten ist, dass Adolf IV. durch den Klosterbau auch die Besitzansprüche an den reichen Elbmarschen gegenüber seinen Konkurrenten – Erzbischof von Bremen, Hamburger Domkapitel und holsteinischer Adel – unterstreichen wollte. Die Wahl des Ortes hat sich allerdings als sehr ungünstig erwiesen. Vermutlich wegen ständiger Überschwemmungen und Gefahr von Sturmfluten wurde der Standort auf Bitten der Äbtissin und des Konvents bereits 1256, d.h. nur 26 Jahre nach Gründung aufgegeben. Über die Anlage und das Aussehen des Klosters ist nichts bekannt.

Kloster Itzehoe: Die Verlegung des Ivenstedter Konvents erfolgte neben die seit 1197 belegte Pfarrkirche St. Laurentius in Itzehoe, deren Patronat auch auf das Kloster übertragen wurde. Eine Zustimmung des Bremer Erzbischofs erfolgte allerdings erst 1263: eine Verzögerung, die auf das gespannte Verhältnis von Geistlichkeit und Landesherrn zurückgeführt wird.
Das Kloster folgte zwar den Regeln der Zisterzienser, war aber ebenso wie die anderen schleswig-holsteinischen Nonnenklöster dem Orden nie inkorporiert und deshalb der Jurisdiktion des Bremer Erzbischofs unterstellt; die geistliche Oberaufsicht führte das Hamburger Domkapitel.
Die wirtschaftlichen Grundlagen für das Gedeihen des Klosters bildeten Schenkungen von Adeligen und eigene wirtschaftliche Aktivitäten. Bereits im 13. Jahrhundert erwarb das Kloster Ackerland in der Umgebung, in Bünzen, Innien und Barbek, dazu kamen Schenkungen von Gütern in Dithmarschen durch die Familien Reventlow und Walstorp. Anfang des 15. Jahrhunderts zählte das Kloster Besitzungen in 67 holsteinischen Dörfern von Meimersdorf nahe Kiel bis Dithmarschen. Es gelang jedoch nie, diesen Streubesitz in einem geschlossenen Besitzkomplex zusammen zu fassen. Grundbesitz erwarb das Kloster auch in der Stadt Itzehoe: 1549 sollen 40 Häuser und Buden innerhalb der Stadt in klösterlichem Eigentum gewesen sein. Weder im 14. noch im 15. Jahrhundert hielten sich die Nonnen an das Gebot der Armut. Die Frauen aus der holsteinischen Ritterschaft, wollten wohl den gewohnten Lebensstil gewahrt wissen. Bei Einführung der Reformation in die Stadt und das Kloster 1538 erklärten sich 41 Nonnen zum neuen Glauben, 13 hielten am alten Glauben fest. Erst nach einer längeren Auseinandersetzung fügte sich der Konvent den

213 Kloster Ivenstedt nahe dem heutigen Ort Ivenfleth, Lageplan

214 Kloster Itzehoe, Lageplan, westlich der Kirche Prinzesshof

Anweisungen König Christians III. und führte die evangelische Kirchenordnung ein.

Das 1541 gebildete evangelische Damenstift behielt eine Reihe von Einrichtungen und Regeln, die Klosterökonomie blieb unangetastet. Bis weit ins 20. Jahrhundert verfügte das Kloster über eine Reihe von Sonderrechten. Die Eingemeindung des Klosterbezirks in die Stadt erfolgte endgültig erst 1935/36. Heute zählt das Kloster 10 Damen, von denen allerdings nur die Äbtissin im Kloster lebt.

Die Baugeschichte des mittelalterlichen Klosters liegt weitestgehend im Dunkel, da ein erster Brand 1556 große Teile der Konventsgebäude, ein zweiter 1657 die Kirche und die verbliebenen Klosterbauten zerstörte. Das einzige überlieferte Bild vom Kloster in der Stadtansicht von Braun & Hogenberg (1584) zeigt die Kirche mit zwei parallelen Satteldächern, das nördliche mit einem flachen Abschluss, das südliche mit einer polygonalen Apsis. Aus Verhandlungen der Stadt und des Klosters über den Wiederaufbau der im 17. Jahrhundert zerstörten Kirche geht hervor, dass die Kirche einen Nord- und Südteil hatte und dass statt der Gewölbe eine Holzdecke eingezogen worden war. Der südliche Teil der Kirche könnte der Ursprungsbau gewesen sein, der nördliche eine Erweiterung aus Anlass der Klostergründung. Der flache Chor hätte dem Bauprogramm der Zisterzienser entsprochen. Bettina Gnekow nimmt an, dass möglicherweise die Absicht bestanden hat, die Kirche durch ein weiteres drittes Schiff zu erweitern. Vermutlich hatten die Nonnen von Anbeginn ihren Platz auf einer Empore. Die Kirche besaß wegen ihrer Funktion als Pfarrkirche und damit wider die Ordensregeln einen polygonalen Turm, der später durch den heutigen ersetzt wurde.

Die Klosterbauten schlossen sich unmittelbar an den Nordteil der Kirche an. Ein älterer Plan zeigt, dass drei Gebäudeflügel einen Kreuzhof nördlich der Kirche mit Kreuzgang umstanden. Über die Anordnung der Räume ist jedoch nur wenig bekannt. Als sicher kann gelten, dass sich das Refektorium im Ostflügel befunden hat und als Baukörper deutlich vor die übrigen Gebäude nach Norden vortrat. Auch soll es einen Wärmeraum gegeben haben, was 1455 durch eine Stiftung von Brennholz durch den Ritter Johann von Ahlefeldt belegt ist. Vermutlich gab es zwei Herbergen für hochgestellte Besucher.

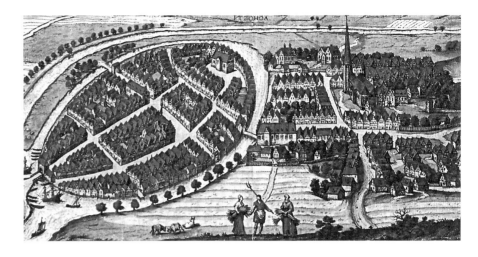

Von den mittelalterlichen Bauten ist lediglich ein Flügel des gotischen Kreuzgangs in Anlehnung an die Kirche erhalten geblieben. Die sieben Joche des Kreuzgangs sind mit einfachen Kreuzrippengewölben überdeckt und mehrfach, zuletzt 1909, erneuert worden. Aufgestellt sind hier mehrere Epitaphe von Äbtissinnen, u. a. das für die letzte katholische Äbtissin Katharina Rantzau von 1564, und weitere Grabsteine aus Sandstein.

Weil die Nonnen bereits wenige Jahre nach der Reformation diejenigen Kultgegenstände veräußert hatten, die nach der neuen Gottesdienstordnung entbehrlich schienen, ist vom mittelalterlichen Klosterschatz nur weniges erhalten geblieben, darunter zwei silberne, teilvergoldete Abendmahlkelche, ein goldener Fingerring

215 Ansicht der Stadt Itzehoe, links die Neustadt, rechts die Altstadt und das Kloster mit Resten der Klausur, von Braun & Hogenberg 1584

176

216 Kloster Itzehoe, Haus der Äbtissinnen anstelle des ehem. Ostflügels der Klausur (l.)

217 Kloster Itzehoe, Prinzesshof, Amtssitz der Äbtissinnen 1810–1941, heute Kreismuseum (r.)

218 Kloster Itzehoe, Klosterhof mit dem Haus einer Konventualin

und ein Tuch mit zweifarbigem Kreuzstich. Herausragende historische Bedeutung hat ein für die schleswig-holsteinischen Klöster einmaliger spätmittelalterlicher Äbtissinnenstab. Die aus Silber gefertigte und teilweise vergoldete Krümme des Krummstabs, einem gotischen Architekturgehäuse mit Strebepfeilern, dem erneuertem Stab aufgesetzt, weist im Bogen mit einer Folge stilisierter Blüten ein vollplastisches Lamm Gottes mit Kreuzstab auf. Von großem künstlerischem Wert ist auch eine prächtige Mantelschließe aus dem dritten Viertel des 15. Jahrhunderts mit nahezu vollplastischen Figuren der Bischöfe Ansgar und Sixtus in einer Baldachinarchitektur. Die ansteckbare Agraffe stammt aus dem Besitz des Münsterdorfer Kalands.

Ob und wie die mittelalterlichen Gebäude nach Umwandlung des Klosters in ein Damenstift genutzt und baulich verändert worden sind, ist nicht bekannt, da die Brände von 1556 und 1657 große Teile der Gebäude vernichtet hatten und nur die Kirche danach provisorisch wieder hergerichtet wurde. Mit Unterstützung von König Friedrich IV. entstand 1696 das Äbtissinnenhaus: ein zweigeschossiger Fachwerkbau mit hohem Walmdach etwa dort, wo der Ostflügel der Klausur gestanden hatte. In einem 1723 erstellten Anbau ist ein Festsaal mit Rokokostuck erhalten geblieben, wo sich auch heute noch der Konvent trifft.

Die Kirche wurde 1716–1718 durch einen barocken Neubau ersetzt: ein großer längsgerichteter, sechsjochiger Saalbau mit polygonalem 3/8-Schluss und Holztonnenwölbung. Der Saal wurde allseitig von Emporen umgeben, im Westen mit der abgerundeten prachtvollen und vom Kreuzgang über einen eigenen Zugang erreichbare verglaste und mit Wappen geschmückten »Äbtissinnenempore«, auf der die Nonnen ihren Platz hatten. Darüber ist eine weitere Empore mit einer Orgel von Arp Schnitger angeordnet. In den letzten Jahren des ausgehenden 19. Jahrhunderts erfolgte wiederum eine umfassende Erneuerung der Kirche nach Plänen von Johannes Otzen, insbesondere auch des das Stadtbild beherrschenden Turmes, bekrönt durch einen vielgliedrigen Oberbau mit einer Mischung gotischer und barocker Elemente. Während einer weiteren Renovierung wurde 1961 die durch allseitig umlaufende Emporen geprägte Einheitlichkeit des barocken Kirchensaales durch die Entfernung der Ostempore und Verlegung der Kanzel aus der Ost-West-Achse zu Gunsten eines auf den Altar gerichteten Raumes erheblich beeinträchtigt, was jedoch 1985 teilweise wieder zurück genommen wurde.

Das Gemeinschaftsleben scheint bereits am Ende des 17. Jahrhunderts weitgehend erloschen gewesen zu sein. Schon vorher hatten sich sechs Konventualinnen in eigenen Häusern auf dem Klosterhof eingerichtet, andere wohnten außerhalb. Im 18. und 19. Jahrhundert entstanden einige weitere Wohnhäuser im Stile der Zeit, eingeschossige Fachwerkhäuser und Putzbauten mit Sattel- oder Walmdach ohne besonderen Aufwand, sowie das Haus des Verbitters.

Ab 1810 stellte die Ritterschaft den Äbtissinnen den Prinzesshof als repräsentativen Wohnsitz zur Verfügung. Dieser, 1556 erstmals erwähnt, war zunächst ein vom Kloster verlehnter Adelssitz und diente später den Steinburger Amtmännern als Amtssitz. In seiner heutigen Erscheinungsform handelt es sich um einen zwischen 1753 und 1783 mehrfach umgebauten Backsteinbreitbau mit vorspringendem fünfachsigem Mittelteil zwischen zwei flachen Flügelanbauten und hohem Walmdach. Das Sandsteinportal mit ionischen Säulen und figürlichem Schmuck auf dem Abschlussgesims stammt aus dem 17. Jahrhundert. Das bis 1941 bewohnte Haus wird seit 1958 als Heimatmuseum des Kreises Steinburg genutzt.

Der Klosterhof wurde im 19. Jahrhundert als englischer Park mit geschwungenen Wegen, malerisch gesetzten Baumgruppen und einem Teich gestaltet und durch ein gusseisernes Denkmal in Form einer gotischen Monumentalfiale für Prinzessin Juliane von Hessen, 1810–1860 Äbtissin, pointiert.

2.4.6.3. Kloster Uetersen / Adeliges Damenstift (1234/35/1555)

Die Klostergründung ist auf die Zeit um 1234/35 zu datieren. In einer Stiftungsurkunde wird Heinrich II. von Barmstede als Gründer genannt. Demnach ließ dieser zwölf Nonnen und die erste Priorin Elysabet aus dem Kloster Reinbek in eine seiner beiden Burgen (die andere südwestlich des Klosterhofes an der Pinnau) ansiedeln. Die Gründungsklausur umfasste vermutlich das Areal innerhalb der ursprünglichen Befestigungen, die späteren Bauten entstanden unmittelbar daneben. Das Kloster stand unter dem Patrozinium der Mutter Maria, der Apostel Johannes und Bartholomäus sowie des heiligen Kreuzes.

Der Konvent folgte den Regeln des Zisterzienserordens, war diesem aber nie inkorporiert und unterstand der geistlichen Oberaufsicht des Bremer Erzbischofs, vertreten durch das Hamburger Domkapitel. Heinrichs Vermächtnis von 1240, Ländereien, Steinbruch, Ziegelei, Fischerei und Mühlen umfassend, sicherte dem Kloster die notwendige wirtschaftliche Unabhängigkeit. Das Kloster gelangte später zu wirtschaftlicher Blüte; urkundlich belegt ist sogar die Pferdezucht.

Die Kirche, in der auch der Stifter begraben lag, wurde 1240 fertig gestellt und diente stets auch als Pfarrkirche des sich um das Kloster entwickelnden Fleckens Uetersen, der bis ins 19. Jahrhundert der Obrigkeit des Klosters unterstand. 1424 brannte das Kloster völlig ab. Um dem Wiederaufbau finanziell zu sichern, wurden 1428 dem Kloster die Kirchen von Elmshorn und Seester sowie deren Einkünfte zugesprochen.

Zu Ende des 15. Jahrhunderts häuften sich die Klagen über Disziplinlosigkeit, was den Erzbischof von Bremen 1498 zu einer Visitation veranlasste. Folgen hatte dieses offenbar nicht, denn 1505 mahnte er Propst und Priorin erneut, mit allen Mitteln die Klosterzucht wieder herzustellen.

Die Reformation setzte sich gegen den erbitterten Widerstand der Nonnen erst 1555 endgültig durch, nachdem König Christian III. persönlich in das Geschehen eingegriffen und gedroht hatte, das Kloster aufzuheben. Das Kloster wurde zum adeligen Damenstift umgewandelt. Trotz der rechtlich bedeutsamen Veränderungen blieb das Kloster mit Verwaltung und Rechtssprechung für das Gemeinwesen Uetersen und die ihm gehörenden Dörfer und Höfe betraut. Das Verhältnis von Priorin und Propst war häufig getrübt und gab immer wieder Anlass zu Streitereien und gerichtlichen Auseinandersetzungen. Zur Bezahlung von Gerichtskosten sah sich schließlich die Priorin Ulrica von Dewitz 1787 veranlasst, den wertvollen mittelalterlichen Klosterschatz nach Gewicht zu veräußern.

Wann die Zahl der Nonnen bzw. Konventualinnen von vermutlich 40 auf 15 beschränkt wurde, ist nicht bekannt, ebenso wenig wie die Aufgabe des gemeinschaftlichen Wohnens. Bereits Mitte des 17. Jahrhunderts verfügten die Damen über jeweils eigene Haushalte mit standesgemäßer Bedienung. Zunächst wurden die spätmittelalterlichen Klosterbauten in eine Art Reihenhäuser mit sich über mehrere Geschosse erstreckenden Wohnungen umgebaut.

Während des Nordischen Krieges erfolgte 1657 die Zerstörung des Ostflügels durch schwedische Truppen. 1664 entstand als erster nachreformatorischer Neubau das Haus der Priorin als Anbau an den Südflügel. Der schlechte Zustand der übrigen Gebäude gab in den folgenden Jahren Anlass, den Konventualinnen zu gestatten,

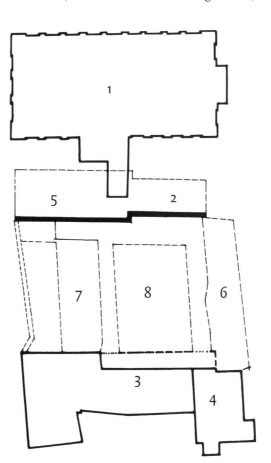

219 Kloster Uetersen, Lageplan, nördlich der Kirche das Haus des Propsts, südlich Friedhof und Südflügel mit dem Haus der Priorin

220 Kloster Uetersen, Grundriss der heutigen Anlage, fette Linien Bestand: 1: neue Kirche, 2: Mauerreste der mittelalterlichen Kirche, 3: Südflügel mit Resten des Kreuzgangs, 4: Haus der Priörin, gestrichelt nicht erhalten: 5: mittelalterliche Kirche, 6: Ostflügel, 7: wahrscheinlich Westflügel, 8: Kreuzhof mit Kreuzgang (heute Friedhof), M 1:750

221 Kloster Uetersen, Detail der Kreuzgangsarkaden im ehem Südflügel der Klausur

sich auch im Flecken Uetersen nieder zu lassen. Um die Damen jedoch wieder verstärkt an das Kloster zu binden, wurde es diesen ab etwa 1760 gestattet, sich innerhalb der Klostermauern eigene Häuser zu errichten.

Im 18. Jahrhundert war die Kirche für die gewachsene Gemeinde zu klein geworden. Dies bot Anlass für den Abbruch der alten Kirche 1749, die zunächst in den Neubau einbezogen werden sollte. Eine hierfür angefertigte Bauaufnahme überliefert als einziges Dokument das Aussehen der alten Kirche und des angrenzenden, ebenfalls nicht erhaltenen Westflügels. Wegen Gründungsschwierigkeiten entstand die neue Kirche jedoch ein paar Meter nördlich der alten und um einige Meter erhöht. Für die Konventualinnen entstand dabei wiederum eine eigene Empore. 1813 folgte schließlich wegen Baufälligkeit der Abbruch des Westflügels, wodurch die ursprüngliche Geschlossenheit der Klausur endgültig verloren ging. 1873 entstand als letztes Gebäude das Präbendenhaus in der Nachfolge eines nicht mehr vorhandenen Armenhauses hinter dem Vorwerk.

Einen Einblick in das Leben der Konventualinnen im 18. Jahrhundert geben die sehr detailreichen Darlegungen von Elsa Plath-Langheinrich über Augusta Louise Gräfin von Stolberg-Stolberg, die als Stiftsdame von 1766 bis 1783 im Kloster lebte und durch ihre Korrespondenz mit Johann Wolfgang von Goethe in die Weltliteratur eingetreten ist. Demnach hatte das Adelige Damenstift bereits im 18. Jahrhundert seine Funktion als geistliche Institution weitestgehend aufgegeben. Der heutige Konvent besteht aus der Priorin und sieben Konventualinnen, die im Kloster jedoch selbst nicht mehr leben.

Der Standort des Klosters wurde durch die Übertragung der Burg Heinrichs II. von Barmstede bestimmt, die sich in strategisch günstiger Lage auf einem Geestsporn zwischen Elbmarsch und Pinnauniederung befand. Nahebei trafen sich zwei wichtige Straßen: ein Seitenweg des Nord-Süd-Heerweges von Jütland nach Hamburg und ein zur Wedeler Elbfähre führender Weg. Für die weitere Siedlungsentwicklung bildete das Kloster den räumlichen Ausgangspunkt. Eine noch heute im Kataster erkennbare dreieckige Fläche südlich der heutigen Marktstraße war ursprünglich nicht bebaut und bildete den Marktplatz des 1870 zur Stadt erhobenen Fleckens.

Die baulichen Reste des Klosters und mehrere Dokumente erlauben ein verlässliches Bild der mittelalterlichen Klosteranlage. Kern der Anlage war eine flach gedeckte Saalkirche von 40 m Länge und 9,70 m lichter Weite mit einem um Mauerstärke eingezogenen Rechteckchor. Die Nonnen hatten ihren Platz auf einer Empore im westlichen Teil der Kirche. Den südlich der Kirche gelegenen Kreuzhof umstanden drei Gebäudeflügel, deren Raumaufteilung jedoch nur teilweise geklärt ist. Als sicher gilt die Anordnung des Dormitoriums im Ostflügel in Verbindung mit dem Chor. Die Priorin wohnte im Südflügel, wo eine eigene Küche nachgewiesen werden konnte. Der Kreuzhof war von einem in die Gebäude eingezogenen Kreuzgang allseitig umschlossen, dessen lichte Breite von 3,92 m im Grundriss des Südflügels erkennbar ist. Der sich aus der geringen Zahl von Nonnen ergebende Raumbedarf ließ einen recht kompakten Komplex entstehen, dessen Geschlossenheit durch die gleichhohen Dächer aller Gebäudeflügel betont wurde. Über diese ragte allein das Dach der Kirche mit einer Firsthöhe von 16,88 m und vermutlich mit einem Dachreiter heraus. Die Wirtschaftsgebäude werden südlich, nordöstlich und westlich der Klausur vermutet, der Garten im Osten. Der Verlauf der Klostermauer ist nicht bekannt.

Vom spätmittelalterlichem Kloster gibt es nur noch geringe Reste: Die Südmauer der 1748 abgerissenen Klosterkirche ist bis zu einer Höhe von etwa 2 m erhalten und begrenzt den Klosterfriedhof gegenüber dem höher gelegenen Gelände der barocken Pfarrkirche. Der Südflügel, das mittelalterliche Amtshaus der Priorin, wird durch die Arkaden des ehemaligen Kreuzgangs charakterisiert. Anzunehmen ist, dass die Arkaden wie auch im Schleswiger St. Johanniskloster schon immer weitgehend geschlossen waren, so dass diese den Eindruck erwecken, es handele sich um Blendbogen. Ein markanter Mauervorsprung an der nordöstlichen Ecke des Südflügels lässt erkennen, wo der Ostflügel ansetzte.

Der ursprüngliche Reichtum der mittelalterlichen Ausstattung ist nur noch anhand weniger Objekte zu ahnen. Hierzu gehören zwei heute im Landesmuseum Schloss Gottorf aufbewahrte Abendmahlkelche aus dem ausgehenden 15. bzw. beginnenden 16. Jahrhundert. Bei letzterem handelt es sich um einen für die Gold- und Silberschmiedekunst Hamburgs um 1500 besonders bedeutenden Goldkelch von etwa 19 cm Höhe und besetzt mit Edelsteinen in ausgesucht reicher und sorgfältiger Ausarbeitung. Über seinen künstlerischen Wert hinaus ist dieser kunsthistorisch von größtem Interesse, weil er das früheste Werk ist, das einem bestimmten Goldschmied, dem Hamburger Hinrik Rentzel, zugeordnet werden kann. Eine Inschrift auf der Unterseite des Standrings überliefert das Jahr der Schenkung und die Namen der Stifter: 1504, Propst Johannes Schauenburg und sein Bruder Hinrik, die damaligen aus einer Nebenlinie der Grafen von Holstein-Schauenburg stammenden Landesherren. Auf dem Altar der neuen Kirche steht auch ein spätgotisches Leuchterpaar aus Messing.

Die nachmittelalterlichen Neubauten folgen der auch bei den anderen adeligen Damenstiften charakteristischen Tendenz, von der Kompaktheit der Klausur zu einer freieren Gruppierung von Einzelgebäuden zu kommen. Das Haus der Priorin, der erste Bau nach den Zerstörungen von 1657, lehnt sich noch an den Südflügel an. Es handelt sich um einen Backsteinbau mit Fachwerkgiebel und hohem steilen Dach. Die

Häuser der Konventualinnen aus dem 17.–19. Jahrhundert sind dagegen freistehend und als Backstein- oder Fachwerkhäuser ohne besonderen Aufwand errichtet. Südwestlich der Kirche bewohnte Augusta Louise Gräfin von Stolberg-Stolberg mit Anna Metta von Oberg ein komfortables, durch einen kleinen Garten umgebenes Haus. Architektonisch bemerkenswert ist das

222 Kloster Uetersen, Garten der Priorin, im Hintergrund die barocke Kirche

223 Kloster Uetersen, Garten der Priorin mit Gartenhaus

224 St. Johannis-Kloster Lübeck, Lageplan; das sog. Schlafhaus, einziges erhaltenes Gebäude des Klosters, schwarz hervorgehoben

225 St. Johannis-Kloster Lübeck, Klosterkirche im 16. Jh., aus der Stadtansicht Lübecks von Elias Diebel, 1552

226 St. Johannis-Kloster Lübeck, Westgiebel des sog. Schlafhauses

anspruchsvolle Haus des Propstes. Der siebenachsige Putzbau von 1734 mit flach übergiebeltem und dreiachsigen Frontispiz und 1839 aufgebrachtem flachem Walmdach ist gleichzeitigen Herrenhäusern Holsteins ähnlich und folgt den formalen Vorstellungen des Landadels. Der noble Charakter wird durch zwei einen Ehrenhof umfassende Zungenmauern und eine kleine axiale Freitreppe unterstützt. Das Gebäude war früher axial auf den dreieckigen Marktplatz ausgerichtet. Da dieser inzwischen bebaut ist, wird die ursprünglich repräsentative, auf den Platz bezogene Wirkung des palaisartigen Gebäudes erheblich gemindert.

Die Kirche, 1748/49 von Jasper Carstens und Otto Johannes Müller errichtet, ist ein Saalkirche mit neun Achsen, überdeckt durch ein Muldengewölbe mit illusionistischer Deckenmalerei »Verherrlichung der Dreieinigkeit« von G. B. Colombo, darüber erhebt sich ein hohes Mansardwalmdach. Der halb eingebundene quadratische Turm hat ein durch eine Laterne bekröntes Zeltdach. Im Inneren sind die dreiseitig umlaufenden Emporen bemerkenswert, die auf die Doppelfunktion als Pfarr- und Stiftskirche hinweisen. Auf der westlichen zweiachsigen Empore über dem Portal befindet sich der »Fräuleinchor«, zu dem die Konventualinnen durch einen Anbau an der Südseite der Kirche und einen Korridor sowie über eine kleine Treppe gelangten, ohne sich unter die Gemeindemitglieder mischen zu müssen. Die Ostwand des Kirchenraumes wird beherrscht durch einen großen barocken dreiteiligen Kanzelaltar nach Entwürfen von G. Voigt und J. G. Engert von 1748–1749. Für evangelische Kirchen der Barockzeit nicht ungewöhnlich ist die Bekrönung durch einen giebelartigen Orgelprospekt von J. D. Busch.

Das backsteinsichtige Äußere der Kirche wird durch Eckrustika, Pilaster mit eingetieften Blendenbahnen und hohen Korbbogenfenstern straff gegliedert. Die Nordseite ist als Schauseite ausgebildet und durch ein sandsteinernes Rokokoportal mit Bauinschrift und Monogramm Friedrichs V. im Türsturz, darüber ein vasenhaltendes Puttenpaar, akzentuiert.

Im ehemaligen Kreuzhof erstreckt sich heute der Klosterfriedhof, Begräbnisstätte der Klosterangehörigen mit einer Reihe von Grabmälern des 15.–19. Jahrhunderts. Der ehemalige Garten der Priorin ist Ende des 18./Anfang des 19. Jahrhunderts unter Einbezug des mittelalterlichen Burggrabens in einen englischen Park verwandelt worden. Der landschaftliche Charakter wird durch einen Pavillon in Form eines dorischen Vorhallentempels und eine kleine hölzerne Bogenbrücke unterstrichen.

2.4.6.4. Lübeck – St. Johannis-Kloster (1245)

Die Gründung eines Zisterziensernonnenklosters um 1245 an Stelle des oben beschriebenen Benediktinerklosters geht auf den Lübecker Rat zurück. Der hinhaltende Widerstand der Benediktiner bewirkte jedoch eine lange Übergangsphase der Unklarheit über die Rechtmäßigkeit der Verlegung nach Cismar, die erst nach der Exkommunizierung des widerspenstigen Abts und zweier seiner Brüder sowie einem Vergleich des alten Klosters mit den bereits 1245 nach Lübeck gekommenen Zisterzienserinnen beendet werden konnte.

Die neue Äbtissin Clementia und ihre Nonnen stammten aus dem Kloster Lilienthal bei Bremen. Sie unterwarfen sich formal den Regeln des Zisterzienserordens, in den das Kloster aber nie inkorporiert wurde, sowie dem Lübecker Bischof und dessen Domkapitel zugleich.

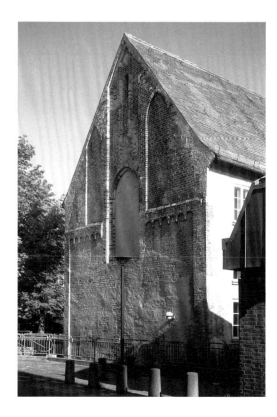

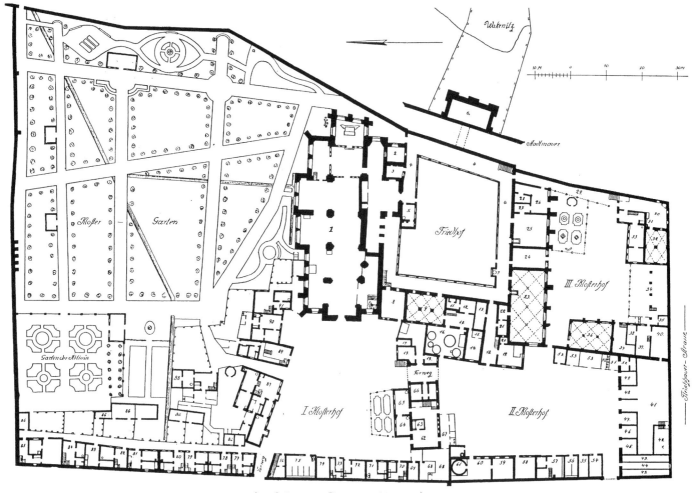

227 St. Johannis-Kloster Lübeck, Grundriss des Klosters kurz vor dem Abriss 1805, 23–28: das sog. »Schlafhaus«, M 1 : 1000

Ein Hauptaugenmerk des Klosters galt zunächst der Mehrung des Vermögens, um die Funktion als Versorgungsanstalt für die Töchter der Lübecker Bürger und des Landadels erfüllen zu können. Zum Besitz des Klosters gehörten von Anfang an nicht nur mehrere Dörfer, sondern auch mehrere Grundstückskomplexe innerhalb der Stadt Lübeck. Nachgewiesen wurden gewerbliche Tätigkeiten wie die Verarbeitung von Buntmetallen und der Fischfang. Zu Beginn des 16. Jahrhunderts bezog das Kloster Einkünfte aus 169 Bauernstellen und Besitz innerhalb Lübecks sowie verliehenem Kapital und Beteiligungen an der Salzgewinnung in Lüneburg. Eine erkennbar hervorgehobene Ausstrahlung als geistlich-religiöses Zentrum für die Stadt und das Umland hat das Kloster nie entwickelt. Die Beziehungen zur Bürgerschaft waren dennoch sehr intensiv, was sich sowohl in der Stiftung mehrerer Vikarien äußerte, als auch in der direkten Einflussnahme der Stadtobrigkeit auf das Kloster selbst. Spätestens ab 1300 berieten die Bürgermeister als Provisoren oder »Vormünder« die Äbtissinnen in weltlichen Angelegenheiten. Der Klostervisitator Johannes Busch stellte 1449 fest, dass die Nonnen das Gebot der Armut nicht einhielten. 1463 erließ die Stadt eine Ordnung für den Klostervogt, um die in Gang gekommenen Reformbemühungen voran zu bringen.

Als einziges Kloster in Lübeck verweigerte sich das Kloster der lutherischen Reformation, wie sie der Rat 1531 einführte. 1532 konnte die Äbtissin Adelheid Brömse einen kaiserlichen Schutzbrief erlangen, der sie und die Nonnen von der Erfüllung städtischer Anordnungen freistellte. 1569 erzwang der Rat dennoch die Ausarbeitung einer neuen Klosterordnung und damit die Reform im lutherischen Sinne, die aber erst 1574 in Kraft trat und die Grundlage für die Bildung eines Jungfrauenklosters bildete. Drei weitere Jahre später nahm ein evangelischer Prediger seinen Dienst in der Klosterkirche auf, die gleichzeitig zur Filialkirche von St. Marien wurde. Erst am 25. Januar 1667 erklärte die Äbtissin endgültig den Verzicht auf die Güter und deren Verwaltung sowie den Immedietätsanspruch (d.h. Unterstellung nur unter die höchste Autorität) und beendete damit auch rechtlich den Bestand des Klosters.

In seiner geänderten Funktion als Damenstift blieb es zunächst als Versorgungsanstalt des Lübecker Rates bestehen. Als der Reichsdeputationshauptschluss 1803 alle katholischen und evangelischen Klöster dem jeweiligen Landesherrn unterstellte, teilte der Lübecker Rat am 25. Februar des gleichen Jahres dem Jungfrauenkloster mit, dass das ganze Vermögen ihm zu unterstellen sei, der Stiftungszweck sollte aber nicht angetastet werden. Durch einen weiteren Ratsbeschluss vom 2. Februar 1805 wurde die Klosterökonomie abgeschafft und die Errichtung von Einzelwohnungen für die Konventualinnen und die Zahlung eines Gehalts festgesetzt. Kurz darauf erfolgte der Abbruch der Kirche und großer Teile der Klostergebäude. Auf dem Gelände des Klosters entstanden 1903/04 ein neues »Jungfrauenkloster« als langgestrecktes zweigeschossiges Gebäude entlang der Straße bei St. Johannis, in dem die Tradition der älteren Damenstifts in Form einer Stiftung des öffentlichen Rechts fortbesteht, sowie das Gymnasium Johanneum.

Lage und Größe des großen Klosterkomplexes sind auf Grund eines vor dem Abbruch angefertigten Grundrisses durch den Lübecker Stadtbaumeister E. Ch. A. Behrens verlässlich überliefert. Das Grundstück wurde im Westen durch die Straße Bei St. Johannis, im Norden durch die rückwärtigen Grundstücksteile an der Hundestraße und im Westen durch die nicht mehr bestehende Stadtmauer begrenzt.

Den geistlichen und räumlichen Mittelpunkt bildete die Kirche. An diese schlossen sich im Süden und Westen die um drei Höfe gruppierten Gebäude an, im Norden ein großer Klostergarten. Der südlich an die Kirche anschließende Kreuzhof war vierseitig durch einen Kreuzgang, in den das Haus der Priorin (im Obergeschoss zwei Krankenstuben) einbezogen war, umgeben und diente als Friedhof. Umbaut war dieser jedoch nur auf zwei Seiten: im Westen der sogenannte »Malzboden« mit einer Vielzahl von Wirtschaftsräumen, den Südflügel bildete das »Schlafhaus«. Es umfasste das gewölbte, zweischiffige Refektorium (23), das als Betstube und zur Abhaltung von Konventen benutzte »Mangelhaus« (24), den Raum der Äbtissin (25), eine Küche mit Alkoven und Milchkammer (26–28). Im oberen Geschoss lagen die nicht beheizbaren und durch Bretterverschläge voneinander getrennten Schlafzellen.

Durch Umbau der romanischen Benediktinerkirche, vermutlich in der zweiten Hälfte des 13. Jahrhunderts nach Übernahme durch die Zisterzienserinnen, entstand mit Erhöhung der Seitenschiffe und des südlichen Nebenchors eine gotische Kirche mit drei gewölbten Schiffen in Form einer Pseudobasilika. Zur Errichtung eines Turmes kam es aber nicht, da das den Regeln der Zisterzienser widersprochen hätte. In zahlreichen Stadtbildern Lübecks ab dem ausgehenden 15. Jahrhundert (Schedels Weltchronik, 1493) und später wurde die Kirche mit einem glockentragenden Dachreiter dargestellt. Um-geben waren Kirche und Konventsbauten von zahlreichen Wirtschaftsbauten.

Das einzige in seinen massiven Außenmauern noch heute erhaltene mittelalterliche Gebäude, innen allerdings völlig umgebaut, ist das sog. Schlafhaus. Erhalten sind am Westgiebel ein

228 Bosau, St. Petri-Kirche

romanischer Bogenfries und am Ostgiebel gotische Blendbögen. Von der Inneneinrichtung haben sich nur wenige Reste erhalten wie die Figur des heiligen Franziskus, heute im St. Annen-Museum aufbewahrt.

2.5. Chorherren, geregelte Kanoniker

Schon im 4. Jahrhundert hatten sich an den Bischofskirchen geistliche Gemeinschaften gebildet, die dem Bischof bei der Liturgie, der Klerikerausbildung und der Verwaltung zur Seite standen und sich im 11./12. Jahrhundert zu Domkapiteln entwickelten. Seit dem Wormser Konkordat 1122 bis zum Ende der Reichskirche 1803 stand ihnen das Recht zur Wahl des Bischofs zu. Die Bezeichnung »Chorherr« wird vom Chor des Doms oder der Stiftskirche als dem gemeinsamen Versammlungsort abgeleitet, der Begriff Kanoniker von »canon« (Richtschnur, Regel), also der Verpflichtung nach einer bestimmten Regel zu leben oder sich der kirchlichen Disziplin zu unterwerfen. Die wichtigsten Aufgaben bestanden in der Seelsorge, im Schuldienst und in der Diözesanverwaltung an den Bischofssitzen.

Träger der Entwicklung der Chorherrengemeinschaften waren einzelne Stifte, weshalb es zunächst zu einer großen Vielfalt und damit verbundenen Unübersichtlichkeit kam. Die Lateransynode 1059 verpflichtete deshalb die Chorherren zur Wahl einer Regel, dieses Jahr gilt als Gründungsdatum der »regulierten Chorherren«, denen sich bis Mitte des 12. Jahrhunderts über 150 Stifte anschlossen. Die Mehrzahl der Chorherrengemeinschaften nahm die Augustinusregel an, die den Klerikern die Gütergemeinschaft einschärfte, auch sollten sie gemeinsam essen, gemeinsam schlafen und alle Einkünfte gemeinsam haben. Insbesondere die Frage des Privateigentums war ein zentraler Kritikpunkt der Diskussion, denn darin sah man nicht nur ein Grundübel, an dem nicht nur die Kanonikergemeinschaften litten, sondern die gesamte Kirche.

Die Domkapitelherren oder Kanoniker bezogen Ihren Unterhalt aus den ihnen zugeteilten Kirchengütern, verfügten aber entgegen den Regeln auch über privates Eigentum und wohnten in eigenen Domkurien oder Kanonikalhöfen. Für den Unterhalt der Höfe standen ihnen über mit ihrem Amt verbundene dauerhafte Einkommen aus Grundbesitz oder sonstigem Vermögen zu (Pfründe, Präbenden). Das gemeinsame Leben umfasste die Durchführung von Gottesdiensten, den Chordienst in der Stiftskirche und regelmäßige Sitzungen des Kapitels.

In Schleswig-Holstein bestanden nur wenige Einrichtungen dieser Art. Nach Helmold von Bosau soll es im 11. Jahrhundert ein durch den slawischen Abodritenfürsten Gottschalk gegründetes Kanonikerstift in Alt-Lübeck gegeben haben, das Stützpunkt der christlichen Mission im Abodritenreich war und während eines Slawenaufstandes untergegangen sein soll. Archäologisch ebenso wenig belegt sind vermutete, Stifte in Oldenburg, Bischofssitz 1149 und 1156–1160, und in Bosau, zeitweiliger Sitz des Bischofs von Oldenburg 1150–1156, bevor der Bischofssitz endgültig 1160 nach Lübeck verlegt wurde.

228

Für das Domkloster in Lübeck ist unklar, ob es jemals als solches funktionierte, oder ob die Domherren von Anfang an in eigenen Häusern innerhalb der Domimmunität lebten. In Schleswig hat vermutlich Anfang des 12. Jahrhunderts neben dem Dom eine Klostergemeinschaft der Domherren bestanden; über ein Domkloster ist aber ebenso wenig bekannt wie über die erste Domkirche und den Bischofshof. Der heutige Dom besitzt zwar einen Kreuzgang, der aber nie wie in Ratzeburg und Lübeck durch ein Domkloster umbaut war. Die vermutlich den Benediktinerregeln folgenden Domherren besaßen vielmehr in einem geschlossenen Bereich eigene Domherrenhäuser in der unmittelbaren Umgebung des Domes, von wo aus sie den ihnen zugewiesenen Aufgaben nachgingen und den Kapitelbesitz verwalteten.

Die Neumünsteraner bzw. Bordesholmer und Segeberger Chorherren folgten den sehr allgemein gehaltenen Augustinusregeln, das Ratzeburger Domkapitel dagegen der strengen Prämonstratenserregel, einer Mischung von Augustinus- und Zisterzienserregel. Eine Besonderheit stellen unter den sogenannten Hospitaliterorden die in Schleswig-Holstein mit einer Niederlassung vertretenen Antoniter dar, die sich ausschließlich auf die Krankenpflege spezialisiert hatten.

Als der Lübecker Bischof Burchard von Serkem nach erbitterten Streitigkeiten mit den Lübecker

229 Norbert von Xanten, Kupferstich von den Brüdern Galle, 17.Jh.

Bürgern seine Residenz nach Eutin verlegte, kam es dort 1309 zur Bildung eines Kollegiatsstiftes, dessen Kanoniker und Vikare sich von Anfang an in eigenen Kurien an der jetzigen Lübecker Straße niederließen und damit der Stadt den Charakter einer Klerikerstadt gaben.

2.5.1. Augustiner-Chorherren

Seit dem 12. Jahrhundert entwickelte sich der Augustiner-Chorherrenorden zum größten und kulturell bedeutendsten Kanonikerorden, dem um 1500 nicht weniger als 1.600 Niederlassungen in ganz Europa angehörten. Zu dieser enormen Bedeutung gelangten die Chorherrenstifte als Bildungszentren mit externem Zweig zur Ausbildung der adeligen, später auch der bürgerlichen Elite und einem internen zur Vorbereitung des eigenen Nachwuchses auf die Aufgaben des Ordens.

Der Tagesablauf war durch die liturgische Ordnung, insbesondere das Stundengebet, bestimmt. Zwischen den Gebetszeiten gingen die Chorherren ihren unterschiedlichen Aufgaben nach: innerhalb des Klosters Studium, Schreiben von Büchern und Unterricht an den Domschulen, außerhalb Feldarbeit, Seelsorge und Krankenpflege. Verpflichtend war gemeinsames Beten, Essen und Schlafen. Gegenüber anderen Orden spielte die Seelsorge von Anfang an eine große Rolle, da die Chorherren auch schon im frühen Mittelalter stets auch als Priester geweiht waren.

Für den norddeutschen Raum erlangte die 1387 von dem holländischen Reform- und Bußprediger Gerhard Groote und den »Brüdern vom gemeinsamen Leben« in Zwolle (Niederlande) ausgehende Reformbewegung der Windesheimer Kongregation eine besondere Bedeutung. Dieser schlossen sich die Bordesholmer und vermutlich auch die Segeberger Chorherren an. Ziel der Kongregation war, das bisherige klösterliche Frömmigkeitsideal durch ein praktisches Weltchristentum, die tätige und helfende Hinwendung zu den Bedürftigen einschließend, zu ersetzen. Die sogenannte »devotia moderna« nahm in vielem das Frömmigkeitsideal des Luthertums vorweg.

2.5.2. Prämonstratenser

Der neben den Augustiner-Chorherren bedeutendste regulierte Chorherren-Orden der Prämonstratenser wurde durch Norbert von Xanten (1080/85–1134) gegründet. Als Kanoniker des Stifts in Xanten kam dieser 1115 zu einer radikalen inneren Einkehr und zu einem Leben des Gebetes und der Buße, erhielt die Priesterweihe und wirkte als Wanderprediger. Um 1120 gründete er nicht weit von Laón das Kloster Prémontré, das sechs Jahre später durch Papst Honorius II. bestätigt wurde. Das Leben der Mönche unterlag den strengen Regeln des heiligen Augustinus. Norbert betonte entschieden das Gebot der Armut und verbot den Genuss von Fleisch und Fett. Ordensziele waren die Feier der Liturgie, d.h. Chorgebet und Eucharistie, alle Formen der Seelsorge sowie Pfarrdienst und Unterricht und vor allem auch die Verbreitung des christlichen Glaubens.

Norbert zog weiterhin als Wanderprediger durch das Land, um Christus zu verkünden und Frieden zu schaffen, erhielt aber 1126 die Ernennung zum Erzbischof von Magdeburg, womit eine Reihe weltlicher Aufgaben im Reich verbunden war. Dem Missionsgedanken des Ordens entsprechend gewannen die zwischen 1149 und 1165 gegründeten Stifte Havelberg, Brandenburg und Ratzeburg den Charakter von Missionsstützpunkten in den bis dahin slawischen Siedlungsgebieten östlich der Elbe. Die Klöster waren relativ selbständig und bestimmten eigene spirituelle Schwerpunkte oder Art der außerklösterlichen Tätigkeit.

230
231
232
235
236

Der Orden war nach dem Vorbild der Zisterzienser zentralistisch unter Leitung des Abtes von Prémontré als Generalabt organisiert und in Provinzen gegliedert. Gesetzgebendes Organ war das Generalkapitel. Die Stifte erhielten eigene Äbte oder Pröpste und waren damit von bischöflicher oder weltlicher Einflussnahme weitestgehend frei. Der Orden breitete sich rasch über ganz Europa aus. Bereits um 1200 umfasste dieser etwa 500 Niederlassungen, 150 davon in Deutschland.

Nach der Reformation versank der Orden zunächst in Bedeutungslosigkeit, um in Süddeutschland bis zur Säkularisierung 1803 erneut aufzublühen.

230–232 Niederlassungen der Prämonstratenser in Norddeutschland: Ratzeburg (l.), Magdeburg (r.o.), Havelberg/Havel (r.u.)

2.5.3. Antoniter

Der Antoniterorden entstand 1083 aus der ersten Krankenpflegegemeinschaft des Mittelalters und wurde 1095 durch den Papst bestätigt. Papst Innozenz IV. stellte die Antoniter 1245 unter den Schutz des heiligen Petrus und gestattete ihnen zwei Jahre später, einen Konvent nach der Augustinusregel zu leben. Die endgültige Prägung erfuhr der Orden 1297 mit der Erhebung des ehemaligen Benediktiner-Priorats in Saint-Antoine zur Abtei und Vereinigung mit dem Hospital und 1298 durch die Umwandlung in einen Chorherrenorden. Nach raschem Aufblühen zählte der Orden im 14. Jahrhundert bereits 300 Niederlassungen in Frankreich, Italien, Spanien und Deutschland.

Die einzige Aufgabe des Ordens bestand in der Pflege vom »Antoniusfeuer« befallener Menschen. Es handelt sich dabei um eine durch das Verbacken des giftigen Mutterkornpilzes in Brot entstehende, im Mittelalter häufige und als Gottesstrafe angesehene Krankheit (Milzbrand). Sie trat insbesondere im Zusammenhang mit Hungersnöten auf, wenn die Men-

233–234 Präzeptur Tempzin, Mutterkloster von Mohrkirchen, Kirche und spätgotisches Warmhaus (beheizbares Mönchshaus) (r.o.), gotischer Giebel des Warmhauses (r.u.)

235 Kloster Jerichow, Refektorium (o.l.)

236 Havelberg/Havel, Mittelschiff des Doms (u.l.)

237 Bordesholm, Klosterkirche (r.)

238 Amputation eines Unterschenkels mit einer Knochensäge, im Hintergrund ein an dem T-Kreuz auf der Brust erkenntlicher Antoniter

schen auf frisches Mehl warteten, das allerdings für viele durch das alkaloidische Gift des Mutterkornpilzes zur tödlichen Gefahr wurde. Die Krankheit äußerte sich dadurch, dass die Gliedmaßen durch den Brand schwarz anliefen und schließlich abstarben. Die dabei auftretenden brennenden Schmerzen führten zu den Bezeichnungen »Heiliges-« oder »Antoniusfeuer«, von den Antonitern stammt die Bezeichnung »Höllenfeuer«. Die Krankheit galt einer Überlieferung zufolge durch das Gebet zum heiligen Antonius als heilbar: Im 10. Jahrhundert waren Reliquien des 251/252 bis 356 in Ägypten als Eremit lebenden Heiligen und eines der Begründer des christlichen Mönchstums nach St. Antoine de Dauphiné im Departement Isère gebracht worden. Dort sollen Wunderheilungen stattgefunden haben, so dass sich das Grab des Heiligen rasch zur Wallfahrtsstätte entwickelte. In der Realität beruhte die Behandlung durch die Antoniter auf einer Mischung aus Spiritualität und Heilkunde. Im Vordergrund stand dabei die Entgiftung der Kranken durch harntreibende Kräutertränke. Im Spätmittelalter standen den Antonitern Wundärzte zur Seite, die im äußersten Fall die Amputation der befallenen Gliedmaßen durchführ-

ten. Blieb der Kranke nach der Behandlung verkrüppelt, konnte er zur weiteren Versorgung und Betreuung in den Spitälern der Antoniter Aufnahme finden.

Die Antoniter lebten wie die meisten Chorherrenorden nach den Regeln des heiligen Augustinus. Im Gegensatz zu jenen wurden die Antoniter zentralistisch durch den in Saint-Antoine residierenden Ordensgroßmeister geleitet. Die über ganz Europa verstreuten Hospitäler waren nach den 1477 reformierten Statuten 42 Generalpräzeptorien zugeordnet. Die bedeutendste in Deutschland war Grünberg in Hessen. In Schleswig-Holstein gab es nur eine Niederlassung in Mohrkirchen, die von der Präzeptur Tempzin nahe Sternberg besiedelt wurde.

Der Zerfall des nur auf eine einzige Aufgabe ausgerichteten Ordens setzte im 17. Jahrhundert ein, als mit Änderung der Ernährungsgewohnheiten das »Heilige Feuer« immer seltener auftrat. 1775 zählte man nur noch 30 Niederlassungen. 1776 erfolgte mit Zustimmung des letzten Generalabts Jean-Marie Navarre die Vereinigung mit dem Johanniter-Orden, mit diesem der Untergang in der Säkularisierung nach 1803.

2.5.4. Architektur der Chorherren

Die Klöster oder Stifte der hier beschriebenen, in Schleswig Holstein niedergelassenen Chorherrenorden unterschieden sich nur wenig von denen anderer Orden. Die Architektur folgte der allgemeinen technischen und stilistischen Entwicklung und bezog lokale Eigenheiten in den Entwurf ein und wies nur wenige besondere aus den Ordensregeln oder eigenen Traditionen herzuleitende Merkmale auf. Allein dem Chor kam eine herausgehobene Bedeutung zu: Das Bordesholmer Kloster entstand in der ersten Bauphase mangels einer klosternahen Pfarrgemeinde sogar ganz ohne Laienkirche. In anderen Fällen entstanden die Stifte in unmittelbarem baulichen Zusammenhang mit den Bischofssitzen, dabei trat der Anspruch der Chorherren nach baulicher Repräsentation sichtbar hinter dem des Bischofs zurück (Lübeck, Ratzeburg).

Auch die Schmucklosigkeit der Prämonstratenserbauten ist eher materiellen Beschränkungen zuzurechnen, denn aus ordenseigenen Regeln herzuleiten, denn Norbert selbst hatte keine Vorstellungen für eine seinem Orden gemäße Bauweise entwickelt. Ein programmatischer Verzicht auf baulichen Aufwand wie bei den Zisterziensern und später den Bettelorden ist nicht nachweisbar. Auch als im 12. Jahrhundert die teilweise Übernahme der zisterziensischen Ordensverfassung und Liturgie erfolgte, war damit nicht auch die Übernahme des architektonischen Formenkanons des Zisterzienserordens verbunden. Beibehalten wurde beispielsweise der Bau von Türmen als unverzichtbares Merkmale des Kirchenbaus. Die Grundrisse der Klöster oder Stifte entsprachen im Wesentlichen denen der Benediktiner.

Die Baugestalt der Antoniterklöster wird dem Auftrag des Ordens folgend durch Kirchen und vor allem Hospitäler bestimmt. Regionale und stilistische Vorstellungen der Zeit waren auch hier prägender als ordenstypische. Hervorgehobene Bedeutung kam den Krankensälen zu, die an Größe nicht selten die Kirchen übertrafen. In einigen Fällen fehlten sogar die Kirchen oder dienten auch der Unterbringung von Kranken. Üblicherweise wurde auf die Errichtung von Türmen zugunsten kleiner Dachreiter verzichtet.

2.5.5. Stifte und Klöster der Augustinerchorherren

2.5.5.1. Segeberg – Augustiner-Chorherrenstift St. Maria und St. Johannis (1131)

Kaiser Lothar soll den Befehl zu Errichtung einer Burg auf dem Kalkberg gegeben und das Stift auf Betreiben des Bischofs Vizelin 1131 oder 1134 gegründet haben. In dem nur wenig besiedelten Gebiet an der Trave muss man sich die Anfänge sehr bescheiden vorstellen, die Chorherren kamen aus Neumünster. Den Tod Lothars und die daraus resultierenden Wirren nutzten die Wenden 1138, Kloster und Kirche zu zerstören: »...drang Pribizlaw von Lubeke, eine günstige Gelegenheit wahrnehmend, mit einer Räuberschar vor, und zerstörte den Burgflecken Segeberg so wie alle umherliegenden Orte, wo Sachsen wohnten, von Grund aus. Damals wurden das neue Bethaus und das eben errichtete Kloster niedergebrannt. Volker, ein Klosterbruder von großer Einfalt, wurde mit dem Schwerte durchbohrt. Die übrigen geistlichen Brüder fanden eine sichere Zufluchtsstätte in Faldera.« (Helmold, S. 165 f., Faldera = Neumünster)

Die Rivalitäten zwischen dem Schauenburger Graf Adolf und dem Lehnsmann der Grafschaft Ratzeburg, Heinrich von Badwide, in deren

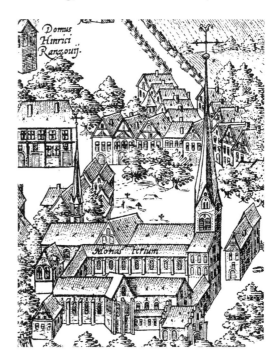

239 Chorherrenstift Segeberg, Lageplan

240 Chorherrenstift Segeberg, Ansicht der Stiftsgebäude am Ende des 15. Jh., Ausschnitt aus der Stadtansicht Segeberg von Braun & Hogenberg, 1586

Verlauf auch die Segeberger Burg zerstört wurde, ließen einen Wiederaufbau des Klosters am Fuße des Kalkbergs als nicht sinnvoll erscheinen. Vizelin entschloss sich deshalb, dieses nach Högersdorf zu verlegen, wo zum einen ein natürlicher Schutz gegen Überfälle der Slawen bestand, zum anderen auch das Stift den »Übelständen, die der Marktverkehr zur Folge hatte, und wegen des lauten Treibens auf der Burg« entzogen war. (Helmold, S. 173) Der Zeitpunkt dieser Verlegung ist nicht bekannt, ebensowenig der konkrete Bauplatz. Helmold 1163/68 berichtet, Vizelin hätte den »ehrwürdigen Priester Volkward mit einigen handwerklich geschickten Männern« nach Högersdorf geschickt, »die für die Errichtung eines Bethauses und klösterlicher Werkhäuser sorgen sollten.« (Helmold, ebda.) Die Weihe der Kirche durch Vizelin hat vermutlich 1149/50 stattgefunden.

Die Rückverlegung des Klosters nach Segeberg erfolgte 1156 nach der Niederschlagung der Wenden auf Betreiben des Bischofs Gerold gegen den Widerstand des Konvents und mit Unterstützung durch Herzog Heinrich den Löwen und Graf Adolf II. Ziel Gerolds könnte es gewesen sein, über ein eigenes Kanonikerstift innerhalb seines Bistums zu verfügen. Ob er auch beabsichtigte, Segeberg zum Bischofssitz zu machen, ist nicht zu belegen. Wenig später ist mit dem Bau der jetzigen Kirche begonnen worden. Es wird angenommen, dass die neue Kirche eine ältere, 1216 urkundlich letztmalig erwähnte Marktkirche überflüssig machte und von Anbeginn auch als Pfarrkirche diente.

Zur wirtschaftlichen Sicherheit waren dem Kloster schon früh mehrere Dörfer und weitere Liegenschaften übereignet worden. Die Ausübung der damit verbundenen Gerichtsbarkeit brachte ebenfalls erhebliche Einnahmen. In einem eigenen Schulgebäude erteilten die Chorherren Unterricht. Mehrere Urkunden geben Hinweise, dass ihnen die Nutznießung privaten Eigentums zustand. Wahrscheinlich schloss sich das Stift am Vorabend der Reformation der Windesheimer Kongregation an. Aus Zwolle stammte auch der Prediger Albertus, der bereits um 1520 die lutherische Lehre einführte und eine evangelische Gemeinde gründete.

Bei einer 1541 durch König Christian III verfügten Visitation gab es in Segeberg nichts zu beanstanden: Offensichtlich folgte man hier korrekt der neuen evangelischen Kirchenordnung. Wahrscheinlich nahmen die wenigen verbliebenen Chorherren inzwischen keine geistlichen Aufgaben mehr wahr und lebten zurückgezogen als Verwalter und Nutznießer des immer noch beträchtlichen Klosterbesitzes. 1564 oder erst ein bis zwei Jahre später beendete der Amtmann Heinrich Rantzau den Bestand des Klosters mit der Zusicherung freier Kost und Kleidung an den letzten Chorherrn Dirich Schyndel. Der gesamte Klosterbesitz ging an den Landesherrn über, der diesen wiederum an Heinrich Rantzau zu günstigen Konditionen verpachtete, später nach und nach umgewandelt in Rantzaus Eigentum.

Die Klostergebäude blieben zunächst bestehen und dienten der Unterbringung von Geistlichen und Lehrern sowie als Schule. Zu Beginn des Dreißigjährigen Krieges wurden die Klostergebäude zerstört, ihre Reste 1620–1630 abgetragen. Eine ungefähre Vorstellung vom ursprünglichen Aussehen der Anlage vermittelt allein eine aus dem Ende des 16. Jahrhundert, also bereits nach Auflösung des Konvents, stammende Abbildung im Städtebuch von Braun & Hogenberg. Demnach hat sich die Klausur auf der Nordseite der Kirche um einen Hof mit geschlossenem Kreuzgang befunden. An den Turm lehnt sich ein dreigeschossiges Gebäude an, vermutlich mit den Wohnräumen der Geistlichen. Die ungewöhnliche Form und Mehrgeschossigkeit des Gebäudes könnte darauf hindeuten, dass dieses noch im 16. Jahrhundert errichtet worden war, als man auch anderenorts begann, »wohnlichere Klostergebäude« zu errichten (Brooke, S. 267). Im Nordflügel waren Kapitelsaal und Refektorium untergebracht. Ein querstehendes kapellenartiges Gebäude teilte diesen Flügel und dürfte internen Veranstaltungen gedient haben. Ost- und Westflügel der Klausur wurden durch schmale zweigeschossige Bauteile gebildet, deren Funktion unklar ist. Außerhalb der Klausur nordwestlich des

241 Chorherrenstift Segeberg, Grundriss, der romanische Mauerkern dunkel hervorgehoben, M 1:750

243 Kloster Uetersen; Propstenhaus, Eingang

242 Kloster Uetersen; Kirche von Süden, links das Haus der Priorin

244 Kloster Uetersen; Propstenhaus

245 Kloster Uetersen; Vorwerk (u.r.)

246 Kloster Uetersen; Südflügel des Klosters

247 Kloster Uetersen; Friedhof an der Stelle des ehem. Kreuzhofes

248 Kloster Uetersen; Südflügel des Klosters mit Arkaden des Kreuzgangs, links Mauervorlage des nicht mehr vorhandenen Ostflügels

250 Kloster Uetersen; Portal der barocken Kirche

249 Kloster Uetersen; Pfarr- und Stiftskirche, Nordseite

251 Kloster Uetersen; Mauerreste der mittelalterlichen Klosterkirche

252 Kloster Uetersen; Abendmahlkelch (Landesmuseum Schloss Gottorf)

254 Lübeck, St. Johannis-Kloster; Ostgiebel des sog. Schlafhauses (r.)

253 Lübeck, St. Johannis-Kloster; Westgiebel des sog. Schlafhauses

255 Lübeck, St. Johannis-Kloster; Rundbogenfries am Westgiebel

257 Bad Segeberg, Kirche St. Marien; Mittelschiff, Blick zum Chor mit Altar und spätgotischem Flügelretabel

258 Bad Segeberg, Kirche St. Marien, romanisches Rollenkapitell im südlichen Seitenschiff

256 Bad Segeberg, Kirche St. Marien; Südseite mit Turm

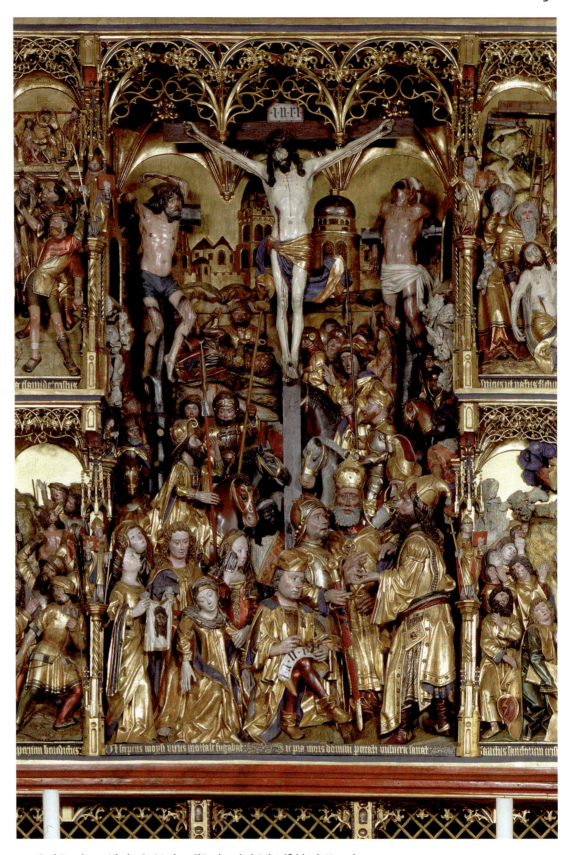

259 Bad Segeberg, Kirche St. Marien; Flügelretabel, Mittelfeld mit Kreuzigungsszene, um 1515

261 Bad Segeberg, Kirche St. Marien; Palmettenkapitell

260 Bad Segeberg, Kirche St. Marien; südliches Seitenschiff

262 Lübeck, Domkloster; Kreuzgang, Ostflügel

263 Lübeck, Domkloster; spätromanisches Backsteinkapitell

264 Lübeck, Domkloster; Kreuzgangarkaden

266 Kloster Bordesholm; Kenotaph Herzog Friedrich I. von Gottorf und Anna von Brandenburg

265 Kloster Bordesholm; Chor der Klosterkirche von Osten

267 Kloster Bordesholm; Reste der Klostermauer

268 Kloster Bordesholm; Sakristei, einziger Rest des Kreuzgangs

269 Kloster Bordesholm; Mittelschiff gegen Osten gesehen

270 Kloster Bordesholm; Gewölbe im Mittelschiff mit Triumphkreuz, dem ältesten Ausstattungsstück, 1. H. 15. Jh.

271 Dom zu Schleswig; »Bordesholmer Altar« von Hans Brüggemann, seit 1666 im Dom zu Schleswig aufgestellt, nach einem Aquarell von C.N. Schnittger, 1882 (Landesbibliothek Schleswig-Holstein, Kiel)

272 Ratzeburg, Domkloster; Dominsel, von St. Georg aus gesehen

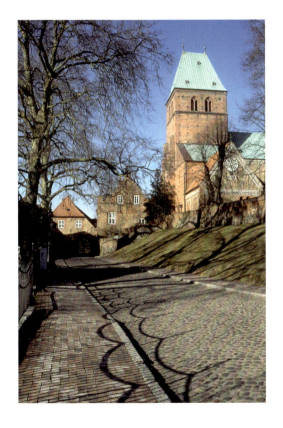

273 Ratzeburg, Domkloster; von Westen gesehen

274 Ratzeburg, Domkloster; Zugang zum Domkloster neben dem Dom

275–276 Ratzeburg Domkloster; Kreuzgang, Ostflügel mit gotischer Wandmalerei (o.l.)

277 Ratzeburg Domkloster; Kreuzgang, Nordflügel

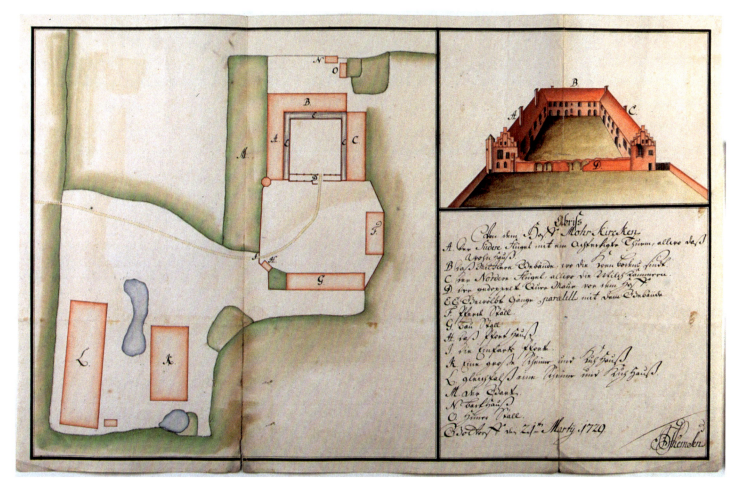

278 Mohrkirch, Antoniterkloster Mohrkirchen; Bild des zu einem Gutshaus umgewandelten Klosters 1729 (Landesarchiv SH)

279–280 Mohrkirch, Antoniterkloster Mohrkirchen; Formsteine (Heimatmuseum Mohrkirch)

rechte Seite:
284 Lübeck, St. Katharinen-Kirche; Mittelschiff nach Osten gesehen

281 Lübeck, St. Katharinen-Kirche; Kirche aus der Glockengießerstraße gesehen

282 Lübeck, St. Katharinen-Kirche; Portal der Westfront

283 Lübeck, St. Katharinen-Kirche; Detail, Mauerwerk mit glasierten Ziegeln und Werksteinelementen

285 Lübeck, St. Katharinenkloster; Retabel der Lukasbrüderschaft (St. Annen-Museum)

286 Lübeck, St. Katharinenkloster; Kreuzgang, in das Katharinäum einbezogen

287 Lübeck, St. Katharinenkloster; Gewölbe der Katharinenkirche

288 Lübeck, St. Katharinenkloster; Unterchor

289 Schleswig, Graukloster; Westflügel, im Hintergrund das Rathaus an der Stelle der ehem. Klosterkirche

290 Schleswig, Graukloster; Klosterportal im Westflügel, oberer Abschluss später verändert (l.)

291 Schleswig, Graukloster; Halle im Westflügel (r.)

293 Schleswig, Graukloster; Gotischer Saal

292 Schleswig, Graukloster; Nordostflügel mit gotischem Saal

295 Schleswig, Graukloster; Fenster mit gotischem Maßwerk

294 Schleswig, Graukloster; Wandmalerei im Gotischen Saal, St. Paulus

297 Kiel, Franziskanerkloster, Denkmal für Graf Adolf IV. von Henning Seemann

296 Kiel, Nikolaikirche: Flügelretabel aus der Franziskaner-Klosterkirche

298 Kiel, Franziskanerkloster, Remter des mittelalterlichen Klosters mit Rippengewölben

299 Kiel, Franziskanerkloster, Blick über den ehem. Kreuzhof auf das heutige Studentenwohnheim, in das ein Kreuzgangsflügel und der Remter einbezogen sind

300 Ulkebüll/Ulkebøl, vermutlich aus der Flensburger Klosterkirche stammendes Retabel

301 Flensburg, Franziskanerkloster, Stadtseite des Heiliggeisthospitals, darin Bausubstanz des ehem. Klosters nachweisbar

302 Ulkebüll/Ulkebøl, Hl. Barbara aus einem Schreinflügel des Retabels in Ulkebøl (l.)

303 Ulkebüll/Ulkebøl, Hl. Katharina aus einem Schreinflügel des Retabels in Ulkebøl (r.)

304 Lübeck, Burgkloster; Südwand der ehem. Klosterkirche, im Vordergrund das moderne Eingangsbauwerk des Museums

305 Lübeck, Burgkloster; Große Halle im Nordflügel

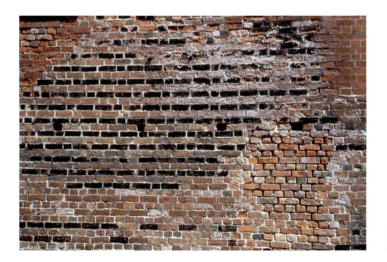

306 Lübeck, Burgkloster; Mauerwerk am Beichthaus mit Flickstellen: Spuren der Geschichte

307 Lübeck, Burgkloster; Kreuzgang, Westflügel, links der Kapitelsaal

308 Lübeck, Burgkloster; Kreuzgang, Blick in den Kapitelsaal

309 Lübeck, Burgkloster; Sakristei mit Wandmalereien 15. Jh. in den Schildbögen

310 Lübeck, Burgkloster; Retabel der Bruderschaft der Schneidergesellen, Ansicht der Schnitzseite (St. Annen-Museum Lübeck)

311 Lübeck, Burgkloster; Hl. Johannes Evangelista, Vorderansicht, Ausschnitt des Oberkörpers (St. Annen-Museum Lübeck) (o.r.)

312 Lübeck, Burgkloster; Trauernde Maria von einer Kreuzgruppe (St. Annen-Museum Lübeck) (u.r.)

313 Lübeck, Burgkloster; Retabel der Antoniusbruderschaft, Gesamtansicht des geöffneten Zustandes, im Schrein die Standfigur des hl. Antonius, flankiert von den heiligen Johannes (rechts) und Rochus (links)
(St. Annen-Museum Lübeck)

314 Gesamtansicht der Gemäldeseite bei geschlossenem Zustand, Christus Salvador und der heilige Antonius

315 Lübeck, St. Annen-Kloster; Ausstellungsraum des St. Annen-Museums mit Resten der Klosterkirche

316 Lübeck, St. Annen-Kloster; Konsolstein mit Wappen im Tagesraum (o.l.)

317 Lübeck, St. Annen-Kloster; Gewölbe im Tagesraum (u.l.)

318 Lübeck, St. Annen-Kloster; Säulen des Mittelschiffs der Klosterkirche

319 Lübeck, St. Annen-Kloster; Kreuzgang

320 Lübeck, St. Annen-Kloster; Tagesraum (Remter), im Hintergrund das Flügelretabel der Lukasbrüderschaft

322 Lübeck, St. Annen-Kloster; Tagesraum (Remter)

321 Lübeck, St. Annen-Kloster; Wandkonsole mit Stifterwappen im Kapitelsaal (oben)

323 Ahrensbök, Kartäuserkloster; Kirche von Osten

324 Ahrensbök, Kartäuserkloster; Blick vom Chor auf die Empore

325 Ahrensbök, Kartäuserkloster; Inneres der Kirche (u.)

326 Marienwohlde, Birgittenkloster; Kopf einer Marienfigur, Landesmuseum Schloss Gottorf

327 Marienwohlde, Birgittenkloster; Lauenburger Landschaft in unmittelbarer Nachbarschaft des Birgittenklosters

328 Hamburg, Kloster Harvestehude, Evangelienbuch; Buchkasten zur Aufbewahrung des Evangeliars, Holz mit rotem Lederüberzug, Deckel Silber, teilvergoldet; Hamburgische Werkstatt um 1510
(Museum für Kunst und Geschichte Hamburg)

329 Hamburg, Kloster Harvestehude, Evangelienbuch; Evangeliar, Zierseite mit Beginn des Lukasevangeliums, 1150

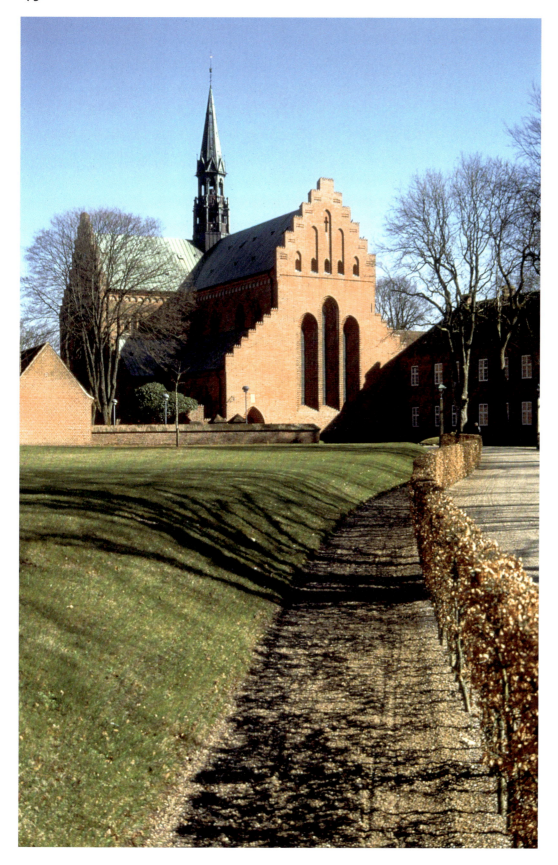

330 Lügumkloster/Løgumkloster, Westgiebel der Klosterkirche, Gestaltung nach der Restaurierung von 1913/26

331 Lügumkloster/Løgumkloster; ehem. Kreuzhof, links die Kirche, rechts das Mönchshaus, beide verbunden durch den modernenKreuzgang

332 Lügumkloster/Løgumkloster; Moderner Kreuzgang

333 Lügumkloster/Løgumkloster; Reliquienschrank im Chor

Nordflügels, über einen gedeckten Gang mit diesem verbunden, befand sich das an den Treppengiebeln erkennbare Abtshaus. Die Wirtschafts- und Wohngebäude der Laienbrüder lagen westlich des Turmes, das Schulgebäude südlich des Chores und der Stadt zugewandt. Von Konventsbauten hat sich allein die sogenannte Johanneskapelle im Winkel zwischen Chor und nördlichem Querschiffarm erhalten. In der Nordwand ist der einzige erhaltene Mauerrest der Klausur aus der Bauzeit der Kirche nachgewiesen worden. Die ursprüngliche Funktion ist allerdings bisher unklar. Es handelt sich um einen zweischiffigen Saal mit drei Jochen und Kreuzrippengewölben auf zwei schlanken Granitsäulen.

Zusammen mit den Domen in Lübeck und Ratzeburg gehört die Stiftskirche zu den ersten und vollgültigen Zeugnissen der frühen Backsteinbaukunst in Norddeutschland. Es handelt sich um eine dreischiffige, kreuzförmige und gewölbte Basilika in gebundenem System. Am Querhaus schlossen sich Apsiden an, eine Halbrundapsis am Chor, der 1470 verlängert und um ein 5/8-Polygon ergänzt wurde.

Die Zeit nach Aufhebung des Klosters war durch kontinuierliche Verluste gekennzeichnet: Abbruch des Chors und Schließung durch eine Feldsteinmauer; vor 1761/62 Abbruch des nördlichen Querschiffarms und Ersatz durch eine Emporenanlage, Ersatz der Gewölbe durch eine flache Decke; 1861–1864 Wiederherstellung des vermeintlich ursprünglichen Zustands, insbesondere der Querschiffarme, teilweise Einwölbung, Neuverblendung des gesamten Außenbaus, 1883–1888 Erneuerung der Gewölbe, 1909 Sicherung der Fundamente, 1957–1960 letzte durchgreifende Restaurierung. Damit ist die romanische Erscheinungsform der Kirche insgesamt, insbesondere in seinem Äußeren nur als eindrucksvolles Abbild einer romanischen Kirche überliefert.

Im Innenraum wird der ursprüngliche Charakter und Rang der Kirche noch am ehesten deutlich, hier hat sich auch verhältnismäßig viel originale Bausubstanz erhalten. Kräftige, halb vor die Wand tretende Pfeiler sowie schiffsüberspannende Gurte und schmalere, der Wand anliegende Schildbögen tragen die schweren Kreuzgratgewölbe. In der Reihe der quadratischen Joche wird die Vierung nicht besonders hervorgehoben. Die Wände des Mittelschiffs

334 St. Marienkirche Segeberg, vom Marktplatz aus gesehen

335–338 Romanische Würfelkapitelle in Paulinzella (l.), Thalbürgel (M.o.), Munkbrarup (M.u.) und Segeberg (r.)

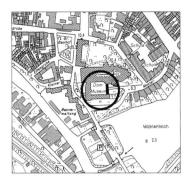

339 Domkloster Lübeck, Lageplan, hervorgehoben der Ostflügel des spätromanischen Kreuzgangs

340 Domkloster Lübeck von Süden gesehen, Kupferstich 1806

341 Dom in Lübeck, Standort des Domklosters am heutigen Mühlenteich, früher Flussbett der Wakenitz

sind gegenüber den Pfeilern leicht zurückgenommen, im Chor glatt, im Langhaus zu den Seitenschiffen in jedem Joch unter zwei Rundbögen auf Zwischensäulen geöffnet. Die Seitenschiffe in gebundenem System sind ebenfalls mit Kreuzgratgewölben gedeckt. Baustoff ist im wesentlichen Backstein, mit dem umzugehen, eine neue Erfahrung gewesen sein muss, was die Überdimensionierung der tragenden Bauteile erklärt.

Für Kapitelle und Kämpfer wurde gegossener Gips verwendet, was es erlaubt, die Grundform mit flachgeschnittenen Ornamenten zu versehen. Geringe Farbspuren lassen erkennen, dass die Kapitelle ursprünglich farblich behandelt waren. Erkennbar wird das Bemühen der Bauleute, aus den dem Werkstein verpflichteten Backstein- und Gipsformen eine materialgerechte Formensprache zu entwickeln: »… kein anderes Bauwerk vermag so wie die Segeberger Kirche diesen ersten Prozess der Aufnahme, Aneignung und Verwandlung von Formen des Hausteinbaues zu veranschaulichen, mit dem die nordeuropäische Backsteinkunst begann und der sich unter anderen Voraussetzungen später gegenüber der Formenwelt der Gotik, der Renaissance und des Barocks wiederholt hat.« (Ellger, 1988, S. 10)

Von der mittelalterlichen Ausstattung sind das Hochaltarretabel, das Triumphkreuz und eine Bronzetaufe erhalten. Das spätgotische Schnitzretabel von 1515 weist vielfigurige Szenen weitgehend in der ursprünglichen Fassung auf: im Mittelschrein in einem Hochrechteck die Kreuzigung, beidseitig daneben in zwei Geschossen sowie in den Seitenflügeln zwölf Szenen von der Gefangennahme bis zum jüngsten Gericht. Der 90 cm hohen Bronzetaufe gebührt besondere Beachtung, denn es handelt sich dabei um das älteste der erhaltenen Stücke der ursprünglich reichen Ausstattung der Kirche. Die hohe kesselförmige Kuppa wird von vier Geistlichen getragen und weist Reliefs der Kreuzigung und Apostel auf (1447, von G. Klinghe aus Bremen). Der spätgotische Corpus des Triumphkreuzes stammt ebenfalls noch aus der Zeit des Stiftes (um 1500), das dazu gehörige Brettkreuz ist allerdings neu. Alle anderen Ausstattungsstücke sind neuzeitlich. Von der nachreformatorischen Ausstattung ist die Kanzel hervorzuheben: ein Werk der Spätrenaissance von 1612 mit aufwändig geschnitzten Reliefs.

2.5.5.2. Lübeck – Domkloster (um 1160)

Im Zusammenhang mit der Gründung der Stadt entstand um 1160 eine kleine zunächst provisorische Kirche aus Holz, schon 1173 oder 1174 legten Herzog Heinrich d. Löwe und Bischof Heinrich den Grundstein für den Dom. Zeitgleich stifteten sie Pfründe für zwölf Domherren und den Propst; eingeschlossen darin waren auch Grundstücke für die Domherren. Unklar ist, ob die Domherren jemals ein geregeltes gemeinschaftliches Leben führten und an welche Regel sie gebunden waren. Die Statuten von 1263 erwähnen keine Regel. Zu vermuten ist die Annahme der Augustinerregel, was auf die Verpflichtung zu gemeinsamen Leben hindeutet. Dokumentiert ist die Aufgabenverteilung an einzelne Domherren: Der Kämmerer war u.a. für die Unterhaltung des Dormitoriums, der Kellerer für die Refektorien, der Scholast für den Unterricht zuständig; daher ist anzunehmen, dass die entsprechenden Räume wie Dormitorium und Refektorium tatsächlich auch vorhanden waren. Adolf Friederici geht davon aus, dass das gemeinschaftliche Leben bis zum Ende des 13. Jahrhunderts bestand und sich seitdem nur noch auf die gemeinsamen Refektorien richtete (Friederici, 1988, S. 77). Dagegen nimmt Wolf-Dieter Hauschild an, dass jeder Domherr von Anfang an eine eigene Kurie auf dem Domhof besaß (Hauschild, S. 41f.), was den Bau eines Klosters aber eigentlich überflüssig gemacht hätte.

Die Klosterbauten umschlossen mit drei Flügeln einen Kreuzhof südlich des Doms, so dass diese unmittelbar am Abhang zur Wakenitz (heute Mühlenteich) standen. Folgt man der einzigen umfangreichen Darstellung der Klosterbauten in »Die Bau- und Kunstdenkmäler der Freien und Hansestadt Lübeck«, Bd. III, 1. Teil (1919)

befanden sich im Erdgeschoss des Ostflügels Räume für die Chorknaben, im Obergeschoss darüber Refektorium und Dormitorium der Chorherren, im Südflügel Domschule und im Obergeschoss Kapitelräume, im Westflügel das Predigerhaus, im Obergeschoss Wohnzellen und Bibliothek. Dieses entsprach sicher nicht der ursprünglichen Funktionsverteilung, denn ein Refektorium im Obergeschoss ist beispielsweise äußerst unpraktisch und widerspricht den üblichen Funktionsabläufen eines Klosters. Der Kreuzhof war vermutlich allseitig durch einen Kreuzgang umgeben.

Die weitere Entwicklung ist aufgrund mangelnder Nachrichten unübersichtlich. 1412 brannte der Ostflügel bis auf die Gewölbe ab. Der Westflügel wurde um 1460 durch das spätgotische Predigthaus ersetzt, der Südflügel 1816 wegen Baufälligkeit abgebrochen. Ende des 19. Jahrhunderts stellte das in Formen der Neugotik errichtete Dommuseum die Geschlossenheit des Komplexes unter Einbezug der wenigen erhaltenen Reste der Klausur wieder her. Dieses Dommuseum gehört wiederum zu den Totalverlusten des zweiten Weltkriegs, ersetzt in den 1950er und 1960er durch gestalterisch bescheidene und höhenmäßig zurückhaltende Neubauten.

Aus mittelalterlicher Zeit ist allein der spätromanische Rest des Kreuzgangs auf der Ostseite erhalten geblieben. Es handelt sich hierbei um fünf längsgerichtete Joche von ursprünglich sieben im Anschluss an den südlichen Querhausarm des Doms, die von Kreuzrippen über einem reich differenzierten Vorlagesystem überwölbt werden. Wandvorlagen und Pfeiler mit Klauen- und Würfelkapitellen aus Backstein verweisen wie die Architektur des Doms auf die Vorbildlichkeit spätstaufischer Romanik. Die Hofarkaden sind leicht gespitzt. Da der Dom nicht lange vor 1230 fertig gestellt war, ist zu vermuten, dass der Kreuzgang um oder wenig nach 1250 entstanden ist. Mehrere Einzelformen sind am Ende des 19. Jahrhunderts erneuert, das vierte Joch ist zur Herstellung einer Hofzufahrt verändert worden.

2.5.5.3. Neumünster/Bordesholm – Augustiner-Chorherrenstift St. Maria (1127/1327)

Neumünster: Die Geschichte des Chorherrenstifts ist eng mit der Missionstätigkeit Vizelins in Wagrien und Holstein verbunden. In Alt-Lübeck hatte er 1127 einen schweren Rückschlag nach dem Tode des Slawenfürsten Heinrich I. erleiden müssen. Auf Vorschlag des holsteinischen Gauführers Markrad ernannte ihn der Bremer Erzbischof Adalbert daraufhin zum Pfarrer in Wippendorf (Wipenthorp) im damaligen Gau Faldera, wo er ein geordnetes Kirchenwesen und einen Missionsstützpunkt aufbauen sollte. Eine klösterliche Gemeinschaft nach den Regeln des Augustiner-Ordens gab dem Ort den neuen Namen »Novum monasterium« (Neumünster). 1149 folgte Vizelin der Berufung als Bischof nach Oldenburg in Holstein. Nach längerer Krankheit und seinem Tod 1154 in Neumünster wurde er zunächst dort beigesetzt und später nach Bordesholm überführt. An beiden Orten wurde er bis zur Reformation als Heiliger verehrt, was beide Kirchen auch zu Wallfahrtszielen werden ließ.

In Wippendorf fand Vizelin 1127 bereits eine Kapelle oder Kirche vor, deren erster Priester er wurde. Wo diese Kapelle oder Kirche stand und ob diese den Kern des neuen Klosters bildete, ist ungewiss. Als Propst stand Vizelin ab 1142 dem »Konvent der regulierten Chorherren zu St. Marien in Wippendorf« vor. Über die Mitglieder dieser Gemeinschaft berichtet Helmold: »Diese verbanden sich durch heilige Gelöbnisse miteinander und beschlossen, ein eheloses Leben zu führen, in Gebet und Fasten zu verharren, Werke der Frömmigkeit zu üben, die Kranken zu besuchen, die Dürftigen zu nähren, und sowohl für ihr eigenes, als auch für ihrer Nächsten Seelenheil zu sorgen.« (Helmold, S. 149) Kurzzeitig bestand neben dem Chorherrenstift ein Nonnenkonvent, der 1245 durch die Brüder von Enendorf zur Aufnahme ihrer Schwester Reinoldis gestiftet worden war. Graf Adolf IV., seit 1239 Franziskanermönch in Hamburg, verhinderte wenig später die Aufnahme von Nonnen.

Durch reiche Schenkungen adeliger Familien brachte es das Kloster zu umfangreichem Landbesitz, der bis in die Elbmarschen reichte. Im 13. Jahrhundert führten Klagen über ein zu ungebundenes Leben zu einer Visitation, die jedoch keine gravierenden Mängel ergab. Die Chorherren wurden lediglich ermahnt, zusammen zu essen, das Kloster abends rechtzeitig zu schließen und sich dem Gottesdienst nicht zu entziehen.

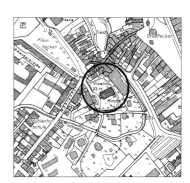

342 Chorherrenstift Neumünster, Lageplan des Klosters am Kleinflecken

343 Chorherrenstift Neumünster, Geburt Christi, aus einem Retabel des ehem. Klosters, um 1435 (Landesmuseum Schloss Gottorf)

344 Kloster Bordesholm: Lageplan des Chorherrenstiftes am Bordesholmer See

In der Folgezeit entstand der Plan einer Verlegung des Chorherrenstifts in eine ruhigere Gegend, in der ein landwirtschaftlicher Betrieb angelegt werden konnte. Die Beweggründe für einen solchen Umzug in die Einöde sind vermutlich vielfältig: die Suche nach Ruhe für die einen, die größere Nähe zu Kiel als Zentrum der weltlichen Macht in Holstein für die anderen. »Das heiße Verlangen nach Kiel« (Völkel, S.12) hätte sicher dem Bildungsauftrag der Chorherren eher entsprochen als das Leben auf dem Lande. Der Erzbischof von Bremen erteilte 1290 hierzu seine Genehmigung. Die Umsiedlung nach Bordesholm erfolgte jedoch erst 1327–1332. Danach wurde die Kirche zur Pfarrkirche umgewandelt. Dennoch verblieb in Neumünster eine nicht unbeträchtliche Zahl von Mönchen, um 1400 waren es noch 15, von denen einer zugleich Seelsorger der Pfarrkirche war. Das alte Kloster blieb damit bis ins 15. Jahrhundert als Nebenkloster weiterhin bestehen; wann das klösterliche Leben hier endgültig verlosch, ist nicht bekannt.

Das Chorherrenstift erhob sich nach allgemeiner Einschätzung auf einer schildförmigen Insel innerhalb der Schutz bietenden Schwaleschleife neben dem Kleinflecken. Der Standort der Kirche ist südlich der heutigen Vizelinkirche zu suchen, die Bauten der Klausur erstreckten sich nördlich davon, d.h. in Richtung Kleinflecken. Die mittelalterliche, verhältnismäßig große Kirche war nach Richard Haupt als kreuzförmige Basilika mit einem Turm angelegt und bestand bis 1811. Aus einer 1811 gezeichneten Skizze ist zu schließen, dass die Kirche mehrfach verändert und mit einer hölzernen Flachdecke überspannt gewesen war. Bettina Gnekow folgert aus der Betrachtung der wenigen erhaltenen Pläne und Abbildungen, dass die ursprüngliche Kirche im Vergleich zu den anderen Stifts- und Bischofskirchen wie Segeberg und Oldenburg den Ansprüchen der Chorherren sicher nicht entsprochen haben dürfte: »Da unsicher ist, ob es in Neumünster sowohl eine Stiftskirche als auch eine Pfarrkirche gab oder ob eine Kirche beide Funktionen ausübte, d.h. nur die Lage der mittelalterlichen Kirche bekannt ist, darf mit gleicher Berechtigung angenommen werden, dass der Kernbau der 1811 abgebrochenen Kirche die Pfarrkirche darstellte und auch die Lage der 2. Stiftskirche unbekannt ist.« (Gnekow, 1994, S.645). Als »2. Stiftskirche« ist der Nachfolgebau der durch Vizelin vorgefundenen Kapelle oder Kirche, deren Standort nicht nachgewiesen ist, zu verstehen. Lutz Wilde folgert dagegen, dass dieses »in Hinblick auf den sehr kleinen Flecken, der seiner Bedeutung nach kaum Pfarrkirche und Klosteranlage nebeneinander besessen haben dürfte« unwahrscheinlich sei (Wilde, 2005, S. 95). Über Ausdehnung, Grundriss und Architektur der Klausur ist nichts bekannt, ebenso wenig wann die Gebäude abgebrochen worden sind. Bis zum Zeitpunkt des Kirchenabbruchs diente das Gelände als Friedhof, weshalb Ausgrabungen im Umkreis der jetzigen Vizelinkirche von 1828–34 nach einem Entwurf von Christian Friedrich Hansen nicht stattgefunden haben.

Von der Ausstattung der Kirche hatte ein Flügelretabel, eine norddeutsche Arbeit von 1435, die Zeiten überdauert, bis es im strengen Winter 1813/1814 zerhackt und verheizt wurde. Erhalten hat sich davon allein ein derb-realistisch gearbeitetes Relief mit der Geburt Christi im Landesmuseum Schloss Gottorf. Da nicht sicher ist, bis wann das Kloster als Nebenkloster tatsächlich Bestand hatte, könnte das Retabel noch den Chorherren zur Andacht gedient haben.

Bordesholm: Als neuer Standort des Chorherrenstifts wurde eine Insel im westlichen Teil des ursprünglich Eiersteder, heute Bordesholmer genannten Sees bestimmt. Das Dorf Eierstede war durch Schenkung in den Besitz des Stiftes gelangt. Der heutige Ort Bordesholm entstand erst nach der Klostergründung und dem Bau von Dämmen zur Verbindung der Insel mit dem Festland.

Die Übersiedlung von Neumünster erfolgte zwischen 1327 und 1332. Als erstes entstand zunächst nur ein Chorraum für 15 Chorherren, da es eine seelsorgerisch zu betreuende Pfarrgemeinde nicht gab. Auch als sich später in Anlehnung an das Stift der Ort Bordesholm bildete, gehörte dieser zur Kirchgemeinde Brügge. In die der heiligen Maria geweihten Kirche wurden die sterblichen Reste des heiligen Vizelin überführt, die den Ausgangspunkt für Wallfahrten und einen ausgeprägten Reliquiendienst darstellen, der auf die Umgebung eine große Anziehungskraft ausübte. Die Chorherren übten das Patronat über die Kirchgemeinden Brügge, Flintbek und Neumünster, ab 1326 auch über die Nikolaikirche in Kiel aus.

Das Verbleiben von 15 Chorherren in Neumünster (so viele wie in Bordesholm) und die Errichtung recht bescheidener Bauten lassen vermuten, dass sich die Chorherren »gleichsam nur besuchsweise in Bordesholm niedergelassen hatten« (Völkel, S. 13), denn die Geschichte des Stiftes und der Stadt Kiel lassen den Drang der Chorherren erkennen, nach Kiel überzusiedeln. Durch das Patronat über die Nikolaikirche und das damit verbundene Recht, die Pfarrstelle zu besetzen, müssen sich die Chorherren bestärkt gefühlt haben, auch in Kiel ein Stift zu gründen. Dabei stießen sie jedoch auf den erbitterten Widerstand der Kieler, die sich mit dem vorhandenen Franziskanerkloster begnügen wollten. 1336 gelang es, das Patronat soweit einzuschränken, sich aus dem Kreis der Chorherren den Pfarrer selbst wählen zu dürfen. Im besonderen Interesse der Chorherren lag es dagegen, das Schulwesen zu dominieren. 1340 trat Graf Johann III. das Schulpatronat an den Ritter Konrad Wolf ab, der es wiederum an die Bordesholmer Chorherren weiterreichte. Der Streit darüber führte schließlich zu Gewalttätigkeiten, was den Kielern den Bann des Bremer Erzbischofs eintrug. Die Chorherren erlangten schließlich von Erzbischof und Landesherrn die Einwilligung zum Einzug in die Stadt, ein Ansinnen, dem sich die Kieler durch das Schließen der Tore widersetzten. Graf Adolf VII. entschied 1379 endgültig, dass »dat ghi Heren vamme Holme neyn Closter sculden unde Skolen legghen in unse Stad to dem Kyl to ewighen Tyden.« (zit. n. Völkers, S. 13) Demnach sollte das alte Schulrecht beibehalten werden und das Bordesholmer Patronat ohne Einfluss auf die Gestaltung des Unterrichts bleiben. Zugleich wurde der endgültige Verbleib des Klosters in Bordesholm besiegelt.

In der zweiten Hälfte des 15. Jahrhunderts begann eine rege Bautätigkeit. Das ältere Kloster wurde fast vollständig durch Neubauten ersetzt, insbesondere der Chor um ein Langhaus ergänzt. Mit dem Beitritt des Stifts zur Windesheimer Kongregation (1490) setzte eine kurze kulturelle Blüte ein, gefördert durch die reichen Stiftungen des Landesherrn Herzog Friedrich I., der dadurch seinen Herrschaftsanspruch gegenüber dem dänischen Königshaus zum Ausdruck bringen wollte. Dieses gab den Anstoß für eine Erweiterung der Kirche und die umfassende Erneuerung der Ausstattung mit Altären, Chorgestühl und Orgel. 1509 bestimmte der Herzog die Kirche zur künftigen Grablege für sich und seine Gemahlin Anna von Brandenburg. Nach deren Tod 1514 stiftete Herzog Friedrich in Gedenken an diese den »Bordesholmer Altar« von Hans Brüggemann. Er selbst fand allerdings infolge seiner Wahl zum dänischen König seine Ruhestätte später im Dom zu Schleswig (1533). Sein Grabmal in der Klosterkirche ist deshalb ein sogenanntes Kenotaph (Leergrab).

Obwohl zu den besonderen Aufgaben von Augustiner-Chorherren stets die wissenschaftliche Betätigung gehörte, war diese in Bordesholm zunächst nicht erheblich. Nach Erfindung des Buchdrucks entstand hier jedoch eine umfangreiche Bibliothek. Von regionaler Ausstrahlung war die Durchführung mehrstündiger geistlicher Spiele in oder vor der Kirche, so die 1475/1476 von Propst Reborch nach einer niederdeutschen Vorlage auf einer 200 Seiten umfassenden Pergamenthandschrift niedergeschriebene und jeweils am Karfreitag vorgetragene Marienklage ebenso wie die Himmelfahrt Christi, wobei die Gestalt Christi durch eine Öffnung im Chorgewölbe nach oben verschwand.

Die Reformation brachte zunächst nur wenige Veränderungen für das Kloster. König Christian III. belegte dieses zwar mit hohen Abgaben, was

345 Bordesholm, Portal der Klosterkirche

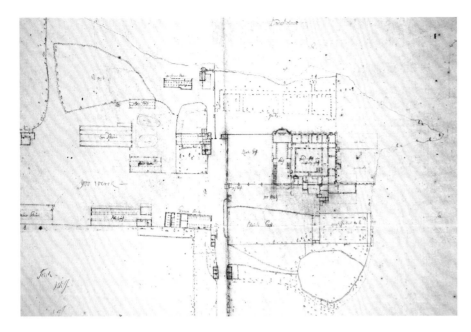

346 Bordesholm, Grundriss der Kirche und des Stiftsgebäudes um 1740, ohne Maßstab

347 Bordesholm, Fundamente der Klosterkirche aus behauenen Findlingsquadern

zur Veräußerung von Teilen des umfangreichen Streubesitzes führte, nicht aber die Existenz bedrohte. 1544 wurde das Kloster Christians Bruder, Herzog Johann, zugesprochen, der schließlich nach vielen Winkelzügen der Chorherren, dem neuen Glauben nicht zu folgen, das Kloster 1566 förmlich aufhob. Propst Marquard Stammer floh 14 Tage nach Ostern unter Mitnahme zahlreicher Dokumente, Siegel und kirchlicher Gerätschaften nach Bethlehem bei Zwolle in Holland, dem Hauptsitz der Windesheimer Kongregation. Daraus entstehende gerichtliche Auseinandersetzungen führten bis zum Reichskammergericht, die Stammer verlor und die auch die rechtliche Auflösung des Klosters 1577 endgültig besiegelten.

Nach Aufgabe des Klosters entstand ein herzogliches Amt, das bis 1932 Bestand hatte. In die Klostergebäude zog eine Gelehrtenschule nach dem Vorbild sächsischer Fürstenschulen ein, um die Elite des Landes auf die Führungsaufgaben im Staat vorzubereiten. Die wertvolle Bibliothek verblieb zunächst in der Schule, allerdings wurden zwischen 1610 und 1620 die kostbarsten Bücher in die herzogliche Bibliothek nach Gottorf, schließlich 1749 nach Kopenhagen gebracht. Noch heute sind dort 15 oder 16 Handschriften und 8 Inkunabeln aus dem ehemaligen Klosterbesitz nachweisbar.

Das Kloster hatte mehrere Verwüstungen erdulden müssen: 1627 durch die kaiserlichen Truppen unter General Tilly im Dreißigjährigen Krieg, 1643 durch schwedische Truppen während des Schwedischen Krieges und 1657 durch polnische Truppen während des sogenannten »Polackenkrieges«. 1665 wurde die Schule zu Gunsten der Gründung einer Universität in Kiel aufgehoben. Der vor Ort noch erhaltene Bestand an Büchern bildete dort den Grundstock der Universitätsbibliothek, wo sich noch heute 134 Handschriften und 133 Inkunabeln befinden, darunter die für die Geschichte des Klosters bedeutende »Marienklage«. Gleichzeitig wurde der wertvolle, auch heute noch nach seinem Herkunftsort benannte »Bordesholmer Altar« in den Dom zu Schleswig gebracht. Nach Gründung der Kieler Universität wurde die Kirche bevorzugter Begräbnisort der Professoren, nachdem diese es abgelehnt hatten, den für sie vorgesehenen Platz an der Heilig-Geistkirche in Kiel, der ehemaligen Klosterkirche der Franziskaner, zu akzeptieren. Die Professoren fanden ihre Ruhestätte im Kirchenschiff und in der Waldschmittchen Gruft im nördlichen Seitenschiff. 1801 wurde als Letzter der Rechtsprofessor Mellmann beigesetzt. Die engen Beziehungen von Klosterkirche und Universität sind noch heute lebendig in der jährlichen Durchführung eines Universitätstages in der Kirche.

Nach Jahren der Verwahrlosung erfolgten 1722–1738 umfangreiche Instandsetzungsarbeiten und die Aufstellung eines barocken Altars. In der Folgezeit wurde die Kirche Pfarrkirche sowie auch Grablege der 1721 aus Schleswig vertriebenen Gottorfer Herzöge. Eine erneute Renovierung fand 1860/61 statt, dabei wurden die letzten Reste der Klostergebäude mit Ausnahme der Sakristei abgetragen. Später dienten die übrigen Gebäude als Amtshaus, Landratsamt und Gauschule. Heute befindet sich hier ein Altersheim.

Von den mittelalterlichen Klostergebäuden ist nahezu nichts erhalten. Nach einer Zeichnung von 1740 waren die Gebäudeflügel um einen nahezu quadratischen Kreuzhof, dessen Fundamente 1989 freigelegt wurden, angeordnet. Das Grundrissschema entsprach dem Üblichem: im Südflügel Refektorium und Wärmeraum, im Ostflügel Kapitelsaal und Bibliothek und im Westflügel Küche, Bäckerei und Brauhaus. Der Westflügel weist einige Annexbauten auf, welche die Kompaktheit der Klausur beeinträchtigten. Noch nicht geklärt ist die Funktion eines unterirdischen Gangs, der vom ehemaligen Südflügel in Richtung Seeufer verläuft. Der Volksmund überliefert, durch diesen Gang sei es den Mönchen möglich gewesen, unbemerkt das Kloster zu verlassen, um zu den Nonnen in Preetz zu gelangen. Die seeseitige Stützmauer und ein runder Turm stammen aus der Mitte des 16. Jahrhunderts. Nördlich des Klosters befand sich der Friedhof, daran anschließend und den heutigen Vorplatz mit der historischen Linde einnehmend, erstreckte sich der Wirtschaftshof mit Vogthaus, Gästehaus, Viehställen und Scheunen. Dort haben sich Reste der Klostermauer aus Backsteinen im Klosterformat erhalten.

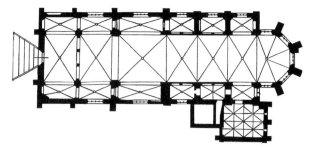

348 Bordesholm, Grundriss der Klosterkirche, M 1:750

Die erhaltenen Teile des mittelalterlichen Klosters sind die mehrfach umgebaute Kirche und die ehemalige Sakristei sowie Kellergewölbe im ehemaligen Südflügel. Die Kirche ist ein lang gestreckter Backsteingewölbebau von hallenartigem Charakter, der seine Entstehung in drei Bauabschnitten nach außen zu erkennen gibt: der Herrenchor (1332/33) mit drei Gewölbefeldern und 5/8-Chorpolygon, beidseitig Abseiten, die durch eingezogene Stützpfeiler kapellenartig unterteilt sind; ein quadratisches Mittelschiffjoch im Hallenquerschnitt als Laienteil (1450–1462); eine Verlängerung (1490 bis etwa 1502) um zwei weitere Joche nach Westen über Achteckpfeilern. Trotz der Abfolge von Bauabschnitten wirkt die Kirche durch ihre zurückhaltende Ausmalung einheitlich. Die schlichte Bänderung beschränkt sich auf Rippen und Gurte, am breiten Gurt zwischen

349 Bordesholm, Klosterkirche von Süden

zweiter und dritter Bauphase ist erneuertes Rankenwerk von 1490 erkennbar. Die geschnitzten Schlusssteinscheiben stammen aus dem Umkreis von Hans Brüggemann und stellen u. a. den Weltenrichter, die Madonna und Petrus sowie Stifterwappen dar (Anfang 16. Jahrhundert).

Der Chor war Standort des berühmten, 1514–1521 geschaffenen »Bordesholmer Altars« von Hans Brüggemann, ein herausragendes Werk der spätgotischen Kunst von gesamteuropäischer Bedeutung. Das dreiteilige 12,60 Meter hohe Schnitzretabel mit beidseitigen Flügeln zeigt auf 20 Bildflächen figurenreiche Szenen, für die teilweise Albrecht Dürers Passionszyklus als Vorlage diente: in der Hauptfront Kreuztragung und Kreuzigung, darüber Gottvater und Maria, rechts und links je sechs Passionsszenen in zwei Reihen übereinander, Himmelfahrt und Pfingsten in den oberen Querfächern, im Gesprenge das Jüngste Gericht, dazu die besonders sorgfältig ausgearbeiteten Figuren von Adam und Eva. Zum Retabel gehören zwei seitlich angeordnete etwa 4 m hohe Säulen mit den Figuren des Kaisers Augustus und der Tibertinischen Sybille, die dem Kaiser die Ankunft Christi weissagte. Wie die gleichzeitigen Schnitzwerke des süddeutschen Meisters Tilman Riemenschneider wird der Gesamteindruck des Retabels durch den vollständigen Verzicht auf Bemalung bestimmt. Ingeborg Kähler hat literarische Bezüge zu Schriften des Erasmus von Rotterdam, der den Windesheimern sehr nahe stand, nachgewiesen. Dadurch gibt sich das Retabel als Veranschaulichung des »Friedensgedankens auf der Grenze zwischen devotem Quietismus und humanistischen Reformvorstellungen«, auf die »sich alle Bildgegenstände und Gestaltungsprinzipien beziehen lassen« zu erkennen. (Kähler 1981, S. 126) Zugleich stand er in künstlerischer Konkurrenz und in politisch-programmatischem Gegensatz zum »Odenser Altar« von Claus Berg in der ehem. Franziskanerkirche in Odense, heute St. Knud, zwischen 1511 und 1521, die als Grablege der dänischen Könige diente.

Aus klösterlicher Zeit stammen einige weitere Stücke der spätgotischen Ausstattung. Das von Herzog Friedrich und seiner Gemahlin 1509 gestiftete 30-sitzige Chorgestühl aus Holz war früher U-förmig so angeordnet, dass es den Chor von der Laienkirche trennte. Erhalten haben sich zwei Sitzreihen entlang den Chorwänden mit figürlichen Schnitzereien an den Wangen: Symbole der Evangelisten an den Brüstungswangen, Stifterwappen und eine Figur des heiligen Christophorus an den Hochwangen, weiterhin Tierfiguren und Drolerien. Aus der ersten Hälfte des 15. Jahrhunderts stammen der überlebensgroße Corpus des Triumphkreuzes, aus der Zeit um 1500 der Altarschrein des heiligen Augustinus und der Kirchenväteraltar um 1510, sowie mehrere spätgotische Grabsteine adeliger Förderer und Stifter. Das Kenotaph Herzog Friedrichs I. und seiner Gemahlin Anna von Brandenburg weist künstlerisch bereits in die Neuzeit. Beachtenswert sind vor allem die lebensgroßen Liegefiguren des Herzogspaars aus Bronze auf einer Deckplatte, eine bedeutende Frührenaissancearbeit eines unbekannten Meisters.

350 Dom zu Schleswig; das aus der Bordesholmer Klosterkirche stammende Retabel, Detail: Christus in der Vorhölle

Der heutige, durch Herzog Carl Friedrich gestiftete Altar an Stelle des älteren entstand erst 1727. Es handelt sich um einen spätbarocken Aufbau, in der Mitte ein großes Gemälde mit der Taufe Christi, seitlich daneben Figuren der vier Evangelisten.

Die ehemalige zweigeschossige Sakristei ist der letzte bauliche Rest der Klausur an der Südseite des Chors. Im Erdgeschoss überspannen vier achtrippige Kreuzgewölbe über einer Mittelsäule mit Trapezkapitell einen nahezu quadratischen Raum. Hier befindet sich heute der Sarkophag des Herzogs Carl Friedrich, Vater des späteren Zaren Peter III., weshalb der Raum auch Russenkapelle genannt wird. 1999 wurde hier eine die Geißelung Christi darstellende Wandmalerei freigelegt und gesichert. Der Gruftanbau, die Saldernsche Gruft, westlich neben der Sakristei stammt aus dem 18. Jahrhundert.

Südlich der Kirche steht das ehemalige Amtshaus, ein spätbarockes, palaisartiges Gebäude von 1769, in dessen Keller Reste mittelalterlicher Mauern und Gewölbe sowie der Ziegelfußboden des vormaligen Südflügels der Konventsbauten freigelegt worden sind. Hier befindet sich ein kleines Museum zur Geschichte des Klosters. Ausgestellt werden archäologische Funde, darunter beachtenswerte Devotionalien in Form von tönernen Christusfiguren aus dem 15. Jahrhundert.

2.5.6. Prämonstratenser, Ratzeburg – Domkloster (1157)

1154 übertrug Kaiser Friedrich I. Barbarossa sein Recht auf Einsetzung von Bischöfen auf seinen Vetter Heinrich den Löwen in dessen Herrschaftsbereich. Noch im gleichen Jahr berief dieser Evermod, Propst des Prämonstratenserstiftes Unser Lieben Frauen in Magdeburg, zum ersten Bischof von Ratzeburg. Evermod (Amtszeit 1154–1178) war zugleich ein enger Vertrauter Norberts, dem Gründer des Prämonstratenser-Ordens. Das Domkapitel mit vorwiegend aus Magdeburg stammenden dreizehn Ordensbrüdern, wurde nur drei Jahre später durch Papst Hadrian IV. mit ausdrücklichem Hinweis auf die Prämonstratensertracht und Beachtung der Augustinusregeln bestätigt. Vermutlich war der Konvent bis zur Errichtung des Domklosters im ehemaligem Kloster St. Georg untergebracht. d.h. etwa einhundert Jahre lang. Evermod selbst sah seine wichtigste Aufgabe in der Mission und reiste bis nach Norwegen. In seine Amtszeit fällt der Baubeginn des Domes, dessen Ostteil 1178 vollendet war. Der Nachfolger Isfried (1180–1204), Kaplan und Beichtvater Heinrichs des Löwen, setzte den Bau fort und vermittelte aus seinem vorherigen Wirkungskreis, der Mark, neue Bauformen, wo u. a. das Kloster Jerichow, hervorragendes Beispiel prämonstratensischer Backsteinromanik, entstanden war. Damit wurde der Ratzeburger Dom zu einer der ersten großen Backsteinkirchen im heutigen Schleswig-Holstein.

Nach Vollendung der Kirche 1251 begann man auch das Kloster zu errichten. Dieses besteht aus zwei zweigeschossigen Flügeln um einen Kreuzhof, der nach Westen durch einen niedrigeren Kreuzgangflügel geschlossen wird. Der Kreuzgang ist so angelegt, dass das nördliche

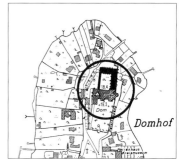

351 Domkloster Ratzeburg, Lageplan des Domklosters nördlich des Doms

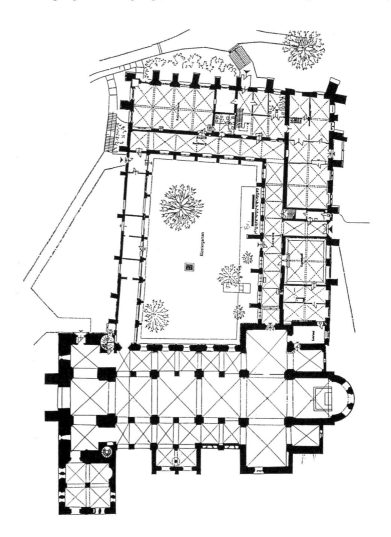

352 Dom und Domkloster Ratzeburg, Grundriss M 1:750

353 Domkloster Ratzeburg, Nordflügel des Kreuzgangs

Seitenschiff des Domes als vierte Seite des Kreuzgangs dient. Der an die Stirnseite des Querschiffs anschließende Ostflügel enthielt die Sakristei und den Kapitelsaal, dazwischen lag der Osteingang als Zugang zum Kreuzhof von außen sowie der Aufgang zum Obergeschoss mit Pförtnerkammer, und das Refektorium; im Obergeschoss das Dormitorium der Chorherren. Im westlichen Nordflügel befanden sich ein kleines Refektorium und die Küche, östlich davon weitere Klausurräume der Domherren. Die Zahl der Domherren wuchs im 13. Jahrhundert bis auf 25 an, woraufhin der »numerus clausus« eingeführt werden musste, um den Domherren materiell einen standesgemäßen Unterhalt zu sichern.

1504 wurde das Prämonstratenser-Kapitel in ein weltliches Domkapitel umgewandelt und das Domkloster aufgehoben. Die Domherren siedelten sich seitdem in der Umgebung des Domes an und errichteten dort eigene Häuser, die noch heute das Bild der Dominsel prägen.

Die Klausur ist weitestgehend erhalten und bietet das Bild der für das Mittelalter charakteristischen Kompaktheit. Das Äußere ist allerdings wiederholt verändert, die Stützpfeiler und die Westwand sind nachträglich angebracht und der Westgiebel des Nordflügels abgewalmt worden. Die letzte durchgreifende Restaurierung erfolgte 1898.

Der zweigeschossige Ostflügel weist spätromanisch-frühgotische Formen aus der Zeit um 1240/1250 auf. Beachtlich ist der Kreuzgangsflügel mit frühgotischen Kreuzrippengewölben über acht Jochen, das nördliche neunte Joch ist dagegen hochgotisch. Kapitelsaal und Refektorium sind zweischiffig angelegt und mit Kreuzrippengewölben auf Mittelstützen überdeckt. Das jetzt unterteilte Dormitorium im Obergeschoss war ursprünglich mit einer Holztonne überdeckt.

Der Nordflügel lässt durch seine früh- und hochgotischen Formen die spätere Bauzeit unschwer erkennen. Der Kreuzgangsflügel mit einem frühgotisches Westjoch und sechs hochgotischen Jochen wird durch Kreuzrippengewölbe auf Konsolen überdeckt und weist hochgelegene fensterähnliche Wandblenden, sowie ältere, jetzt vermauerte Durchgänge auf. Wie im Ostflügel sind die Räume zweischiffig und mit Kreuzrippengewölben überdeckt. Unter dem westlichen Teil des Nordflügels befinden sich tonnengewölbte Keller. Das Obergeschoss ist flach gedeckt und für neue Nutzungen umgebaut. Die Westseite des Kreuzhofes ist durch

354 Dom und Domkloster Ratzeburg, Ausschnitt aus der Stadtansicht Ratzeburg von Braun & Hogenberg, 1588

355 Domkloster Ratzeburg, Ostflügel des Kreuzgangs

356 Domkloster Ratzeburg, Kreuzhof mit Turm des Doms

den flach gedeckten Kreuzgang geschlossen, die Westwand nachträglich erhöht worden.

In den Wandblenden des Kreuzgangnordflügels haben sich gotische Wandmalereien aus dem 14. Jahrhundert mit kleinfigurigen Darstellungen des Glaubensbekenntnisses, seitlich davon jeweils Propheten und Apostel, erhalten. Die Darstellungen von Bischöfen auf der Arkadenseite sind ebenfalls gotisch und stammen wahrscheinlich aus dem 15. Jahrhundert. Die Gewölbemalereien in den beiden anderen Kreuzgangflügeln sind im Zusammenhang mit der Restaurierung des Klosters am Ende des 19. Jahrhunderts entstanden.

2.5.7. Antoniter, Mohrkirch-Kloster Mohrkirchen (1391)

Die Antoniter sind vermutlich 1390 aus Tempzin zwischen Wismar und Sternberg in das Angelner Land gekommen, um ihren Einflussbereich, der ganz Nordeuropa umfasste, zu festigen. Schon ab 1379 ist die Anwesenheit eines Antoniterbruders im heutigen Schleswig-Holstein belegt. 1391 erwarb der Orden den Edelhof Moerker von der Adelsfamilie Lembeck. Vermutlich haben sich die Mönche zunächst in den Gebäuden der übernommenen Wehrburg eingerichtet und etwa um 1400 mit dem Bau des Klosters begonnen.

Auf die Krankenpflege, neben der Seelsorge die Hauptaufgabe der Mönche, und einen dafür notwendigen Kräutergarten lässt das noch heute feststellbare Vorkommen des nicht heimischen Bilsenkrauts, ein Schlafkraut aus der Familie der Nachschattengewächse, schließen. Eine umfangreiche Schweinezucht half, nicht nur die Klosterinsassen zu verpflegen, sondern vielmehr noch die vielen Kranken und durchreisenden Pilger. Begünstigt wurde dieses dadurch, dass die Antoniter das Privileg besaßen, ihre Schweine, zugleich Attribute des Heiligen, überall frei weiden zu lassen. Die Fischzucht, auf die noch bis ins 18. Jahrhundert vorhandene Teiche schließen lassen, diente wie anderenorts dazu, die fleischlose Fastenzeit zu überstehen.

Die Bedeutung des neuen Klosters muss rasch gewachsen sein, denn schon 1398 gewährte Papst Bonifatius IX. denjenigen Gläubigen, die zu Fronleichnam das Kloster besuchten, einen Ablass, der dem eines Besuches der Markuskirche in Venedig entsprach. Für erfolgreiche Seelsorge sprechen umfangreiche Schenkungen zur Abhaltung feierlicher Messen. Das Kloster erhielt außerdem mit entsprechenden Einnahmen verbundene Patronatsrechte über mehrere Kirchen des Umkreises wie beispielsweise 1473 die Kirche Böel. Wenig später kam die Kirche Praestø auf Seeland hinzu. Das Kloster erwarb auch im gesamten Angelner Land Liegenschaften sowie drei Mühlen. Insgesamt ist der Konvent jedoch relativ klein geblieben: 1477 hatte es zusammen mit dem Tochterkloster Praestø lediglich 4 Brüder, wie viele davon in Mohrkirchen lebten, ist ungewiss.

1462 bestätigte Christian I. Ablassbriefe des Papstes, damit das Kloster schneller gebaut und verbessert werden kann, was den Schluss zulässt, dass die Gebäude zu diesem Zeitpunkt noch nicht fertig gestellt waren. Johannes Callsen folgert aus der Auswertung von schriftlichen und zeichnerischen Überlieferungen, dass sich die Klausur nördlich des ehemaligen Edelhofes als zweigeschossige Drei- oder Vierflügelanlage um einen Kreuzhof mit eingezogenem Kreuzgang (»gewölbte Gänge«) erstreckte. Ob der Kreuzhof nach Osten durch einen Gebäudetrakt oder nur durch einen langen Gang als Teil des Kreuzgangs geschlossen war, ist unklar. Eine Kirche ist zwar als Standort eines Kalandaltars urkundlich erwähnt, dennoch ist unklar, ob es eine solche tatsächlich gab. Wegen der geringen Größe des Konvents könnte es wie in einigen anderen Antoniterklöstern auch nur eine Kapelle gewesen sein. Die Lage ist im Nordflügel im Verbund mit den Räumen für die Mönche anzunehmen, weil nur dort die traditionelle Ausrichtung nach Osten möglich gewe-

357 Antoniterkloster Mohrkirchen, Lageplan

358 Antoniterkloster Mohrkirchen, Formstein (Heimatmuseum Mohrkirch)

sen wäre. Da der Westflügel stützenfrei angelegt war, ist anzunehmen, dass sich dort der Krankensaal befunden hat. Im Südflügel sind die repräsentativen Räume des Klosters wie Kapitelsaal und Räume des Vorstehers (Präzeptor) zu suchen. Die geringe Größe des Konvents legt die Vermutung nahe, dass außer im Krankensaal weitere Kranke oder Genesende auch in den weiträumigen Klostertrakten untergebracht waren. Um das Kloster herum gruppierten sich die Wirtschaftsgebäude. (Callsen, 2005)

Unbekannt ist das Datum der Auflösung des Klosters: Noch 1535 zählte ein Pater aus Mohrkirchen zu den Prälaten des Landes; 1541 taucht das Kloster im Bericht über die Visitation der Feldklöster an den König nicht mehr auf. Das lässt auf ein rigoroses Verfahren bei Aufhebung des Klosters und Konfiszierung des Besitzes zu Gunsten des Landesherrn schließen. Die Böeler Kirchenchronik berichtet, dass der nachmalige Aufseher Peter Hollensen alle Schriften und Bücher des Klosters verbrennen ließ, was das völlige Fehlen schriftlicher Überlieferungen erklärt.

Aus dem Klosterbesitz ist 1544 das Amt Mohrkirchen gebildet worden. Die Klostergebäude wurden zur Amtsverwaltung umgebaut, mehrere Wirtschaftsgebäude zunächst weiter verwendet. Später wurde das Gut an mehrere Adlige verpfändet, 1712 erhielt es den Status eines landesherrlichen Gutes. Aus dieser Zeit (1729) stammt die einzige grafische Darstellung des Klosters im Schleswig-Holsteinischen Landesarchiv mit erkennbar mittelalterlichen Bauteilen (gotische Staffelgiebel, Kreuzgang u. a.). 1778 kam es zur Versteigerung des Gutes und Parzellierung mit der Verpflichtung, die Gebäude abzubrechen, die Materialien wegzuschaffen und den Platz zu reinigen. Die noch brauchbaren Baumaterialien fanden Verwendung beim Bau neuer Häuser.

1844 schrieb H.N.A. Jensen recht idealisierend: »Zugleich wurden die Gebäude abgebrochen, deren große Steine zum Bau des Wohnhauses der jetzigen Hauptparzelle verwandt wurden. Der Platz aber, wo einst das Kloster gestanden, liegt jetzt in stiller Einsamkeit da. Die Orgeltöne und die Gesänge, die vormals hier ertönten, sind längst verklungen, und wenige, die den Platz betreten, wissen, was einst hier war.« (Jensen, S. 149) Im Heimatmuseum von Mohrkirchen erinnern allein noch ein paar Backsteine im Klosterformat und rote Dachpfannen an das ehemalige Kloster.

2.6. Bettelorden (Mendikanten-Orden)

Die Bettelorden entstanden aus der sich verstärkenden Kritik an kirchlicher Veräußerlichung und religiösen Entleerung um die Wende zum 13. Jahrhundert, aber auch in Folge von weitreichenden gesellschaftlichen und wirtschaftlichen Veränderungen, die sich aus einem ganz Europa erfassenden Urbanisierungsprozess ergaben. Der Wandel von der Natural- zur Geldwirtschaft, der Anstieg der gewerblichen Produktion und das Wachstum der Bevölkerung ließen erhebliche soziale Spannungen dadurch entstehen, dass in den Städten die Schere von Arm und Reich deshalb immer weiter auseinander klaffte: Betätigungsfeld der Bettelmönche und Voraussetzung für deren raschen Erfolg.

Im Gegensatz zu den auf die Erfordernisse der Feudalgesellschaft ausgerichteten Orden der Benediktiner und Zisterzienser entsprach die Religiosität der Bettelmönche eher den Ansprüchen der sich emanzipierenden städtischen Gesellschaft. Die Bettelmönche suchten nicht die Einsamkeit und Weltenferne, sondern in eigener materieller Armut verharrend die Nähe der Menschen, diesen die Lehre Christi nahe zu bringen. Sie zogen bettelnd durch die Straßen und predigten in Kirchen und auf Plätzen, die Menschen zur Nachfolge Christi aufzurufen.

Franziskaner und Dominikaner tauchten in vielen größeren Städten nahezu zeitgleich auf, was gegenseitige Absprachen vermuten lässt. Die Franziskaner fassten von West- und Mitteldeutschland kommend in den schleswig-holsteinischen Städten und in Dänemark Fuß. Die Dominikaner entwickelten ihre Aktivitäten dagegen auch von Lund, ihrer ersten Niederlassung in Skandinavien und Hauptort der Ordensprovinz Dacia, aus in Richtung Süden. Der Orden hatte sich dort verhältnismäßig früh konstituiert, was auf persönliche Aufenthalte des heiligen Dominikus 1203 und 1205 zurückgeführt wird.

Mit Ausnahme der größeren Städte wie Hamburg oder Lübeck war Schleswig-Holstein überwiegend agrarisch geprägt, die Städte erreichten nicht die Größe, um mehrere Klöster zugleich zu unterhalten, so dass in Kiel und Flensburg nur jeweils einer der Orden Niederlassungen gründeten, in den Bischofsstädten Lübeck und Schleswig waren jedoch beide vertreten. Unklar ist die Situation in Husum, wo

359 Bettelmönch und lahmer Bettler, Holzschnitt 1486

360 Hl. Franziskus, Lübeck 1450–1460, aus dem St. Johannis-Kloster (St. Annen-Museum Lübeck)

361 Lübeck, St. Katharinen-Kirche, Stigmatisation des heiligen Franziskus, Wandmalerei

es trotz der geringen Größe der Stadt sogar drei Bettelmönchsklöster zugleich gegeben haben könnte. Den bäuerlich-genossenschaftlichen Lebensgewohnheiten in Dithmarschen ist es dagegen zuzuschreiben, dass die Bettelorden dort nie richtig Fuß fassen konnten: die Dominikaner 1319 in Meldorf und die Franziskaner erst kurz vor der Reformation in Lunden 1513.

2.6.1. Franziskaner und Franziskanerinnen

Der Franziskanerorden (auch Minoriten oder Minderbrüder genannt) geht auf den heiligen Franz von Assisi (1182–1226) zurück. Die Ziele des Ordens sind in drei Regelwerken ab 1209 niedergelegt, die bis heute zusammen mit weiteren Satzungen die Grundlage des Ordens bilden. Von ihren Brüdern verlangen sie die Beachtung des Evangeliums, Verzicht auf jeglichen Besitz, Verbot der Geldannahme (im Notfall Zuflucht zum Betteln), Selbstheilung und Arbeit am Seelenheil der Mitmenschen. Als der heilige Franziskus 1226 starb, zählte sein Orden bereits 10.000 Brüder in ganz Europa. 1223 kamen die ersten Franziskaner nach Deutschland, in Augsburg gründeten sie das Ordenskapitel Teutonia. Später bildeten sich Ordensprovinzen heraus, das Gebiet des heutigen Schleswig-Holstein gehörte zu den Provinzen Saxonia und Dacia (Sitz der Provinziale oder Provinzialminister in Magdeburg bzw. Marstrand). Die Provinzen waren unterteilt in Kustodien, die für den Betrachtungsraum relevanten hatten ihren Sitz in Lübeck bzw. Ripen. 1505 erfolgte die Zusammenfassung der Franziskanerklöster Kiel, Schleswig und Husum in der Kustodie Kiel, zu der später Lunden kam.

Die erste Niederlassung entstand in Lübeck bereits 1225, wenig später breiteten sich die Franziskaner nach Norden aus: Myld 1232, Kiel 1245, Flensburg 1248 und Schleswig 1269. An der Westküste fassten die Franziskaner erst später Fuß: 1431 und/oder 1494 (?)Husum und noch später Lunden (1513). Die jeweiligen Amtsinhaber waren für die Brüder als Seelsorger verantwortlich und übten über diese die kirchliche Strafgewalt aus. Die Brüder selbst waren nicht Mitglied einer Klostergemeinschaft wie bei den älteren Orden üblich, sondern eines Personalverbandes. Damit konnten sie auch versetzt werden: Ortsungebundenheit als Aufforderung, nur der Sache zu dienen und sich nichts, auch nicht Heimatrecht, anzueignen.

Schicksalhaft wurde für den Orden die Auseinandersetzung über den Begriff der materiellen und geistlichen Armut und deren Konkretisierung. Wie in anderen Orden ließ sich das Gebot der Armut nicht durchhalten, denn der Orden gewann rasch an Einfluss sowie großen Reichtum und sichere Einnahmen durch Stiftungen und Schenkungen. Papst Gregor IX. sah sich deshalb schon 1230 veranlasst, die völlige Besitzlosigkeit durch das Zugeständnis des bloßen Gebrauchsrechtes für die Gemeinschaft erträglich zu machen, das tatsächliche Eigentumsrecht fiel dagegen dem Papst zu. 1279 bestätigte Papst Nikolaus III. noch die franziskanische Lehre von der Armut als höchster Form christlicher Vollkommenheit. Die Beachtung des ursprünglichen Willens des Ordensgründers forderten deshalb radikale Spirituale, so genannt, weil sie die »geistliche Beobachtung der Regel« (Dinzelbacher und Hogg, S. 147) einforderten, und u. a. die Wissenschaft als Quelle des Hochmuts ablehnten. Dieses führte zu gewalttätigen Auseinandersetzungen mit den gemäßigten Konventualen, die Besitztümer kollektiver Art und wissenschaftliches Studium als

Grundlage erfolgreicher Predigttätigkeit zulassen wollten. Papst Johannes XXII. verurteilte schließlich 1317 die Spiritualen als Häretiker und forderte diese auf, in den Gesamtorden zurückzukehren. Widerspenstige wurden als Ketzer verbrannt oder zogen es vor zu fliehen. 1322 kündigte der Papst die Eigentumsrechte an allen Gütern wieder auf, wodurch der Orden wiederum tatsächlicher Eigentümer wurde. Die in den Orden zurückgekehrten Spiritualen formierten sich 1334 mit Billigung des Papstes in der zahlenmäßig kleineren Observantengruppe. An mehreren Standorten unterhielten Konventuale und Observanten Niederlassungen zugleich: möglicherweise auch in Husum. Erst 1517 erfolgte durch Papst Leo X. eine rechtliche Neuordnung durch die endgültige Aufteilung in Konventuale und Observanten, wobei letztere nunmehr allerdings zahlenmäßig die Mehrheit bildeten.

Der Franziskanerorden verlor mit der Reformation in Norddeutschland und Dänemark alle Niederlassungen. Im katholisch gebliebenem Europa erlebte er dagegen während des 17. und 18. Jahrhunderts eine Hochblüte, bevor er nach der Säkularisierung 1803 wieder an Bedeutung verlor und sich neue Tätigkeitsfelder vor allem in Übersee suchte. In Kiel kam es 1930 zur Neugründung eines Mönchsklosters, das jedoch nur bis 1994 Bestand hatte.

Nicht dargestellt wird hier der weibliche Zweig des Franziskanerordens, der – nach seiner Gründerin Klara von Assisi (1193–1253) auch »Klarissen« genannt – im heutigen Schleswig-Holstein nicht vertreten war. Erst neuerdings, seit 2003, ist eine kleine Gemeinschaft von Franziskanerinnen auch in Kiel tätig.

2.6.2. Dominikaner

1215, nahezu zeitgleich mit der Bildung des Franziskanerordens, gründete der 1230 heilig gesprochene Dominikus (um 1170–1221) sein erstes Kloster in Toulouse und gab 1220 dem neuen Orden eine erste Verfassung. 1217 verlieh Papst Honorius III. Dominikus und seinen Brüdern den Titel »Prediger«, wodurch die Verkündigung des Wortes Gottes erstmalig zum vorrangigen Ziel eines Ordens erklärt wur-

362 Lübeck, Burgkloster; Gewölbeschlussstein mit Bild des heiligen Dominikus im Refektorium

de. Völlig neu war dabei die Übertragung des Predigtamtes auf Lebenszeit an eine Gemeinschaft, was bis dahin nur Bischöfen vorbehalten war, die berechtigt waren, anderen Priestern den Predigtauftrag – stets aber nur zeitlich begrenzt – zu erteilen. Neu war auch neben dem Gebot der Armut die Verpflichtung zu lebenslangem Studium. Schon 1221 sandte das Generalkapitel des Ordens die aus England, Skandinavien und Deutschland stammenden Brüder in deren Heimatländer zurück, dort Konvente zu gründen und die Heiden zu missionieren.

Dem Nachfolger des heiligen Dominikus, Jordanus von Sachsen (1222–1237), gelang es, etwa 250 Konvente zu gründen und den neuen Orden an den Universitäten zu etablieren. 1224 kamen die Dominikaner nach Köln, von wo aus sie in fast allen bedeutenden Städten Niederlassungen gegründet haben: bereits 1227 in Lübeck und 1228 in Ripen. Nach 1230 folgten weitere Niederlassungen in Schleswig, Hadersleben, möglicherweise auch in Husum sowie 1319 in Meldorf. Durch Abtrennung der nord- und mitteldeutschen Konvente von der Ordensprovinz »Teutonia« entstand 1303 die Provinz »Saxonia«, Schleswig gehörte zur Provinz »Dacia«.

Als Papst Gregor IX. 1231 die Inquisition einführte, übernahmen die Dominikaner deren Vollzug, was das Bild des Ordens für die Nachwelt erheblich belastete. 1484 erließ Papst Innozenz VIII. eine Bulle gegen das Hexenwesen, das sich im Spätmittelalter zu einem regelrechten Hexenaberglaube verdichtete, wonach die

363 Der heilige Albertus Magnus im Kreise seiner Schüler, Holzschnitt aus einer von dem Heiligen kommentierten Ausgabe De anima von Aristoteles. Köln 1491

Hexen mit dem Teufel Buhlschaft trieben. Den Nährboden für die Welle von Hexenprozessen bereiteten die Dominikanermönche Heinrich Institoris und Jakob Sprenger mit ihrer berüchtigten Schrift »Hexenhammer« (»Malleus Maleficarium«), 1487 erstmalig erschienen und bis 1629 29mal nachgedruckt, die eine Beschreibung des Hexenwesens und Anweisungen für dessen Bekämpfung enthält. Da auch die protestantische Theologie die Hexenlehre ihrer Zeit übernahm, wirkten die Dominikaner damit weit in eine Zeit, in der sie in Schleswig-Holstein selbst keinerlei Bedeutung mehr hatten. Der erste Hexenprozess fand hier 1530 statt, der letzte 1735, von nachweislich 785 Angeklagten wurden 530 hingerichtet.

Die Spiritualität der Dominikaner beruht auf dem Gedanken, dass die durch Jesus Christus offenbarte Wahrheit Gottes mit Hilfe des Verstandes zu suchen, zu betrachten und zu verkünden sei. Der von Thomas von Aquin formulierte Wahlspruch lautete: »contemplari et contemplata aliis tradere« (»sich der Kontemplation widmen und die Frucht der Kontemplation an andere weitergeben«. (zit. n. Dinzelbacher und Hogg, S. 139). Daraus entwickelte sich das Bildungswesen mit lebenslangem Studium sowie Lehre an eigenen Schulen und Lehrstühlen der Universitäten, die sie zuletzt dominierten. Zu den bekanntesten Naturwissenschaftlern des Abendlandes zählte der Dominikaner Albertus Magnus.

Die große Gelehrsamkeit der Dominikaner und ihr unübersehbarer Erfolg bargen wiederum den Keim des Verfalls ordenseigener Ideale. Nicht wenige Brüder wirkten als Ratgeber oder Gesandte von Fürsten und Städten, vermittelten Friedensverhandlungen, dämmten den Wucher ein und reformierten die Rechtsprechung. Etwa 3.000 Brüder gelangten zu Bischofswürden, 75 wurden zu Kardinälen ernannt, vier gelangten auf den heiligen Stuhl. Das Generalkapitel hat mehrmals versucht, diese Entwicklung aufzuhalten, da er die Erfüllung des geistlichen Auftrags des Ordens, insbesondere die Beachtung des für den Orden konstitutiven Armutsgebotes in Gefahr sah.

Mit der Reformation verlor der Orden alle Niederlassungen in den protestantischen Gebieten, in den katholischen gewann er im Zusammenhang mit der Gegenreformation noch an Bedeutung und breitete sich auch nach Übersee aus, um mit der Säkularisation 1803 in Deutschland zunächst an Bedeutung zu verlieren. Eine Wiederbelebung setzte jedoch bereits nach dem Wiener Kongress ein, eine deutsche Provinz »Teutonia« gibt es seit 1895 wieder.

2.6.3. Augustiner – Eremiten

Der Orden der Augustiner-Eremiten entstand 1244 aus dem Zusammenschluss mehrerer Eremitenverbände auf der Grundlage der Augustinusregel, womit der entscheidende Schritt zum Bettelorden vollzogen war. Die Bestätigung durch Papst Alexander IV. erfuhr der neue Orden bereits 1256, dessen erster Generaloberst Lafranc von Mailand war. Bereits um 1330 bestanden 24 Provinzen, in den vier deutschen Provinzen gab es 80 Konvente. In der zweiten Hälfte des 14. Jahrhunderts erfasste den Orden eine weitreichende Erneuerungsbewegung; für Deutschland war die Waldheimer Reformkongregation (1404) bedeutsam, für Norddeutschland insbesondere auch die Windesheimer Kongregation (1387). Das Kloster Windesheim erhielt 1435 zusammen mit dem Kloster Wittenberg durch das Basler Konzil den Auftrag, die Klöster der Augustiner-Eremiten zu reformieren und durch eine straffe Organisation und regelmäßige Visitationen die Wahrung der geistlichen Ideale durchzusetzen.

Die Spiritualität der Augustiner-Eremiten wird geprägt durch den Geist Augustinus sowie dessen Biographie und Werke. Die Autoren des Ordens betonen die zentrale Rolle der Liebe für das geistliche Leben, die Notwendigkeit der helfenden Gnade für alle guten Handlungen und den Geschenkcharakter der menschlichen Verdienste. Lebensideal der Brüder war die Güter- und Lebensgemeinschaft. Eine der vornehmsten Aufgaben sahen sie im Studium der Theologie als Fundament einer ausgedehnten Lehrtätigkeit, in der humanistische Ideen der Antike und des frühen Christentums aufgenommen und ein neuer Umgang mit den theologischen Quellen erarbeitet wurden. Der Orden unterhielt ein dichtes Netz von Studienhäusern. Begabte Studenten wurden an die führenden Universitäten geschickt, um dort akademische Würden zu erlangen. Einer der bekanntesten

Augustiner-Eremiten war Martin Luther, der 1505 als Novize in das Erfurter Augustinerkloster eingetreten war.

Während der Reformation gingen in den protestantischen Ländern alle etwa 70 Augustinerklöster unter. In den katholischen Ländern lebte der Orden dagegen weiter und gelangte vor allem in Spanien und Portugal und den davon abhängigen überseeischen Gebieten zu neuer Blüte. Die Säkularisation 1803 führte mit Ausnahme des Klosters Münnerstadt zur Schließung der letzten verbliebenen Klöster des Ordens in Deutschland. Seit Ende des 19. Jahrhunderts erfolgte von dort aus die Wiedererrichtung der deutschen Ordensprovinz mit Sitz in Würzburg (1895) und die Gründung neuer Konvente.

In Schleswig-Holstein gab es nur kurzzeitig eine Niederlassung der männlichen Augustiner-Eremiten in Kuddewörde, dagegen zwei des weiblichen Ordenszweigs: in Neustadt i.H. und in Lübeck. Wie die Mönche waren die Nonnen den Geboten des Ordens – Gehorsam, Armut und Keuschheit – unterworfen und folgten den Bestimmungen über den Tagesablauf (Gebetszeiten, Messen, Mahlzeiten). Die Aufgaben der Nonnen bestanden in Handarbeiten, im Kopieren und Anfertigen von Handschriften sowie in der Ausbildung des eigenen Nachwuchses sowie der von Mädchen und jungen Frauen.

2.6.4. Wilhelmiten

Der Wilhelmitenorden geht aus einer Mitte des 12. Jahrhunderts in der Toskana entstandenen Eremitengemeinschaft hervor. Gründer war der französische Adelige Wilhelm von Malavalle, der nach mehreren Pilgerreisen bis zu seinem Tod 1157 im Bergtal Malavalle bei Castiglione della Pescaia ein streng asketisches Leben führte. Bereits in den 1170er Jahren gestattete Papst Alexander III. die Verehrung Wilhelms als Heiligen.

Papst Gregor IX. schrieb den Wilhelmiten die Befolgung der am Vorbild der Benediktiner- und am Zisterzienser orientierten Konstitutionen vor. Späteren Versuchen der Kurie den Orden zusammen mit anderen Eremitengemeinschaften in den der Augustinereremiten einzubinden, widersetzten sich die Wilhelmiten nachdrücklich, 1266 bestätigte Papst Clemens IV. schließlich die Eigenständigkeit.

Der Orden breitete sich, nachdem er bereits kurz nach seiner Gründung mehrere reformbedürftige Klöster übernommen hatte, ab Mitte des 13. Jahrhunderts auch nach Frankreich, Nordwesteuropa, Böhmen, Ungarn und Deutschland aus, während er in Italien stagnierte. Reformation und Säkularisation beschleunigten den Niedergang, 1569 wurde das Mutterhaus schließlich den Augustinereremiten übertragen. Mit dem Tod des letzten niederländischen Wilhelmiten 1879 endete die Geschichte des Ordens.

Die Wilhelmiten führten in ländlichen Gegenden ein klösterlich-eremitanisches Leben zisterziensischer Prägung, in Städten passten sie sich jedoch den anderen Bettelorden an, ohne jedoch deren Präferenz für Seelsorge und Studium zu teilen. Wegen der adeligen Herkunft des Gründers genoss der Orden ein hohes Ansehen beim Adel und dementsprechend großzügige Förderung. In Schleswig-Holstein war der Ansiedlung des Wilhelmitenordens in Kuddewörde kein Erfolg beschieden. Ihr Kloster wurde nach wenigen Jahren auf die Augustinereremiten übertragen.

2.6.5. Klöster der Bettelorden

2.6.5.1. Standort und städtebauliche Einbindung

Die ersten Klöster der Bettelorden entstanden außerhalb der Städte und folgten damit zunächst tradierten Vorstellungen älterer Orden. Das Selbstverständnis der Bettelorden und die sich daraus ergebenden engen Verbindungen mit der Bürgerschaft legten es aber nahe, innerhalb der Stadt selbst einen Standort zu suchen. Auffällig ist die Lage in Randbereichen nahe der Befestigung, was unterschiedlichen Interpretationen Raum gab. Nicht haltbar sind frühere Annahmen, der Einbezug der Klöster in den Stadtbering sollte den sakralen Bedeutungsgehalt der Stadt als Gottesstadt verdeutlichen oder die Standortwahl eine Hinwendung zu den ärmeren Schichten anschaulich machen, was mindestens für die Dominikaner auch deshalb nicht zutrifft, da diese sich eher den wohlhabenden Bürgern zuwandten.

364 Bildnis Martin Luther als Augustinermönch, Kupferstich aus der Cranach-Werkstatt, 1520

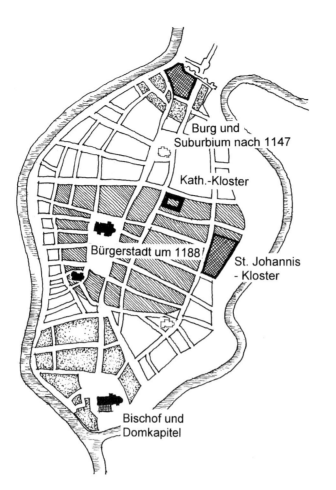
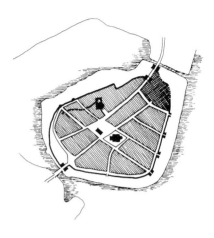

365 Lübeck, Stadtgrundriss am Ende des 12. Jh. mit der für die Klöster der Bettelorden charakteristischen Randlage des Katharinenklosters vor der Umbauung ab 14. Jh., M 1:15.000

366 Kiel, Stadtgrundriss, Kloster in Verbindung mit der Stadtbefestigung 13. Jh. (unterbrochene Linie), fette Linie Stadtmauer 14.–15. Jh., kreuzschraffiert die Burg, in der Mitte Markt mit Stadtkirche St. Nicolai und Rathaus, M 1:15.000

Wahrscheinlicher ist, dass, als die Bettelorden in die Städte drängten, dort zumeist nur noch wenige Grundstücke in ausreichender Größe vorhanden waren, oder dass nicht mehr benötigte Herrschaftssitze wie in Schleswig oder Anwesen des stadtsässigen Adels, nicht selten wie in Lübeck am Stadtrand gelegen, frei wurden. Die gebotene Besitzlosigkeit der Konvente beließ das Eigentumsrecht an den Grundstücken bei den Städten, die die Gebäude ihrerseits in das öffentliche Leben einbezog. Für Gründungsstädte wie Kiel oder Neustadt i.H. wird angenommen, dass die Klöster in baulichem Zusammenhang mit der Stadtbefestigung zur Verteidigung der Stadt beitragen sollten.

Im Stadtraum standen die Kirchen stets an der Straße, fast immer an einer Straßenkreuzung. Diese nicht auftrumpfende, gleichwohl selbstbewusste Stellung der Kirche im Stadtgefüge entsprach dem Verständnis der Bettelmönche über ihre eigene dienende Rolle in der Stadt. Herausgehoben ist die nach den Regeln turmlose Kirche in vielen Fällen allein durch einen hohen steilen Chor und eine ebenso hohe Westfassade, die im Straßenraum unübersehbar turmähnliche Akzente setzen. Es gab keinen Vorbereich wie Friedhof oder Immunitätsflächen, der Klausurbereich schloss sich rückwärtig an. Geringe Größe und häufig unregelmäßiger Zuschnitt der zur Verfügung stehenden Grundstücke bewirkten gelegentlich einen ebenso unregelmäßigen Grundriss.

2.6.5.2. Klosterbauten

In den ersten Niederlassungen der Bettelmönche gehörte eine Kirche nicht zum unverzichtbaren Raumprogramm eines Klosters, denn man lebte und predigte auf der Straße. »Die Brüder sollen sich nichts aneignen, weder Haus noch Ort, noch sonst etwas.« (2. Regel, Kap. 6, zit. n. Dinzelmann und Hogg, S. 167) Erst als sich größere Konvente bildeten und vor allem nach Einführung des Noviziats (1220) wurde auch der Bau eigener Kirchen unabdingbar.

Grundsätzlich galt das benediktinische Klosterschema mit der Anordnung der wichtigsten Bauten um einen Kreuzhof. Die Hinwendung der Bettelmönche zur Stadt und deren Bürgerschaft, in der sie häufig wichtige Posten einnahmen, führte in umgekehrter Weise zum Eindringen der Welt in das Kloster. In den Kapitelsälen fanden auch Laien zu Versammlungen, Predigten und Unterricht Zugang; in den Refektorien speisten die Brüder mit den Mächtigen des Landes oder der Stadt, in den Kirchen tagten nicht selten der jeweilige Stadtrat oder auch der Landtag, wichtige weltliche Zeremonien wie Vertragsabschlüsse oder Verlöbnisse fanden hier statt. Damit erfüllten die Klöster als »quasi städtische Institutionen« (Zahlten, S. 382) verschiedenste Funktionen zugleich und verloren die für die älteren Orden unabdingbare Abgeschlossenheit gegenüber der Umgebung.

Für die Ausbildung des Grundrisses konnte es nicht ohne Auswirkung bleiben, dass das Gemeinschaftsleben hinter dem Bedürfnis zurücktrat, dem Einzelnen einen Raum zur Entfaltung der Individualität zu geben. Der Kern des Klosters war damit nicht mehr der Kreuzgang, sondern die Zelle, in der die Brüder nicht nur schliefen, sondern auch arbeiteten. Das führte zur Aufgabe der für die älteren Klöster charakteristischen monumentalen Schlafsäle und erleichterte die Einfügung in unregelmäßig geschnittene und enge Grundstücke. Die Dominikaner führten unter dem Dach Praedikatorien ein, in denen Studenten unter Anleitung eines Magisters das Predigen lernten. Dabei entstanden Klöster, die nicht nur die zunehmende Individualisierung ihrer Brüder anschaulich machen, sondern auch in der Reihe der Ordensniederlassungen immer stärker an Individualität gewannen. Wolfgang Braunfels weist darauf hin, dass sich die Erlasse des Generalkapitels nicht wie bei anderen Orden mit der andauernden Verschärfung der Regeln beschäftigten, sondern stattdessen vielmehr mit der Befreiung davon, um den örtlichen Erfordernissen gerecht werden zu können. (Braunfels, S. 191)

367 Augustinerkloster in Freiburg/Schweiz mit für Bettelklöster charakteristischer Stadtrandlage bzw. Lage in einer Vorstadt, steiler Chor und Verzicht auf Türme, Ausschnitt aus dem Stadtpanorama von Martin Martini 1606

2.6.5.3. Kirchen

Neues, weit in die Zukunft Weisendes haben die Bettelmönche beim Kirchenbau geleistet. Die grundlegenden Regeln der Orden enthielten zunächst keine konkreten Bauvorschriften. Für die Dominikaner hatte Jacobus von Sachsen aber bereits 1228 vorgeschrieben, dass nur schmuck- und turmlose Gebäude gebaut werden sollten, die Höhe der Mauer dürfe nicht 12 Fuß, die der Kirche nicht 30 Fuß überschreiten, gewölbt werden sollte die Kirche nur über dem Chorraum und in der Sakristei. Für die Franziskaner fasste das Generalkapitel von Narbonne 1260 Beschlüsse, die für den Kirchenbau maßgeblich waren: Mit Hinweis auf das Armutsgebot sollten die Kirchen mit Ausnahme des Chores nicht gewölbt werden, Türme wurden verboten.

Das Hören der Predigt als zentrales Element des Gottesdienstes erforderte eine weiträumigen, saalartigen Raum, um möglichst viele Men-

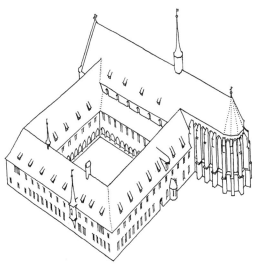

368 Idealtypisches Bettelordenskloster des 15. Jh.

369–371 Kennzeichen von Klöstern der Bettelorden: Turmlosigkeit, einfacher Umriss, glatte Westfassaden, hoher Chor – St. Katharinenkirche in Halberstadt (l.), Predigerkirche in Erfurt (r.), St. Katharinen-Kirche in Lübeck (u.)

schen nahe der Kanzel, zumeist in der Mitte der Längswand angeordnet, zu versammeln. Die Hallenkirche mit annähernd gleich hohen Schiffen erfüllt die Anforderungen nach einem Versammlungsraum besonders gut und verbreitete sich als bevorzugter Bautyp rasch über ganz Norddeutschland. Weite hohe Arkaden auf Rund- oder Achteckpfeilern öffnen die Schiffe zueinander. Die Franziskaner bevorzugten mehr die flach gedeckten Hallen, während die Dominikaner die Wölbung einführten, was die einheitliche Raumwirkung von Schiffen und einschiffigem Langchor unterstützt. Der Chor als östlicher, in der Regel 5/8-polygonaler Kirchenabschluss fluchtet mit dem Mittelschiff und gibt den Kirchen die für Bettelmönchskirchen charakteristische Tiefenwirkung, betont durch das Fehlen eines Querschiffes; Chor und Mittelschiff wurden durch einen Lettner getrennt.

Der Außenbau entspricht der Knappheit und räumlichen Großzügigkeit des Inneren. Die Kirchen wirken besonders blockhaft durch den Verzicht auf Strebebögen, sogar die Strebepfeiler wurden zu Gunsten einer kompakten Außenwirkung gelegentlich nach innen gezogen. Die monumentalen Fassaden zeigen die Basilika- oder Hallenhaussilhouette in völliger Schmucklosigkeit, allein gegliedert und durchbrochen von einem Portal und einem hohen Fenster. Die Backsteinkirchen an der Ostseeküste und in Ostdeutschland lassen gegenüber den aus Werkstein errichteten, asketisch wirkenden Kirchen Süd- und Mitteldeutschlands (Predigerkirche in Erfurt) gelegentlich eine größere Schmuckfreudigkeit durch Blendbögen und -arkaden sowie den Wechsel backsteinsichtiger und verputzter Mauerflächen erkennen (Nikolaikirche in Frankfurt/Oder, St. Katharinen-Kirche in Lübeck).

2.6.5.4. Bauliche Gestaltung

Die Architektur folgt durch Vereinfachung, Schlichtheit und Strenge sowie Zurücknahme des Details dem Gebot der Armut und veranschaulicht die Bedeutung des gesprochenen Wortes durch Weite und Klarheit der auf die Predigt bezogenen Räume. Die Kirchen zeichnen sich durch gute Proportionen und klare Körperhaftigkeit aus, verstärkt durch die Ausbildung eines Chor und Kirchenschiff zusammenfassenden steilen Daches. Das Verbot der Wölbung in der Laienkirche wurde zusehends zu Gunsten einer einheitlichen, durchgängigen Raumwirkung aufgehoben, das von Türmen durch Ausbildung eines hohen steilen, weit in den Straßenraum wirkenden Chors umgangen.

Die architektonische Gestaltung im Einzelnen war stärker als die anderer Orden nicht nur in die allgemeine stilistische Entwicklung, mehr noch in das örtliche Baugeschehen eingebunden. Stifter und städtisches Patriziat nutzten nicht nur die Einrichtungen des Klosters, sondern waren auch Träger der Baumaßnahmen, stifteten Kapellen und richteten in Kernräumen – sogar im Kapitelsaal – eigene Grablegen ein oder sicherten sich Zellen, um hier für Tage oder Wochen mit den Brüdern zu leben. Das erklärt die besondere, von den allgemeinen Regeln der Bettelmönchskirchen abweichende und aufwendige Gestaltung der Kirche des St. Katharinen-Klosters in Lübeck, denn die geldgebenden Lübecker Familien konnten sich wohl nur eine Kirche vorstellen, die der Hauptkirche ihrer Stadt, der Marienkirche, ebenbürtig ist. Analog dazu erklärt sich die Zurücknahme des gestalterischen Aufwands in den kleineren Städten wie Flensburg oder Kiel nicht zuletzt aus den beschränkten materiellen Ressourcen der dortigen Geldgeber und bescheidenen künstlerischen Fertigkeiten der örtlichen Bauleute zugleich.

Die Architektur der anderen Bettelorden wie der Augustiner-Eremiten und Wilhelmiten stimmt weitestgehend mit der der Franziskaner und Dominikaner überein, ist jedoch noch reduzierter und strenger. Davon ist allerdings in Schleswig-Holstein nichts erhalten geblieben.

2.6.6. Franziskanerklöster

2.6.6.1. Lübeck – St. Katharinen-Kloster (1225)

Das Gründungsdatum 1225 des Klosters ist in einer Urkunde aus dem letzten Viertel des 14. Jahrhunderts überliefert. In diesem Jahr erhielten die Franziskaner vom Rat der Stadt ein Grundstück zugewiesen und das Privileg der Abgabenfreiheit. Es wird angenommen, dass die erste Klosteranlage 1256 fertig gestellt war, über das Aussehen ist aber nichts bekannt. Lutz Wilde vermutet, dass sie in der Tradition der Backsteinromanik Ostholsteins gestanden und den verheerenden Stadtbrand von 1276 ohne Schaden überstanden hatte. (Wilde, 2002, S.2)

372 St. Katharinen-Kloster Lübeck, Lageplan

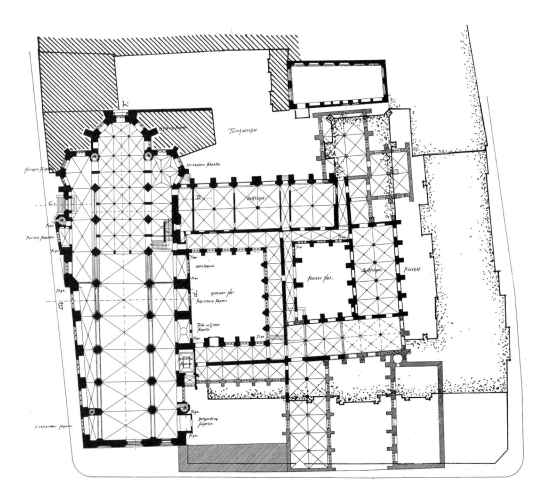

373 St. Katharinen-Kloster Lübeck, Grundriss der in das Katharinäum einbezogenen Klausur; schwarz: erhaltene Bauteile, dichte Schrägschraffur: nicht erhaltene Bauteile, punktiert: Neubauten des Katharinäums und Stadtbibliothek, weite Schrägschraffur: sonstige Bauten, M 1:750, Norden links

374 St. Katharinen-Kirche Lübeck, Gewölbe des Mittelschiffs

Eine lange Reihe von Stiftungen Lübecker Bürger lässt auf die starke Einbindung des Klosters in das städtische Leben schließen und bewirkte 1351 schließlich einen völligen Umbau von Kirche und Klausur, nachhaltig gefördert durch Vermächtnisse von 1350 an der Pest Gestorbener. Die Durchführung eines Ordenskapitel 1356 lässt vermuten, dass der Bau bis dahin fertig gestellt gewesen war. Innerhalb des Ordens war es Hauptort der Kustodie Lübeck, zu der eine Reihe bedeutender Klöster entlang der Ostseeküste gehörte. Während des gesamten Mittelalters war das Kloster auch Ort für Beratungen der Zünfte und Rechtsakte wie Verlobungen und Beurkundungen. Zugleich gehörte zum Kloster eine Ausbildungsstätte für junge Kleriker. Reformbemühungen im ausgehenden 15. Jahrhunderts innerhalb des Ordens zur Einführung der Observanz folgte der Konvent nicht, sondern blieb den Konventualen verbunden. Die starke Bindung an die Bürgerschaft bewirkte die Reformation und Auflösung des Klosters ohne nennenswerte Schwierigkeiten. Die Mönche traten dem neuen Glauben bei oder verließen das Kloster, der letzte 1542.

Die Kirche wurde zur Filialkirche von St. Marien, was bedeutet, dass hier jeden Sonntag der jüngste Prediger von St. Marien eine Predigt zu halten hatte. Der nahezu vollständig von Grabsteinen bedeckte Fußboden und die Zahl der Gruftkapellen lassen erkennen, dass die Kirche als Grablege weiterhin große Beliebtheit genoss. In der Klausur war bereits 1531 eine städtische Latein- und Gelehrtenschule eingerichtet worden, ab 1616 auch die Stadtbibliothek. 1759 erfolgte die Abtrennung des oberen südlichen Chors der Kirche zur Einrichtung eines Konsistorial-Sitzungsraumes. Während der Besetzung Lübecks durch die Franzosen 1806 bis 1813 wurden Kirche und Konventsgebäude als Lazarett zweckentfremdet. Danach diente die Kirche mit Ausnahme einiger Jahre nach dem Zweiten Weltkrieg keinen sakralen Zwecken mehr, sondern nahm am Ende des 19. Jahrhunderts ein Museum auf. 1880 erfolgte die völlige Erneuerung der als Schule genutzten Gebäudeteile, des Katharinäums, in neugotischem Stil und unter Einbezug und Umformung großer Teile der erhaltenen Klausur.

Als Standort für ihr neues Kloster hatten sich die Franziskaner ein Gelände an der heutigen Königstraße, zwischen Glockengießer- und Hundestraße zuweisen lassen, was der für Bettelorden charakteristischen Stadtrandlage zu Beginn des 13. Jahrhunderts entsprach, denn der Bereich zwischen Burg und Kloster war bis dahin noch nicht bebaut. Kirche und Kloster waren von der Königstraße über einen kleinen Vorhof zugänglich. Die Klausur erstreckte sich südlich der Kirche um zwei unterschiedlich große Höfe: im Ostflügel der Kapitelsaal, darüber das Dormitorium, im Südflügel das Refektorium, im Westflügel Bibliothek und Wirtschaftsräume. Von dieser inneren Klausur erstreckten sich nach außen zwei Flügel: im Südwesten vermutlich ein Hospital, neben dem Refektorium und von der Königstraße zugänglich das Back- und Brauhaus. An der Glockengießerstraße erwarb das Kloster später ein Grundstück östlich des Chores, auf dem ein Beginenhaus entstand.

Die Klausurgebäude aus der Mitte des 14. Jahrhunderts sind trotz Umformung und Einbezug in das Schulgebäude noch weitestgehend erhalten. Die Einheitlichkeit der Erdgeschossräume lässt auf eine zügige Baudurchführung schließen. Der dreiflügelige und zweigeschossige Kreuzgang um den großen Hof weist quadratische Kreuzrippengewölbe mit teilweise runden Gewölbeschlusssteinen und Blattwerk, ein Teil des oberen Kreuzgangs Segmenttonnengewölbe auf, der kleinere, lediglich zweiflügelige Kreuzgang ebenfalls Kreuzrippengewölbe. Von den Räumen der inneren Klausur ist der Ostflügel am besten erhalten: Sakristei, drei quadratische Einzelräume und Kapitelsaal sind zweischiffig angelegt und mit Kreuzrippengewölben auf runden Mittelstützen überdeckt. Das neunjochige Obergeschoss diente als Dormitorium und wird durch Kreuzrippengewölbe weit überspannt. Im Südflügel hat sich am kleinen Hof das zweischiffige Refektorium mit fünf Jochen und Kreuzgewölben auf runden Mittelstützen mit Knollenkapitellen erhalten, im Westflügel ein zweijochiger, gewölbter Saal, der früher zu den Wirtschaftsräumen gehörte. An mehreren Stellen verweisen Fragmente gotischer Wandmalerei auf die frühere Farbigkeit der Innenräume: u. a. Marienkrönung und Einhornjagd im ehem. Refektorium (um 1440, heute Musiksaal), Laubwerk an der Innenwand der Bibliothek.

Innerhalb der Reihe von Franziskanerkirchen stellt die St. Katharinen-Kirche einen Sonderfall

375 St. Katharinen-Kirche Lübeck, Aufriss der Westfassade, M 1:300

376 St. Katharinen-Kirche Lübeck, Westportal, Detail (r.)

dar, denn sie unterscheidet sich durch kathedralartige Gestaltung, Ausbildung eines Querhauses, polygonalen Ostschluss der Seitenschiffe sowie offene Strebebögen an Chor und Seitenschiffen bautypologisch erheblich von anderen Kirchen des Ordens. Ungewöhnlich ist auch die Anordnung des Mönchschors auf einer über drei Joche in das Langhaus gezogenen Bühne. Der Blick auf die nahe Marienkirche und die anderen Pfarrkirchen lässt deren Vorbildlichkeit und damit die Wirkung städtischer Baupraxis erkennen. Dieser konnten sich die Erbauer der Kirche nicht entziehen, handelte es sich dabei doch um ein Haus der Bürger. Die gebotene franziskanische Bescheidenheit musste gegenüber dem ikonografischen Anspruch der Bürgerschaft nach Selbstdarstellung zurücktreten. Dennoch gibt sich die Kirche trotz aller Abweichungen vom Formenkanon der Bettelorden durch Einheitlichkeit und Geschlossenheit des Baukörpers, glatte hoch aufragende Westfassade sowie das Fehlen eines Turmes als Bettelmönchskirche zu erkennen. Nach außen tritt das Querschiff zusammen mit dem gleichhohen Chor deutlich hervor und erhebt sich wie ein »Bollwerk über das Handwerkerviertel«. (Schenkluhn, S.201)

Die im Wechsel glasierter und gewöhnlicher Backsteinschichten gemauerte Westfassade ist flächig mit backsteingemäßen Dekorationsformen gestaltet: Blendfenster und -nischen, Spitzbogenfriese, in der Mitte zwei hohe Fenster mit einfachen Stäbungen versehen durchlaufende Bahnen, dazwischen übereinander gestellte Nischen und darüber eine Kreisblende. Durch die große Höhe des Westgiebels wirkt die Kirche weit in den Stadtraum. Im 20. Jahrhundert erfolgte die Anbringung eines Figurenfrieses von Ernst Barlach und Gerhard Marcks in der unteren Nischenreihe.

Auch das Innere weist einige Besonderheiten auf. Es handelt sich um eine neunjochige Gewölbebasilika, deren Hauptschiff in einem 5/8-Schluss endet, die Seitenschiffe in 4/6-Polygonen. Für die Raumwirkung ist der Tiefenzug des hohen Mittelschiffs maßgeblich, gesteigert durch die trotz Unterschiedlichkeit der beiden Bauabschnitte gewahrte Durchgängigkeit des zweigeschossigen Wandsystems sowie die auch nicht durch das Querschiff unterbrochene Folge queroblonger Mittelschiffsjoche mit Kreuzrippenwölbung.

Der Aufriss des Mittelschiffs wird bestimmt durch eine kompakte Obergadenwand auf stämmigen Achteckpfeilern der Arkaden. Die Obergadenfenster sitzen in leicht gestuften Wandfeldern, die Wandöffnungen zum vermauerten Dachraum erinnern an Triforien. Das nördliche Seitenschiff verjüngt sich nach Westen merklich, was auf den unregelmäßigen Zuschnitt des Bauplatzes zurückzuführen ist. Eingezogene Strebepfeiler lassen tiefe kapellenartige Nischen entstehen. Das Querhaus ist innen kaum wahrnehmbar, weil es durch das Einstellen eines Pfeilerpaares zweischiffig unterteilt und die Vierung nicht ausgeschieden ist.

Die erste Grundausmalung war auf Vereinheitlichung des Raumes ausgerichtet und ist teilweise wieder freigelegt und nach Befund erneuert worden: Wandflächen, Pfeiler und Dienste sind mit einem Netz aufgemalter Quader und Fugen überzogen, Fenstergewände und Profile der Bogen zeigen unterschiedliche Absetzungen. Durchgängig ist der Wechsel der Rippenfärbung in Rot und Grün; Rippen und Schlusssteine werden durch dekorative, malerisch behandelte Elemente ergänzt. Seit Mitte des 14. Jahrhunderts erfolgte die Ausschmückung der Kirche durch Wand- und Gewölbemalerei, die sich an mehreren Stellen, allerdings nur in Fragmenten erhalten hat. Zu letzteren gehört ein nach 1500 gemaltes, die Stigmatisation (Empfang der Wundmale Christi) des heiligen Franziskus darstellendes Wandbild an der Chortreppenbrüstung des südlichen Seitenschiffes. Reste der dritten Ausmalung des 16. Jahrhunderts mit grünen Rippen und roten Absetzungen sowie grüner Blattbemalung haben sich auch im südlichen Seitenschiff erhalten.

Der Mönchschor befindet sich auf einer über drei Joche in den Raum vorgezogenen Bühne, darunter ein dreischiffiger, zur Laienkirche offener Unterchor, dessen Funktion noch nicht geklärt ist. Bei dem Unterchor handelt es sich um einen hallenartigen dreischiffigen Raum mit Kreuzgewölben. Die Basen und Kelchkapitelle der die Kreuzrippengewölbe tragenden Kalksteinsäulen sowie die Schlusssteine sind

377 St. Katharinen-Kirche Lübeck, Detail vom Chorgestühl

dekorativ ausgearbeitet, die Schlusssteine mit Blattwerk und Tierdarstellungen. Der darüberliegende Mönchschor ist dadurch außergewöhnlich hell, dass die Fenster tief herabgezogen sind. Hier befindet sich ist das gotische Chorgestühl, dessen älteste Teile, vier Seitenwangen mit reichem Schnitzwerk sowie die Sitze mit schlichten Zwischenwangen, vermutlich noch aus der Bauphase um die Mitte des 14. Jahrhunderts stammen. Die Rückwände mit bemalten Füllungen, Dorsal genannt, stammen aus dem späten 15. Jahrhundert und gewinnen ihre Bedeutung weniger aus der Qualität der Malerei, vielmehr aus dem einmaligen ordensspezifischen Bildprogramm mit der Darstellung von Persönlichkeiten des Franziskanerordens, den heiligen Ärzten Kosmas und Damian und Christus als Schmerzensmann. Parallelen finden sich nur in den Gestühlen von Assisi und Kleve, die nahezu zeitgleich entstanden sind. Anlass für die Neuausstattung des Chores könnte das Provinzialkapitel 1473 gewesen ein.

Aus vorreformatorischer Zeit haben sich trotz Profanisierung der Kirche weitere Ausstattungs-

378 St. Katharinen-Kirche Lübeck, bronzene Grabplatte des Bürgermeisters Lüneburg

stücke am ursprünglichen Ort erhalten. Hierzu gehört vor allem die Triumphkreuzgruppe über der Brüstung des Hochchores mit zwei bemerkenswerten Figuren von Maria und Johannes von 1450, die den weichen Stil der Zeit repräsentieren. Das Kreuz mit Corpus Christi, Krabben und Evangelistensymbolen in den Vierpassenden ist etwas jünger.

Mehrere ursprünglich von religiösen Bruderschaften gestiftete Retabel wie die der Lukas- und der Zirkelbrüder sowie andere zwischen 1484 und 1500 entstandene, darunter der Kreuzaltar und der Schlutuper Sippenaltar aus dem Umkreis von Bernt Notke werden dagegen im St. Annenmuseum aufbewahrt. Das Flügelretabel der Lukasbruderschaft wurde von der Vereinigung von Malern, Glasern und Bildhauern gestiftet. Der Mittelschrein zeigt den die Gottesmutter malenden Evangelisten Lukas. Beidseits des Mittelschreins erscheinen die heilige Katharina und Barbara. Die gemalte Sonntagseite des Retabels zeigt Szenen aus der Vita des heiligen Lukas mit besonderer Betonung der Auferstehung Christi, die Werktagsseite wiederum die heilige Katharina und Barbara. Die Skulpturen werden dem Umkreis des Johannes Stenrat oder dessen Nachfolge zugeschrieben (um 1485–1495), die Gemälde stammen von Hermen Rode, der in der Begräbnisszene des heiligen Lukas sich selbst porträtiert und auf dem Kragen seines Mantels das Werk signiert hat (1490er Jahre).

Im St. Annen-Museum befinden sich auch einige spätgotische Bildfenster des Chores. Von den in nachreformatorischer Zeit in die Kirche eingebrachten Kunstwerken verdient insbesondere ein Epitaph an der Westwand des südlichen Seitenschiffes mit einem großformatigen Gemälde von Jacopo Robusti, gen. Tintoretto, in Venedig tätiger Hauptmeister des späten Manierismus, Beachtung. Das 1576 entstandene und zwei Jahre später durch Lübecker Kaufleute erworbene Bild stellt die Auferstehung des Lazarus dar und wird gefasst durch einen pompösen Rahmen mit Stifterwappen, Allegorien und biblischen Szenen.

In der ganzen Kirche wird der Fußboden durch zumeist abgetretene Grabsteine vom 14. bis zum 18. Jahrhundert bedeckt. Während der historische Wert der steinernen Platten nur noch zu ahnen ist, hat sich im Unterchor das Grab des 1461 verstorbenen Bürgermeisters Johannes Lüneburg und seiner männlichen Nachkommen erhalten. Es handelt sich um eine reich gravierte, künstlerisch qualitätsvolle, auf Stein aufgenietete Messingplatte, die den betenden Bürgermeister in reicher Gewandung innerhalb einer Tabernakelarchitektur detailliert darstellt. Die für die zweite Hälfte des 15. Jahrhunderts in Norddeutschland einmalige Platte ist wohl auch in Lübeck hergestellt worden, die Zuordnung zum Tafelmaler Hermen Rode gilt als nicht gesichert. Das südliche Seitenschiff wird durch eine Reihe prächtiger Grabkapellen mit aufwendigen Ziergittern und stuckierten Gewölben sowie mehreren Sarkophagen des 18. Jahrhunderts geprägt.

2.6.6.2. Schleswig – Kloster St. Paulus/ Graukloster (1234)

Die erste Niederlassung der Franziskaner in Dänemark entstand 1232 in Ripen, nur wenig später folgten Viborg und Schleswig. Den Mönchen wurde durch Herzog Abel ein damals bereits »weitgehend ruinierter« Königshof übereignet, der wegen des Rückzugs des Herzogs auf die Jürgensburg nicht mehr benötigt wurde (Lafrenz, 2005, S.66). Über die Entwicklung des Klosters ist nur wenig bekannt: 1269 schenkte König Abels Witwe dem Kloster ein Grundstück zur Erweiterung des Klosters. Obwohl das Kloster zu den ältesten und zeitweise größten der Franziskaner in Dänemark zählte, fanden hier nur wenige Konvente der Franziskanerprovinz Dacia statt: 1292, 1316 und 1392. Belegt sind gute Beziehungen zum Rat der Stadt.

Am Ende des 15. Jahrhunderts wurde der Konvent auf Veranlassung des Herzogs Friedrich I. auf die strenge Observanz verpflichtet. Als Gründe dafür wurden neben dem ruinösen Zustand der Klostergebäude auch die Verpfändung der Sakralgeräte und unzureichende Beachtung der Regeln durch die Mönche genannt. Damals lebten allerdings bereits nur noch zwei Mönche und ein Konverse im Kloster. Kurz nach 1504 veranlasste der Herzog die Zusammenfassung der Franziskanerklöster Schleswig, Kiel und Husum in der Kustodie Kiel. In den Mittelpunkt schleswig-holsteinischer Kirchengeschichte rückte das Kloster, als 1529 Prinz Christian, der spätere König Christian III., hier 400 weltliche und geistliche Würdenträger zu einem Religionsgespräch versammelte, das für die weitere Entwicklung auf eine einheitliche und obrigkeitliche Staatsreligion richtungsweisend war.

Die Aufhebung des Konvents erfolgte 1528 oder 1529 durch Herzog Friedrich I., der die Paulskirche der Stadt überließ. Klostergebäude und Klosterbesitz wurden in eine Stiftung eingebracht. Hier konnten bis zu 22 Präbenden, d.h. verarmte Bürger, die ihre Häuser veräußert hatten, untergebracht werden. Jeder Präbend verfügte über eine aus zwei Kammern bestehende Wohnung. Das ehemalige Refektorium diente als Kapelle und wurde 1636 erweitert und neu gestaltet. Noch bis ins 19. Jahrhundert verfügte die Stiftung über umfangreichen Grundbesitz in mehreren Dörfern der Umgebung.

Ab 1529 erfolgte der Umbau der Kirche zum Rathaus, 1793 war dieses aber so baufällig, dass es abgerissen werden musste. An gleicher Stelle und im Umriss der verlorenen Kirche entstand 1794–1795 das heutige Rathaus. 1980 verließen die letzten Bewohner das inzwischen 450jährige Altenstift. Nach Umbau und Restaurierung der Klosterbauten 1980–1983 übernahm die Stadt den gesamten Komplex für die Unterbringung der Stadtverwaltung.

Unüblich für ein Franziskanerkloster ist auf den ersten Blick die Lage unmittelbar am Marktplatz. Dieses dürfte der geringen Größe der Stadt geschuldet sein, so dass es gleichwohl am Rand der Stadt lag und sich in die Stadtbefestigung einfügte. Für die Wahl des Standorts war allerdings die Übereignung des aufgegebenen Königshofes ausschlaggebend. Die Wiederverwendung von Grundmauern mit Turm- und Saalbau aus der zweiten Hälfte des 12. Jahrhunderts, die unterhalb des Nordflügels ausgegraben worden sind, ist auch der Grund für die Ausbildung des ungewöhnlichen Grundrisses mit drei Gebäudeflügeln um einen Kreuzhof nördlich der Kirche und die Verlängerung des West- und Ostflügels nach Norden. Zwischen den beiden Anbauten ergab sich dadurch ein für ein Franziskanerkloster unüblicher, nach Norden offener Hof.

Die Kirche war eine einschiffige Halle mit sieben queroblongen Jochen und flachem Ostabschluss. Nachgewiesen sind drei Bauphasen, zunächst der Ostteil mit einigen erhaltenen spätromanischen Details (Südportal), später der gotische Westteil, zuletzt ein flaches Polygon im Osten.

In der ehemaligen Klausur haben sich umfangreiche Reste der mittelalterlichen Bausubstanz erhalten. 1961–1963 ist allerdings der südliche Ostflügel beseitigt worden, ein Mauerrest mit einer Wandmalerei befindet sich heute im Landesmuseum Schloss Gottorf. Weitere Verluste brachten die Arbeiten in den 1980er Jahren, die in anderen Gebäudeteilen jedoch auch dazu

379 Graukloster Schleswig, Lageplan

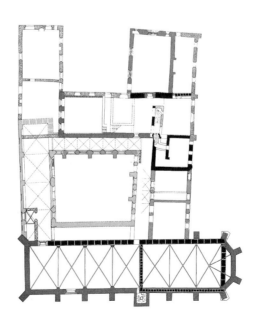

380 Graukloster Schleswig, Rekonstruktion des mittelalterlichen Grundrisses unter Hervorhebung der älteren Bausubstanz, M 1:750

381 Graukloster Schleswig, Nordostecke des Kreuzhofes

382 Schleswig, Rathaus anstelle und im Umriss der ehem. St. Pauls-Kirche (u.)

383 Graukloster Schleswig, Südflügel des Kreuzgangs

beigetragen haben, neuzeitliche Veränderungen zurückzunehmen, so dass einige spätmittelalterliche Bauteile und Räume besser als vorher zur Wirkung kommen.

Vom Kreuzgang ist nur noch wenig erhalten geblieben, der gewölbte Südflügel war bereits 1772 abgebrochen und ist neuerdings durch einen flachgedeckten Gang ersetzt worden (Entwurf: J. Overby, 1983). Vom Klausur-Ostflügel hat sich im Bereich des Kreuzgangs ein 13 m langes Teilstück der Kreuzgangsrückwand mit zwei spitzbogigen Blendportalen erhalten, im Nordflügel ein Teil der Kreuzgangsrückwand, in der auch Mauerwerk des Vorgängerbaus nachgewiesen werden konnte. Der nördliche Teil des Ostflügels ist der bauhistorisch älteste und bedeutendste des Klosters. Das Mauerwerk macht von außen die komplizierte, durch Zerstörungen, Verfall und Reparaturen charakterisierte Baugeschichte sichtbar. Originale Bausubstanz aus dem Mittelalter ist im Erdgeschoss mit Spuren früherer Öffnungen und zahlreichen Flickzonen, im Obergeschoss mit mehreren vermauerten Rundbogenöffnungen erkennbar. Im Erdgeschoss hat sich ein flach gedeckter gotischer Saal mit spitzbogigen Maueröffnungen und umfangreichen Resten gotischer Profile, Wandmalereien und einer Steinofen-Luftheizung erhalten. Der Raum mit einer Balkendecke war ursprünglich höher; die Fenster, heute mit Bleiverglasung, sind wiederhergestellt. Dem gotischen Saal wurde vermutlich um 1456 ein weiterer Raum nach Osten angebaut, der mit Blick auf einen Kamin möglicherweise als Küche gedient haben könnte. Im Obergeschoss befanden sich in nachreformatorischer Zeit Präbendenwohnungen, deren Zwischenwände bei Beibehaltung des Fachwerkgerüsts in den 1980er Jahren wieder beseitigt worden sind.

Der Nordflügel ist der Kernbau des Klosters, zum größten Teil auf den Fundamenten des Vorgängerbaus errichtet, von dem auch aufgehendes Mauerwerk übernommen wurde. Die dem Kreuzhof zugewandte Südwand ist eine Rekonstruktion von 1982–1983. Die spitzbogigen Kreuzgangarkaden waren ursprünglich offen und sind heute verglast. Die unterschiedlichen Gewändeprofile sind durch an Ort und Stelle vorhandene oder gefundene Resten ergänzt. Die an den Westflügel angrenzende Giebelwand des Kernbaus stammt aus dem 13. Jahrhundert und hat eine Stärke von 1,15 m im Erdgeschoss und 95 cm im Obergeschoss. Im Inneren sind weitere mittelalterliche Baudetails zu erkennen, an den Außenwänden Reste ursprünglicher Fensteröffnungen.

Die Bausubstanz des Westflügels stammt weitestgehend noch aus mittelalterlicher Zeit. Beim südlichen Teil handelt es sich um eine Halle von etwa 7 m Breite, die im Grundriss wie ein Flügel des Kreuzgangs wirkt. Da hier der Zugang zum Kloster war, könnte es sich um eine wettergeschützte Eingangshalle gehandelt haben. Vermutlich war die Halle ursprünglich gewölbt; die jetzige Balkendecke konnte dendrochronologisch auf 1513 datiert werden. Auf der Ostseite öffnen sich Arkaden mit dreifach gestuften Blendbögen zum Kreuzgang. Der Zugang von außen erfolgt durch eine rundbogige Pforte in einer zweigeschossigen und spitzbogigen Blende, deformiert durch den späteren Einbau von Fenstern. Die Flickzonen im Mauerwerk las-

384 Graukloster Schleswig, Gotischer Saal im Nordostflügel mit Portal an der Südseite

385 Graukloster Schleswig, Wandmalerei im Gotischen Saal

sen die Lage ehemaliger Fenster erkennen, die Kreisblenden sind Rekonstruktionen, die Fenster im Obergeschoss stammen aus dem 18.–19. Jahrhundert. Der nördliche Westflügel ist wahrscheinlich im Zusammenhang mit dem Umbau des südlichen Westflügels 1513 entstanden, wurde allerdings weder vollendet, noch genutzt, worauf der überkommene Rohbauzustand des Obergeschosses schließen lässt. Später entstanden hier 1981–1982 wieder beseitigte Präbendenwohnungen.

Nach der Restaurierung in den 1980er Jahren unter Leitung der dänischen Architektengemeinschaft Rønnow und Heinrich gilt das Graukloster trotz seit der Reformation andauernden Verlusts an originaler Bausubstanz »wieder als [ein] beeindruckendes Zeugnis mittelalterlicher Klosterbaukunst.« (Rathjen, S. 131)

2.6.6.3. Kiel – Kloster St. Maria (1245)

Die Gründung des Kieler Klosters ist eng mit der der Stadt Kiel 1245 durch den Schauenburger Grafen Adolf IV. verbunden. Graf Adolf hatte seine Rechte an der Stadt Lübeck verloren, die sich später 1226 von Kaiser Friedrich II. die volle Reichsfreiheit hat verleihen lassen. Spätere Versuche, die verlorenen Ansprüche wieder geltend zu machen, endeten 1235 in einem finanziellen Vergleich. Es ist anzunehmen, dass die dabei erreichte Abfindungssumme zur Finanzierung der neuen Stadt verwendet worden ist. Mit der Neugründung wollte Graf Adolf einem anlässlich der Schlacht von Bornhöved 1227 geleisteten Gelübde entsprechen, zugleich eine Konkurrenz zu Lübeck schaffen, wozu nach dem Verständnis der Zeit auch ein Kloster gehörte. Damit sich die Franziskaner tatsächlich in Kiel niederließen, wurde die Stadt durch Stadtrechte derart privilegiert, dass sich die Bürger dieses auch leisten konnten. Nachdem Graf Adolf IV. bereits 1239 dem Franzikanerorden beigetreten war, siedelte er wenig später in das von ihm gestiftete Kieler Kloster und lebte hier bis zu seinem Tod 1261.

Die Beziehungen zur Bürgerschaft waren zunächst gut, nachweislich ihres Einsatzes gegen die Bordesholmer Chorherren, zahlreicher Stiftungen und der Tätigkeit von Bürgern als Prokuratoren bei Grundstückstransaktionen, kühlten aber etwa ab Mitte des 15. Jahrhunderts ab, als die adeligen Familien das Kloster zusehends für eigene Zwecke nutzten und als Stifter auftraten. Diese Stiftungen ermöglichten es, wie es in einer Urkunde von 1480 heißt, die Konventsgebäude zu sanieren und die Ausstattung der Kirche zu erneuern. Die durch Feierlichkeiten des Adels, bürgerliche Hochzeitsfeiern und Gerichtstermine zunehmende Verweltlichung des Klosters führte schließlich 1503 zur Einführung der Observanz. Noch 1519 konnten sich die Mönche eine Abzweigung der vom Schreventeich zum Schlossgarten führenden Wasserleitung anlegen. 1526 tagte hier auch einmal der Landtag.

1530 löste der König Friedrich I. den Konvent mit Verweis auf die Missstände auf und ließ das Inventar von Kirche und Klausur nach Gottorf bringen. Nach einigen Streitigkeiten blieb es den Mönchen gestattet, im Kloster wohnen zu bleiben; der Rat der Stadt wurde verpflichtet, die gewesenen Mönche mit Nahrung und Kleidung zu versorgen. Über das Schicksal der letzten Franziskaner ist nichts bekannt.

Die Klostergebäude wurden der Stadt übertragen und dienten zunächst als Schule, ab 1555 als Heilig-Geist-Hospital zusammen mit einer privaten Hospitalstiftung für arme Pilger. Ab 1562 trug die Kirche den Namen Heiligen-Geist-Kirche, die als Begräbnisplatz auch in der Folgezeit so beliebt war, dass am Ende des 18. Jahrhunderts der Fußboden völlig mit Grabplatten belegt war, im Untergrund befanden sich zahlreiche Grüfte. Zusätzlich entstanden vom Ende des 16. bis zum 18. Jahrhundert zahlreiche kleine Grabkapellen am Außenbau. Die Professoren der Universität lehnten die Kirche

386 Franziskanerkloster Kiel, Lageplan

387 Franziskanerkloster Kiel, Kirche in charakteristischer Stadtrandlage und mit Dachreiter, Stadtansicht Kiel von Braun & Hogenberg 1588

als Begräbnisstätte jedoch ab und bevorzugten dafür die Klosterkirche in Bordesholm.

Im Jahr 1665 übertrug die Stadt der neu gegründeten Christian-Albrechts-Universität die Klostergebäude, gleichzeitig erfolgte der Abbruch der Hospitalbauten. 1766 wurde festgestellt, dass die Gebäude bis auf das Refektorium baufällig sind und abgerissen werden müssten. Aus dem Abbruchmaterial entstand 1768 das erste nicht erhaltene Gebäude der Universität neben dem Schloss.

Für das Kloster war von Anbeginn der für die Bettelmönchsorden typische Standort am Stadtrand vorgesehen: auf einem sich nach Norden in den sumpfigen Uferbereich des Kleinen Kiels vorschiebenden Geländesporn und zugänglich über die Dänische Straße. Damit waren sowohl die Randlage, als auch der Kontakt zum städtischen Leben gegeben. Nachdem die Errichtung der Bürgerhäuser bereits 1238 einsetzte, folgten das Kloster ab 1245 und die Kirche ab 1246. Als Graf Adolf IV. hier 1261 starb und beigesetzt wurde, wird die Kirche im Wesentlichen fertig gestellt gewesen sein.

Die Klausur folgte dem üblichen Schema: im Süden die ostwest-gerichtete Kirche, nördlich davon der Kreuzhof mit vierseitigem Kreuzgang, um diesen die Gebäudeflügel: im Norden der Flügel mit den Zellen der Mönche, daneben als gewölbte Halle das Refektorium.

Baugeschichtlich gilt die Kirche als eine der ersten Backsteinkirchen der Franziskaner in Norddeutschland überhaupt. In der älteren Literatur wird sie wegen ihres Querschnitts mit einem hohen Mittelschiff und zwei niedrigeren Seitenschiffen ohne Fenster im Obergaden, gedeckt mit einem alles überspannenden Satteldach, als Prototyp einer sogenannten Stutzbasilika und Vorbild weiterer Kirchen in Holstein beschrieben. Neuere Forschungen haben jedoch ergeben, dass die Kirche offensichtlich in mehreren Bauphasen zunächst als frühgotische Kurzhalle mit Rechteckchor errichtet worden und der außergewöhnliche Querschnitt nicht von Anfang an geplant war, sondern durch eine spätere Erhöhung des Mittelschiffs um die Mitte des 14. Jahrhunderts entstanden ist. Anlass, Zeitpunkt und Umstände einer derart umfassenden Veränderung, die einem Neubau gleichkam, sind aber noch nicht geklärt. In der Folgezeit wurde die Kirche mehrfach verändert, das Äußere durch malerische an das Langhaus angebaute Gruftkapellen ergänzt. Nach Abbruch des Chores, Auftreten statischer Probleme infolge der Aushöhlung des Untergrundes und jahrelanger Vernachlässigung erfolgte 1889–91 eine weitreichende neugotische Erneuerung nach einem Entwurf des Kieler Stadtbaumeisters Friedrich Wilhelm Schweitzer. Die Kirche und das über dem Kreuzgang gelegene Obergeschoss im einzig erhaltenen Flügel des Klosters wurden im Zweiten Weltkrieg zerstört.

Vom mittelalterlichen Kloster sind dadurch allein nur noch das sechsjochige Refektorium und fünf Joche des westlichen Kreuzgangflügels erhalten. Beide Räume sind in der Nachkriegszeit in einen zweigeschossigen Backsteinbau mit Satteldach und eng gestellten kantigen Strebepfeilern einbezogen worden und werden von Kreuzrippen auf Konsolen überwölbt. Die früher offenen spitzbogigen Arkaden des Kreuzgangs sind heute verglast. Hier sind zwei spätgotische Grabsteine aufgestellt. Größte historische Bedeutung besitzt der Grabstein des Klostergründers Graf Adolf IV.: eine schlichte Platte mit der eingeritzten Gestalt des Grafen in Mönchskutte. Es handelt sich dabei aber nicht um das Original des 13., sondern um eine Neuschöpfung des 14. Jahrhunderts.

Bei Grabungen 1984–85 konnten große Teile der erhaltenen Grundmauern und Pfeilerfundamente der Kirche und mehrere Grüfte mit noch intakten Gräbern freigelegt werden. Die Außenraumgestaltung nimmt darauf Bezug und macht allerdings unzusammenhängend den Kirchengrundriss im Rasen des Klosterhofes sichtbar. Seit 2005 erinnert eine Bronzeplastik von Karl-Henning Seemann an den Stadt- und Klostergründer: »... das Denkmal zeigt den Grafen beim Anziehen der Mönchskutte und gleichzeitigem Ablegen der Ritterrüs-

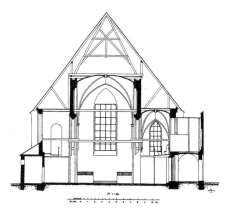

388 Franziskanerkloster Kiel, Westgiebel und Schnitt durch das Langhaus vor dem neugotischen Umbau im 19. Jh., Umzeichnung nach Aufmaß durch Gustav Ludolf Martens 1867, M 1:500

tung und damit seiner Existenz in weltlicher Macht. Die ritterliche Barmherzigkeit des Siegers gegenüber dem Besiegten und die Überwindung der eigenen Lebensgeschichte sind in einer Geste verdichtet, die sich aus dem äußeren Umkleidevorgang ableitet, indem zwischen dem Kopf des Grafen, der Kutte mit offener Kapuze einerseits und dem leeren Helm in der abfallenden Rüstung andererseits eine Beziehungsachse entsteht, fast so etwas wie ein Blickkontakt – auch ein Kampf des Geistes!« (Seemann, in: Graf und Bruder, S.8) Mit der Geste Adolfs wird eine Analogie zum heiligen Franziskus hergestellt, der sich in der Öffentlichkeit aller Kleider entledigt, dabei Geld und Handel verflucht und seine Mitbürger zu Armut im Dienst Christi aufgerufen haben soll.

Von der Ausstattung der Kirche ist 1541 das Erzväterretabel in die nahe gelegene Nikolaikirche überführt worden: ein prachtvolles, von der Familie von Ahlefeldt gestiftetes und vermutlich aus Hamburg oder Rostock stammendes Doppelflügelretabel aus der Zeit um 1460. Das Mittelfeld zeigt bei ursprünglich nur an Festtagen geöffnetem Zustand eine geschnitzte Kreuzigung mit den Figuren der Stifterfamilie, seitlich davon in zwei Reihen übereinander je zehn Reliefs unter kunstvollen Baldachinen: oben die Passion Christ, unten das Marienleben. In der Predella befinden sich unterhalb der Stifterfiguren eine Sakramentsnische zur Aufbewahrung der geweihten Hostien sowie beidseitig die Bildnisse von Propheten des Alten Testaments. Die Innenflügel zeigen gemalte Darstellungen der Erzväter, die Fastenansicht der Außenflügel Franziskanerheilige. Stilistisch wird das Retabel dem Umkreis von Hans Bornemann zugeordnet, der den niederländischen Realismus in Norddeutschland eingeführt hat.

2.6.6.4. Flensburg – St. Katharinen-Kloster (1248)

Nach einigen Überlieferungen soll das Flensburger Franziskanerkloster bereits 1248 bestanden haben, anderen zufolge hat es Johannes Hvidding, Drost des Herzogs Erik, erst 1263 gegründet. 1269 muss es bereits soweit gediehen sein, dass die nordischen Franziskaner hier ihr Provinzialkapitel abhalten konnten. Der Anlass dafür ergab sich daraus, dass im Kampf der dänischen Krone (König Christoffer und Erik Klipping) mit dem das Primat der Kirche über alles weltliche Recht vertretenden Erzbischof von Lund, Jakob Erlandsen, ein päpstliches Interdikt über Schonen und Seeland jegliche Gottesdienste untersagte, nachdem Christoffer den herrschsüchtigen Erzbischof 1259 unter entehrenden Bedingungen gefangen genommen hatte. Obwohl der König Gottesdienste wieder zugelassen hatte, konnten die Franziskaner dennoch von 1266–1274 nicht auf dem Boden des dänischen Reiches zusammenkommen, solange sie den Erzbischof unterstützten. Auch in der Folgezeit tagte das Provinzialkapitel wiederholt im zur Kustodie Ripen gehörenden Flensburger Kloster.

Nachweisbar sind sehr enge Verbindungen des Klosters mit der Bürgerschaft der Stadt. Darauf weisen nicht nur zahlreiche Familiennamen aus Flensburg und Umgebung stammender Brüder hin, sondern auch deren Zugehörigkeit zu städtischen Gilden. Problematisch wurden diese Verbindungen aber dann, als die Stiftungen nicht nur Kunstwerke, Baustoffe oder Lebensmittel, sondern auch Geld und Grundstücke umfassten, was dem Armutsideal entschieden widersprach. Das Kloster erhielt auf diesem Weg u.a. einen Halbhof im Dorf Trögelsby,

389 Franziskanerkloster Kiel, Klostergarten, ehem. Kreuzhof mit Fundamentresten der Klostergebäude

390 Franziskanerkloster Kiel, ehem. Refektorium, heute Ausstellungsraum

391 Franziskanerkloster Flensburg, Lageplan

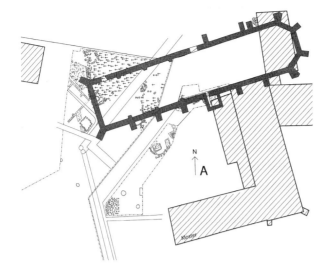

392 Franziskanerkloster Flensburg, Rekonstruktion des Klostergrundrisses, oben Klostergang, unten heutige Friedrich-Ebert-Straße, M 1:750

393 Franziskanerkloster Flensburg, Kloster südlich der Nikolaikirche unrichtig als Dreigiebelhaus dargestellt, Stadtansicht Flensburg von Braun & Hogenberg 1588

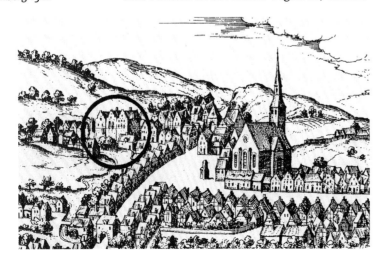

die Wiese »Munketoft« unmittelbar südlich des Klosters und einen Bauernhof in Sundevend am Alsesund. Bekannt ist auch, dass die Brüder der Stadt Darlehen leisteten.

Nachdem sich am Ende des 15. Jahrhunderts bereits einige Franziskanerklöster der von den dänischen Königen Christian I. und Hans mit Nachdruck geförderten Observanz angeschlossen hatten, ersuchten 1495 der Stadtrat und Flensburger Bürger mit Zustimmung von König Hans in einem Brief an den Papst die Übertragung des Flensburger Klosters an die Observanten. Kurzzeitig haben danach wahrscheinlich die Anhänger beider Richtungen, die Konventualen und die Observanten, noch zusammen im Kloster gelebt. Die endgültige Übernahme des Klosters durch letztere erfolgte jedoch rasch 1496. Mit Einführung der Observanz muss die Popularität des Klosters erheblich zugenommen haben, denn die Bürger ließen sich seitdem in der Kirche begraben, schenkten Baumaterialien und sogar ein neues Chorgestühl. Die Auflösung des Klosters ab 1528 ging deshalb auch nicht von der Stadt aus, sondern von König Friedrich I. und seinem Reichshofmeister Magnus Göye. Erst nach wiederholtem Befehl des Königs, das Kloster endlich aufzulösen, vertrieben lutherisch gesinnte Bürger die Franziskaner. Acht Jahre später lebten aber immer noch acht Mönche in dem inzwischen städtischen Hospital bis sie wegen eines Streites vertrieben wurden. Der letzte Mönch Lütke Namens erhielt 1537 mit der Auflage, mönchischem Leben abzuschwören, das Recht zurückzukehren. Er verfasste trotzdem gegenreformatorische Schriften und gründete 1557 auf dem ehemaligen Klostergelände nördlich der Kirche eine Lateinschule. Die Gebäude wurden 1530 von der Stadt übernommen, die hier Armenwohnungen einrichtete und 1561 das Kloster dem bereits bestehenden Heiligen-Geist-Hospital zuordnete. Diese Nutzung besteht noch heute in Trägerschaft einer Stiftung.

Der Wahl des Standorts entspricht den Gewohnheiten des Ordens: Stadtrandlage, zugleich Nähe zum Zentrum bürgerlichen Lebens nahe dem Südermarkt mit der Nikolaikirche. Das Klostergelände war ziemlich groß und reichte von der Roten Straße bis zum Holm bzw. von der Nordseite des heutigen Parkhauses an der Roten Straße bis an die Südseite der Friedrich-Ebert-Straße. Weil dreiseitig von feuchten Niederungen umgeben, war es zugleich gegen Übergriffe von außen gut gesichert.

Auf ein ungefähres Bild des mittelalterlichen Klosters und die Funktion einzelner Bauteile kann nur aufgrund von Archivalien und archäologischen Funden geschlossen werden. Demnach bestand die Klausur aus um einen Kreuzhof von etwa 15,50 m × 16 m angeordneten Gebäudeflügeln und der Kirche. Im Südflügel befanden sich vermutlich Refektorium und Küche, im Keller Vorratsräume, im Ostflügel Kapitelsaal und Sakristei sowie Dormitorium bzw. Mönchszellen. Ob es einen Westflügel gab, ist nicht sicher. Den Kreuzhof umgab vierseitig ein flach gedeckter Kreuzgang von nur zwei Metern Breite. In der ersten Bauphase des 13. Jahrhunderts waren die Gebäudeflügel zunächst eingeschossig und wurden erst später aufgestockt.

An der Nordseite des Kreuzhofes stand die Kirche, deren tatsächliche Ausdehnung erst in

jüngster Zeit durch Ausgrabungen konkretisiert werden konnte. Die Kirche war nicht exakt nach Osten gerichtet, sondern so angeordnet, »dass das Ostfenster der Klosterkirche in Sonnenaufgangsposition des Tages lag, der als Namenstag der Klosterheiligen – der heiligen Katharina – gilt. Das ist der 25. November.« (Witte, S. 46) Die Kirche, von der ein etwa 12 m langer Mauerrest erhalten ist, war vermutlich 32 m lang und innen 11 m breit und als gewölbte einschiffige Saalkirche angelegt. Das Dach bekrönte ein Dachreiter als Glockenträger.

An den Ostflügel schloss ein eingeschossiger Flügel an, in dem möglicherweise ein Hospital untergebracht war. Über Aufriss und architektonische Gestaltung ist nichts bekannt. Unzutreffend ist die Darstellung des Klosters in der Flensburger Stadtansicht von Braun & Hogenberg 1584/1588 als dreischiffiges Herrenhaus.

Von der ursprünglich reichen Ausstattung des Klosters ist nur wenig erhalten geblieben. Urkundlich erwiesen sind zahlreiche Stiftungen von Kunstwerken und Messgewändern, auch ein Chorgestühl wird erwähnt. Im Städtischen Museum Flensburg werden ein wenig qualitätsvolles Holzrelief mit der Anbetung der Könige, ein Schwenkkessel sowie eine Altardecke und eine Kasel aus italienischem Goldbrokat aufbewahrt. Die Kasel ist kulturhistorisch insofern interessant, da sie einen Hinweis auf das spätmittelalterliche Stiftungswesen gibt: Am unteren Rand ist die Spur eines Wappens erkennbar, das im Zusammenhang mit der Stiftung durch eine Frau Heilwig (1509) gebracht wird.

Bedeutender ist ein vierteiliges, aus einer Antwerpener Werkstatt vom Anfang des 16. Jahrhunderts stammendes, außerordentlich qualitätsvolles Schnitzretabel in der Kirche von Ulkebøl/Alsen, von dem allgemein angenommen wird, dass es aus dem Flensburger Kloster stammt. Das Bildprogramm vereinigt Themen des Marienlebens, im Mittelschrein die Anbetung der Könige, darüber die Marienkrönung, mit franziskanischen Motiven: auf den gemalten Flügeln die Ordensheiligen mit der Stigmatisation des heiligen Franziskus und der heilige Antonius von Padua mit dem Christuskind sowie Maria mit dem Kind und die heilige Katharina. In geschlossenem Zustand zeigen die beiden Außenflügel die Verkündigung Mariä. Die Gemälde werden dem Umkreis des Meisters der Grooteschen Anbetung, zugewiesen. Mit diesem Notnamen verbindet sich eine vielbeschäftigte Gruppe von Antwerpener Manieristen in den ersten Jahrzehnten des 16. Jahrhunderts.

Nach der Auflösung des Klosters wurde 1539 der Ostflügel (Kapitelsaal) weitgehend abgebrochen, mit den Dachziegeln das Dach des Südflügels gedeckt. 1579 war der Zustand der Kirche so desolat, dass an eine Wiederherstellung nicht mehr gedacht werden konnte; ihr Abbruch erfolgte vermutlich einige Jahre vor 1623. Im weiteren wurden die wenigen erhaltenen Reste der Klausur bis zur Unkenntlichkeit überformt. Heute sind allein an zwei Gebäudetrakten, den vormaligen Süd- und Ostflügeln (heute West-, bzw. Kirchenflügel des Hospitals), die Umrisse der Klausur in etwa zu erahnen, einige Mauerteile gehen auf die Klosterzeit zurück. Der neue Kirchenflügel entstand um 1585/1587 anstelle des zerstörten Ostflügels, 1638 erheblich nach Norden erweitert, 1842 aufgestockt und im 19.–20. Jahrhundert wiederholt angebaut.

Das Klostergelände ist nach Auflösung des Klosters nach und nach in die umgebenden Siedlungsbereiche einbezogen und völlig überformt worden. Südlich und westlich der Klostergebäude entstand ein Handwerkerviertel für Töpfer, einen Schmied und Glockengießer, zunächst »Klosterstrathe«, später »Potterstraße« und »Töpferstrasse« genannt.

2.6.6.5. Husum – Franziskanerklöster (vor 1431? und 1494)

Die Geschichte der Husumer Franziskaner ist verwirrend. Allgemein wird 1494 als Gründungsjahr eines Klosters angegeben, das später dem Schloss vor Husum weichen musste. Schriftliche Überlieferungen des 16. und 17. Jahrhunderts lassen aber übereinstimmend den Schluss zu, dass es nicht nur ein Kloster gegeben hätte,

394 Flensburg, Heiliggeisthospital mit Resten mittelalterlicher Bausubstanz des Franziskanerklosters

395 Husum, Lageplan der vermuteten Klöster an Stelle des heutigen Schlosses und des Kavalierhauses (kleiner Kreis westlich des Schlosses)

396 Schloss vor Husum am Standort eines Franziskanerklosters

397 Husum, Kavalierhaus, vermutlich ein zweites Franziskanerklöster

sondern noch ein zweites älteres. Unter anderem enthält eine Mitteilung von Heinrich Rantzau den Hinweis auf zwei Klöster, von denen eines durch Herzog Adolf abgebrochen worden sei und ein anderes sich gut als Sitz für Arme und Greise eigne.

Goslar Carstens und Erwin Freytag folgern aus schriftlichen Überlieferungen, dass etwa um 1400 Klosterbrüder ihr 1232 gegründetes Kloster in dem untergegangenen Hardesort Myld in Eiderstedt, heute Dingsbüll, verließen, um vermutlich wiederholten Überschwemmungen und Sturmfluten zu entgehen, und sich in Husum niederließen. Dieses wird indirekt durch eine päpstliche Urkunde von 1431 bestätigt, wonach ein des Kirchendiebstahls beschuldigter Franziskaner seinem Vorgesetzten in Husum ausgeliefert werden sollte. Also müsste es bereits spätestens zu diesem Zeitpunkt in Husum ein Franziskanerkloster gegeben haben.

Bei diesem ersten Kloster handelt es sich vermutlich um jenes, das später dem Schlossbau weichen musste. Der Standort entsprach der üblichen Anordnung am Rande der Stadt, stand aber zugleich in engem Kontakt mit dem Alltagsleben: auf der Rückseite der an den beiden Hauptstraßen, Großstraße/Marktplatz und Neustadt, gelegenen Grundstücke, zugänglich über den schmalen Schlossgang neben dem Rathaus.

Das Kloster ist 1528 aufgegeben und später restlos abgebrochen worden, erhalten haben sich nur Bruchstücke von Fliesen und Ziegeln. An gleicher Stelle ließ Herzog Adolf von Schleswig-Gottorf 1577–1582 eine dreiflügelige Wasserburg errichten. Der Klosterfriedhof westlich des Klosters wurde 1572 zur Anlage eines Gartens aufgelassen und durch einen neuen westlich der Neustadt ersetzt, die dabei gefundenen Gebeine wurden umgebettet. Der Überlieferung nach soll die einzigartige flächendeckende Krokusblüte auf den Klostergarten zurückgehen. Tatsächlich wurde der Crokus neapolitanus erst später, vermutlich durch Herzogin Maria Elisabeth, Gemahlin Herzog Friedrichs III., eingeführt, nachdem diese von 1659 an hier ihren Witwensitz hatte.

Das vermutete zweite, 1494 gegründete und ebenfalls 1528 aufgegebene Franziskanerkloster folgte der Observanz. Das Nebeneinander von Konventualen und Observanten an einem Ort war auch anderenorts nicht ungewöhnlich, für einen solch kleinen Ort aber doch ungewöhnlich. Aus dem »Inventarium« von 1735 geht hervor, dass das als Kavalierhaus oder Haus Tönnies bezeichnete, zweigeschossige Backsteintraufenhaus mit Stufengiebeln neben dem Schloss, mit einem Kloster identisch war oder zu diesem gehörte. Jørgen Nybo Rasmussen vermutet, dass hier eine Kapelle und die Schlafräume der Mönche untergebracht waren. (Rasmussen, S. 502) Eine bauhistorische Untersuchung des Untergeschosses mit dem Nachweis der Verwendung von Backsteinen im Klosterformat lässt auf die Entstehung Ende des 15. Jahrhunderts schließen. Weil das Gebäude bei Aufgabe des Klosters noch relativ neu gewesen war, kam offensichtlich ein Abbruch nicht in Frage. Es diente nach Inbesitznahme durch den Herzog zunächst als Armenhaus und nach mehrfachen Umbauten bis 1742 als Gästehaus, worauf auch die traditionelle Bezeichnung hinweist.

2.6.6.6. Lunden – Franziskanerkloster (1513)

1517 erhielten die Dithmarscher vom Hamburger Dompropst nach dessen lang hinhaltendem Widerstand die Genehmigung, ein Franziskanerkloster zu errichten. Papst Leo X. hatte zugestimmt, abweichend von dem Gelübde vor der Schlacht von Hemmingstedt 1500, dort ein Nonnenkloster zu gründen, das aber ein Fehlschlag war, nunmehr ein Kloster in Lunden zu gründen. Den Widerstand des Hamburger Dompropstes gegen die vorgesehene Gründung brach der Papst, der mit Datum vom 4.2.1517 untersagte, dem Vorhaben weiterhin im Wege zu stehen und genehmigte, ein »Minoriten-(Franziskaner)-Kloster mit Kirche, Glockn, (Kloster)-Mauern, Dormitorium, Refektorium, Gärten usw. an geeigneter Stelle zu errichten.« (zit. n. Peters Jun., S. 48), womit schließlich doch dem Gelübde entsprochen werden sollte. Die Wahl auf den Kirchort Lunden wird wegen dessen Bedeutung als damaliger Hauptort im Norden Dithmarschens gefallen sein. Lunden strebte die Stadtgerechtigkeit an (tatsächlich 1529 erlangt) und versprach sich aus der Klostergründung ein höheres Ansehen. Ausschlaggebend für die Standortwahl war der aus Lunden stammende Peter Swyn, ein herausragender Vertreter der 48 Dithmarscher Regenten. Um das Kloster dem Konflikt zwischen dem Land Dithmarschen und dem Erzbistum Bremen/Hamburg zu entziehen, unterstand das Kloster der Aufsicht des Archidiakons von Schleswig, des Abtes des Benediktinerklosters Cismar und des Propstes des Prämonstratenserklosters Stade zugleich.

Bereits im April 1517 kamen die ersten Franziskaner nach Lunden, bevor die Gebäude 1518 fertig gestellt werden konnten. Schon 1521 allerdings warf der Sturm das soeben errichtete Refektorium und einen Teil der Mauern um. Die Gebäude, vermutet Richard Haupt, »können nicht bedeutend gewesen sein.« (Haupt 1925, S. 622)

Die Mönche unterhielten eine Schule; für die Bauernsöhne eine hervorragende Möglichkeit, sich eine vergleichsweise hohe Bildung anzueignen und das Studium an ausländischen Hochschulen aufzunehmen, die es ihnen später ermöglichte, hohe politische Positionen zu erlangen. 1524 war der Prior in eine Intrige involviert, die zur Gefangennahme des lutherischen Predigers Heinrich von Zütphen und zur Verurteilung zum Tode durch Verbrennen wegen Verächtlichmachung der Gottesmutter Maria, Schutzpatronin der Dithmarscher, führte. 1530 sollen einige Meldorfer Dominikanermönche hier Zuflucht gesucht haben, nachdem diese aus ihrem Kloster vertrieben worden waren. Allerdings kam es zu Spannungen zwischen Bevölkerung und Kloster, die sich in der Ermordung eines Klosterbruders entlud. Am 4.7.1532 verbot die Landesversammlung schließlich das Lesen katholischer Messen und am 1. November den Mönchen das Predigen. Im Folgejahr predigte erstmals ein Lutheraner im Kloster. Ob und unter welchen Umständen die Mönche des Klosters verließen und das Kloster erlosch, ist nicht bekannt. 1539 begann man, die Klostergebäude abzubrechen. Das Vermögen und die freigewordenen Einkünfte wurden der neu gegründeten Lateinschule in Meldorf zugeordnet.

Das Kloster stand an der heutigen Schulstraße im Nordosten der Stadt. Als 1648 ein heute nicht mehr bestehendes »Armen-Arbeitshaus« gebaut wurde, sollen Reste des Klosterkellers und Grundmauern des Klostergebäudes freigelegt worden sein. Später entstanden hier ein Werkhaus und eine Mittelschule, in jüngster Zeit ein Altersheim. Das Abbruchmaterial des ehemaligen Klosters fand Verwendung bei zahlreichen Bauvorhaben in Lunden und in der Umgebung, so dass immer wieder an verschiedensten Stellen Klosterziegel gefunden werden. Aus den unzureichenden Quellen ergibt sich kein konkretes Bild des verlorenen Klosters.

398 Franziskanerkloster Lunden, Lageplan

399 Kiel, Lageplan des neuzeitlichen Franziskanerklosters in Verbindung mit der Liebfrauenkirche und des Hauses Damiano

400

400 Kiel, Liebfrauenkirche des ehem. Franziskanerklosters

401 Kiel, Haus Damiano, Sitz eines Franziskanerinnenkonvents (r.)

2.6.6.7. Kiel – Franziskanermönchskloster (1930)

Die erste neuzeitliche Gründung eines Klosters in Schleswig-Holstein erfolgte 1930 durch den Provinzialrat Werl der sächsischen Franziskanerprovinz in unmittelbarer Verbindung mit der neu gebildeten Liebfrauenkirchgemeinde in Gaarden-Süd, deren seelsorgerische Aufgaben die Mönche übernahmen. Das Patrozinium knüpft an die verlorene Tradition des ehemaligen Klosters in der Altstadt an.

Eine erste Saalkirche aus den 1930er Jahren, ein umgebauter älterer Tanzsaal, wurde im Zweiten Weltkrieg zerstört und 1950–1951 durch einen Neubau ersetzt. Die Kirche weist einen basilikalen Querschnitt, rundbogige Arkaden, flache Decke und geraden Chorabschluss auf. Durch den zeichenhaften Rückgriff auf eine konventionelle, an romanische Bauten anknüpfende Gestaltung wird nach den Wirren des Weltkriegs das Gefühl von Kontinuität und Beständigkeit vermittelt. Nach außen zum Theodor-Heuss-Ring wendet sich die Kirche mit einer geschlossenen und nur durch ein Maßwerk-Rundfenster aus Beton unterbrochenen Front. Die Glocken hängen in einem – dem franziskanischen Verbot von Glockentürmen folgend – niedrigen Glockenpfeiler, wo sich auch der Eingang für die Gemeinde befindet. Die Klostergebäude entstanden 1953–1954 parallel zur stark befahrenen Verkehrsstraße und schirmen den parkähnlich angelegten Klostergarten ab. Klosterkirche und Kloster werden durch einen an kreuzgangähnlichen Arkadengang verbunden (Arch.: Alfons Boklage). 1964 folgte eine Erweiterung in Verlängerung des Klostertrakts durch ein Gemeindehaus mit Jugendheim und Gemeindesaal (Entwurf: Franziskanerbruder Constanz Henning). Seit Aufhebung des Klosters 1994 werden die Gebäude vom Erzbischöflichen Amt Kiel genutzt.

2.6.6.8. Kiel – Franziskanernonnenkonvent Haus Damiano (2003)

Seit 2003 besteht in Kiel auf dem ehemaligen Gelände des aufgegebenen Franziskanermönchsklosters ein geistliches Haus der Franziskanerinnen von Münster St. Mauritz. Die als Kongregation der Krankenschwestern vom Regulierten Dritten Orden des heiligen Franziskus durch den Franziskanerpater Christoph Bernsmeyer in Telgte gegründete Gemeinschaft fühlt sich neben der Gebetsgemeinschaft im besonderem Maße der Mission und Leistung sozialer Dienste verpflichtet. In Kiel leben gegenwärtig vier Schwestern, die sich in der Alten- und Krankenseelsorge, Sterbebegleitung, Krankenpflege und Verpflegung Obdachloser betätigen. Durch die programmatische Wahl des Namens »Haus Damiano« als dem Gründungskloster der ersten Franziskanerinnen wird ein Bezug zur Herkunft des Ordens hergestellt, zugleich an den ursprünglichen Auftrag, sich den Ärmsten der Gesellschaft zuzuwenden, angeknüpft. Der Konvent ist in dem früheren Pfarrhaus der Liebfrauengemeinde untergebracht. Im Verzicht auf eigene Baulichkeiten kann ein Bezug auf die Tradition der ersten Wander- und Bettelmönche gesehen werden, die ebenfalls auf den Bau eigener Klöster verzichtet hatten.

401

2.6.7. Dominikanerklöster

2.6.7.1. Lübeck – Maria-Magdalenen-Kloster/ Burgkloster (1229)

Als Dank für den Sieg des Heeres der norddeutschen Fürsten zusammen mit den Städten Hamburg und Lübeck über die Truppen des dänischen Königs Waldemar in der Schlacht bei Bornhöved am 22. Juli 1227 stifteten die Lübecker das neue Kloster an der Stelle einer ehemaligen Burg, die nach mehrmaligem Besitzerwechsel ab 1201 dem dänischen König gehört hatte. Die im äußersten Norden der heutigen Altstadt an strategisch wichtiger Lage errichtete Anlage wurde 1225 von den Lübeckern zerstört und 1226, nachdem der Kaiser in einer Urkunde die 1181/82 begründete Reichsfreiheit bekräftigt hatte, von diesen endgültig in Besitz genommen. Von der alten Burg ist mit Ausnahme der Burgmauern nur wenig erhalten.

Die genaue Datierung der Klostergründung ist ungewiss: Ein Dokument der Dominikanerprovinz Sachsen nennt das Jahr 1229, die erste Lübecker das Dominikanerkloster erwähnende Urkunde stammt vom 21.3.1236. Es müssen sehr bald enge Verbindungen mit der Bürgerschaft entstanden sein, worauf die hohe Zahl von Bürgertestamenten und Stiftungen ebenso wie die Lübecker Familien zuzuordnenden Namen von Mönchen schließen lassen. In der Auseinandersetzung der Lübecker Bürger mit dem Bischof, waren die Dominikaner stets enge Verbündete der Bürger. Großen Zulauf hatten die Mönche als Beichtväter, was das große Vertrauen der Bürger zu ihren Mönchen bestätigt und den Bau eines ungewöhnlich großen Beichthauses erklärt.

Vermutlich 1229 begannen die Dominikaner mit den Bauarbeiten für die Konventsbauten: Der älteste Bauteil ist die Große Halle, die bereits 1250 erweitert wurde, wenig später entstanden Teile des Ost- und Westflügels. Dass nicht als erstes mit der Kirche begonnen wurde, wird dahingehend erklärt, dass die Dominikaner zunächst eine Kapelle der alten Burg genutzt haben könnten. 1276 muss ein Brand Anlass gegeben haben, die Baupläne zu ändern, erkennbar an einer Reihe von Unregelmäßigkeiten und veränderten Abmessungen der Flügel. Die Weihe einer neuen Kirche erfolgte 1319. Der vierflügelige Kreuzgang entstand 1319 bis ca. 1350, in der Mitte des 14. Jahrhunderts der Hospitalbau, einzig erhaltener, zweigeschossiger Teil des mittelalterlichen Klosters. 1367 wird das Beichthaus erstmalig erwähnt, das über den Westflügel zugänglich war. Im Obergeschoss der Gebäudeflügel entstanden 1374–1380 die Dormitorien mit Einzelzellen. Die Wirtschaftsgebäude besetzten den nördlichen Teil des Klosterhofes in Anlehnung an die Stadtmauer.

Ab 1400 erfolgte eine umfassende Erneuerung der Gebäude. Die Kirche erhielt einen dreijochigen Hallenchor mit betonter Giebelfront zur Burgstraße. Nördlich davon entstand der Brauhausflügel mit einem Zugang zum Wirtschaftshof. Alle Räume erhielten eine neue Einwölbung. Im Nordflügel entstanden nach Abbruch von Zwischenwänden die heutige lange Halle, im Ostflügel das zweischiffige Refektorium und eine Sakristei neben der Kirche, beide getrennt durch einen Durchgang zum Wirtschaftshof, im Westflügel der zweischiffige Kapitelsaal von sechs Jochen. Gleichzeitig wurde das Beichthaus zum zweischiffigen Hallenbau umgebaut. Um 1450 dürfte das Kloster weitestgehend fertig gestellt gewesen sein. Für die Zeit um 1500

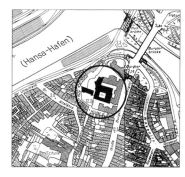

402 Burgkloster Lübeck, Lageplan

403 Burgkloster Lübeck, Erdgeschossgrundriss der heutigen Anlage vor dem Umbau der Beichthalle in ein archäologisches Museum, M 1:750

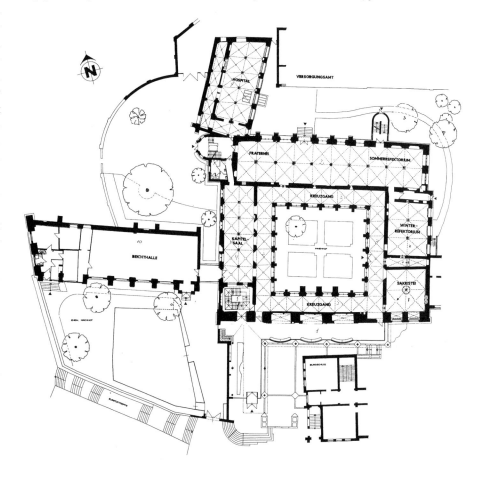

404 Burgkloster Lübeck, Nordflügel des Kreuzgangs

sind weitere kleinere Baumaßnahmen belegt, die aber spätestens 1530/31 eingestellt wurden. 1531 wurde das Kloster in ein städtisches Armenhaus umgewandelt und zu Wohnungen umgebaut ohne dabei zunächst wesentlich in die Bausubstanz einzugreifen. Eine Reihe von Baumängeln an der Kirche führte schließlich 1818/19 zu deren Abriss. An ihrer Stelle entstand 1874–1876 eine Volksschule, das Beichthaus 1893 wurde zur Turnhalle umgebaut. Einschneidende Veränderungen ergaben sich aus dem Neubau des Gerichtshauses 1893–1896 an der Großen Burgstraße und dem Einbezug der ehemaligen Klostergebäude in den neuen Baukomplex. Dabei wurden die Obergeschosse der den Kreuzhof umgebenden Flügel abgetragen und durch Gefängniszellen und Gerichtssäle ersetzt. Kreuzgang und Hallen dienten als Büros, der Hospitalbau als Wohnhaus für Bedienstete. Durch Verlagerung des Gerichts und Abtrennung des Bürotrakts von den Klosterbauten wurde der Weg zu Restaurierung und musealen Nutzung frei. Seit 1990 befindet sich das Kloster im Besitz der Stadt und dient nach sorgfältiger Restaurierung als Museum. Zuletzt erfolgte die Restaurierung des Beichthauses und Neunutzung als archäologisches Museum (2005).

Gemessen an den beträchtlichen Veränderungen lassen die erhaltenen zum Kloster gehörenden Bauteile die Struktur des mittelalterlichen Klosters noch gut erkennen. Den Kreuzhof umgibt der vierflügelige Kreuzgang mit jeweils acht Jochen und Kreuzrippengewölben und spitzbogigen, dreibahnigen Fenstern. Die Kreuzrippen tragenden Konsolen und die Schlusssteine der Kreuzgewölbe sind plastisch durchgebildet und zeigen Fabelwesen, Vögel, Frauenköpfe, ein brettspielendes Paar, Blattwerk, Köpfe von Christus und Maria sowie Evangelistensymbole. Im nördlichen Kreuzgangsflügel sind die spätromanischen Außenfenster des früher freistehenden Nordflügels erkennbar.

Die ungewöhnliche Länge der Halle im Nordflügel ergab sich aus der Zusammenfassung von drei vorher selbständigen Räumen um 1400. In der westlichen Hälfte lassen spätromanische gemauerte Backsteinpfeiler vierpassförmigen Querschnitts und Gewölbe mit breiten Gurt- und Scheidebogen die erste Bauphase erkennen, in der östlichen Hälfte dagegen frühgotische Kalksteinsäulen mit Basen und Kapitellen sowie profilierten Rippen die zweite.

Der zweischiffige Kapitelsaal mit sechs Jochen im Westflügel stammt ebenfalls aus der Zeit um 1400. Die Gewölbe ruhen auf schlanken achteckigen Kalksteinsäulen mit Trapezkapitellen bzw. auf bildhauerisch bearbeiteten, das Leben des heiligen Dominikus darstellenden Konsolen. Die Durchgänge zum Kreuzgang und zum Beichthaus sind im 15. Jahrhundert nachträglich angelegt worden. Der Ostflügel hat zwei Räume, das Refektorium und die Sakristei, die dem Kapitelsaal ähnlich sind. Das Refektorium mit drei Jochen wird durch eine mittige Säulenreihe in zwei Schiffe geteilt, die Konsolen und die Schlusssteine sind detailreich bearbeitet: Dominikus mit Ordensbrüdern speisend, Abendmahl und Gastmahl des Simon sowie in wallende Gewänder gehüllte Figuren.

Besondere Beachtung verdient die Sakristei, die trotz mehrfacher Veränderungen und wiederholter Restaurierung gut erhalten ist. Es handelt sich um einen um 1400 vom Ostflügel abgeteilten quadratischen Raum mit Mittelstütze und vierteiligem Kreuzgewölbe und einem sehr sorgfältig profiliertem Portal. Bei der Instandsetzung der 1980er Jahren wurden zwei große, die Schildbogenfelder ganz ausfüllende Malereien freigelegt. Ein nicht besonders gut erhaltenes Bild lässt die vier Kirchenväter mit Bischöfen und Mönchen, auf dem Altar der Schmerzensmann erkennen. Das andere zeigt eine vielfigurige bürgerliche Messe mit beidseits eines Kreuzes- und Lebensbaumes knienden Gruppen von Männer und Frauen, die Hände im Augenblick des Messopfers zum Gebet erhoben. Die Thematik der beiden Bilder, der Vollzug der heiligen Messe, entspricht der Funktion der Sakristei als Raum zur Vorbereitung des Gottesdienstes und der damit verbundenen Aufbewahrung der notwendigen liturgischen Geräte. Die mittige Säule ist durch eine achteckige Eichenholzverkleidung umgeben, die sich im unteren Teil in Form einer Kredenz verbreitet, während im oberen ein Kapitell in geschnitzter Maßwerkarbeit den Kämpfer des Gewölbes umfasst. Die Schnitzereien lassen auf die Entstehungszeit um 1500 bis 1530 schließen.

Auch die anderen Räume weisen Wandmalereien des 14.–15. Jahrhunderts auf, die zum größten Teil bei den Restaurierungsarbeiten der 1980er Jahre freigelegt und konserviert werden konnten. Die überreiche Gewölbeausmalung im Ka-

405 Burgkloster Lübeck, Kapitelsaal

Keller sowie Reste eines Schmuckfußbodens aus Ziegelmosaik und der Hypokaustenheizung (Heizkammer im Keller, Öffnung zur Halle im zweiten Joch von Süden).

Der Beichthausflügel war ursprünglich mit dem Westflügel verbunden. Die Umrisse des Gebäudes gehen auf das zweite Drittel des 14. Jahrhunderts zurück. Der zweischiffige gewölbte Hallenraum wurde seit dem 17. Jahrhundert teilweise abgetragen und mehrfach umgeformt. Zwischen Kapitelsaal und Kirche war eine Kapelle eingefügt, heute befinden sich dort ein Treppenhaus (Entwurf: Landesbauamt und Hochbauamt Lübeck, 1988) und der Zugang zum Archäologischen Museum.

Umfang und Höhe der nicht mehr bestehenden Kirche sind nur zu ahnen, denn von dieser hat sich allein die nördliche Seitenschiffswand, in der drei schmale überwölbte Kapellen eingefügt sind, erhalten. Die großen neugotischen Fenster entstanden während des Umbaus 1893–96. Die Neugestaltung im Außenraum macht das Ordnungs- und Stützensystem der Kirche erkennbar. Das nördliche Seitenschiff der Kirche und das erste westliche Joch der Kirche, ehemals dort der Südeingang, werden heute durch Neubauten mit dem Eingang zum Museum besetzt.

Aus der Kirche stammt eine Reihe heute im St. Annenmuseum aufbewahrter Skulpturen: vier Figuren der törichten und fünf der klugen Jungfrauen, Allegorien der Ecclesia und Synagoge, begleitet von den 12 Aposteln. Die Mehrzahl der zwischen 71 und 75 cm hohen, ursprünglich farbig gefassten und vollplastischen Figuren waren vermutlich ursprünglich im Gestühl des Mönchchors aufgestellt, die größeren in der Nähe des Hochaltars. Anna Elisabeth Albrecht konnte durch typenhistorischen und stilistischen Vergleich zeitgleicher Skulpturen den Nachweis führen, dass diese mit großer Wahrscheinlichkeit aus Flandern stammen. Von dort hatten die reichen Kaufleute schon seit dem 14. Jahrhundert zahlreiche Kunstwerke mitgebracht und auch anderen Kirchen gestiftet.

Ebenfalls im St. Annenmuseum werden mehrere künstlerisch und historisch bedeutende Schnitzretabel aus der Zeit von um 1500 bis zur Reformation aufbewahrt. Diese waren zumeist Stiftungen von Bruderschaften wie der Brauerknechte und Schneider sowie der Fron-

pitelsaal und in der Sakristei stammt dagegen aus dem 19. Jahrhundert.

Der an der Nordostecke des Klausurgevierts anschließende dreigeschossige Hospitalbau stammt in seiner vollen Höhe aus der ersten Hälfte des 14. Jahrhunderts und diente der Krankenpflege. Es handelt sich dabei um den einzigen in Schleswig-Holstein erhaltenen Hospitalbau eines Klosters. Wie in den anderen Gebäuden der Klausur wurden die Obergeschosse am Ende des 19. Jahrhunderts allerdings völlig verändert, so dass allein die Räume des Erdgeschosses das spätmittelalterliche Baugefüge anschaulich machen: ein in der Umbauphase um 1400 entstandener zweischiffiger überwölbter Saal mit fünf Jochen und ein diesen südlich und westlich umgebender schmaler Gang, der zu einem ursprünglich die ganze Fläche des Gebäude einnehmenden, flach gedeckten und sechsjochigen Saal gehörte. Bemerkenswert sind die gewölbten

leichnams-, Georgs- und Antoniusbrüder. Von ausgeprägt dekorativer Wirkung ist das prächtige Flügelretabel der Schneidergesellen, dessen Bildthema der heiligen Maria Magdalena für die Kirche und die Dominikaner eine besondere Bedeutung hatte, war sie doch die Patronin des Klosters. Die monumentale Hauptfigur des Schreins zeigt die von Engeln umschwebte Heilige, deren Vergegenwärtigung die Gläubigen aufruft, am gemeinsamen Chorgebet teilzunehmen. Die gemalten Seitenflügel mit Szenen aus dem Leben Maria Magdalenas lassen Bezüge zu Lübeck und der Landesgeschichte erkennen: Die Stadt Marseille, wo Maria Magdalena gegen das Götzentum gepredigt hatte, weist Ähnlichkeit mit dem Holstentor und der Kirche St. Petri auf, auf einem anderen, allerdings nicht in Lübeck, sondern im Museum von Oberlin aufbewahrten Flügel wird auf die dank der Heiligen siegreich wundersam beendete Schlacht von Bornhöved hingewiesen, die zur Gründung mehrerer Klöster in Schleswig-Holstein Anlass gab. Die Skulpturen werden dem Meister der Burgkirchenaltäre, die Gemälde Erhart Altendorfer zugeschrieben (1519). Die trauernde Maria stammt von einer Kreuzgruppe aus dem Umkreis von Bernt Notke (um 1460), die kleine Statue des Hl. Johannes Evangelista vom Niederrhein oder aus den Niederlanden (um 1450–1460).

Von überragender Bedeutung für die Lübecker Bildschnitzerkunst des beginnenden 16. Jahrhunderts ist das Retabel der Antoniusbruderschaft. »Sowohl in der virtuosen Ausbildung der vielförmigen, zumeist kantig gebrochenen Gewandfalten als auch in der eindringlichen Gestaltung des Gesichts des Heiligen beweist Benedikt Dreyer (um 1485–1553/54) seine Meisterschaft. Die Anlage seiner Formen ist gegebenenfalls dekorativ oder psychologisierend, jedoch nirgends übertrieben und oberflächlich. Gleiches gilt für die beiden Seitenfiguren, die in kostbar verzierter modischer Tracht und graziöser Haltung erscheinen.« (Uwe Albrecht, 2005, S. 460) Die Malereien stammen nachweislich überlieferter Rechnungen (1522) von Hans von Köln, der vermutlich eine Malerwerkstatt in Lübeck unterhalten hatte. Malweise und Motive lassen unschwer niederländische Einflüsse erkennen.

2.6.7.2. Husum – Dominikanerkloster (um 1230?)

Die Dominikaner breiteten sich von 1227–1235 über Dänemark aus und errichteten in Ripen, Hadersleben, Tondern, Schleswig und vermutlich auch in Husum Niederlassungen. Urkundliche Erwähnung fand ein Dominikanerkloster in Husum 1466, 1494 und 1506. In der Landesbeschreibung von 1652 gibt der Historiker und Bürgermeister Caspar Danckwerth einen Hinweis sowohl auf ein Kloster der Franziskaner als auch der Dominikaner. Es soll sich in der Süderstraße, westlich der »Roten Pforte«, befunden haben. Über tatsächliche Existenz, Baugestalt und späteres Schicksal ist nichts Konkretes bekannt.

2.6.7.3. Schleswig – Maria-Magdalenen-Kloster (1235)

Das Schleswiger Kloster ist 1235 gegründet worden und gehörte gemeinsam mit dem auch zum Bistum Schleswig zählenden Kloster Hadersleben zur skandinavischen Dominikanerprovinz Dacia. Patronin war Maria-Magdalena. Die Gründung des Klosters könnte im Zusam-

406 Törichte Jungfrau aus dem Skulpturenzyklus der Dominikanerkirche in Lübeck

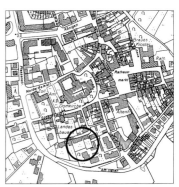

407 Dominikanerkloster Schleswig, Lageplan

menhang mit dem Bedeutungsverlust der Stadt Schleswig im 13. Jahrhundert in Folge der dänischen Niederlage in der Schlacht von Bornhöved 1227 stehen. Möglicherweise sollte mit der Ansiedlung der Bettelmönche dem Niedergang der Stadt entgegen gewirkt werden. (Hill, S. 183) Über die Geschichte des Klosters ist nur wenig bekannt: Bestattung des Königs Erich Plogpennig 1250, eine Stiftung 1327, Kapitel der Ordensprovinz 1449, Anschluss an die Observantenbewegung der Congregatio Hollandica. Es muss auch enge Beziehungen des Klosters mit der städtischen Obrigkeit gegeben haben, denn der Schleswiger Rat hat dort auch mehrere Empfänge gegeben.

Der Reformation widersetzten sich die Mönche entschieden. Sie versuchten sich durch einen verstärkten Lehrbetrieb zu retten, noch 1528 bestellten sie einen katholischen Ordensprediger. 1529 erfolgte die Aufhebung des Klosters durch Vertreibung der Mönche und Zerstörung der Anlagen. Eine letzte Erwähnung findet das Kloster 1565 in einem Vertrag zwischen Herzog Adolf und dem Domkapitel, in dem dessen Ansprüche auf das Grundstück – »rhum, da etwann das schwartze Kloster gestanden« – aufgegeben wurden. (zit. nach Lafrenz 1985, S. 301)

Wo das Kloster wirklich gestanden hat, galt lange Zeit als ungewiss. Mehrere Grabungen in den 1970er Jahren auf dem Flurstück Plessenstraße 83/3 haben die Lokalisierung des Klosters durch den Fund von Feldsteinfundamenten und geringen Resten aufstehenden Mauerwerks ermöglicht. Die Fundamente und Mauerreste gehören zum südöstlichen Teil des Klosters, dessen Ausdehnung auf den westlich und nördlich angrenzenden Grundstücken durch weitere Ausgrabungen im Frühjahr 2005 an der Pastorenstraße, nachgewiesen werden konnte. Die Freilegung der Fundamente der Kirche bestätigt den Grundsatz der Bettelorden, ihre Kirchen an einer Straße zu errichten; anderenfalls wäre der Zutritt für die Laien ohne Beeinträchtigung der Klausur kaum möglich gewesen. Aus den neueren Ausgrabungen ergibt sich auch, dass die Kirche turmlos, einschiffig, 30 m lang und 9 m breit war. Zwischen den Fundamenten wurden einige höheren Würdenträgern vorbehaltene Kopfnischengräber entdeckt. An der Südostecke der Klausur konnten die Fundamente des südlichen Kreuzgangflügels mit anschließenden Räumen unterschiedlicher Größe, im Ostflügel ein Raum mit mittigem Pfeiler freigelegt werden. Ein kreisrundes Brunnenfundament lässt auf die Lage von Wirtschaftsräumen in diesem Bereich schließen.

2.6.7.4. Meldorf – Kloster Marienau (1319)

Das Gründungsdatum des Meldorfer Klosters ist durch schriftliche Quellen nicht gesichert. Reimer Hansen vermutet, dass bereits vor der eigentlichen Klostergründung eine Niederlassung bestanden haben könnte. Wahrscheinlich ist der 7. September 1319: Vortag von Mariae Geburt und des entscheidenden Kampfes der Dithmarscher gegen den holsteinischen Grafen Gerhard d. Gr. in Oldenwöhrden zugleich. Vorsteher und Ratgeber des Landes Dithmarschen gelobten, im Falle eines Sieges ein Kloster zu gründen. Dieses Versprechen machte das zu gründende Kloster und dessen materielle Sicherung von Anbeginn zu einer Angelegenheit des gesamten Landes. Vermutlich ist noch im Herbst 1319 mit dem Bau begonnen worden, 1322 dürfte das Kloster schon bestanden haben.

Die Koinzidenz der Ereignisse: erneuter Einfall der Holsteiner in Dithmarschen an einem Maria geweihten Tag (15. August 1403: Mariae Himmelfahrt) und deren Niederlage in der Schlacht in der Süderhamme am Tage des heiligen Dominikus (4. August 1404, am Tage zuvor erneuerten die Landesvertreter das Gelübde von 1319) ließ die herausragende Bedeutung des Heiligen als Schutzpatron und des ihm geweihten Klosters noch weiter wachsen. Eine Handschrift von 1500 berichtet über wertvolle Weihegaben der Landesvertretung, damit Gott und die Jungfrau Maria das Land Dithmarschen behüten und bewahren mögen. Dafür gelobten der Prior und die Mönche des Konvents den Dithmarschern die Lesung von sieben Messen in der Woche. Berichtet wird auch von einer jeweils am ersten Freitag eines jeden Monats stattfindenden Prozession, bei der ein Bild Marias und eines mit dem heiligen Leichnam Jesu um den Klosterhof getragen wurden.

Meldorf war seinerzeit der einzige klösterliche Mittelpunkt des Landes mit dem Zweck »eine wirksame Heils- und Schutzeinrichtung zu bilden, die gleichermaßen dem Seelenheil wie der

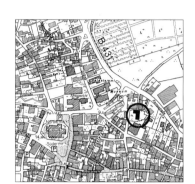

408 Dominikanerkloster Meldorf, Lageplan

Landesverteidigung dienen soll.« (Hansen, S.71) Das Kloster gehörte zusammen mit Lübeck, Hamburg, Stralsund und Wismar zur Dominikanerprovinz Slavia, kirchenrechtlich unterstand das Land Dithmarschen der Aufsicht des Bremer Erzbischofs bzw. dem Hamburger Domkapitel.

Über die Gründe der Dithmarscher, wenig später in Hemmingstedt ein neues Landeskloster zu gründen und damit die Bedeutung des Meldorfer Klosters zu mindern, gibt es nur Mutmaßungen: Das Meldorfer Kloster diente nach dem Einfall der schleswig-holsteinischen und dänischen Heere vom 11. bis zum 15. Februar 1500 als Hauptquartier der feindlichen Fürsten, die sich dort wenig gottesfürchtig aufgeführt haben sollen. Eroberung des Klosters und Entweihung könnten Anlass gewesen sein, dem geistlichen Beistand des Meldorfer Klosters weniger als bisher zu trauen und den Bau eines neuen Klosters zu geloben. Das Kloster erholte sich danach nicht mehr, auch wenn es sich 1505 dem reformorientierten Verband »Saxonia« zur strengeren Einhaltung der Regeln anschloss. In der geringer werdenden Zahl niederdeutscher Namen der Mönche wird die Lockerung der ehemals engen Beziehungen zum Land und die schleichende Auszehrung des Konvents ersichtlich.

Mit dem Meldorfer Kloster in Verbindung stehen auch die Ereignisse um den Tod des ehemaligen Augustinermönchs und lutherischen Prediger Heinrich von Zütphen, der 1524 in Meldorf zu predigen begonnen hatte. Der Hamburger Dominikaner Willehad Solzhusen begab sich nach Meldorf und bewirkte mit dem Prior Augustin von Dorenburch und dem Lundener Franziskanerprior die Gefangennahme und Tötung Zütphens. Der Konvent widersetzte sich allen Bemühungen zur Reformation, die letzte dokumentierte Nachricht stammt aus dem Jahr 1530 und bezieht sich auf die Versetzung des Mönchs Dominicus Fabri nach Magdeburg.

1533 setzte die Landesversammlung in Dithmarschen endgültig die Reformation durch, nachdem sich auch die Hansestädte zum neuen Glauben bekannt hatten und damit die Oberaufsicht des Bremer Erzbischofs und Hamburger Dompropsts über das Land entfallen war. Das Ende war wahrscheinlich turbulent, denn der Überlieferung nach flohen die letzten Mönche nach Lunden. Die Gebäude sind 1540 zur Lateinschule umgewandelt, Besitz und Einkünfte des ehemaligen Klosters sowie des Franziskanerklosters in Lunden dieser zugeordnet worden.

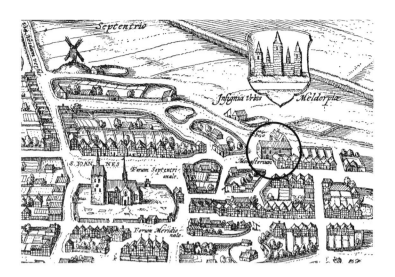

409 Dominikanerkloster Meldorf, Stadtansicht Meldorf mit Kloster unterhalb des Wappens von Braun & Hogenberg, 1588

Gemessen an der großen Bedeutung für das ganze Land und den durch Stiftungen stetig wachsenden Reichtum war das Kloster relativ klein. Der Standort lag am nordöstlichen Siedlungsrand, wie es für Bettelorden üblich war. Über eine eigene Kirche verfügten die Dominikaner nicht, vielmehr benutzten diese vermutlich die nahe und als »Dom der Dithmarscher« bezeichnete Backsteinbasilika, einem bedeutenden gotischen Kirchenbau in der Mitte der Stadt, für ihre Predigten und Gottesdienste oder eine andere Kapelle.

Das Kloster bestand am Ende des Mittelalters aus zwei im Winkel zueinander stehenden Gebäuden. Eine in Einzelheiten nicht ganz verlässliche Darstellung von Braun & Hogenberg vom Ende des 16. Jahrhunderts ist die einzige zeitgenössische Darstellung, die geeignet ist, ein ungefähres Bild des ehemaligen Klosters zu vermitteln. Das heutige Gebäude Klosterhof 17 ist das einzige, das tatsächlich teilweise noch aus der Klosterzeit stammt. Es beherbergte das Refektorium und wurde in der Folgezeit, zunächst als Lateinschule und später »ganz unkenntlich und zu Wohnungen verbaut«. (Haupt, 1925, S.242) Die östliche Längswand auf einem Granitquaderfundament stammt noch aus dem 15. Jahrhundert und wird durch große Stichbogenblenden gegliedert. Eine weitere Mauerblende ist am Westgiebel erkennbar.

410 Dominikanerkloster Meldorf, Klosterhof mit Blendarkaden des ehemaligen Klosters

411 Augustinerinnenkloster Neustadt i.H., Lageplan

In der Meldorfer Kirche haben sich Reste eines Chorgestühls erhalten, das allgemein den Mönchen zugerechnet wird. Es handelt sich um einen wahrscheinlich gekürzten Teil mit acht Sitzen, dessen eine Wange mit Fialen und Kreuzblume aus dem 15. Jahrhundert besetzt sind. Die andere mit Akanthusstrauß wurde später hinzugefügt und stammt aus der zweiten Hälfte des 16. Jahrhunderts.

Weitere Zeugnisse des Klosters finden sich im Nationalmuseum von Kopenhagen: darunter eine 22 cm hohe silbervergoldete und emaillierte Kanne mit Szenen aus der Geschichte des verlorenen Sohnes, ein ebenso gearbeiteter Kelch mit sechs Passionsszenen am Fuß und zwölf Apostelköpfen am Knauf, ein Teller mit dem thronenden Christus in der Mitte und einer Dedikationsumschrift sowie einer Datierung 1333. Am Fuß der Kanne ist eine Lilie erkennbar, die Schutzmarke der Pariser Goldschmiede, von denen dieses erlesene Abendmahlgerät angefertigt worden war. Dieser Schatz von allerhöchstem künstlerischem Wert wurde nach der Eroberung des Landes durch ein holsteinisches Fürstenheer 1559 von den unterlegenen Regenten dem dänischen König »wohl nicht ganz freiwillig geschenkt.« (Kamphausen, 1953, S.34)

2.6.8. Augustiner – Eremiten und Wilhelmiten

2.6.8.1. Neustadt in Holstein – Kloster der Augustinerinnen St. Anna (1230er Jahre)

Die fortschreitende Kolonisierung Wagriens durch die holsteinischen Grafen machte einen wirtschaftlichen Vorort notwendig, um sich an dem unter Lübecks Führung entwickelnden Ostseehandel beteiligen zu können. Der bis dahin als Handelsplatz bedeutende Ort Krempe (jetzt Altenkrempe) bot dafür weder ausreichende Flächen zur Bebauung, noch einen günstig an den Verkehr angeschlossenen Hafen. Auf einer leichten Anhöhe und an der engsten Stelle des Binnenwassers, verbunden mit einer Furt, entstand ab 1244 die neue durch Graf Adolf IV. und dessen Sohn Gerhard gegründete Stadt, die zunächst den Namen Neuenkrempe trug.

Der Lage des Klosters innerhalb der Stadt erinnert an den typologisch nahezu identischen Stadtgrundriss von Kiel: am Stadtrand im Zusammenhang mit der Befestigung und von einer der Hauptstraßen nur durch eine kleine Gasse erreichbar. Gegenüber Kiel besteht jedoch eine stärkere Anbindung an den Marktplatz. Ob es an dieser Stelle bereits eine ältere Bebauung gab, ist ungewiss.

Das Kloster, von dem nichts erhalten ist, soll durch Graf Adolf IV. bereits in den 1230er Jahren gegründet worden sein. Überlieferungen zufolge wurde es mit aus Neumünster gekommenen Nonnen besetzt, wo es bis dahin ein Doppelkloster gegeben hatte. Der Mangel an schriftlichen Überlieferungen könnte darauf zurückzuführen sein, dass, weil den Bettelorden der Grundbesitz außerhalb des Klostergeländes untersagt war, es auch nur wenige wirtschaftliche Aktivitäten zu dokumentieren gab. Mehr Nachrichten liegen aus dem 15. Jahrhundert vor: 1461 sicherte König Christian I. den Nonnen den Schutz der Güter und Abgabenfreiheit zu. 1470 wurde der Konvent vom König aufgefordert, in anderen Orten seines Territoriums, namentlich in Husum, weitere Klöster anzulegen, was als Hinweis auf eine hervorgehobene Bedeutung des Neustädter Klosters gewertet werden kann. Durch eine Reihe von Schenkungen kam das Kloster später entgegen den Ordensregeln doch zu umfangreichen Grundbesitz. Ein vor 1535 verfasstes Dokument verweist dagegen auf die geringen Einkünfte und

Besitztümer des Klosters, weshalb es von Beiträgen zur Landesverteidigung ausgenommen war: »... müssen sich mit ihren Händen ernähren.« (zit. n. J. H. Koch, S. 36) Um 1500 lebten elf Nonnen und die Priorin im Kloster.

Ab 1537 wurde die lutherische Lehre von der Kanzel der Kirche verkündet. 1544 fiel Neustadt dem Gottorfschen Anteil zu; 1556 oder wenig später entstand anstelle des Klosters ein landesherrliches Vorwerk. In der Folgezeit wechselten die Besitzverhältnisse mehrfach bis 1780 schließlich der Mecklenburger Joachim Hinrich Abel das Klostergelände erwarb, dessen Nachkommen den Hof bis 1963 bewirtschafteten. Über Struktur und Aussehen der Baulichkeiten und deren Zustand ist nichts bekannt. Um 1800 muss noch ein Teil der Klostergebäude gestanden haben, denn der damalige Besitzer Abel ließ »das alte Klostergebäude, wovon ein Theil zur Wohnung diente, abbrechen, da der Einsturz drohte und [an] dessen Stelle eine neues Wohnhaus ausführen.« (zit. n. J.H. Koch, S. 38). 1826 erfolgten weitere Abbrüche von Resten der Klosterbauten mit Ausnahme einiger Mauerreste im Keller. 1947 wurden Fundamentreste gefunden und 1964 ein alter Kellerraum zugeschüttet, der 1988 im Zusammenhang mit Straßenbauarbeiten wieder freigelegt, teilweise geborgen und vermessen werden konnte. Mehrere Findlinge der Fundamente haben bei der Gestaltung der Straßen und eines Parkplatzes (Klosterhof) Verwendung gefunden. Einige geborgene Ziegelsteine und Bodenplatten werden im städtischen Ostholstein-Museum im Kremper Tor aufbewahrt.

412

2.6.8.2. Kuddewörde – Kloster der Wilhelmiten/Augustiner – Eremiten (1495/1497)

Auf Betreiben des Benediktiners Wenzel Schnorbach aus dem St. Hubertuskloster in den Ardennen wurde um 1495 durch Herzog Johann IV. von Sachsen-Lauenburg ein Wilhemitenkloster gestiftet. Der Bischof von Ratzeburg stellte einschneidende Bedingungen, die wohl die Entwicklung des neuen Klosters behindern sollten: Beschränkung von Schenkungen, Verzicht auf Grunderwerb u.ä. Ausgenommen davon war der Erwerb verpfändeten lauenburgischen Besitzes. Dahinter ist die Absicht des Herzogs zu vermuten, diesen auf Umwegen wieder an sich bringen. Der Konvent sollte über seine Einnahmen und Ausgaben jährlich Rechenschaft ablegen. Festgelegt war auch, dass über den Stifter hinweg selbst Kaiser und Papst keinen Einfluss auf das Kloster ausüben dürften: ein Ansinnen, auf das sich wohl kein Orden einlassen konnte.

Damit konnte die eingeleitete Niederlassung des Wilhelmiten-Ordens nicht gelingen. 1497 übertrug der Herzog wiederum Wenzel Schnorbach die Gründung eines Klosters und eines Hospitals, diesmal durch die Augustiner-Eremiten. Mit Erlaubnis des Bischofs von Ratzeburg übertrug er dem zu gründenden Kloster den Teich Dunsebek zur Einrichtung einer Fischzucht, freies Holz und das Recht, in der Bille zu fischen, in der Wassermühle Korn zu mahlen und in seinem Land um Almosen zu bitten. Auch das neue Kloster sollte nur den Herzog als obersten Herrn anerkennen. Vorgesehen war, dass im Kloster fünf Mönche und zwei Novizen leben sollten.

Über die Entwicklung des Klosters ist kaum etwas bekannt. 1517 wurde Dietrich Bodeker, der später die Reformation in Hamburg stark befördern sollte, durch Herzog Magnus I. zum Prior bestellt und zusammen mit dem inzwischen zum evangelischen Glauben übergetretenen Herzog und 14 Mönchen unter Kirchenbann gestellt. Die Lage des Klosters muss 1524 so kritisch gewesen sein, dass sich Magnus I. an das Domkapitel von Minden und mehrere Bischöfe um Hilfe wandte: »dem armen Gotteshause und den kranken Leuten zum Besten.« (zit. nach Koops, S. 114) Im gleichen Jahr ist der Prior noch einmal nach Lauenburg gereist, danach sind keine Nachrichten mehr über das Kloster überliefert.

412 Neustadt i. H., Klosterhof, Findlinge von Fundamenten des Klosters neben Parkplatz Am Klosterhof

413 Kloster Kuddewörde, Lageplan

416 St. Annen-Kirche Lübeck im 16. Jh., aus der Stadtansicht von Elias Diebel, 1552

Als Standort des Klosters kommt nach der Stiftungsurkunde nur ein Bauplatz neben der damals schon bestehenden, um 1230 im Ratzeburger Zehntenregister erwähnten Kirche in Frage. Beim Graben auf dem Friedhof kamen wiederholt Mauerwerksreste zu Tage. Die Pfarrkirche St. Andreas ist mehrfach so sehr umgeformt worden, dass nichts mehr an ihre zeitweilige Funktion als Klosterkirche erinnert. In der Kirche werden zwölf aus Holz geschnitzte Apostelfiguren, die von einem spätmittelalterlichen Retabel stammen, sowie ein Kruzifix vom Anfang des 16. Jahrhunderts aufbewahrt. Ob diese im Zusammenhang mit dem Kloster stehen, ist nicht erwiesen.

2.6.8.3. Neumünster – Augustinernonnenkloster (1498)

1498 stiftete Herzog Friedrich I. in Neumünster ein Kloster der Augustinerinnen. Es lag in einem Gelände nahe dem Großflecken, dessen Bezeichnung »Klosterinsel« allein noch an das Kloster erinnert. Nach Aufgabe des Klosters erwarb Herzog Adolf Grundstück und Gebäude, um hier ein herzogliches Haus zu errichten, das später in ein Amtshaus umgewandelt wurde und 1729–1820 als Zuchthaus diente. Im 19. Jahrhundert entstand hier vermutlich unter Einbezug älterer Bauten eine nicht mehr bestehende Fabrik. Die Erdaufwallungen in der heutigen Grünanlage stammen aus dem 16.–17. Jahrhundert.

414 Augustinernonnenkloster Neumünster, Lageplan

2.6.8.4. Lübeck – Augustinernonnenkloster St. Anna (1503)

Die Gründung des Klosters 1503 geht auf die Lübecker Bürgerschaft zurück, deren Töchter sich im Benediktinernonnenkloster Rehna wiederholt Repressalien des Mecklenburger Herzogs Magnus ausgesetzt sahen. Der Lübecker Bischof legte fest, das Kloster sei der heiligen Anna, Mutter Marias, zu weihen und der Konvent habe den Regeln des heiligen Augustinus zu folgen. Die Stifter gehörten der städtischen Elite an, ihre Wappen und Namen wurden später im Remter/Tagesraum verewigt. Zur Realisierung verpflichtete man den Braunschweiger Synsiguß Hesse, der einzige namentlich bekannte Baumeister eines schleswig-holsteinischen Klosters im Mittelalter.

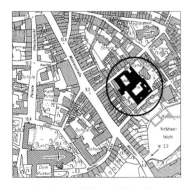

415 St. Annen-Kloster Lübeck, Lageplan

Nach der Grundsteinlegung 1503 errichtete man zunächst eine hölzerne Kapelle am Übergang zwischen Chor und Hauptschiff der späteren Kirche. 1508 erfolgte die Weihe der bis dahin fertig gestellten Bauten, des Chores und des Kreuzgangs. Fertig gestellt war das Kloster im Jahr 1515 nach nur 12jähriger Bauzeit. Der Konvent wurde aus Nonnen des Klosters Steterburg bei Braunschweig gebildet, die der Windesheimer Kongregation angehörten. Um 1530 soll der Konvent aus 14 Nonnen bestanden haben. Nach der Einführung der Reformation in Lübeck 1530 war dem St. Annen-Kloster in der Kirchenordnung 1531 im Gegensatz zu den anderen Stadtklöstern keine neue Funktion zugewiesen worden. Den Nonnen stand es frei, sich zu verheiraten, im Kloster bei freier Verpflegung zu bleiben oder gegen Entschädigung das Kloster zu verlassen. Nach 1542 sind keine Nonnen mehr im Kloster nachweisbar.

Nach Beendigung der klösterlichen Nutzung wurden die leer gefallenen Gebäude anderweitig genutzt: die Kirche zeitweise als Zeughaus und die Klostergebäude zur Unterbringung armer Frauen. Ab 1601 entstand hier ein Armen- und Werkhaus für fast 600 Personen, eine Einrichtung, die seinerzeit aus dem rapiden Anstieg der Zahl von Armen erforderlich geworden war. 1632 folgte ein Zuchthaus für Schwererziehbare, 1643 das Krankenhaus und 1778 das Spinnhaus für Personen, die Zuchthausstrafen absitzen mussten. Mit Gründung des Armen- und Werkhauses diente der Chor wieder kirchlichen Zwecken, das Kirchenschiff als Grablege Lübecker Bürger. 1835 zerstörte ein Brand große Teile der Wirtschaftsgebäude, 1843 ein weiterer die Kirche und das Obergeschoss der Klausur. Die Kirchenruine diente danach u. a. als Holzlager. Wegen Einsturzgefahr entschied der Rat, die Mauerreste bis auf wenige Meter Höhe abzutragen. Die Funktion der Konventsbauten als Zwangsarbeits- und Zuchthaus bestand bis 1909, als in Lauerstadt eine moderne Strafanstalt in Betrieb genommen werden konnte. Nachfolgend wurden die Klostergebäude 1912–1915 zum noch heute bestehenden St. Annen-Museum umgebaut. Nach Überlegungen, auch die Kirche wieder aufzubauen, entstand von 1997–2003 anstelle der Kirche ein Ausstellungsbau, der assoziativ an die ursprüngliche Gestalt anschließt, ohne diese zu kopieren. Zugleich werden die baulichen Reste der Kirche sichtbar erhalten (Architekten: Konermann/Pawlik/Siegmund).

Als das Kloster errichtet werden sollte, gab es nur noch wenige geeignete Bauplätze innerhalb der eng bebauten Quartiere. Die Besonderheiten des engen, aus mehreren Parzellen aufgegebener Adelshöfe gebildeten Grundstücks führten zu einer Reihe von Kompromissen wie die unübliche Ausrichtung von Kirche und Chor nach Südosten oder die Wiederverwendung des Kellers eines älteren Gebäudes zur Errichtung des Ostflügels; für einen Westflügel blieb damit kein Platz.

Das Kloster folgt dem üblichen Schema mit einem Kreuzhof und vierflügeligem Kreuzgang: im Norden die Kirche, im Ostflügel: Sakristei, Armarium, Kapitelsaal und Tagesraum der Nonnen, im Südflügel: Kalefaktorium, Refektorium und Küche sowie ein Raum, der als Laienrefektorium oder Arbeitsraum diente. Im durch den Brand 1843 völlig zerstörten Obergeschoss befanden sich die Zellen der Nonnen. Die Wirtschaftsräume befanden sich in einem dem Ostflügel angefügten Trakt mit zwei Höfen. Vermutet werden hier auch Räume für eine Krankenstation und eine Schule. Eine Verbindung zur Klausur bestand zunächst nicht und wurde erst später nach Aufhebung des Konvents hergestellt.

Die einheitlich spätgotische Ausführung der Klausurräume lässt die relativ kurze Bauzeit von nur 13 Jahren erkennen. Kreuzgang und die Haupträume sind sämtlich von Kreuzrippen überwölbt, einige Räume wie Sakristei, Laienrefektorium und Kalefaktorium mit Sterngewölben ausgestattet. Die größeren Räume, d.h. Kapitelsaal, Remter und Nonnenrefektorium sind mit Ausnahme des Laienrefektoriums zweischiffig mit Mittelsäulen angelegt. An den Stuckkonsolen des Tagesraumes sind Stifterwappen und zu beiden Seiten gemalte Bänder mit Namen der Stifter angebracht. In einigen Räumen finden sich noch Reste spätgotischer Ausmalung.

Die Kirche war eine dreischiffige Halle mit fünf Jochen, an deren Mittelschiff sich ein drei-

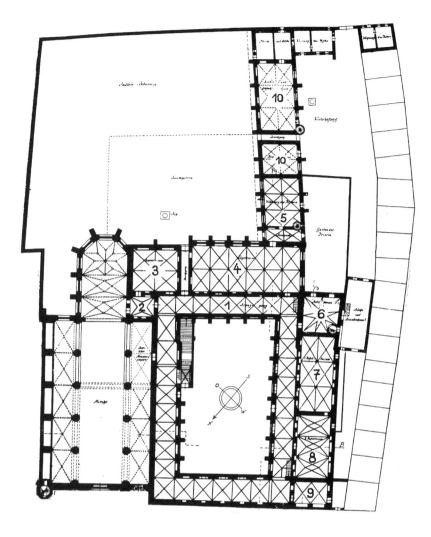

417 St. Annen-Kloster Lübeck, Grundriss, 1: Kreuzgang, 2: Sakristei, 3: Kapitelsaal, 4: Remter/Tagesraum, 5: Wohnung der Priorin, 6: Kalefaktorium, 7: Nonnenrefektorium, 8: Laienrefektorium, 9: Eingangshalle, 10: Wirtschaftsräume, M 1:750

418 St. Annen-Kloster Lübeck, Kreuzhof mit Kreuzgangarkaden

419 St. Annen-Kloster Lübeck, Kirchenportal mit Treppenturm, über dem Portal eine Skulpturengruppe der Anna Selbdritt (l.)

420 St. Annen-Kloster Lübeck, Refektorium r.)

421 St. Annen-Kloster Lübeck, Sandsteinnische mit Korbbogen und Wimpergaufsatz in Straßenfront der Kirche neben dem Portal

jochiger Chor mit 5/8-Polygonalabschluss anschloss. Beide Bauteile waren durch eine über das Dach ragende Schildmauer mit abgetrepptem Giebel getrennt. Der Chor war mit Sterngewölben, das Mittelschiff mit einer Spitzbogentonne aus Holz, die Seitenschiffe mit Kreuzrippengewölben überdeckt. Der Raumeindruck des Mittelschiffs wurde durch die zwei Reihen von jeweils vier mächtigen Achteckpfeilern bestimmt, deren Reste in den Neubau des Museums (Eingangshof und -halle sowie Ausstellungsräume) einbezogen worden sind. Straßenseitig haben sich Teile der Fassade mit einem großen spitzbogigem Portal erhalten: über dem Portal aus Sandstein eine Nische mit einer Skulpturengruppe der Anna Selbdritt, seitlich des Portals zwei Sandsteinnischen mit Korbbogen und Wimpergaufsätzen (1518, Meister Ketel), daneben ein kleineres Portal als Eingang zum südlichen Seitenschiff. Das Mauerwerk ist dekorativ durch wechselnde Backstein- und sogenannte Specklagen aus Sandstein horizontal gegliedert. Holztonne, Portal und Mauerwerk mit Sandsteinschichten sind auf niederländische Einflüsse zurück zu führen. Eine Besonderheit ist der freistehende, ursprünglich die Kirche nicht überragende Treppenturm mit einer für Norddeutschland einzigartigen doppelläufigen Wendeltreppe.

Von der ursprünglich reichen Ausstattung ist so gut wie nichts erhalten. 1530 brachte man einige Ausstattungsstücke der Kirche in die Marienkirche, darunter ein großes silbernes St. Annen-Bild und Kirchengerät. Ein Inventar von 1533 zählte weitere silberne Gegenstände auf, ein späteres von 1537 mehrere Altarschreine. In einem kurz vor dem Brand 1843 gezeichneten Grundriss der Kirche ist noch das Chorgestühl entlang der Choraußenmauern zu erkennen, das vermutlich aus vorreformatorischer Zeit stammte. In der Zeit nach der Reformation war die Inneneinrichtung der Kirche durch die Anbringung einer Kanzel (1614) und die Aufstellung eines neuen Altars (1735) vervollständigt worden, die aber ebenfalls 1843 untergingen. Durch Stiftungen kam im 17. und 18. Jahrhundert wieder ein beachtlicher Schatz an silbernem Altargerät zusammen, von dem im St. Annen-Museum noch heute einige Stücke aufbewahrt werden.

2.7. Kartäuser, Kloster Ahrensbök – Templum Beatae Mariae (1397)

Die Kartäuser waren ein Orden, dem es gelang, das Einsiedler- mit dem Gemeinschaftsleben zu verbinden. Ordensgründer war der aus der Oberschicht stammende Kanoniker Bruno von Köln (1032–1101), später Leiter der Domschule und erzbischöflicher Kanzler in Reims. Offiziell wurde Bruno nie heilig gesprochen, auch wenn der Vatikan seinen Kult mehrfach bestätigt hat. 1084 zog er sich mit sechs Gefährten in die Bergwildnis der Chartreuse, einem Massiv in den französischen Alpen nördlich von Grenoble zurück, um dort ein Leben in strengster Askese zu führen. Diese Einsiedelei wurde Cartusia (Kartause) genannt, von der sich der Name des Ordens ableitet.

Die Entwicklung des Kartäuserordens ging vom Mutterkloster (La Grande Chartreuse) aus, wo 1127 der Prior Guido die 1133 durch Papst Innozenz II. bestätigten Statuten niederschrieb. In den Folgejahren wurden diese immer wieder geändert und 1510 gesammelt gedruckt. Das Generalkapitel trat jährlich einmal zusammen; Beschlüsse fasste der Prior mit einem Definitorengremium. Die ausübende Macht lag beim Prior der Großen Kartause, der soweit erforderlich vier vom Generalkapitel benannte Priore beiziehen konnte. Daneben gab es im 13. – Mitte des 14. Jahrhunderts achtzehn Ordensprovinzen mit vom Generalkapitel ernannten Provinzialvisitatoren.

Die ersten Kartausen entstanden in der Wildnis, auf Bergen und in Tälern, in Dörfern oder vor Städten, nur selten im Verbund mit Städten, stets in Bereichen größtmöglicher Ruhe. Erst später suchten die Neugründungen die Nähe von Städten. Ein Grund dafür kann im Sicherheitsbedürfnis der Mönche zu suchen sein, ein anderer im Wunsch, den Stiftern näher zu sein. Die kartäusische Spiritualität ist wesentlich auf Beschauung in der Zelle ausgerichtet und auf einfache tägliche Arbeit. Verzicht, Askese, Fasten und Zölibat gehören wie das Stundengebet zum klösterlichen Leben, das als Buße und Zeugnis für Christus in Verbundenheit mit der ganzen Menschheit verstanden wird. Über die Praktiken der Mönche für die Suche nach Reinheit und Vollkommenheit gibt es nur weni-

422 Maria mit den heiligen Johannes dem Täufer, Bruno und Kartäusermönchen (Kartäusermadonna), Holzschnitt von Albrecht Dürer, 1515

ge ordenseigene Regeln. Der Tagesablauf wurde bestimmt durch Gebet und Arbeit, wozu sowohl körperliche Tätigkeit als auch geistige wie das Studium und das Abschreiben heiliger Schriften zählte.

Wesentliche Einnahmequellen der Mönche waren neben einem eigenen Wirtschaftshof Stiftungen und Vermächtnisse zur Pflege der Memoria von Bürgern und Adeligen. In einer Stiftungsurkunde, unterzeichnet von Herzog Philipp dem Kühnen von Burgund, aus dem Jahre 1385 heißt es: »Für ein Seelenheil gibt es nichts Besseres als die Gebete der frommen Mönche, die aus Liebe zu Gott freiwillig Armut erwählen und alle Nichtigkeiten und Freuden der Welt fliehen... Da die Kartäuser unablässig Tag und Nacht für das Heil der Seelen beten und für die gedeihliche Entwicklung des öffentlichen Wohles und der Fürsten beten...« wolle er »aus seinen Mitteln... eine Kartause zu Ehren der heiligen Dreifaltigkeit stiften.« (zit. n. Braunfels, S. 163) Der Gedanke, dass die Flammen des Fegefeuers nicht brennen, solange für die Seele des Verstorbenen gebetet würde, war im Mittelalter eine so weit verbreitete Vorstellung, dass später auch viele Bürger die Errichtung von einzelnen Zellen stifteten und sich einen fürbittenden Kartäuser »leisteten«. Ging man ursprüng-

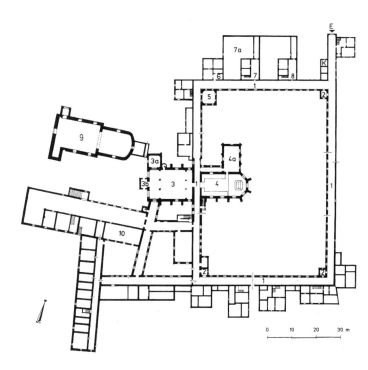

423 Buxheim, Grundriss der Kartause: der große Kreuzgang (1) teilt die Kirche in Brüder- und Priesterchor (3 bzw. 4), dem Großen Kreuzgang angelagert die Zellen der Mönche (7, 8), jeweils ausgestattet mit einem kleinen Garten (7a), M 1:1500

424–425 Buxheim, Kartause, hinter der Klostermauer die Zellen der Mönche mit kleinem Garten

lich von der Regelgröße eines Konvents von zwölf Mönchen und den Prior sowie sechzehn Konversen aus, erhöhte sich diese Zahl aber wegen des häufig großen Andrangs in den großen Kartausen um ein Vielfaches.

Noch um 1200 gab es im ganzen Abendland nicht mehr als 37 Kartausen, im 13. Jahrhundert wurde nicht eine gegründet. Erst im 14. und 15. Jahrhundert, dem Zeitalter der Mystik, kam es zu einer Blüte mit 195 Prioraten, davon 58 im deutschsprachigen Raum, darunter die von Ahrensbök. Durch die Reformation gingen die meisten unter, im 16. und 17. Jahrhundert kam es erneut zu einer Reihe von Neugründungen, bis auch diese im Strudel der Französischen Revolution und des Reichsdeputationshauptschlusses untergingen. Die Wiederbelebung des Ordens setzte mit dem erneuten Bezug der Grande Chartreuse 1816 ein. Rückschläge blieben aber auch dann nicht aus: 1901 wurden alle Kartausen in Frankreich erneut geschlossen; 1940 konnte die Grande Chartreuse wieder eröffnet werden. In Deutschland besteht noch die 1869 bei Düsseldorf gegründete Kartause Maria Hain, die aber 1962 nach Hochwald in Oberschwaben verlegt wurde, um den Mönchen die unerlässliche Ruhe zu gewährleisten.

Für die Anlage eines Kartäuserklosters gibt es keinen Regelgrundriss wie bei dem gleichzeitig gebildeten Zisterzienserorden. Das zumeist gestiftete Bauland erforderte eine Reihe unterschiedlicher Zuordnungsmuster der Funktionsbereiche, die sich einer Systematisierung entziehen. Dennoch hat sich durch gleichartige Funktionsabläufe ein Grundschema herausgebildet, das Wolfgang Braunfels am Beispiel der Kartause von Clermont beschreibt (Braunfels, S. 153 ff.): An einem Wirtschaftshof sind alle die Einrichtungen wie Gästehaus, Stallungen und Zellen von Donaten angeordnet, die einen Bezug nach außen haben. Ein eigener Wirtschaftshof war allein deshalb erforderlich, weil die Arbeit der Mönche zur Selbstversorgung nicht ausreiche. Hier war auch das Haus des Priors mit einem eigenen kleinen Hof angeordnet. In der Mitte der Anlage stand die durch einen Lettner in eine Vorderkirche für Konversen und Donaten sowie die Mönchskirche mit unmittelbarem Zugang von der Klausur geteilte Kirche. In einigen Kartausen wie in Buxheim ergab sich ein völlig neuer Zusammenhang von Kloster und Kirche dadurch, dass der Kreuzgang durch die Kirche hindurch geführt wurde und dieser zugleich den Lettner bildete. Laien waren von den Gottesdiensten zunächst ausgeschlossen und erhielten erst später Zugang zu einer Empore in der Vorderkirche. Die Kartäuser waren die ersten, die sich mit einer einschiffigen Halle statt einer Basilika begnügten. Türme als Zeichen nach draußen hätten dem kontemplativen Charakter der Kartäuser ebenso widersprochen wie die Ausbildung von Fassaden. Die Kirche wurde beidseits flankiert durch das Haus des Subpriors bzw. die Gemeinschaftsräume der Mönche um einen kleinen Kreuzhof (Claustrum minus). Dieser Teil hatte mit Ausnahme der Mönchszellen in etwa das gleiche Raumprogramm wie ein Benediktinerkloster: Kreuzgang, Kapitelssal, Refektorium und Bibliothek. Der Friedhof lag in Achse des Chores so, dass die Mönche diesen immer vor Augen hatten und an die Vergänglichkeit des irdischen Lebens erinnert wurden.

Völlig neu und von den Klöstern anderer Orden unterschiedlich war die gereihte Anordnung der Zellen an langen Gängen um einen großen Hof (Claustrum majus). Jede einzelhausartige Zelle bildete zusammen mit einem durch eine hohe Mauer gegenüber der Außenwelt abgeschirmten Garten einen kleinen Bereich, in dem jeweils ein Mönch nahezu wie ein Einsiedler leben konnte. Die eigentliche Mönchszelle bestand aus drei Räumen: ein geheizter Vorraum, ein

Aufenthaltsraum mit Bett, Bank, Tisch und Büchergestell sowie eine kleine Kammer und eine Latrine. Hier ging der Mönch seinen Gebeten und täglichen Arbeiten nach, allein unterbrochen durch die Teilnahme an Messen, gemeinsame Einnahme von Mahlzeiten oder Teilnahme an Versammlungen im Kapitel. Eines der am besten erhaltenen Kartäuserklöster im deutschsprachigen Raum ist die Kartause Buxheim, die noch heute alle charakteristischen Grundrissmerkmale aufweist, auch wenn Kirche und Kreuzgänge barock überformt sind und der Gesamteindruck nur wenig von der sinnfälligen Kargheit kartäusischen Lebens vermittelt.

Die Mönche lebten völlig auf sich bezogen, nie haben sie die engen Grenzen ihres Klosters verlassen. Der aus dieser Introvertiertheit ausgehende Verzicht auf jede Art von baulicher Monumentalität hat dazu geführt, dass die Kartausen nie anderes als die Variation des gleichen Schemas waren, und es nie Anlass gab, eine eigene Architektursprache zu entwickeln. Neuerungen wurden nur zögerlich aufgenommen, allenfalls von außen z.B. durch Stifter herangetragen. Dieses betrifft auch die Sammlung von unermesslichen Reichtümern und Kunstwerken, was dem Armutsgebot der Kartäuser entschieden widersprochen haben muss.

Die einzige Kartause in Schleswig-Holstein entstand in Ahrensbök auf dem Kirchhügel einer älteren, viel besuchten Wallfahrtskirche »Maria über der Buche mit dem Adlernest« (Adler= Aaar, Buche= bök). Es verdankt seine Gründung einem im Kampfe um die Rückgewinnung Fehmarns durch die drei holsteinischen Grafen Heinrich II., Nikolaus und Adolf VII. geleisteten Gelübde, im Falle des Sieges ein Jungfrauenkloster zu Ehren der Jungfrau Maria zu gründen (1359). Die Umsetzung des frommen Schwures kam jedoch erst nach 1387 durch eine Stiftung von ausgedehnten Ländereien durch Jakob Krumbek, Kanonikus in Lübeck, Hamburg und Schwerin, in Gang. Zunächst war an ein Prämonstratensernonnenkloster gedacht. Dem Kartäusermönch Heinrich ist es zuzuschreiben, dass man sich schließlich auf die Einrichtung einer Kartause, Marientempel genannt, verständigte. 1397 setzte der Lübecker Bischof den ersten Prior ein und übereignete dem Kloster alle bis dahin gestifteten Güter.

Urkundlich belegt ist, dass die Baumaßnahmen unter Einbezug der älteren Wallfahrts- und Pfarrkirche zu diesem Zeitpunkt schon relativ weit gediehen waren. Es wird angenommen, dass die Klosterbauten dadurch schon nach nur wenigen Jahren fertig gestellt worden sind. Finanziert wurden diese vermutlich aus Spenden von Wallfahrern, denn die Kirche blieb auch weiterhin bis zur Aufgabe des Klosters eine viel besuchte Wallfahrtsstätte. Das Kloster verfügte in Folge von Schenkungen und Ankäufen über einen ausgedehnten Grundbesitz mit mehr als 40 Ortschaften sowie eine Reihe von Seen und Teichen. Auf eine herausgehobene Bedeutung des Klosters innerhalb des Ordens lässt die Bestellung des Ahrensböker Priors 1491 zum Visitator der Ordensprovinz Sachsen schließen.

Die Reformation schnitt dem Kloster alle Möglichkeiten einer weiteren Entwicklung ab. 1534 kam es zur Brandschatzung durch die Lübecker. Noch in den 1550er und 1560er Jahren sind Geldgeschäfte u. a. mit Heinrich Rantzau belegt. Das endgültige Aus für das Klosters wurde durch die Landesteilung 1564 besiegelt. Dabei fiel das gesamte Eigentum des Klosters an Herzog Johann d. J., der es wiederum seiner Mutter, der Königinwitwe Dorothea übereignete

426 Kloster Ahrensbök, Lageplan

427 Kloster Ahrensbök, Kirche, davor Friedhof, vermutlich Ort eines archäologisch nicht erschlossenen Großen Klosterhofes

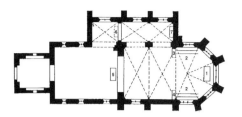

428 Ahrensbök, Grundriss der St. Marienkirche, 1: Hochaltar mit Marienbild; 2: Chorgestühl; 3–4: Altäre; 5: Kreuzaltar mit Lettner; 6: Kreuzaltar, heutiger Standort; 7: Altar in Marienkapelle, M 1:750

429 Kloster Ahrensbök, gotisches Kirchenfenster

und aus dem Klosterland das Amt Ahrensbök bildete. Die letzten beiden Mönche wurden 1565 vertrieben, nachdem die anderen bereits früher geflohen waren. 1584 wurde das Kloster mit Ausnahme der Kirche abgerissen und das Abbruchmaterial bei Errichtung eines neuen, nicht mehr bestehenden Schlosses wieder verwendet. Aus dem Kupfer des Kirchdaches ließ der Herzog holsteinische Doppelschillinge schlagen.

Für ein verlässliches Bild der ursprünglichen Klosteranlage fehlen Angaben oder bildliche Darstellungen. Spätere Funde sind bedauerlicherweise nicht dokumentiert, so dass diese nicht geeignet sind, das Aussehen des Klosters zu verifizieren. Hans Rahtgens zieht aus einer Reihe textlicher Hinweise sowie der allgemeinen Typologie von Kartäuserklöstern den Schluss, dass die innere Klausur mit den Zellen der Mönche um den Großen Hof unmittelbar südlich an die Kirche angeschlossen war. Dort sind ebenfalls die Gemeinschaftsräume wie Kapitelsaal, Refektorium und Bibliothek um einen Kleinen Hof zu vermuten. Denkbar ist jedoch auch die Nutzung der nur wenig hängigen Fläche westlich der Kirche für den Großen Hof. Auf der Nordseite der Kirche, wahrscheinlich an der Stelle des Eingangs zum heutigen Friedhof, ist der Wirtschaftshof mit dem Haupteingang anzunehmen. Urkundlich belegt sind ein Vorratsgebäude und ein »Bauhaus« mit einem Saal, in dem Verhandlungen geführt und Geldgeschäfte getätigt wurden. Am Tor haben sich wahrscheinlich auch ein mehrfach erwähntes Hospital, weitere Wirtschaftsgebäude sowie Pförtnerhaus, Laienbrüderhaus und Gästehaus befunden.

Das gesamte Kloster war durch die sogenannten aus einer Mauer und Palisadenzäunen bestehenden »Klosterschranken« umschlossen, die von den Mönchen nicht überschritten werden durften. Die landwirtschaftlichen Gebäude befanden sich in einem in 500 Meter entfernten und durch Grabungen nachgewiesenem Vorwerk.

Vom Kloster ist allein die Klosterkirche erhalten geblieben, die bereits vor der Klostergründung als Wallfahrts- und Pfarrkirche diente, und seit Auflösung des Klosters im ausgehenden 16. Jahrhundert zur Pfarrgemeinde St. Marien gehört. Der älteste, noch aus der Vor-Klosterzeit stammende Teil ist ein flach gedecktes Schiff aus der Zeit zwischen 1312 und 1328, das möglicherweise einen kleinen Chor besessen hatte. Der um 1400 im Zusammenhang mit der Einrichtung des Klosters gebaute Chor, zwei Joche lang und mit 5/8-Schluss, ist von Kreuzrippen überwölbt. Gleichzeitig entstand auf der Nordseite ein Kapellenanbau in Form eines gewölbten Seitenschiffes mit zunächst zwei Jochen, um 1485 durch ein drittes ergänzt. Schiff und Chor haben nahezu die gleiche Breite von etwa 10 m. Da der Chor die Höhe des Schiffes fortführt, entstand ein sehr flacher und gedrückt wirkender Raum. Dieser für gotische Räume ungewöhnliche Eindruck war während der Klosterzeit sicher weniger ausgeprägt, weil seinerzeit ein nicht nachzuweisender, für ein Kartäuserkloster aber unabdingbarer Lettner den Mönchschor im Osten vom Schiff im Westen getrennt hatte. Im Mönchschor hatte ein Hochaltar mit dem Gnadenbild der Muttergottes seinen Platz, vor dem Lettner ein Kreuzaltar. Innerhalb der Kirche gab es fünf weiterer Altäre. Aus der Klosterzeit stammen ein gotisches Kruzifix aus Kalkstein von 1481, das ursprünglich außen angebracht war, sowie ein spätgotischer überlebensgroßer Corpus an einem Brettkreuz mit Scheiben und Vierpassenden. Erhalten hat sich auch eine Reihe von Grabmälern aus dem 15.–16. Jahrhundert.

Auch das Äußere wirkt dadurch gedrungen, dass Chor und Schiffe unter einem Dach zusammengefasst sind. Die bei mehreren Renovierungen stark überformten Backsteinwände werden allein durch Strebepfeiler gegliedert und lassen nicht mehr erkennen, wo die Klosterbauten ansetzten. Der barocke Turm stammt von 1761. Ob die mittelalterliche Kirche einen Turm besessen hat, ist ungewiss, aber wegen der Funktion als Wallfahrtsstätte wahrscheinlich; die Architekturvorstellungen der Kartäuser hätten es erfordert, darauf zu verzichten.

2.8. Birgitten, Kloster Marienwohlde (1413)

Der Birgitten-Orden geht auf die schwedische Mystikerin und Visionärin Birgitta von Schweden (1301/03–1373) zurück. Nach einer Wallfahrt 1344 nach Santiago de Compostela zog sich ihr Ehemann Ulf Gudmarsson in ein Zisterzienserkloster zurück. Sie selbst gab sich strengen Bußübungen hin, es traten Visionen und Offenbarungen ein, deren 1492 in Lübeck veröffentlichte Aufzeichnung bis ins 18. Jahrhundert zu den wichtigsten christlichen Erbauungsbüchern der frühen Neuzeit zählte. In Prophezeiungen sah sie zukünftige Ereignisse wie das Ausbrechen der Pest in Europa voraus, kritisierte die Lebensweise des Adels und setzte sich für die Reform der Kirche, insbesondere des Klosterwesens ein. Die bestehenden Orden verglich sie mit einem verödeten Weingarten. In einer ihrer Visionen erhielt sie den Auftrag und 1370 die päpstliche Genehmigung zur Gründung eines neuen Ordens, dem der heiligen Jungfrau gewidmeten Birgittenorden. 1405, 18 Jahre nach ihrem Tod, wurde sie heilig gesprochen.

Die Klöster des Birgitten-Ordens waren stets Doppelklöster. Die Mönche waren zuständig für die Abhaltung der Gottesdienste, wirtschaftliche Aufgaben und Außenkontakte. Ihre Zahl betrug 25. Zum Frauenkonvent gehörten 60 Nonnen. Der Äbtissin unterstand auch der Prior der Mönche. Die Aufgaben der Konvente waren insbesondere Armenhilfe und Predigt in Landessprache. Die Nonnen sahen sich als Bräute Christi, dementsprechend erhielten sie bei der Aufnahme ins Kloster einen Fingerring. Persönlicher Besitz war untersagt, Kontakt nach außen sehr eingeschränkt. Die Tätigkeit der Nonnen bestand in regelmäßigem Besuch der Gottesdienste sowie Schreib- und Handarbeiten.

Die Offenbarungen der heiligen Birgitta enthielten auch sehr genaue Anweisungen für die Anlage von Klöstern: Das Kloster hatte am Ufer eines Sees zu stehen und sollte von einer Mauer umgeben sein. Nördlich einer mittig angeordneten Kirche befindet sich das Nonnenkloster, südlich davon das Mönchskloster. Für die Bauweise galt das Gebot der Beschränkung auf wenige Materialien, insbesondere Backstein, und der Verzicht auf Türme und farbige Fenster. Die

430 Die heilige Birgitta verteidigt ihr Werk vor Nonnen und Mönchen, Holzschnitt von Albrecht Dürer

schlichte Ausschmückung spiegelt die Orientierung an den Bauregeln der Zisterzienser und Bettelorden wider. Im Prunk von Bauten ihrer Zeit sah die Heilige einen Diebstahl an den Armen.

Die Kirchen waren so gestaltet, dass die beiden Konvente und Laien zeitgleich ohne Sichtkontakt an den Messen teilnehmen konnten. Die Nonnen hatten ihren Platz auf einer Empore mit eigenem Marienaltar und sich um die ganze Kirche herumziehenden hölzernen Emporengängen. Grundriss und Aussehen dürften in etwa dem jütländischen Kloster Mariager, wo allerdings die charakteristischen Emporengänge nicht erhalten sind, entsprochen haben.

431 Mariager, Birgittenkloster (l.)

432 Mariager, schematischer Grundriss des Birgittenklosters, in den schraffierten Gebäuden das Mönchskloster, in den punktierten das Nonnenkloster, ohne Maßstab

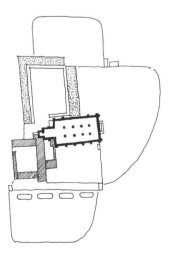

432 Marienwohlde, Birgittenkloster, Standort nördlich von Mölln

433 Marienwohlde, Birgittenkloster, Standfigur des Apostels Jacobus maior (St. Nikolai-Kirche, Mölln)

Die Gründung des Marienwohlder Kloster erfolgte 1413 durch Mönche des Birgittenklosters Mariendal (Pirita) in Estland zunächst im Dorf Bälau nahe Mölln an einer belebten Pilgerstraße von Lübeck in Richtung Süden. Die Verlegung in das Dorf Pezeke entsprach vermutlich dem Wunsch nach einer noch besseren Lage an zwei Zweigen der »Alten Salzstraße« nahe dem zu Lübeck gehörenden Mölln und sicher aber auch dem territorialpolitischem Interesse Lübecks, das dem Kloster – ebenso wie der Lauenburger Herzog – Schutz gewährte. 1415 stellte Kaiser Sigismund die Klöster des Birgittenordens unter den Schutz des Reiches. Die damit verbundenen Aufgaben wurden später an die Stadt Lübeck delegiert.

Um 1428 entstand zunächst eine hölzerne provisorische Kirche, der Bau der Klostergebäude hat sich bis zur endgültigen Weihe 1458 hingezogen. Das Kloster entwickelte sich wirtschaftlich sehr schnell, so dass es auch als Gläubiger für die umliegenden Städte und Adligen des Lauenburger Landes auftreten konnte. Es war stets geöffnet für die ansässige Bevölkerung und durchreisende Pilger, denn Armenfürsorge und Krankenpflege gehörten zu den originären Aufgaben der Birgitten, unterstützt durch zahlreiche Zuwendungen und Spenden reicher Privatleute. Schon zu Beginn des 16. Jahrhunderts pressten die Lauenburger Herzöge, die Lübecker Schwäche nutzend, dem Kloster immer wieder neue Abgaben ab. Während der Holsteinischen Grafenfehde wurde das Kloster Hauptquartier des nachmaligen Königs Christian III. von Dänemark und verwüstet. Die Klosterinsassen konnten nach Lübeck fliehen, wo die Nonnen den ihnen gehörenden Birgittenhof bezogen und die letzte Nonne bis 1587 lebte.

Ein Versuch, das Kloster wieder zu beleben, scheiterte allerdings an den Besitzansprüchen des Herzogs, der schließlich 1558 den gesamten inzwischen an den Lübecker Rat übertragenen Besitz beschlagnahmen ließ. Zunächst entstand ein herzoglicher Hof, aus dem die Domäne Marienwohlde hervorging. 1847 erfolgte die Überbauung des Klostergeländes durch Gutsgebäude zum Teil unter Verwendung vorgefundenen Baumaterials.

Wie das Kloster ausgesehen könnte, ist vor Ort nicht mehr erkennbar, da das gesamte Gelände überbaut ist. Aus verschiedenen Quellen sowie mit Blick auf die Bauregeln des Ordens und Analogieschlüssen hat Reinhold Beranek den Versuch unternommen, Standort und Aussehen des Klosters anschaulich zu machen. Demnach entsprach das Kloster in etwa dem Stammkloster Vadstena bzw. Pirita in Estland, woher die ersten Birgitten kamen. Die Kirche ist zu lokalisieren am heutigen Pächterhaus, östlich davon, also an der Alten Salzstraße, der öffentlichkeitsbezogene Bereich mit Gästehaus u.ä. Nördlich der Kirche stand das Nonnen-, südlich das Mönchskloster, beide mit Bezug zum Marienwohlder See. Im Gegensatz zum Stammhaus, aber in Übereinstimmung mit dem Mutterhaus Pirita, war die Marienwohlder Kirche geostet. Es ist anzunehmen, dass die Kirche ebenfalls der von Pirita weitestgehend glich. Demnach handelte es sich um eine dreischiffige Hallenkirche mit den Außenmaßen von 56 × 26 Metern. Mehrere archäologische Funde lassen die Annahme zu, dass es wie in Pirita oder in

Maribo (Dänemark) auch die charakteristischen Emporengänge gab. Über die Klostergebäude ist noch weniger bekannt. Der Fund einer Bodenplatte lässt darauf schließen, dass es im Kloster eine Warmluft-Heizanlage (Hypokausten-Heizung) gegeben hat.

Auf die hoch entwickelte bildhauerische Kunst des Klosters und deren Rang lässt der kleine, nur etwa 14 cm hohe Kopf einer Marienfigur aus der Zeit um 1420/30 schließen, der heute im Landesmuseum Schloss Gottorf aufbewahrt wird. Die Kalksteinfigur war vermutlich ursprünglich farbig gefasst. Die im Kronenreif erkennbaren Löcher dienten zur Befestigung von Applikationen. Jugend und Lächeln des geneigten Gesichts lassen daran denken, dass es sich um eine Madonna mit Kind gehandelt haben könnte. Der Vergleich mit den Steinfiguren des ehem. Dominikanerklosters in Lübeck, aufbewahrt im dortigen St. Annenmuseum, legt die Vermutung nahe, dass auch diese außergewöhnlich preziöse Arbeit aus Flandern stammt.

Von der Ausstattung ist nur weniges erhalten geblieben. Die Nonnen nahmen das Wertvollste mit nach Lübeck, vor allem Kirchengerät, darunter mehr als 20 Kelche und vier Monstranzen, 2 Kruzifixe und ein silbernes Marienbild. Zusammen mit prächtigen Gewändern wurde zwischen 1560 und 1680 alles nach Westfalen verkauft. In die St. Nikolaikirche in Mölln gelangten u.a. wertvolle Christkindwiegen, ein riesiger siebenarmiger Bronzeleuchter von 1436 sowie eine beachtliche Sammlung von Schriften aus dem 15. Jahrhundert. Eine Holzfigur des Apostels Jacobus Maior von 1392, vermutlich Teil eines verlorenen Flügelretabels (eine weitere Figur des Apostels Simon in Berliner Museumsbesitz) erinnert daran, dass das Kloster an der Alten Salzstraße, einem Seitenzweig des von Skandinavien herführenden Jakobsweges, liegt. Für die Geschichte des Klosters ist eine Inschrifttafel aus rötlichem Kalkstein mit gotischen Minuskeln von besonderer Bedeutung, weil sich diese auf die Gründung des Klosters bezieht (1413). Vor Ort werden gelegentlich Gegenstände unterschiedlichster Art gefunden. 1843 fand man einen wertvollen goldenen Fingerring mit der Darstellung einer Kreuzigung. Nach Aushändigung an den dänischen König Frederik VII. blieb dieses Objekt lange Zeit verschollen und konnte erst 1994 im Nationalmuseum Kopenhagen wieder identifiziert werden.

2.9. Schwestern vom gemeinsamen Leben, Plön – Marienkloster (1468)

Die Brüder und Schwestern vom gemeinsamen Leben gehörten zu den Anhängern der im 14. Jahrhundert von den Niederlanden ausgehenden Bewegung zur Erneuerung der christlichen Frömmigkeit, der »devotio moderna«. Diese lehrte eine einfache und praktische Frömmigkeit nach dem Vorbild des menschlichen Lebens Christi und wandte sich konkreten alltäglichen Problemen zu. Ihr Ziel war die Verinnerlichung des religiösen Lebens ohne eine Ordensregel annehmen zu müssen. Um aber nicht ohne Regel leben zu müssen und damit in den Verdacht der Häresie zu geraten, bildeten die Brüder die Windesheimer Kongregation, die Schwestern nahmen die Regel der Franziskaner oder wie in Plön der Augustiner an, ohne jedoch damit diesen Orden anzugehören, durch die jeweiligen Bischöfe in den geistlichen Stand außerhalb des Pfarrverbandes erhoben. Damit waren die Schwestern trotz der monastischen Gelübde weder Chorfrauen oder Eremitinnen, noch Beginen, denn letztere konnten ins weltliche Leben zurückkehren oder durften über persönliches Eigentum verfügen. Sie werden deshalb auch als »geistliche Jungfrauen« bezeichnet.

Einen eigenen Klostertyp haben die Anhänger der »devotia moderna« nicht geschaffen. Möglicherweise deutete sich eine neue Konzeption

434 Rostock, »Fraterhaus«, ehem. Kloster der Brüder vom gemeinsamen Leben

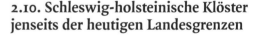

435 Plön, Lageplan, Standort des Klosters am Plöner See

436 Plön, Straßenbezeichnung als einziger Hinweis auf den ehem. Standort des Klosters

im »Fraterhaus« genannten Michaelskloster in Rostock an (1480–1502), wo in einem lang gestreckten Gebäude im Osten die einschiffige Kirche und im Westen in mehreren Geschossen Wohn- und Arbeitsräume eingerichtet waren.

Die Gründung des Klosters in Plön erfolgte 1468. Die Schwestern führten ein stilles und von der Stadt abgeschlossenes Leben. Dennoch müssen sie hohes Ansehen genossen und wirtschaftliche Aktivitäten entwickelt haben, worauf zahlreiche und umfangreiche Schenkungen sowie Geldgeschäfte hinweisen. Indirekt wird das Wirken der Schwestern durch Vorbehalte des Plöner Rates erkennbar, der sich 1480 nach Privilegierung des Klosters durch König und Bischof 1470 und 1472 der Rechtsverleihung anschloss. Seine Bedingungen bestanden darin, dass die Schwestern kein Asylrecht beanspruchen durften, dass Klagen gegen Bürger zuerst vor dem Rat vorzubringen waren, dass Übeltäter auch im Kloster ergriffen werden und die Schwestern keinen Getreidehandel ausüben durften.

Die Reformation fand in Plön zunächst wenig Resonanz, zumindest fehlen darüber verlässliche Nachrichten. Dieses änderte sich, nachdem Christian III. 1537 eine evangelische Kirchenordnung erließ und auch in den beiden Herzogtümern durchzusetzen suchte. Zu Beginn der 1540er Jahre übernahm mit großer Wahrscheinlichkeit ein evangelischer Prediger die seelsorgerischen Aufgaben. Es muss zu so großem Unmut gekommen sein, dass die Mutter des Klosters ihr Amt niederlegen wollte. Eine 1541 durchgeführte Visitation aller Klöster hat wahrscheinlich auch das Kloster in Plön erfasst. Wann die Schwestern schließlich doch die evangelische Kirchenordnung und Lehre annahmen, ist nicht überliefert. Mit einem Verkaufsvertrag vom 13. April 1578, in dem die 12 Schwestern und die Mutter ihr Kloster an Herzog Johann d. J. übertrugen, endet die Geschichte des Plöner Konvents.

Über die Baulichkeiten ist kaum etwas bekannt. Das Grundstück lag am Ostfuß des Schlossberges und umfasste das Doppelgrundstück 19–20 der ehemaligen Went-, heute Klosterstraße. Durch Kauf, Tausch und Schenkung wurde das Areal stetig erweitert und umfasste 1522 insgesamt sieben Hausstellen einschließlich der um einen Chor erweiterten Kirche. Der nach außen abgeschlossene Bereich wurde im Westen durch die Klostertwiete, im Osten durch einen schmalen, zum heutigen Anleger Marktbrücke führenden Weg begrenzt. Im Süden reichte das Grundstück bis an den Großen Plöner See. Das Anwesen war durch Mauern und Planken nach außen abgeschirmt und nur durch ein Tor zugänglich. Es ist nicht anzunehmen, dass die Gebäude nach einem einheitlichen Plan errichtet worden waren. Die stete Vergrößerung des Grundstücks lässt eher auf ein heterogenes Baugefüge schließen, die beschränkte wirtschaftliche Kraft auf ein bescheidenes Äußeres. Niedergang des Konvents und der Gebäude waren nach Einführung der Reformation eng verwoben. Bis zur endgültigen Aufgabe des Klosters sahen sich die Schwestern genötigt, ihren Besitz und vermutlich auch schon das Inventar der Kirche zu veräußern um zu überleben. Das Verkaufsangebot an den Herzog begründete die Mutter u. a. auch damit, dass es nicht länger möglich sei, die teilweise zerfallenen Gebäude instand zu halten. Das Anwesen wurde später an Privatpersonen verkauft und überbaut, so dass nichts Konkretes mehr mit Ausnahme der Straßennamen »Klosterstraße« und »Klostertwiete« an das ehemalige Kloster erinnert.

2.10. Schleswig-holsteinische Klöster jenseits der heutigen Landesgrenzen

Historisch sind die Territorien der heutigen Bundesländer Schleswig-Holstein und Hamburg sowie des heute zu Dänemark gehörenden Nordschleswig als ein Kulturraum zu betrachten. Der Blick auf die verlorenen Klöster und die noch bestehenden Baulichkeiten des Løgumklosters soll dazu beitragen die historischen, personellen und kulturellen Zusammenhänge zu verdeutlichen.

2.10.1. Hamburg

Hamburg war lange Zeit das geistliche Zentrum Norddeutschlands. Vom 831/832 durch Kaiser Ludwig den Frommen in Hammaburg begrün-

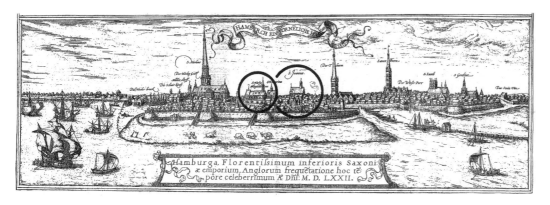

437 Klöster in Hamburg, Stadtansicht von Braun & Hogenberg, 1572, Kennzeichnung der beiden Stadtklöster

deten Erzbistum Hamburg aus erfolgte die Missionierung Nordeuropas. Von hier aus zog der später heilig gesprochene erste Bischof Ansgar nach Norden und gründete u. a. die Kirchen in Haithabu und Ripen, auch eine Zelle im heutigen Münsterdorf, die erste Klostergründung nördlich der Elbe überhaupt. Nach dem Wikingerüberfall 845 und der Zerstörung der Hammaburg wurden die Bistümer Hamburg und Bremen 848 vereinigt und Ansgar zum Bischof in Bremen ernannt. 864 erhob Papst Nicolaus I. das Bremer Bistum zum Erzbistum Hamburg-Bremen. In Hamburg verblieb ein Domkapitel, das bis 1542 den nordelbischen Teil des Erzbistums verwaltete und die geistliche Oberaufsicht über mehrere dort befindliche Klöster führte. In Anknüpfung an die mittelalterliche Tradition entstand erst 1993 wieder das Erzbistum Hamburg, das für die heutigen Bundesländer Hamburg, Mecklenburg-Vorpommern und Hamburg zuständig ist.

In Hamburg gab es drei Klöster: jeweils ein Bettelmönchsklöster der Franziskaner und der Dominikaner sowie ein Zisterziensernonnenkloster, die auf Stiftungen und Initiativen des Grafen Adolf IV. und seiner Familie zurückgingen. Von allen drei Klöstern ist mit Ausnahme einiger Kunstwerke nichts mehr erhalten.

Das **Maria-Magdalenen-Kloster der Franziskaner** ist zwischen 1227 und 1239 am Standort der heutigen Börse durch Graf Adolf IV. nach der Schlacht von Bornhöved gegründet worden. 1239 trat Graf Adolf selbst als Mönch dem Orden bei und lebte hier bis 1247, um danach ins Kieler Kloster zu wechseln. Das Domkapitel verwaltete die Schenkungen, die rechtlichen Angelegenheiten regelten Vorsteher aus dem hamburgischen Rat. Eine große gotische Kirche entstand im 14. Jahrhundert und wurde bis zur Reformation mehrmals erweitert. Die umfangreichen Spenden der Bürger und Bruderschaften, mehrere urkundlich belegte kunstvolle Glasfenster und sieben Altarretabel, bezeugen die stete Anerkennung der dreißig bis vierzig Brüder durch die Bürgerschaft.

In der Kirche wurden die überlebensgroßen Bildnisse des Grafen Adolf IV. in Ritterrüstung und als Mönch im Sarg von Hans Bornemann oder Lüdeke Clenod Bohnsack (um 1450) aufbewahrt. Ersteres ist verloren gegangen, das andere befindet sich heute im Museum für Hamburgische Geschichte. Beide zusammen gehörende Bilder veranschaulichen die Vergänglichkeit irdischer Größe und sind ein wichtiges Dokument schleswig-holsteinischer Landesgeschichte. Der Zusammenhang beider Bilder wird in mehreren Kupferstichen des 17. Jahrhunderts überliefert.

Die Reformation Hamburgs ging von diesem Kloster aus, dessen bedeutendster reformatorischer Prediger Stefan Kempe schon 1523 hier lutherisch predigte. Nach der Reformation 1529 erfolgte die Umwandlung der Konventsgebäude in ein Armenhaus, von 1806 bis 1830 der Abriss.

Nahezu zeitgleich ist das **St. Johannis-Kloster der Dominikaner** 1237 gegründet worden. Der Standort ergab sich aus der Schenkung eines Grundstücks auf dem Gelände des heutigen Rathausmarktes durch Graf Adolf IV. Die noch bis ins 19. Jahrhundert erhaltenen Klosterbauten und die Kirche entstanden ab dem 14. Jahrhundert bis um 1500. In der Kirche unterhielten vor allem die reichen Zusammenschlüsse der Hamburger Fernfahrer-Gesellschaften und Handwerker-Bruderschaften nicht weniger als 15 Altäre sowie Gestühle und Grablegen.

Die Mönche widmeten sich den Wissenschaften, der Kunst und der Predigt. Zu ihnen gehörten u. a. Hermann Korner, Verfasser einer Weltchronik, und Meister Francke, neben Conrad von Soest und Stefan Lochner einer der der bedeutendsten Vertreter des spätgotischen »weichen Stils«, in dem sich französisch-burgundische und altniederländische Einflüsse zusammenfinden (um 1385 bis nach 1436). Das großartige Thomas-Retabel von Meister Francke (1424–1436), eine Stiftung der Englandfahrer-Bruderschaft, befindet sich heute in der Hamburger Kunsthalle.

Trotz der intensiven Bindungen an die Bürgerschaft widersetzten sich die Dominikaner vehement der Reformation. 1529 wurden sie ausgewiesen und mussten die Stadt verlassen. Die Gebäude dienten zunächst den Nonnen aus Harvestehude als Jungfrauenkloster, später der Stadtbibliothek und dem Gymnasium Johanneum, für dessen Erweiterung im 18. Jahrhundert ein Teil der Gebäude weichen musste. 1829 erfolgte schließlich der Abbruch des gesamten Klosterkomplexes und der Kirche.

Das **Zisterziensernonnenkloster Frauental in Harvestehude** wurde auf Anregung der Gattin Adolfs IV., Heilwig, die wenig später auch selbst in das Kloster eintrat, zunächst in der Nähe des heutigen Pepermöhlenbeks 1245/46 gegründet, nach Versiegen des Baches aber 1295 ins heutige Harvestehude an der Alster verlegt. Durch Stiftungen erlangte das Kloster einen umfangreichen geschlossenen Landbesitz, der es nicht nur zum größten Geldanleger auf dem Rentenmarkt und Kreditgeber Hamburgs machte, sondern auch die Lebensweise der Nonnen immer wieder in die Kritik brachte. Von Anfang an bestanden immer enge Kontakte zum Hamburger Rat und zur Bürgerschaft. Mit dem 1307 durch Ermengard von Berg gestifteten Hospital für alte und kranke Nonnen, das der Kontrolle der Hamburger Bürgermeister unterstand, intensivierten sich diese Beziehungen zusehends. 1483 erfolgte schließlich die Festschreibung der Schirmherrschaft der Stadt über das Kloster durch die Berufung von »Klosterbürgern«, die als Vorsteher wirkten und das Kloster vor Angriffen von außen schützen sollten.

Der Reformation widersetzten sich die 40–50 Nonnen, gegen die Bugenhagen sogar eigens eine Streitschrift verfasste, nachdrücklich. Dennoch konnten Sie nicht verhindern, dass das Kloster am 20. Februar 1530 von Hamburger Bürgern mit Billigung des Rates abgebrochen wurde. Neunzehn nunmehr evangelische Nonnen übernahmen 1531 die Gebäude des leer stehenden St. Johannisklosters als neu gebildetes Jungfrauenkloster, dessen Tradition in einem Damenstift in Eppendorf noch heute weiterlebt.

Vom Kloster haben sich nur einige Kunstwerke erhalten, darunter der Kleine Harvestehuder Altar von Bertram von Minden (um 1410) und eine sehr gefühlvolle Darstellung der Maria im Ährenkleid von Hinrik Funhof um 1480 (beide in der Kunsthalle Hamburg) sowie ein kristallenes Vortragekreuz, ein Äbtissinnenstab und ein Evangeliar (1150). Das außerordentlich wertvolle Evangeliar mit acht Pergamentblättern ist älter als das Kloster und wurde dem Kloster vermutlich anlässlich der Gründung übergeben und um 1510 in einen aufwändig gearbeiteten Buchkasten mit der vollplastischen Figur des den Kelch segnenden Johannes und mehreren Reliquien integriert. Ein Kuriosum ist die sog. Eppendorfer Alraune, eine in Silber gefasste Kohlwurzel in Form eines gekreuzigten Christus, die der Bevölkerung als Hostienwunder zur Schau gestellt wurde (um 1480) und ins Kunsthistorische Museum Wien gelangte.

328

2.10.2. Nordschleswig

Die Zahl der Klöster in Hadersleben/Haderslev und Tondern/Tønder wird in der älteren Literatur unterschiedlich angegeben. In beiden Orten sollte es demnach jeweils eines der Dominikaner und der Franziskaner zugleich gegeben ha-

438 Hadersleben, Stadtansicht von Braun & Hogenberg, 1595, Ausschnitt, links die Gebäude des ehem. Dominikanerklosters

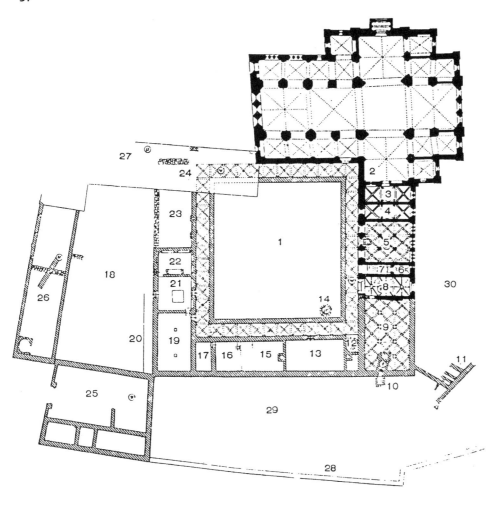

439 Lügumkloster, Grundriss des Klosters, schwarz Bestand, schraffiert Ausgrabungsergebnisse, M 1:750

1: Kreuzhof mit Kreuzgang, 2: Nachttreppe, 3: Sakristei, darüber Schatzkammer, 4: Armarium bzw. Bibliothek, 5: Kapitelsaal, 6: Gefängniszelle, 7: Treppe zum Mönchsaal, 8: Durchgang, 9: Studier- und Arbeitssaal der Mönche, 10: Heizanlage, 11: Aborte, 12: Treppe, 13: Refektorium, 14: Brunnen, 15: Küche, 16: Speisekammer, 17: Sprechraum des Kellermeisters, 18: Laienbrüderhof, 19: Laienbrüderrefektorium, 20: Ziegelpflaster, 21–22: Vorratshaus, 23: Funktion unklar, 24: Eingang zur Klausur, 25: Kleiner Hof, 26: Wirtschaftsgebäude, 27: das »Schloss«, 28: Mauer, 29–30: Gärten

ben. Dieses beruht auf unterschiedlicher Interpretation der schriftlichen Quellen, entspricht aber nicht dem heutigen Kenntnisstand.

Das **Dominikanerkloster in Hadersleben/Haderslev** entstand vermutlich zwischen 1249 und 1253, die erste urkundliche Erwähnung datiert 1254. Erhalten haben sich nur wenige Dokumente wie die über die Versetzung von Mönchen nach Hadersleben oder andere Angelegenheiten des Ordens sowie Dankesbriefe des Klosters an die Schusterinnung. Am Ende des 15. Jahrhunderts wurde die Observanz eingeführt. Die Reformation wurde in Hadersleben verhältnismäßig früh eingeführt; von hier aus, dem »Wittenberg des Nordens«, setzte Prinz Christian die lutherische Reformation in Dänemark durch. 1528 wurde Abt und Mönchen erlaubt, das Kloster zu verlassen.

Das Kloster lag westlich der Stadt auf der Klosterhalbinsel. Das Kloster war von der Præstegade aus zugänglich, die bis Mitte des 17. Jahrhunderts noch Klostergade hieß. Die Klostergebäude wurden noch in der Mitte des 16. Jahrhunderts abgebrochen, die Kirche erst 1627 nach einem Brand. In der Abbildung von Braun & Hogenberg ist diese noch zu erkennen. Ob die Anbauten zum ursprünglichen Kloster gehörten, ist nicht sicher.

Die Gründung des **Franziskanerklosters St. Maria in Tondern/Tønder** 1238 geht auf den Adeligen Johannes Navnesøn und seine Frau Elsiff zurück. Die Weihe der Kirche erfolgte durch Bischof Gunnar von Ripen am 16. August 1247. Das Provinzkapitel der dänischen Franziskaner tagte zwischen 1267 und 1438 mehrmals in Tondern. 1503 brannte das Kloster ab, zugleich wurde die Observanz eingeführt und das Kloster wieder aufgebaut. Auf Befehl König Friedrichs I. wurde das Kloster am 16. September 1530 aufgehoben. Von den Gebäuden, die, für ein Dominikanerkloster ungewöhnlich, außerhalb der Siedlung an der Südwestgrenze der Stadt, nahe dem späteren Schloss und dem ehemaligen Hafen standen, ist nichts erhalten. Vermutlich

440 Lügumkloster, Westseite der Klosterkirche

441 Lügumkloster, Laieneingang auf der Westseite der Klosterkirche

wurden diese schon im 16. Jahrhundert abgebrochen. Ausgrabungen haben Teile des Klosterfriedhofs nachgewiesen. Da die Aufschüttung über dem ehemaligen Klostergrund etwa 3 Meter beträgt, ist zu vermuten, dass sich bauliche Reste des bereits im 16. Jahrhundert abgebrochenen Klosters unter der jetzigen Straße erhalten haben.

Im Allgemeinen wird 1173 als Jahr der Gründung des **Zisterziensermönchsklosters Lügum/Løgumkloster** durch den Ripener Bischof Radulf angenommen. Es handelte sich dabei um die Verlegung eines älteren, ebenfalls bischöflichen Klosters in Seem, 30 km nördlich des neuen Standortes (Filiationslinie Citeaux – Esrum). Der bischöfliche Besitz nahe Ripen und im Kirchspiel Lügum wurde dem neuen Kloster übereignet; später kamen weitere Landschenkungen, Privilegierungen und Rechte insbesondere wieder durch die Ripener Bischöfe hinzu, als deren Hauskloster, Grablege und Ort der Memoria das Kloster diente. Die herrschaftlichen Beziehungen des Klosters mit den Ripener Bischöfen und damit verbunden die großzügige materielle Ausstattung verebbten in der zweiten Hälfte des 13. Jahrhunderts, ohne jedoch völlig zu erlöschen.

Vor der Reformation besaß das Kloster nahezu 200 Höfe, vier Kirchen und mehrere Mühlen sowie Häuser in Ripen. Nach Einführung der Reformation 1536 blieb das Kloster zunächst bestehen und wurde erst nach dem Tod des letzten Abts 1548 aufgelöst. Der Grundbesitz war jedoch bereits mit Einführung der Reformation eingezogen und als herzogliches Gut und Jagdsitz weitergeführt worden. Im Anschluss an die Westseite der Kirche entstand nach 1585 ein Schloss, das 1867 die Kreisverwaltung und 1973 ein Pastoralkolleg aufnahm.

Mit dem Verlust der Zisterzienserklöster Reinfeld und Rudekloster ist, zählt man die nicht nach den strengen Ordensregeln errichteten Nonnenklöster in Uetersen und Itzehoe nicht mit, die zisterziensische Baukunst im Betrachtungsraum nur noch hier erlebbar. Die Klosteranlage entsprach dem vorgegebenen Schema mit den um einen quadratischen Kreuzhof angeordneten Trakten, davon sind allein die Kirche und Teile des Ostflügels erhalten. Die Laienkirche war nur zum Teil ausgeführt und begrenzte deshalb den ehemaligen Kreuzgang nur teilweise (ähnlich Vitskøl). Die 1225 bis 1325 errichtete spätromanisch-frühgotische kreuzförmige Basilika entspricht durch die Harmonie ihrer Proportionen, Beschränkung auf wenige Materialien und Präzision des Details auf vollkommenste Weise den Bauidealen der Zisterzienser. Der gerade Abschluss des Chores und des Seitenschiffes entspricht dem Klostergrundriss von Fontenay, variiert diesen aber durch einen Staffelchor.

Von der Ausstattung der Kirche verdient eine Reihe um 1325, also dem Zeitpunkt der Fertigstellung der Kirche, geschaffener Objekte besondere Beachtung: Ein einmaliger Reliquienschrein im Chor, der vermutlich ursprünglich seinen Platz an der Nordseite des Hochchores hatte, ist 1.81 m hoch, 1.33 m und mit geöffneten Flügeln 2.66 m breit. Auf den Seitentüren sind Apostel und Heilige, darunter die für das Klosterwesen bedeutenden Kirchenlehrer Ambrosius und Augustinus sowie die Ordensgründer Benedikt von Nursia und nicht korrekt in schwärzlich-grüner Mönchskutte Bernhard von Clairvaux dargestellt. In den Gefachen des Schreins standen Behälter mit Reliquien, die an besonderen Festtagen auf den Altar getragen wurden. Das jetzige Hochaltarretabel stammt aus der Kirche von Jerne bei Esbjerg und wurde erst im 20. Jahrhundert hier aufgestellt. Das ursprüngliche Retabel ist gegenwärtig in einer

Kapelle des Querschiffes aufgestellt. Vom mittelalterlichen Hochaltar stammt eine einmalige Altarvorsatztafel, die heute im Nationalmuseum zu Kopenhagen aufbewahrt wird. Es handelt sich um eine Tafel aus geschnitztem und bemaltem Holz, belegt mit Gold und Silber sowie eingelegten Bergkristallen. Im Mittelfeld wird Christus als Weltenrichter dargestellt, beidseits in je sechs Feldern Szenen aus dem Leben Marias. Aus der gleichen Zeit stammen ein Zelebrantenstuhl und das Triumphkreuz. Das Chorgestühl ist nur teilweise erhalten, die Endwangen zeigen aufwendige Flachreliefs mit Bildern des heiligen Benedikt und Bernhard sowie Darstellungen der Madonna und des heiligen Christophorus.

Von der Klausur ist allein der Ostflügel, das Mönchshaus, mit einigen bedeutenden Räumen erhalten. Der quadratische Kapitelsaal mit neun Gewölbefeldern auf vier gemauerten Säulen im Erdgeschoss ist um einige Stufen abgesenkt. Der Saal wird allseitig von Steinbänken umfasst. Daneben befindet sich ein Durchgang vom ehemaligen Kreuzgang zum Klostergarten, das sog. Auditorium, wo der Abt den auf gemauerten Bänken sitzenden Mönchen die tägliche Arbeit zuteilte. Das Dormitorium der Mönche im Obergeschoss ist erreichbar über eine Tagestreppe neben dem Kapitelsaal und eine für Zisterzienserklöster charakteristische Nachttreppe im südlichen Seitenschiff, die es den Mönchen erlaubte, nachts ohne Verzug zum Gebet in die Kirche zu eilen. Die vorhandene Treppe ist eine Rekonstruktion des vergangenen Jahrhunderts.

Die übrigen Gebäude wurden nach der Reformation bis ins 19. Jahrhundert hinein abgebrochen und teilweise durch das o.a. Schloss in unmittelbarer Anlehnung an die Kirche ersetzt. Dort haben sich auch Mauerreste von Wirtschaftsgebäuden erhalten. Eine 1963 neben dem Kloster errichtete Bildungsstätte, das Refugium, lässt die Kirche wieder zur Mitte einer Gesamtanlage werden. Im Zusammenhang mit der letzten Restaurierung entstand in den 1970er Jahren der an den Kreuzgang erinnernde verglaste Klostergang, dessen subtile Detaillierung zisterziensischen Geist kongenial in die heutige Zeit überträgt (Arch.: Rolf Graae und Richard Aas).

442 Lügumkloster, Ostseite der Klosterkirche, links der Ostflügel

443 Lügumkloster/Løgumkloster; Fenster des Kapitelsaals

ZWEI NACHWORTE

»Das geistige Wollen und Streben der verschiedenen Zeiten ist verschieden; die Werke, welche der Vergangenheit in dieser Beziehung zum Ausdruck gedient haben, vermögen dasselbe nicht mehr für die Gegenwart. Sie verlieren also, den Anforderungen der Gegenwart gegenüber, einen Theil ihrer Bestimmung und treten gegen die Werke der letzteren in gewissem Betracht zurück. Aber sie erhalten eine neue Bedeutung. Zunächst einfach die des Denkmals, welches den Ausdruck früherer Lebensrichtungen in sich bewahrt und somit für die allgemeine historische Kunde, wie auch für die der artistischen Entwicklung unter besonderen gegebenen Verhältnissen, von belehrender Wichtigkeit ist. Dann aber gewinnen diejenigen unter den Kunstwerken der Vergangenheit, welche das Gepräge der Vollendung tragen, eine über den Begriff des blossen Denkmals hinausgehende Bedeutung; sie treten der Gegenwart, weil sie ausserhalb der Strebungen derselben stehen und dabei das Resultat geistigen Ringens in ihnen fertig und abgeschlossen daliegt, zugleich als Muster und Vorbilder, als mahnende Zeichen zur Nacheiferung gegenüber. Die grossen Meisterwerke aus solchen Zeiten, in welchen die eine oder andre Kunst sich einer besondern Blüthe erfreute, werden daher auf die künstlerische Erhebung, auf den Kunstsinn und die Kunstbildung der Nachkommen stets wiederum den unmittelbarsten Einfluss auszuüben im Stande sein.«

Franz Theodor Kugler: Die Kunst als Gegenstand der Staatsverwaltung (1847; zit. n. Huse, S. 78)

»So sei hier das Ende des Buches – nicht aber das Ende des Suchens.«

(Bernhard von Clairvaux, aus: Über die Besinnung an Papst Eugen. In: Sämtliche Werke lateinisch und deutsch vor Bernhard B. Winkler. Innsbruck 1990. Bd. 1, S. 827)

LITERATUR

Albrecht, Anna Elisabeth: Steinskulptur in Lübeck um 1400; Stiftung und Herkunft. Berlin 1997 (Diss. Kiel 1994)

Albrecht, Thorsten: Das Lübecker St. Annen-Kloster; Jungfrauenkloster – Armen- und Werkhaus – Museum. Veröffentlichung des Museums für Kunst und Kulturgeschichte der Hansestadt Lübeck. Lübeck 2003

Albrecht, Uwe: Auf den Spuren der grauen Mönche: das Franziskanerkloster. In: Begegnungen mit Kiel; Gabe der Christian-Albrechts-Universität zur 750-Jahr-Feier der Stadt; hg. von Werner Paravicini, Uwe Albrecht und Annette Henning. Neumünster 1992, S. 70–75

Ders.: Die Franziskaner in Kiel: neue Erkenntnisse zur frühen Gestalt ihrer Klosterkirche. In: Stadtarchäologie in Kiel, Ausgrabungen nach 1945 in Wort und Bild; von Uwe Albrecht und Anke Fellner. Sonderveröffentlichungen der Gesellschaft für Kieler Stadtgeschichte, Bd. 30 (1996), S. 51–60

Ders.: Vom Reliquienretabel zur Bilderwand; Drei Altaraufsätze des späten Mittelalters in Schleswig-Holstein. In: Geschichte Schleswig-Holsteins, Von den Anfängen bis zur Gegenwart; hg. von Ulrich Lange. (2. Aufl.) Neumünster 2003, S. 145–152

Ders., Jörg Rosenfeld und Christiane Saumweber (Bearb.): Corpus der mittelalterlichen Holzskulptur und Tafelmalerei in Schleswig-Holstein, Bd. 1: Hansestadt Lübeck, St. Annen-Museum, hg. von Uwe Albecht. Kiel 2005

Andermann, Kurt (Hg.): Geistliches Leben und standesgemäßes Auskommen; Adlige Damenstifte in Vergangenheit und Gegenwart. Kraichtaler Kolloquien, Bd. 1 (1998)

Appuhn, Horst: Von spätmittelalterlichen Andachtsbildern im Kloster St. Johannis. In: Nordelbingen, Beiträge zur Kunst- und Kulturgeschichte, Bd. 34 (1965), S. 43–49

Barford, Jörn: Kirchliche Kunst in Schleswig-Holstein; Katalog des Städtischen Museums Flensburg. Heide 1986

Bauch, Wolfgang: Grabungen am ehemaligen Augustiner-Chorherrenstift in Bordesholm. In: DenkMal!, Zeitschrift für Denkmalpflege in Schleswig-Holstein, hg. vom Landesamt für Denkmalpflege Schleswig-Holstein, Jg. 5 (1998), S. 35–38

Ders.: Bordesholm, Kr. Rendsburg-Eckernförde; Augustiner-Chorherrenstift, LA 53. In: Offa, Berichte und Mitteilungen zur Urgeschichte, Frühgeschichte und Mittelalterarchäologie, Bd. 49/50 (2002/03), S. 305–308

Ders: Prospektionen im See des Glücksburger Wasserschlosses – Die Entdeckung des Rudeklosters. In: DenkMal! Zeitschrift für Denkmalpflege in Schleswig-Holstein, hg. vom Landesamt für Denkmalpflege Schleswig-Holstein, Jg. 13 (2006), S. 34–36

Die Bau- und Kunstdenkmäler der Freien und Hansestadt Lübeck
- Bd. III, 1. Teil: Die Kirchen zu Alt-Lübeck, Der Dom. Hg. von der Baubehörde, bearb. von Joh. Baltzer und F. Bruns. Lübeck 1919
- Bd. IV: Die Klöster. Die kleineren Gotteshäuser der Stadt. Die Kirchen und Kapellen in den Außengebieten. Denk- und Wegekreuze und der Leidensweg Christi. Hg. vom Denkmalrat, bearb. von Joh. Baltzer, F. Bruns und H. Rathgens. Lübeck 1928

Behrens, Helmut: Neubau neben Baudenkmal. In: Wege ins Land, Das Kulturmagazin der Kieler Nachrichten 1 (2000), S. 18–19

Benedikt, Die Regel des hl. Benedikt. Hg. im Auftrage der Salzburger Äbtekonferenz. Beuron. (6. Aufl.) 1988

Beranek, Reinhold: Das Birgittenkloster in Marienwohlde im Norden von Mölln. In: Lauenburgische Heimat, Zeitschrift des Heimatbundes und Geschichtsvereins Herzogtum Lauenburg. Heft 146 (1997), S. 3–52

Bertheau, Friedrich: Beiträge zur älteren Geschichte des Klosters Preetz. In: Zeitschrift der Gesellschaft für Schleswig-Holsteinische Geschichte 46 (1916), S. 134–196

Die Bibliothek des Augustinerchorherrenstifts Bordesholm, Vorauspublikation aus dem Sammelband, in Vorbereitung, Autoren: Manny Franck, Miriam Hoffmann, Angela Karstensen u.a. 2002. http://www.uni-kiel.de/ub/images/pdf/bordesholmkatalog.pdf

Binding, Günther, und Norbert Nussbaum: Der mittelalterliche Baubetrieb nördlich der Alpen in zeitgenössischen Darstellungen. Darmstadt 1978

Ders. und Matthias Untermann: Kleine Geschichte der mittelalterlichen Ordensbaukunst in Deutschland. Darmstadt (3. Aufl.) 2001

Ders. und Susanne Linscheid-Burdich: Planen und Bauen im Frühen und Hohen Mittelalter nach den Schriftquellen bis 1250. Darmstadt 2002

Bloch, Marc: Die Feudalgesellschaft. Stuttgart 1999

Böker, Hans Josef: Die mittelalterliche Backsteinarchitektur Norddeutschlands. Darmstadt 1988

Bonsdorff, Jan von: Zur Methodik der kunsthistorischen Großraumforschung; Die mittelalterliche Holzskulptur in Schleswig-Holstein. In: Figur und Raum; Mittelalterliche Holzbildwerke im historischen und kunstgeographischen Kontext. Hg. von Uwe Albrecht und Jan von Bonsdorff in Zusammenarbeit mit Annette Henning. Berlin 1994, S. 9–20

Borchard, Kurt-Wido, Volker Schönle und Ottfried Wiese: Der älteste Flügelaltar; Cismar und seine Sehenswürdigkeiten. Reinbek (3. Aufl.) 1996

Borst, Otto: Alltagsleben im Mittelalter. Frankfurt am Main 1983

Braunfels, Wolfgang: Abendländische Klosterbaukunst. Köln (2. Aufl.) 1976

Brooke, Christopher: Die Klöster; Geist, Kultur, Geschichte. Freiburg i.B. 2001

Buchholz, Marlies: Anna selbdritt; Bilder einer wirkungsmächtigen Heiligen. Königstein i.Ts. 2005

Bünsche, Bernd: Das Cismarer Hochaltarretabel; Konservierung und Restaurierung 1991–2002. In: Jahrbuch der Stiftung Schleswig-Holsteinische Landesmuseen Schloss Gottorf; hg. von Herwig Guratzsch. Neue Folge Band VIII (2001–2002), S. 61–68

Bünz, Enno: Das Ende der Klöster in Sachsen; Vom »Auslaufen der Mönche« bis zur Säkularisierung. In: Glaube & Macht; Sachsen im Europa der Reformationszeit. Ausstellungskatalog der 2. Sächsischen Landesausstellung Torgau auf Schloss Hartenfels im Jahr 2004, Band 1 – Aufsätze; hg. von Harald Marx und Cecilie Hollberg. Dresden 2004, S. 80–90

Ders.: Zwischen Kanonikerreform und Reformation; Anfänge, Blütezeit und Untergang der Augustiner-Chorherrenstifte Neumünster-Bordesholm und Segeberg (12. bis 16. Jahrhundert). Schriftenreihe der Akademie der Augustiner-Chorherren in Windesheim, Bd. 7 (2002)

Buttlar, Adrian von, und Margita Marion Meyer (Hg.): Historische Gärten in Schleswig-Holstein. Heide 1996

Buxheim, Kartause und Pfarrkirche; Text von Marion Harder-Merkelbach. Buxheim 1996

Callsen, Johannes: Der Hof Mohrkirchen; Edelhof – Kloster – Herzogliches Gut. Hg. vom Kulturverein Mohrkirch e.V. Husum 1991, S. 36–66

Ders.: Das Kloster Mohrkirchen; Versuch einer architektonischen Rekonstruktion. (unveröffentlichtes Manuskript) 2005

Calwer Bibellexikon. Hg. von Otto Belz u.a. Stuttgart 2003

Carstens, Goslar: Die drei Husumer Klöster und das Bistum Farria. Husum 1975

Christliche Ikonographie in Stichworten. Verf. von Hannelore Sachs, Ernst Badstübner und Helga Neumann. (6. Aufl.) Leipzig 1996

Clasen, Martin: Reinfeld und Lüneburg im Mittelalter. In: Zeitschrift der Gesellschaft für Schleswig-Holsteinische Geschichte, Bd. 37 (1953), S. 141–166

Conrad, Dietrich: Kirchenbau im Mittelalter; Bauplanung und Bauausführung. Leipzig (4.Aufl.) 1990

Degn, Christian: Schleswig-Holstein, eine Landesgeschichte; Historischer Atlas. Neumünster (2. Aufl.) 1995

Dehio, Georg: Handbuch der deutschen Kunstdenkmäler: Hamburg, Schleswig-Holstein. Bearb. von Johannes Habich, Christoph Timm und Lutz Wilde. München (2. Aufl.) 1994

Denkmalpflege in Schleswig-Holstein. Hg. vom Landesamt für Denkmalpflege. Neumünster 1993

Denkmaltopographie Bundesrepublik Deutschland, Kulturdenkmale in Schleswig-Holstein, Hg. vom Landesamt für Denkmalpflege Schleswig-Holstein. Neumünster 1995 ff.

- Bd. 1: Landeshauptstadt Kiel, bearb. von Lutz Wilde. 1995
- Bd. 2: Stadt Flensburg, bearb. von Lutz Wilde. 2001
- Bd. 3: Stadt Neumünster, bearb. von Lutz Wilde und Gert Kaster. 2006

Diederichs-Claus, Bärbel: Der neue Hochaltar in der Preetzer Klosterkirche von 1743. In: »...aus Preetzer Geschichte«. Informationsblatt des Heimatvereins Preetz und Umgebung e.V. sowie des Archivs der Stadt Preetz 10 (2003), S. 13–24

Dinzelmacher, Peter, und James Lester Hogg (Hg.): Kulturgeschichte der christlichen Orden in Einzeldarstellungen. Stuttgart 1997

dtv-Atlas zur Baukunst, Tafeln und Texte. Verf. von Werner Müller und Gunther Vogel. München (12. Aufl.) 2002

dtv-Wörterbuch zur Geschichte. Verf. von Konrad Fuchs und Heribert Raab. München (13. Aufl.) 2002

Duby, Georges: Unseren Ängsten auf der Spur; Vom Mittelalter zum Jahr 2000. Köln 2000

Ders.: Die Klöster der Zisterzienser; Architektur und Kunst. 2004

Ellger, Dietrich (Bearb.): Die Kunstdenkmäler des Landkreises Flensburg. München 1952

Ders. und Wolfgang Teuchert: Die Kunstdenkmäler des Landkreises Schleswig ohne die Stadt Schleswig. München 1957

Ders.: St. Marien zu Segeberg. Grosse Baudenkmäler Heft 164. München (6. Aufl.) 1988

Erdmann-Degenhardt, Antje: Im Schatten des Kalkbergs; Die Geschichte von Burg, Kloster und Stadt Segeberg. Bad Segeberg 1988

Dies.: Preetz; Vom Kloster zum Adeligen Fräuleinstift. In: Schleswig-Holstein, Heft 1+2 (1992), S. 9–12

Erichsen, Ernst: Rund um das alte Kloster Mordkjaer. In: Jahrbuch des Angler Heimatvereins. 28. Jg. (1964), S. 82–89

Ficker, Gerhard: Die Gräber der Kieler Professoren in Bordesholm. In: Nordelbingen, Beiträge zur Heimatforschung in Schleswig-Holstein, Hamburg und Lübeck. Bd. 7 (1928), S. 299–311

Finke, Manfred, Robert Knüppel, Klaus Mai und Ulrich Bühning: Historische Häuser in Lübeck. Lübeck 1989

Fischer, Wolfram: Armut in der Geschichte; Erscheinungsformen und Lösungsversuche der »Sozialen Frage« in Europa seit dem Mittelalter. Göttingen 1982

Fissene, Otto von: Zur Geschichte des ältesten und des jüngsten Benediktinerklosters in Schleswig-Holstein. In: Schleswig-Holstein, Jg. 1977, S. 197–199

Formann, Inken: Vom Gartenland so den Conventualinnen gehört; Die Gartenkultur der evangelischen Frauenklöster und Damenstifte in Norddeutschland. Schriftenreihe des Zentrums für Gartenkunst und Landschaftsarchitektur der Universität Hannover. München 2006 (Diss. Hannover 2005)

Freund, Stephan: Das Jahr 1000, Ende der Welt oder Beginn eines neuen Zeitalters. In: Der Tag X in der Geschichte, Erwartungen und Enttäuschungen seit tausend Jahren; hg. von Enno Bünz, Rainer Gries und Frank Möller. Stuttgart 1997. S. 24–49

Freytag, Erwin: Zur Geschichte der Klöster in Dithmarschen. In: Dithmarschen, Zeitschrift für Landeskunde und Heimatpflege, Heft 1 Neue Folge (1976), S. 81–89

Ders.: Die Klöster als Zentren kirchlichen Lebens. In: Schleswig-Holsteinische Kirchengeschichte, Anfänge und Ausbau, Teil 1. Hg. vom Verein für Schleswig-Holsteinische Kirchengeschichte. Bd. 1 (1977)

Freytag, Hans-Joachim: Zur Geschichte der Reformation in Plön. In: Jahrbuch für Heimatkunde im Kreis Plön, Jg. 20 (1990), S. 32–55

Friederici, Adolf: Das Lübecker Domkapitel im Mittelalter 1160–1400. Quellen und Forschungen zur Geschichte Schleswig-Holsteins, Bd. 91 (1988)

Frugoni, Chiara: Das Mittelalter auf der Nase; Brillen, Bücher, Bankgeschäfte und andere Erfindungen des Mittelalters. München (3. Aufl.) 2005

Fründt, Andreas: Das Hochadeliche Closter Uetersen. Uetersen 1986

Fuhrmann, Kai: Die Ritterschaft als politische Korporation in den Herzogtümern Schleswig und Holstein von 1460 bis 1721. Geschichte der Schleswig-Holsteinischen Ritterschaft, Bd. 2, hg. von der Fortwährenden Deputation der Schleswig-Holsteinischen Prälaten und Ritterschaft. Kiel 2002

Gerchow, Jan (Hg.): Das Jahrtausend der Mönche; Kloster Welt Werden 799–1803 / eine Ausstellung des Ruhrlandmuseums Essen im Museumszentrum Essen und in der Schatzkammer der Propsteikirche Werden, 26. März bis 27. Juni 1999. Köln 1999

Germania Benedictina. Hg. von der Bayerischen Benediktinerakademie München in Verbindung mit dem Abt-Herwegen-Institut Maria Laach und bearb. von Ulrich Faust OSB. Ottilien 1970 ff.
- Bd. VI: Die Benediktinerklöster in Niedersachsen, Schleswig-Holstein und Bremen. 1979

Amandus Eilermann: Cismar, S. 101–108

Ders.: Lübeck, St. Johannes, S. 321–324

Ders.: Nütschau, S. 386–388,

Heinz-Dietrich Groß: Ratzeburg, S. 431–432

Amandus Eilermann: Schleswig, S. 457–458

- Bd. XI: Die Frauenklöster in Niedersachsen, Schleswig-Holstein und Bremen. 1984

Lorenz Hein: Preetz, S. 498–511

ders: Schleswig, St. Michael, S. 520–529

Dagmar Unverhau: Schleswig, St. Michael, S. 530–533

- Bd. XII: Die Männer- und Frauenklöster der Zisterzienser in Niedersachsen, Schleswig-Holstein und Bremen. 1994

Silke Urbanski: Harvestehude, S. 133–147

Lorenz Hein: Itzehoe, S. 268–281

Annjekathrin Graßmann: Lübeck, St. Johannis, S. 361–374

Anna-Therese Grabowsky: Reinbek, S. 567–585

Klaus-Peter Reumann: Reinfeld, S. 586–601

Lorenz Hein: Rudekloster, S. 626–635

Dirk Jachomowski: Uetersen, S. 664–675

Gläser, Manfred: Das Lübecker St. Johannis-Kloster vom 12. bis zum 16. Jahrhundert. In: Klöster und monastische Kultur in den Hansestädten, Stralsunder Beiträge zur Archäologie, Geschichte, Kunst und Volkskunde in Vorpommern, Bd. IV (2003), S. 57–68

Gläser, Manfred, Russalka Nikolov und Dieter Wilde: Das Burgkloster zu Lübeck. Hg. von Russalka Nikolov. Lübeck 1992

Glauben, Nordelbiens Schätze 800–2000. Katalog zur Ausstellung im Rantzaubau des Kieler Schlosses vom 30. April bis 30. Juli 2000, hg. von Johannes Schilling. Neumünster 2000

Glawischnig, Rolf: Auf der Suche nach dem Glücksburger Rudekloster. In: Denkmal! Zeitschrift für Denkmalpflege in Schleswig-Holstein, hg. vom Landesamt für Denkmalpflege Schleswig-Holstein, Jg. 13 (2006), S. 31–33

Gleba, Gudrun: Klöster und Orden im Mittelalter. Darmstadt 2002

Dies.: Klosterleben im Mittelalter. Darmstadt 2004

Gnekow, Bettina: Der mittelalterliche Kirchenbau in Holstein 1150–1300. Hamburg 1994 (Kiel Diss. 1989)

Dies.: Die Anfänge der hochmittelalterlichen Architektur in Schleswig-Holstein. In: Geschichte Schleswig-Holsteins, Von den Anfängen bis zur Gegenwart. Hg. von Ulrich Lange. Neumünster (2. Aufl.) 2003, S. 135–144

Goldgrund und Himmelslicht; Die Kunst des Mittelalters in Hamburg, Kat. zur Ausstellung der Hamburger Kunsthalle vom 19. Nov. 1999 – bis 5. März 2000. Hamburg 2000

Grabowsky, Anna-Therese: Das Kloster Cismar. Quellen und Forschungen zur Geschichte Schleswig-Holsteins. Hg. von der Gesellschaft für Schleswig-Holsteinische Geschichte, Bd. 80 (1982, Diss. Hamburg 1983)

Graf und Bruder, Ein Denkmal für Adolf IV. von Schauenburg, den Gründer der Stadt Kiel. Hg. im Auftrage der Bürgerstiftung Kiel und des Kieler Klostervereins von Gerd Heinrich. 2005

Graßmann, Annjekathrin (Hg.): Lübeckische Geschichte. Lübeck (2. Aufl.) 1988

Grewolls, Antje: Die Kapellen der norddeutschen Kirchen im Mittelalter. Kiel 1999 (Diss. Kiel 1997)

Gruber, Karl: Die Gestalt der deutschen Stadt; Ihr Wandel aus der geistigen Ordnung der Zeiten. München (2. Aufl.) 1976

Haas, Walter, und Johannes Cramer: Klosterhöfe in norddeutschen Städten. In: Stadt im Wandel, Kunst und Kultur des Bürgertums in Norddeutschland 1150–1650. Landesausstellung Niedersachsen 1985, Ausstellungskatalog Bd. 3, hg. von Cord Meckseper. Stuttgart-Bad Cannstadt 1985, S. 399–442

Handwörterbuch des deutschen Aberglaubens. Hg. von E. Hoffmann-Krayer. Berlin und Leipzig 1936/1937

Hans Döllgast 1891–1974. Hg. von Technischer Universität München und BDA Bund Deutscher Architekten. München (2. Aufl.) 1988

Hansen, Reimer: Die Klöster des Landes Dithmarschen, Einrichtungen für das Heil und zum Schutz der spätmittelalterlichen Bauernrepublik. In: Vita Religiosa im Mittelalter; Festschrift für Kaspar Elm zum 70. Geburtstag. Berlin 1999, S. 563–579

Haupt, Richard: Die Bau- und Kunstdenkmäler in der Provinz Schleswig-Holstein mit Einschluß benachbarter Gebiete und Landschaften.

- Bd. 5: Geschichte und Art der Baukunst im Herzogtum Schleswig. Heide i. H. 1924
- Bd. 6.: Geschichte und Art der Baukunst in Nordelbingen in den Herzogtümern Holstein und Lauenburg sowie den Fürstentümern Lübeck und Ratzeburg. Heide i. H. 1925

Hauschild, Wolf-Dieter: Kirchengeschichte Lübecks; Christentum und Bürgertum in neun Jahrhunderten. Lübeck 1981

Hauschildt, Jacob: Das ehemalige Hochaltar-Retabel der Preetzer Klosterkirche. In: Nordelbingen,

Beiträge zur Kunst- und Kulturgeschichte Schleswig-Holsteins, Bd. 64 (1995), S. 23–39

Haus Damiano, Haus des Gebets und der Gemeinschaftsarbeit. http://www.erzbistum-hamburg.de/inhalt/christliches_leben/geistl_Infoboerse/Orte_Ki...

Heise, Brigitte (Bearb.): Das St. Annen-Kloster zu Lübeck. Veröffentlichung des Museums für Kunst und Kulturgeschichte der Hansestadt Lübeck 1989

Dies., und Hildegard Vogeler: Die Altäre des St. Annen-Museums; Erklärung der Bildprogramme. Lübeck 1993

Helmold, Chronik der Slaven. Übers. von J. M. Laurent und W. Wattenbach, hg. von Alexander Heine. Kettwig (2. Aufl.) 1990

Heuer, Hans: Das Kloster Reinbek; Beitrag zur Geschichte der Landschaft Stormarn. Quellen und Forschungen zur geschichte Schleswig-Holsteins, hg. von der Gesellschaft für Schleswig-Holsteinische Geschichte, Bd. 84 (1985)

Hill, Thomas: Könige, Fürsten und Klöster; Studien zu den dänischen Klostergründungen des 12. Jahrhunderts. Kieler Werkstücke, Reihe A: Beiträge zur schleswig-holsteinischen und skandinavischen Geschichte, Bd. 4. Frankfurt am Main 1992 (Diss. Kiel 1991)

Holst, Jens Christian: Stein oder nicht Stein? Backstein und Naturstein im südlichen Ostseeraum während des Mittelalters. In: Technik des Backsteinbaus im Europa des Mittelalters, hg. von Johannes Cramer und Dorothée Sack. Petersberg 2005. S. 9–22

Huse, Norbert (Hg.): Denkmalpflege; Deutsche Texte aus drei Jahrhunderten. München (2. Aufl.) 2006

Irmisch, Rudolf: Geschichte der Stadt Itzehoe. Hg. von der Stadt Itzehoe. Itzehoe 1960

Jaacks, Günther H.: St. Katharinen zu Lübeck; Baugeschichte einer Franziskanerkirche: Veröffentlichungen zur Geschichte der Hansestadt Lübeck, hg. vom Archiv der Hansestadt, Bd. 21. Lübeck 1968

Jaeger, Carl Friedrich: Die Restaurierung von St. Marien zu Segeberg. In: Heimatkundliches Jahrbuch für den Kreis Segeberg, 5. Jg. (1959), S. 81–101

Jahn, Christine: Neuordnung, Erweiterung des Klosters Nütschau bei Bad Oldesloe. In: DBZ Deutsche Bauzeitschrift 10/1999, S. 22

Jankrift, Kay Peter: Mit Gott und schwarzer Magie; Medizin im Mittelalter. Darmstadt 2005

Jensen, H.N.A.: Angeln; Geschichtlich und topographisch beschrieben. 1844. Neu bearbeitet und bis auf die Gegenwart fortgeführt von W. Martensen und J. Henningsen. Schleswig 1922

Johansen, Paul: Die Kaufmannskirche im Ostseegebiet. In: Altstädtisches Bürgertum, Bd. 2: Erwerbsleben und Sozialgefüge, hg. von Heinz Stoob. Darmstadt 1978, S. 301–335

Jordan, Karl: Die Anfänge des Stiftes Segeberg. In: Zeitschrift der Gesellschaft für Schleswig-Holsteinische Geschichte, Bd. 74–75 (1951), S. 59–94

Ders.: Heinrich der Löwe; Eine Biographie. München (2. Aufl.) 1980

Jørgensen, Jens Anker, og Bente Thomsen: Gyldendals bog om danske klostre. København 2004

Jürgensmeier, Friedhelm, und Regina Elisabeth Schwerdtfeger: Orden und Klöster im Zeitalter von Reformation und katholischer Reform 1500–1700; Katholisches Leben und Kirchenreform im Zeitalter der Glaubensspaltung. Vereinsschriften der Gesellschaft zur Heraugabe des Corpus Catholicum, Bd. 65 (2005)

Kähler, Ingeborg: Der Bordesholmer Altar – Zeichen in einer Krise; Ein Kunstwerk zwischen kirchlicher Tradition und humanistischer Gedankenwelt am Ausgang des Mittelalters. Studien zur schleswig-holsteinischen Kunstgeschichte, hg. von der Gesellschaft für Schleswig-Holsteinische Geschichte, Bd. 14 (1981)

Dies.: Zur Bau- und Ausstattungssituation der Augustiner-Chorherrenkirche zu Bordesholm um 1521; Ordensgeschichtliche und politische Aspekte. In: Der Bordesholmer Altar des Hans Brüggemann, Werk und Wirkung, hg. von Uwe Albrecht. Berlin 1996, S. 31–44

Kamphausen, Alfred: Meldorf; Gesicht und Wandel einer alten Stadt. Heide in Holstein 1953

Ders.: Schleswig-Holsteinische Städte; Einst und Jetzt. Kiel 1970

Kelm, Elfriede: Das Buch im Chore der Preetzer Klosterkirche. In: Schriften des Vereins für Schleswig-Holsteinische Kirchengeschichte, Bd. 30/31 (1975/75), S. 7–35

Kenzler, Christiane: Die Ritter- und Landschaft im Herzogtum in der frühen Neuzeit. Schriftenreihe der Stiftung Herzogtum Lauenburg, Bd. 22 (1997)

Kiekbusch, Hans: Aufstieg und Niedergang des Ahrensböker Kartäuserklosters. In: Aufsätze zur Geschichte Ahrensböks, hg. von der Gemeinde Ahrensbök anläßlich der 650-Jahresfeier der Gemeinde im Jahre 1978, S. 41–46

Kiesow, Gottfried: Wege zur Backsteingotik; Eine Einführung. Bonn 2003

Kintzinger, Martin: Wissen wird Macht; Bildung im Mittelalter. Ostfildern 2003

Klein, Peter K. (Hg.): Der mittelalterliche Kreuzgang, The medieval Cloister – Le cloître au Moyen Age; Architektur, Funktion und Programm. Regensburg 2004

Klos-Buzek; Friederike: Kartause und mittelalterliche Stadt, Versuch einer Skizzierung. In: Stadt und Kirche; hg. und red. von Franz-Heinz Hye. Beiträge zur Geschichte der Städte Mitteleuropas, Bd. XIII (1995), S. 301–314

Kloster Cismar, DKV-Kunstführer Nr. 229/4; mit Texten von Carsten Fleischhauer und Bernd Bünsche. München (2. Aufl.) 2004

Klosterleben im Mittelalter, Nach zeitgenössischen Quellen von Johannes Bühler. Frankfurt am Main. 1989

Koch, Angela: Die Minderbrüder in Hamburg. In: Franziskanisches Leben im Mittelalter; Studien zur Geschichte der rheinischen und sächsischen Ordensprovinzen, Bd. 3 (1994), S. 72–88

Dies.: Die Minderbrüder in Kiel. In: ebenda, S. 147–166

Koch, Johannes Hugo: Nonnenkloster und Klosterhof in Neustadt in Holstein. In: Jahrbuch für Heimatkunde Oldenburg/Ostholstein. 33. Jg. (1989), S. 25

Koops, Heinrich: Das Kloster in Kuddewörde. In: Kuthenworden-Rodenbeke 1230 / Kuddewörde Rotenbek 1980. Kuddewörde-Rotenbek 1980, S. 101–114

Körber, Walter (Hg.): Kirchen in Vicelins Land; Eine Eutinische Kirchenkunde. Eutin 1977

Kraack, Gerhard: Die mittelalterlichen Hospitäler Flensburgs und ihre Umwandlung zum Hospital und Kloster zum Heiligen Geist in der Zeit der Reformation. In: Hospital und Kloster zum Heiligen Geist; Geschichte einer Flensburger Stiftung. Schriften der Gesellschaft für Flensburger Stadtgeschichte e.V. Nr. 48 (1995), S. 13–73

Kratzke, Christine: : Die Architektur der Zisterzienser im Ostseegebiet: Gemeinsamkeiten, Unterschiede, Einflüsse. In: Zwischen Reric und Bornhöved; Die Beziehungen zwischen den Dänen und ihren slawischen Nachbarn vom 9. bis ins 13. Jahrhundert, hg. von Ole Harck und Christian Lübke, Forschungen zur Geschichte und Kultur des östlichen Mitteleuropas, Bd. 11 (2001), S. 197–225

Kramer, Willi: Ausgrabung in Schleswig, Pastorenstraße 5. Internet: wwwalsh.de

Krautheimer, Richard: Die Kirchen der Bettelorden in Deutschland. Mit einem Nachwort zur Neuausgabe von Matthias Untermann. Berlin 2000 (Diss. Halle a.d.S. 1923)

Kristensen, Hans Krongaard: Backsteinarchitektur in Dänemark bis zur Mitte des 13. Jahrhunderts. In: Dänen in Dänemark, 1203–2003, Danskere in Lübeck. Katalog der Ausstellung im Kulturforum Burgkloster Lübeck und im Naevested Museum, Storstroems Amt, hg. von Manfred Gläser u.a. Lübeck 2003, S. 94–103

Krone und Schleier; Kunst aus mittelalterlichen Frauenklöstern. Hg. von der Kunst- und Ausstellungshalle der Bundesrepublik Deutschland, Bonn und dem Ruhrlandmuseum Essen. Katalog der Ausstellung 2005

Krüger, Klaus: Corpus der mittelalterlichen Grabdenkmäler in Lübeck, Schleswig, Holstein und Lauenburg (1100–1600). Kieler Historische Studien, Bd. 40 (1999)

Kuhlmann, Hans Joachim: Das Rudekloster und seine Vorgänger St. Michaelis-Schleswig und Guldholm. In: Jahrbuch des Angler Heimatverein. 19. Jg. (1955) S. 81–87

Kunst-Topographie Schleswig-Holstein. Bearb. im Landesamt für Denkmalpflege Schleswig-Holstein und im Amt für Denkmalpflege der Hansestadt Lübeck. Hg. von Hartwig Beseler. Neumünster (5. Aufl.) 1982

Laabs, Annegret: Malerei und Plastik im Zisterzienserorden; Zum Bildgebrauch zwischen sakralem Zeremoniell und Stiftermemoria 1250–1430. Petersberg 2000 (Diss. Marburg 1997)

Lafrenz, Deert (Bearb.): Die Kunstdenkmäler der Stadt Schleswig, 3. Bd.: Kirchen, Klöster und Hospitäler. Die Kunstdenkmäler des Landes Schleswig-Holstein. München 1985, S. 211–298

Ders., unter Mitwirkung von Volker Vogel und Christian Radtke: Das Graukloster in Schleswig; Königshof – Franziskanerkloster – Rathaus. Reihe »Baudenkmale in Gefahr«, hg. vom Landesamt für Denkmalpflege Schleswig-Holstein, Nr. 6 (1987)

Ders.: »fratres minores domum acceperunt Sleswik«. In: DenkMal! Zeitschrift für Denkmalpflege in Schleswig-Holstein, hg. vom Landesamt für Denkmalpflege Schleswig-Holstein, Jg. 12 (2005), S. 65–69

Lange, Ulrich (Hg.): Geschichte Schleswig-Holsteins; von den Anfängen bis zur Gegenwart. Neumünster (2. Aufl.) 2003

Legler, Rolf: Der Kreuzgang; Ein Bautypus des Mittelalters. Frankfurt a.M. 1989 (Diss. München 1984)

Le Goff, Jacques: Die Geburt Europas im Mittelalter. München 2004

Leistikow, Dankwart: Mittelalterliche Hospitalbauten Norddeutschlands. In: Stadt im Wandel, Kunst und Kultur des Bürgertums in Norddeutschland 1150–1650. Landesausstellung Niedersachsen 1985, Ausstellungskatalog, Bd. 4, hg. von Cord Meckseper. Stuttgart-Bad Cannstadt 1985, S. 223–250

Lexikon des Mittelalters. Bd. 1 hg. von Robert Auty, Bd. 2–5 hg. von Robert-Henri Bautier, Bd. 6–9 hg. von Norbert Angermann. München 1980 ff.

Lexikon für Theologie und Kirche. Begr. von Michael Buchberger, hg. von Walter Kasper. Freiburg im Breisgau (3. Aufl.) 2001

Liebhardt, Wilhelm (Hg.): Der Birgittenorden in der Frühen Neuzeit. Beiträge der Internationalen Tagung vom 27. Februar bis 2. März 1997 in Altomünster. Frankfurt a.M. 1997

Lorenzen-Schmidt, Klaus-Joachim: Klerus, Kirche, Frömmigkeit im mittelalterlichen Schleswig-Holstein, 12.11.2003 http://hsozkult.geschichte.hu-berlin.de/tagungsberichte/id=324

Lügümkloster Kirche, Text von Kurt Andersen. Hg. vom Museet Holmen, Lügümkloster 1999

Luther, Martin: Ein Urteil über die Klostergelübde, 1521. In: Luther Deutsch, *Die Werke Martin Luthers in neuer Auswahl für die Gegenwart*. Bd. 2: Martin Luther der Reformator. Hg. von Kurt Aland. Göttingen (2. Aufl.) 1981

Madonnenlilie und Muskatellersalbei, Mittelalterliche Klostergärten. Bearb. von Nina Jakubczyk unter Mitarbeit von Ingaburgh Klatt und Uta Kabbeck-Schmidt; hg. von der Hansestadt Lübeck. Lübeck 2006

Marten, Georg, und Karl Mäckelmann: Dithmarschen; Geschichte und Landeskunde Dithmarschens. Heide i.H. 1927

Meckseper, Cord: Kleine Geschichte der deutschen Stadt im Mittelalter. Darmstadt 1982.

Mehlhorn, Dieter-J.: Architektur der Klöster in Schleswig-Holstein / Bescheiden, schmucklos, vergessen. In: Wege ins Land, Kultur-Magazin der Kieler Nachrichten 1 (2001), S. 16–17

Ders.: Klöster in Schleswig-Holstein, Itzehoe – Preetz – Schleswig – Uetersen. Heide 2004

Ders.: Klöster und Stifte in Schleswig-Holstein; Entstehung, Bedeutung und Schicksal. In: Natur und Landeskunde; Zeitschrift für Schleswig-Holstein, Hamburg und Mecklenburg, Nr. 1–3, 113. Jg. (2006)

Meissner, Jan Martin: Baugeschichte und Rekonstruktion des Benediktinerklosters in Cismar/Ostholstein (Diss. Kiel 1976)

Ders.: Die Klosterkirche in Cismar. Große Baudenkmäler Heft 29. Berlin 1969

Mindermann, Arend: Bettelordenskloster und Stadttopographie; Warum lagen Bettelordensklöster am Stadtrand? In: Könige, Landesherren und Bettelorden; Konflikt und Kooperation in West- und Mitteleuropa bis zur frühen Neuzeit. Saxonia Franciscana, Beiträge zur Geschichte der sächsischen Franziskanerprovinz, hg. von Dieter Berg. Heft 10 (1998), S. 83–104

Mittelstädt, Ursula: Die Entwicklung der Stadt Plön bis zum Ausgang des Mittelalters. In: Jahrbuch für Heimatkunde im Kreis Plön – Holstein. 7. Jg. (1977), S. 5–22

Mönchtum, Orden, Klöster, Von den Anfängen bis zur Gegenwart; Ein Lexikon. Hg. von Georg Schwaiger. München 1998

Müller, Cornelia: Gefunden: Die Kirche der frommen Bettelbrüder. In: Kieler Nachrichten Nr. 81 (2005)

Müller, Hans-Jürgen: Der Dom von Ratzeburg. DKV-Kunstführer Nr. 283/2. München (4. Aufl.) 2002

Murken, Axel Hinrich: Von den ersten Hospitälern bis zum modernen Krankenhaus. In: Stadt im Wandel, Kunst und Kultur des Bürgertums in Norddeutschland 1150–1650. Landesausstellung Niedersachsen 1985, Ausstellungskatalog, Bd. 4, hg. von Cord Meckseper. Stuttgart-Bad Cannstadt 1985, S. 189–222

Neustadt in Holstein; Bilder zur Stadtgeschichte. Zusammengestellt von Johannes Hugo Koch. Horb am Neckar 1989, S. 22–40

Opitz, Eckardt: Schleswig-Holstein; Landesgeschichte in Bildern, Texten und Dokumenten. Hamburg 1988

Paulsen, Ingwer: Bemerkungen über das vormalige Zisterzienser-Kloster in Glücksburg. In: Jahrbuch des Heimatvereins der Landschaft Angeln, 51. Jg. Kappeln / Schlei 1987, S. 19–20

Pelc, Ortwin: Das Kloster Itzehoe; Vom Zisterzienserinnenkonvent zum adligen Damenstift. In: Itzehoe, Geschichte einer Stadt in Schleswig-Holstein, Bd. 1: Von der Frühgeschichte bis 1814, hg. von der Stadt Itzehoe. Itzehoe 1988, S. 43–61

Per ducatum evangelii, Unter der Führung des Evangeliums, Benediktiner-Kloster Nütschau. Hamburg 2001

Perlich, Barbara: Backstein in Nordostdeutschland; Verbreitung und Technik. In: Technik des Backsteinbaus im Europa des Mittelalters, hg. von Johannes Cramer und Dorothée Sack. Petersberg 2005. S. 89–98

Peters Jun., Henning: Peter Swyn, Der Dithmarscher aus dem Kirchspiel Lunden. Krempe 1987

Peters-Leppin, Wally: Kloster Preetz in der Gestalt der Anna de Bockwalde, Priörin 1484–1508. Preetz o.J.

Pfister, Peter (Hg.): Klosterführer aller Zisterzienserklöster im deutschsprachigen Raum. Lindenberg (2. Aufl.) 1998

Plagemann, Volker: Versunkene Kunstgeschichte; Die Kirchen und Künstler des Mittelalters in Hamburg. Hamburg 1999

Plathe, Sissel F.: The Altar-Piece in Ulkebøl Church on the Island of Als. In: Figur und Raum; Mittelalterliche Holzbildwerke im historischen und kunstgeographischen Kontext, hg. von Uwe Albrecht u. Jan von Bonsdorff in Zusammenarbeit mit Annette Henning. Berlin 1994, S. 210–220

Plath-Langheinrich, Elsa: Die mittelalterliche Klosteranlage Uetersen. In: Jahrbuch für den Kreis Pinneberg 1988, S. 87–96

Dies.: Als Goethe nach Uetersen schrieb; das Leben der Conventualin Augusta Louise Gräfin zu Stolberg-Stolberg. Neumünster (2. Aufl.) 1993

Dies.: Das Adelige Kloster Uetersen; Ein kleiner Wegweiser. Uetersen (2. Aufl.) 1996

Dies.: Das Damenstift Kloster Uetersen in Holstein; Vorbild für das Königliche Stift Vallø auf Seeland. In: Andermann, S. 133–146

Dies.: Die Uetersener Klosterkirche wird 250 Jahre alt; Zum Jubiläum der ev.-luth. Kirche Uetersen am Kloster am 2. Advent 1999. In: Jahrbuch für den Kreis Pinneberg 1999, S. 123–133

Prange, Wolfgang: Das Lübecker Domkapitel. In: 800 Jahre Dom zu Lübeck. Schriftenreihe I des Vereins für Schleswig-Holsteinische Kirchengeschichte, Bd. 24 (1973)

Radtke, Christian: Stadt und Kirche in den spätmittelalterlichen Städten Schleswigs. In: Klerus, Kirche und Frömmigkeit im spätmittelalterlichen Schleswig-Holstein, hg. von Enno Bünz und Klaus-Joachim Lorenzen-Schmidt. Studien zur Wirtschafts- und Sozialgeschichte Schleswig-Holsteins, Bd. 41 (2006), S. 87–104

Rasmussen, Jørgen Nybo: Das Franziskanerkloster in Flensburg und die Ordensprovinz »Dacia« um 1500. In: Flensburg, 700 Jahre Stadt, eine Festschrift, Bd. 1: Flensburg in der Geschichte. Hg. von der Stadt Flensburg. Flensburg 1984, S. 85–104

Ders.: Die Franziskaner in den nordischen Ländern im Mittelalter. Franziskanische Forschungen, hg. von Theofried Baumeister OFM u.a., 43. Heft (2002)

Rathgens, Hans: Die Kirche des ehemaligen Kartäuserklosters zu Ahrensbök. In: Aufsätze zur Geschichte Ahrensböks, hg. von der Gemeinde Ahrensbök anlässlich der 650-Jahrfeier der Gemeinde im Jahre 1978, S. 97–132

Rathgens, Hugo: Die Kirche des ehemaligen Kartäuserklosters zu Ahrensbök. In: Nordelbingen, Beiträge zur Heimatforschung in Schleswig-Holstein, Hamburg und Lübeck, Bd. 3 (1924), S. 47–88

Rathjen, Jörg, unter Mitwirkung von Hans Wilhelm Schwarz: Schleswig im Spätmittelalter 1250–1544. Hg. von der Gesellschaft für Schleswigsche Stadtgeschichte. Husum 2005

Reinle, Adolf: Zeichensprache der Architektur; Symbol, Darstellung und Brauch in der Baukunst des Mittelalters und der Neuzeit. Zürich 1976

Ders.: Die Ausstattung deutscher Kirchen im Mittelalter. Darmstadt 1988

Religion in Geschichte und Gegenwart, Handwörterbuch für Theologie und Religionswissenschaften. Hg. von Hans Dieter Betz u.a. Tübingen 2001

Reumann, Klauspeter: Das Kloster Reinfeld und die Grafen von Holstein; Zur Gründung und Aufhebung eines Zisterzienserklosters. In: Beiträge und Mitteilungen des Vereins für katholische Kirchengeschichte in Hamburg und Schleswig-Holstein e.V., Heft 2 (1988), S. 83–115

Rosenfeld, Jörg: Die nichtpolychromierte Retabelskulptur als bildreformatorisches Phänomen im ausgehenden Mittelalter und in der beginnenden Neuzeit. In: Flügelaltäre des späten Mittelalters, hg. von Hartmut Krohm und Eike Oellermann. Berlin 1992, S. 65–83

Rosenplänter, Johannes: Klosterrechnungen im späten Mittelalter: Das Beispiel Preetz. Tagung Kiel 2001: Rechnungswesen im späten Mittelalter. http://online-media.uni-marburg.de/ma_geschichte/computatio/Kiel-2001/Kiel-2001-Rosenplaenter.html

Ders.: Kloster Preetz und seine Grundherrschaft; Sozialgefüge, Wirtschaftsbeziehungen und religiöser Alltag eines holsteinischen Frauenklosters um 1210–1550. (Diss. i. Vorb. Kiel 2006/07)

Rudloff, Diether: Kloster und Klosterkirche zu Preetz; Mit einem Exkurs über das Problem der Stutzbasilika. (masch. geschr.) Diss. Kiel 1952

Rumohr, Henning von: Dome, Kirchen und Klöster in Schleswig-Holstein und Hamburg. Frankfurt a.M. 1962

Ders. und Wolfgang J. Müller: Das St.-Johannis-Kloster vor Schleswig. In: Beiträge zur Schleswiger Stadtgeschichte 10 (1965), S. 31–39

Sarnowsky, Jürgen: Stadt und Kirche in den spätmittelalterlichen Städten Holsteins. In: Klerus, Kirche und Frömmigkeit im spätmittelalterlichen Schleswig-Holstein; hg. von Enno Bünz und Klaus-Joachim Lorenzen-Schmidt. Studien zur Wirtschafts- und Sozialgeschichte Schleswig-Holsteins, Bd. 41 (2006), S. 67–86

Sauermann, Gaudentius: Kloster Nütschau, Benediktinerpriorat St. Ansgar 1951–1986. In: Jahrbuch für den Kreis Stormarn 1986, S. 30–33

Schaich, Anne: Architektur und Funktion mittelalterlicher Sakristeien am Beispiel Lübecks. (masch. geschr.) Magisterarbeit. Kiel 1999

Scheef, Hinrich: Die Gründungsurkunde des Klosters Cismar. In: Jahrbuch für Heimatkunde, Oldenburg/Holstein, Nr. 47 (2003), S. 12–15

Schenkluhn, Wolfgang: Architektur der Bettelorden; Die Baukunst der Dominikaner und Franziskaner in Europa. Darmstadt 2000

Scherping, Regina: Kloster Reinbek, Die Grabungen der Jahre 1985–87. In: Denkmalpflege im Kreis Stormarn III, Stormarner Hefte, Bd. 20 (1997), S. 187–223

Schich, Winfried (Hg.): Zisterziensische Wirtschaft und Kulturlandschaft. Studien zur Geschichte, Kunst und Kultur der Zisterzienser, Bd. 3. Berlin 1998

Schilling, Johannes: Gewesene Mönche; Lebensgeschichten in der Reformation. Schriften des Historischen Kollegs Vorträge 26; hg. von der Stiftung Historisches Kolleg. München 1990

Ders.: Das Kieler Franziskanerkloster; Stadt–Kirche–Universität. In: Christiana Albertina, Heft 40, neue Folge (1995), S. 5–18

Schleswig-Holsteinisches Landesmuseum, Schloss Gottorf und seine Sammlungen; Neue Bilderhefte: Mittelalter. Hg. von Heinz Spielmann, bearb. von Paul Zubek und Heinz Spielmann. Schleswig 1994

Schleswig-Holstein Lexikon. Hg. von Klaus-Joachim Lorenzen-Schmidt und Ortwin Pelc. Neumünster 2000

Schlotheuber, Eva: Gebete, Feste und die Pest – Das Leben in einem mittelalterlichen Frauenkonvent. http://uni-protokolle.de/nachrichten/id/2705

Dies.: Klostereintritt und Bildung: die Lebenswelt im späten Mittelalter; mit einer Edition des »Konventstagebuchs« einer Zisterzienserin von Heilig-Kreuz bei Braunschweig (1484–1507). Tübingen 2004 (Habil. Tübingen 2004)

Schmidt, Oliver H.: Kloster Zinna und der Orden der Zisterzienser. Berlin 2001

Schrader, Mila, und Julia Voigt: Bauhistorisches Lexikon, Baustoffe, Bauweise, Architekturdetails. Suderburg-Hösseringen 2003

Schulze, Heiko K.L.: Die Bauten des Rudeklosters im 13. Jahrhundert – Zur Architektur der Zisterzienser in Norddeutschland. In: DenkMal!, Zeitschrift für Denkmalpflege in Schleswig-Holstein, hg. vom Landesamt für Denkmalpflege Schleswig-Holstein, Jg. 13 (2006), S. 40–48

Schütz, Bernhard: Klosterkirche Preetz. Schnell, Kleiner Kunstführer Nr.1030. München 1975

Schwaiger, Georg, und Manfred Heim: Orden und Klöster; Das christliche Mönchtum in der Geschichte. München 2002

Seebach, Karl-Heinrich: Rukloster, monasterium ruris regii. In: Nordelbingen, Beiträge zur Kulturgeschichte und Heimatforschung. Bd. 31 (1962), S. 75–84

Seidel, Stefan: Das Chorgestühl der Franziskanerkirche St. Katharinen in Lübeck. 1998 (masch. geschr. Magisterarbeit Uni Kiel 1997)

Siemonsen, Hans: Das ehemalige Augustiner Chorherren-Stift zu Segeberg. In: Heimatkundliches Jahrbuch für den Kreis Segeberg, 6. Jg. (1960), S. 27–42

Staab, Franz: Standesgemäße Lebensform und Frauenfrömmigkeit; Bemerkungen zu einem Langzeitphänomen. In: Andermann, S. 147–162

Stadtkernatlas Schleswig Holstein. Bearb. von Johannes Habich unter Mitwirkung von Gert Kaster und Klaus Wächter. Neumünster 1976

Steffen, Uwe: Die Prämonstratenser. In: Lauenburgische Heimat, Zeitschrift des Heimatbund und Geschichtsvereins Herzogtum Lauenburg. Heft 161 (2002), S. 127–156

Stoob, Heinz: Geschichte Dithmarschens im Regentenzeitalter. Heide in Holstein 1959

Stüdtje, Johannes: Gedanken über den Wirkungsraum des Ryeklosters (Rüdekloster). In: Jahrbuch des Angler Heimatvereins, 28. Jg. (1964), S. 90–110

Ders.: Die Kirche in Munkbrarup. In: Jahrbuch des Angler Heimatvereins, 34. Jg. (1970), S. 44–72

Stümpel, Harald: Zur geophysikalischen Kartierung des Rudeklosters. In: DenkMal!, Zeitschrift für Denkmalpflege in Schleswig-Holstein, hg. vom Landesamt für Denkmalpflege Schleswig-Holstein, Jg. 13 (2006), S. 37–39

Teuchert, Wolfgang: Das Hospital und Kloster zum Heiligen Geist in seiner Entwicklung vom Franziskanerkloster zum Hospital. In: Hospital und Kloster zum Heiligen Geist, Geschichte einer Flensburger Stiftung. Schriften der Gesellschaft für Flensburger Stadtgeschichte e.V., Bd. 48 (1995), S. 100–151

Ullmann, Ernst: Gotik; Deutsche Baukunst 1200–1550. Leipzig 1994

Untermann, Matthias: Forma Ordinis; Die mittelalterliche Baukunst der Zisterzienser. München 2001

Urban, Martin: Das mittelalterliche Chorgestühl in der Klosterkirche zu Preetz und die Lübecker Gestühle des frühen 14. Jahrhunderts. (masch. geschr. Diss. Kiel 1950)

Urbanski, Silke: Klöster und Hospitäler in Hamburg. In: Die Kunst des Mittelalters in Hamburg; Aufsätze zur Kulturgeschichte, hg. von Volker Plagemann. Hamburg 2000, S. 109–118

Dies.: Geschichte des Klosters Harvestehude »In valle virginum«; Annäherung an die wirtschaftliche, soziale und religiöse Entwicklung eines Nonnenklosters bei Hamburg (1225–1530). Veröffentlichungen des Hamburger Arbeitskreises für Regionalgeschichte, Bd. 10 (2. Aufl.) 2001

Vaterstädtische Blätter, Lübecks kulturhistorische Zeitschrift, für die Vaterstädtische Vereinigung Lübeck. Hg. von Peter Guttkuhn. 31. und 32. Jg., 1980 und 1981, S. 10–11

Venzmer, Wolfgang Joachim: Der Dom zu Lübeck, Untersuchungen zur mittelalterlichen Baugeschichte (1173–1341) und kunstgeschichtlichen Stellung. (masch. geschr.) Diss. Hamburg 1959

Vicelin um 1090 bis 1154 – Missionar und Bischof in Ostholstein und Lübeck. Hg. im Auftrag der Nordelbischen Evangelisch-Lutherischen Kirche von Wolf Werner Rausch. Kiel 2004

Vogeler, Hildegard: Madonnen in Lübeck; Ein ikonographisches Verzeichnis der mittelalterlichen Mariendarstellungen in den Kirchen und ehemaligen Klöstern der Altstadt und des St. Annen-Museums. Lübeck 1993

Völkel, Eduard: Kloster und Kirche der Augustiner Chorherrn zu Bordesholm. Bordesholm (4. Aufl.) 1981

Walther, Helmut G.: Von der Holstenstadt der Schauenburger zur Landesstadt des holsteinischen Adels (1242–1544). In: Geschichte der Stadt Kiel. Hg. von Jürgen Jensen u.a. Neumünster 1991, S. 13–58

Warnke, Martin: Bau und Überbau; Soziologie der mittelalterlichen Architektur nach den Schriftquellen. Frankfurt a.M. 1976

Wätjer, Jürgen: Die Geschichte des Kartäuserklosters »Templum Beatae Mariae« zu Ahrensbök (1397–1564). In: Beiträge und Mitteilungen des Vereins für katholische Kirchengeschichte in Hamburg und Schleswig-Holstein e.V., Heft 2 (1988), S. 5–81

Wendehorst, Alfred (Hg.), und Stefan Benz: Verzeichnis der Säkularkanonikerstifte der Reichskirche. Schriften des Zentralinstituts für fränkische Landeskunde und allgemeine Regionalforschung an der Universität Erlangen-Nürnberg, Bd. 35, hg. von Alfred Wendehorst. Neustadt a.d. Aisch (2. Aufl.) 1997

Wendland, Bernd: Historische Pfarrhöfe und Pastoratsgärten; Ein Buch für Geistliche, Historiker, Landwirte, Natur- und Gartenfreunde. Husum 2004

Wilde, Lutz: Das Burgkloster in Lübeck. Grosse Baudenkmäler Heft 501. München 1995

Ders.: Der Dom von Lübeck. DKV-Kunstführer Nr. 348/9. München (7. Aufl.) 1999

Ders: Die Katharinenkirche in Lübeck, Museum für Kunst und Kulturgeschichte. DKV-Kunstführer Nr. 252/2. München (5. Aufl.) 2002

Ders.: Kirchen und Kapellen in Neumünster. In: DenkMal!, Zeitschrift für Denkmalpflege in Schleswig-Holstein, hg. vom Landesamt für Denkmalpflege, Jahrgang 12 – 2005. Heide 2005, S. 95–103

Winter, Fritz: Die Prämonstratenser des zwölften Jahrhunderts und ihre Bedeutung für das nordöstliche Deutschland; Ein Beitrag zur Geschichte der Christianisierung und Germanisierung des Wendenlandes. Neudruck der Ausgabe Berlin 1865. Aalen 1965

Wissing, Jürgen A.: Das Kloster Løgum im Rückblick; Erinnerungen, Betrachtungen und Vermutungen. Løgumkloster (2. Aufl.) 1989

Witte, Frauke: Archäologie in Flensburg, Ausgrabungen am Franziskanerkloster. Hg. von der Gesellschaft für Flensburger Stadtgeschichte e.V., Schriftenreihe Bd. 57 (2003)

Wolf, Norbert: Deutsche Schnitzretabel des 14. Jahrhunderts. Denkmäler Deutscher Kunst; hg. vom Deutschen Verein für Kunstwissenschaft. Berlin 2002

Wolter-von dem Knesebeck, Harald: Ein unbekanntes Evangeliar aus dem Kloster Preetz und seine Stellung in der norddeutschen Kunst des 13. Jahrhunderts. In: Zeitschrift für Kunstgeschichte, Bd. 56 (1993), S. 335–365

Ders: Alte und neue Zentren der Buchmalerei. In: Canossa 1077, Erschütterung der Welt; Geschichte, Kunst und Kultur am Aufgang der Romanik. Katalog der Ausstellung Paderborn 2006, Bd. I: Essays. München 2006, S. 431–447

Wulf, Walter: Romanik in der Königslandschaft Sachsen. Würzburg 1996

Württembergisches Klosterbuch; Klöster, Stifte und Ordensgemeinschaften von den Anfängen bis in die Gegenwart. Hg. von Wolfgang Zimmermann und Nicole Priesching im Auftrag des Geschichtsvereins der Diözese Rottenburg – Stuttgart. Ostfildern 2003

Zadnikar, Marijan, in Verbindung mit Adam Wienand: Die Kartäuser; Der Orden der schweigenden Mönche. Köln 1983

Zahlten, Johannes: Die mittelalterlichen Bauten der Dominikaner und Franziskaner in Niedersachsen und ihre Ausstattung – Ein Überblick. In: Stadt im Wandel, Kunst und Kultur des Bürgertums in Norddeutschland 1150–1650. In: Landesausstellung Niedersachsen 1985, Bd. 4, hrsg. von Cord Meckseper. Stuttgart – Bad Cannstadt 1985; S. 371–412

Zech, Hans: Zur Lage des aufgelassenen Zisterzienserklosters Guldholm 1192–1210. In: Die Heimat, Zeitschrift für Natur- und Landeskunde von Schleswig-Holstein und Hamburg, Nr. 11/12, 94. Jg. (1987), S. 389–394

Zielinski, Herbert: Domschulen und Klosterschulen als Stätten von Bildung und Ausbildung. In: Canossa 1077, Erschütterung der Welt; Geschichte, Kunst und Kultur am Aufgang der Romanik. Katalog der Ausstellung Paderborn 2006, Bd. I: Essays. München 2006, S. 175–181

Zunk, Bodo: Zeichen auf Formsteinen des Reinfelder Zisterzienser-Klosters – Versuch einer Deutung. In: Die Heimat, Zeitschrift für Natur- und Landeskunde für Schleswig-Holstein und Hamburg, 100. Jg., 1993, S. 251–252

Ders.: Neue archäologische Erkenntnisse vom Reinfelder Zisterzienser-Kloster (1186–1582). In: Die Heimat, Zeitschrift für Natur- und Landeskunde von Schleswig-Holstein und Hamburg, 101. Jg., 1994, S. 80–83

Ders.: Die mittelalterliche Klostermauer des Reinfelder Zisterzienserklosters (1186–1582). In: Die Heimat, Zeitschrift für Natur- und Landeskunde von Schleswig-Holstein und Hamburg, 105. Jg., 1998, S. 228–230

ORTS- UND BAUTENVERZEICHNIS

Klöster: A: Augustiner, Ar: Antoniter, B: Benediktiner, Bg: Birgitten, C: Chorherrenstifte, D: Dominikaner, F: Franziskaner, K: Kartäuser, Präm.: Prämonstratenser, Z: Zisterzienser, *Nonnenklöster der jeweiligen Orden

Fettgedruckt sind ausführliche Darstellungen der schleswig-holsteinischen Klöster und Stifte.

Aachen 73
Aarhus (DK), Kloster B Abb. 96, 103
Ahrensbök
 - Kloster K 13, 18, 23, 41, 43, 51, 58, 60, 139, **227–230**, Abb. 323–325, 426–429
 - Schloss 43
Altenkrempe → Krempe
Alt-Lübeck, Kanonikerstift C 70, 179
Assisi (I) 201
Augsburg 190
Bälau 232
Batalha (P), Kloster B Abb. 56
Bethlehem/Zwolle (NL) 182
Billerbeck/Münsterland, Abtei Gerleve B 88
Blankenburg, Kloster Michaelstein Z 120
Böel, Kirche 188
Bone/Nordafrika 71
Bordesholm
 - Gelehrtenschule 28, 43
 - Kloster C / Klosterkirche 13, 18, 20f., 23, 25ff., 40f., 43, 51, 58f., 61, 63, 143, 179, **180–185**, 208, Abb. 8–9, 31, 61, 82, 237, 265–270, 344–349
Bosau, St. Petri-Kirche 70, 139, Abb. 228
Brandenburg 140
Braunschweig 52, 144
 - Heilig-Kreuz-Kloster Z* 32
 - Kloster St. Ägidien B
 - Kloster Steterburg A* 224
Bredstedt 127
Bremen 82
 - Dom 54
 - Kloster Lilienthal Z* 136
Broaker 126f.
Brügge 181
Bursfelde, Kloster B 72, 80, Abb. 39–40
Buxheim, Kartause 228, Abb. 423–425
Cartusia / La Grande Chartreuse (F), Kloster K 227f.
Cismar, Kloster B 13, 18ff., 25f., 35, 39, 41, 43, 51, 58, 63, 73, 81, 84, **85–88**, Abb.104, 117–121, 138–144
Citeaux (F), Kloster Z 50, 115, 120f., 238
Clairvaux (F), Kloster Z 115, 121
Clermont, Kartause K (F) 228
Cluny (F), Kloster B 26, 50, 54, 71f., 76, 78f., 115, 122, Abb. 100–101
Dänischenhagen 113
Dijon 115
Dingsbüll (Myld), Kloster F 190, 212
Dinkelsbühl 60
Doberan, Kloster Z / Münster 51f., Abb. 15–16, 196
Dünamünde (LT), Kloster Z 25
Düsseldorf, Kartause K (Hochwald) 228
Eberbach, Kloster Z 120, Abb. 188
Eiderstede → Bordesholm
Einbeck 38
Einsiedeln (CH), Kloster B Abb. 98
Elmshorn 133
Erfurt
 - Augustinerkloster 193
 - Predigerkirche D 198, Abb. 370
Erpesvelde/Rönne → Preetz
Esrum (DK), Kloster Z 55, 121, 238
Essen 81
Eutin, Kollegiatsstift 140
Flensburg
 - Duburg 127
 - Heilig-Geist-Hospital 44, 210, Abb. 394

- Franziskanerkloster   13, 16, 43f., 63, **209–211**, Abb. 300–303, 391–393
- Nikolaikirche   210
- Städtisches Museum   211

Fontenay (F), Kloster Z   26, 120f., 127, Abb. 2, 13, 21, 183, 191

Freiburg (CH), Kloster A   Abb. 367

Gelting   127

Gernrode, Damenstiftskirche St. Cyriacus   50, 81

Glinde → Reinbek

Glücksburg
- Schloss   43
- Kloster → Rudekloster

Gorze (F), Kloster B   71f.

Greifswald
- Universität   28
- Kloster Eldena Z   Abb. 189

Grömitz   85

Groß-Solt   127

Grube   85

Grünberg/Hessen, Antoniter-General-Präzeptur

Grundhof   126f.

Guldholm, Kloster Z   21f., 70, 82, 89, 115, **126**, Abb. 205

Güstrow   25

Hadersleben/Haderslev (DK), Kloster D   42, 45, 236, **237**, Abb. 438

Halberstadt
- Liebfrauenkirche   58
- St. Katharinenkirche   Abb. 369

Hamburg   16, 20, 38, 41f., 48, 64, 67f., 70, 81f., 189, 209, 221, 223, 234f., Abb. 437
- Altona   48
- Harvestehude, Kloster Z*   20, **236**, Abb. 328–329
- Kunsthalle   96, 236
- Museum für Hamburgische Geschichte   235
- St. Johannis-Kloster D   **235**
- St. Marien-Magdalenen-Kloster F   **235**

Hammaburg → Hamburg

Havelberg, Präm.-Stift   140, Abb. 232, 236

Havetoft (DK)   127

Heiligenberg/Heidelberg, Kloster B   78

Heiligengrabe, Kloster Z*   Abb. 198

Helmarshausen   26

Hemmingstedt, Kloster B*   16, 21, 40, 70, **114–115**

Herrevad (SV)   121

Hildesheim, Dom   58

Hinschendorf a.d. Bille → Reinbek

Hirsau, Kloster B   71f.

Hochelten/Nrh., Damenstiftskirche   81

Hochwald/O.-Schwaben, Kartause   228

Högersdorf → Segeberg

Holdenesbratorp → Munkbrarup

Hoibeke (Mühlenbek) → Reinbek

Holmekloster/Fünen   45

Hosios Lukas (GR)   Abb. 1

Husby   127

Husum   13, 16, 41, 43, 189f., 222
- Dominikanerkloster   43, **219**
- Franziskanerklöster   40, 43, 202, **211–213**, Abb. 395
- Kavalierhaus/Haus Tönnies, Kloster F   212, Abb. 397
- Schloss   43, 212, Abb. 396

Insel Poel b. Wismar   85

Itzehoe   41, 49
- Kloster Z*, Damenstift   16, 23, 42, 44f., 48, 51, 64f., 70, 78, 123, **130–132**, 238, Abb. 37, 52, 170–176, 215–218
- St. Laurentius-Kirche   65, 123

Ivenstedt, Kloster Z*   20, 70, **130**

Jerichow, Kloster Präm.   7, 55, 185, Abb. 64, 235

Jerne (DK)   238

Jerusalem, Heiliggrabrotunde   83

Kamp-Lintfort/Nrh., Kloster Z   115, 121

Kiel   24, 28, 31, 41f., 49, 93, 180, 189f., 194, 197, 222, Abb. 366
- Franziskanerkloster (1245)   13, 16, 20, 60, 63, 70, 202, **207–209**, Abb. 296–299, 386–390
- Franziskanerkloster (1930)   13, 49, **214**, Abb. 399–400
- Franziskanerinnen-Komm., Haus Damiano   49, 70, **214**, Abb. 399, 401
- Heilig-Geist-Kirche → Franziskanerkloster (1245)   182, 207
- Nikolaikirche   63, 209, Abb. 289
- Schloss   208
- Universität   26, 28, 182, 207f.

Kleve   201

Kopenhagen (DK)   26, 48f.
- Königliche Bibliothek   13, 20, 182
- Nationalmuseum   63, 96, 222, 233, 239, Abb. 160
- Universität   28

Köthel(Reinbek) → Reinbek

Krempe   41, 222

Kuddewörde, Kloster W/A   22, 40, 42f., 193, **223–224**, Abb. 413

Lehnin, Kloster Z   Abb. 199

Leipzig, Reichsgericht   46

Loccum, Kloster Z   115, 121, 124

Lübeck   13, 15f., 21, 24ff., 31, 43, 51, 57, 60f., 64, 67ff., 78, 93, 96, 114, 136, 139, 189f., 194, 207, Abb. 20, 85, 365
- Burgkloster D   18, 31, 42, 59, 61, **215–219**, 233, Abb. 7, 29, 304–314, 362, 402–406
- Dom   27, 50, 56, 177, Abb. 341

- Domkloster C 58f., 61, 69f., 139, **178–179**, Abb. 72, 262–24, 339–340
- Holstentor 219
- Johanneum, Gymnasium 138
- Katharinäum, Gymnasium 199
- Klosterhöfe 25, Abb. 20
- St. Annen-Kloster A* 28, 30, 42, 57, 59ff., 193, **224–226**, Abb. 66, 79, 315–322, 415–421
- St. Annen-Museum 15, 26, 58, 61, 63, 202, 218, 225, 233, Abb. 285, 310–314, 360, Frontispiz
- St. Johannis-Kloster B 51, **84–85**
- St. Johannis-Kloster Z* 22, 29, 31, 38, 42f., 116, 123, **136–139**, Abb. 224–227, 254–255, 360
- St. Katharinen-Kloster/Katharinenkirche F 16, 42, 51, 58ff., 63, 96, **197–202**, Abb. 4, 60, 80–81, 281–288, 361, 371–378
- St. Marienkirche 50f., 54, 58f., 199f.
- St. Petrikirche 219
- Strafanstalt Lauerstadt 225

Lügumkloster/Løgumkloster (DK), Kloster Z 41, 51, 120ff., **238–239**, Abb. 14, 59, 88–89, 330–333, 439–442

Lund (SV) 189

Lunden, Kloster F 16, 40, 42, 115, **214**, Abb. 398

Lüneburg 25, 137
- Kloster Lüne B* Abb. 48

Lutterbek/Laboe → Preetz

Magdeburg 190, 221
- Kloster Unser Lieben Frauen, Präm. 185, Abb. 231

Mainz 82

Malavalle/Castiglione della Pescaia (I), Kloster W 193

Mariager (DK), Kloster Bg 231,

Maribo (DK) 232

Marienwohlde, Kloster Bg. 13, 22, 25f., 42f., 63, **231–233**, Abb. 326–327, 432–433

Marne 69

Marstrand (SV) 190

Maulbronn, Kloster Z 28, 120, Abb. 34, 185–186

Meimersdorf → Itzehoe

Meinberg 48

Meldorf 18, 64, 190
- »Dom« 222
- Dominikanerkloster 16, 42, 213, **220–222**, Abb. 408–410
- Lateinschule 28, 43, 213, 221

Mohrkirchen, Kloster Ar 13, 23, 26, 30f., 40, 43, 142, **188–189**, Abb. 78, 278–280, 357–358

Molesme (F), Kloster Z 115

Mölln 232
- Nikolaikirche 63, 233

Monte Cassino (I), Kloster B

Morimond (F), Kloster Z 121, 124

München, Kloster St. Bonifaz B 79, Abb. 99

Munkbrarup, Kirche 54, 63, 126ff., Abb. 166, 209, 337

Münnerstadt 193

Münsterdorf, Zelle Welanao 20, 54, 70, **81–82**

Myld/Eiderstedt (Dingsbüll), Kloster F 190, 212

Neresheim, Kloster B Abb. 90

Neukloster Kloster Z* Abb. 106

Neuenkrempe → Neustadt/H.

Neumünster 13, 49, 143
- Augustinernonnenkloster 40, 43, **224**, Abb. 414
- Chorherrenstift 25, **179–180**, Abb. 342–343
- St. Vizelin-Kirche 180

Neustadt i. H. 31, 194
- Augustinerinnenkloster 20, 43, 193, **222–223**, Abb. 411–412
- Ostholsteinmuseum 223

Nütschau, Kloster B. 13, 49, 70, 73, 79, **88–89**, Abb. 91, 122–124

Oberlin, Museum (USA) 219

Ochsenhausen, Kloster B Abb. 5

Odense (DK) 67
- St. Knud-Kirche 184

Oeversee 127

Oldenburg/H. 69f., 139, 179f., Abb. 85

Oldesloe 41

Panschwitz-Kuckau, Kloster St. Marienstern Z* 122

Paris (F) 64

Paulinzella, Kloster B Abb. 102, 335

Pezeke → Marienwohlde

Pirita (EST), Kloster Bg 232

Pirna 60

Plön 38
- Kloster Schw. v. gem. Leben 23f., 31, 40, 42f., **233–234**, Abb. 435–436

Pontigny (F), Kloster Z Abb. 190, 194

Praestø/Seeland (DK) → Mohrkirchen

Prag (CZ), National- und Uni-Bibliothek 13, 26

Preetz 18
- Kloster B*, Damenstift 13, 15f., 20, 23f., 26, 29, 3f., 36ff., 41f., 44f., 50f., 60, 63ff., 73, 80, **93–96**, **113–114**, Abb. 22–23, 38, 76, 83, 97, 130–134, 156–161, 177

Premontré/Laón (F), Kloster Präm. 140

Quedlinburg, Damenstift 81

Pyrmont 48

Ratzeburg 25, 31, 50, 67, 177
- Dom 27, 55f., 139, 185, Abb. 230
- Domkloster Präm. 61, 78, 140, **185–188**, Abb. 58, 272–277, 351–356
- St. Georgs-Kloster 20, 70, **83–85**, 185, Abb. 72, 114–116, 138

Regensburg, Kloster St. Emmeram B 21

Rehna, Kloster B* 28, 54, 81, 224, Abb. 36, 62, 107
Reinbek
- Kloster Z* 13, 16f., 20, 22, 40ff., 123, **128–130**, 133, Abb. 169, 210–211
- St. Maria-Magdalenenkirche 130, Abb. 169
- Schloss 43, 129, Abb. 212

Reinfeld
- Kloster Z 13, 23, 25, 31, 41, 43, 51, 57, 63, 115f., 121f., **124–126**, 238, Abb. 67–68, 162–165, 201–204
- Pfarrkirche 63, Abb. 203
- Schloss 43, 124

Rendsburg 31, 42, 69
Ribe/Ripen (DK) 67, 83, 190, 202, 209, 238
- Dom 54f., Abb. 63, 111
- Dominikanerkloster Abb. 57

Rom 72
Rostock 209
- Fraterhaus, Michaelskloster, Br. v. gem. Leb. 234, Abb. 434
- Kloster Z*/Heilig-Kreuz-Kirche Abb. 200
- Universität 28

Rudekloster Z 13, 25, 31, 41, 43, 51, 63, 70, 82, 115, 121f., **126–128**, 238, Abb. 166–168, 206–208
San Juan de la Peña (E), Kloster B Abb. 3
Satrup 127
St. Antoine (F), Kloster B/Präm. 141
St. Gallen (CH), Kloster B 26, 73, Abb. 94
St. Hubertuskloster /Ardennen (F), Kloster B 223
Santiago de Compostela (E) 231
Schleswig 13, 16, 20f., 25f., 31, 42, 54, 67, 69, 78, 82, 126, 139, 189f., 194, 202, 220f.
- angebl. Augustinerkloster 69
- Dom 26f., 55, 63, 83, 182, Abb. 110, 113, 271, 350
- Dominikanerkloster **219–220**, Abb. 407
- Graukloster F 16, 36, 40, 58, 61, **202–207**, Abb. 289–295, 379–381, 383–385
- Jürgensburg 203
- Rathaus 202, Abb. 382
- St. Johannis-Kloster B*/Damenstift 42, 44f., 48f., 51, 54, 64f., 81f., **143–144**, **177–178**, 180, Abb. 24–25, 105, 125–129, 145–152
- St. Michaels-Kloster B 21, 54, 70, 80, **82–83**, 89, 126, Abb. 108–109, 112, 135–137
- Schloss Gottorf/Landesmuseen 114, 135, 182, 207, 233, Abb. 38, 112, 136–137, 159, 252, 326, 343

Schönau, Kloster Z 120
Schulpforta, Kloster Pforta Z 28

Seem (DK) 238
Seester 133
Segeberg (Bad) 58, 143f.
- Burg 143
- Chorherrenstift C, Kirche St. Marien 15, 20, 26f., 40, 43, 50f., 56, 58f., 63, 70, **143–144**, **177–178**, 180, Abb. 239–241, 258–261, 334, 338

Sieh, Kirchdorf → Reinbek
Stade Abb. 85 (angebl. Oldenburg/H.)
- Kloster Präm. 213

Stralsund 221
Sundevend/Alsesund (DK) 210
Tagaste/Nordafrika 70
Tart (Le)/Dijon (F), Kloster Z* 122
Tempzin/Sternberg, Präzeptur Ar 142, 188, Abb. 233–234
Thalbürgel, Kloster B Abb. 336
Tondern/Tøndern (DK), Kloster F 42, 236, **237–238**
Tonnére (F), Kloster St. Michéle Z 115
Tönning 54
Travenbrück → Nütschau
Trögelsby 209
Uetersen 134
- Kloster Z*/Damenstift 16, 40, 42, 44f., 47ff., 57, 65, 78, 123, 128, **133–136**, 238, Abb. 19, 50, 54, 219–223, 242–252

Ulkebøl/Alsen (DK) 63, 211 Abb. 293, 295–296
Vadstena (SV) 232
Venedig (I), Markuskirche 188
Viborg (DK) 202
Villers-la-Ville (F), Kloster Z Abb. 193
Vitskøl (DK) 238
Volkenrode, Kloster Z 121, Abb. 6, 75
Walkenried, Kloster Z Abb. 197
Wechterswinkel, Kloster Z 122
Wedel, Elbfähre 134
Wien (A), Kunsthistorisches Museum 236
Wienhausen, Kloster Z* Abb. 49, 195
Wilster 41
- Klosterhof 25

Wippendorf → Neumünster
Wismar 188, 221
Wittenberg, Kloster A 192
Würzburg 193
Zinna, Kloster Z Abb. 30, 178, 192
Zwolle (NL), Kloster Windesheim 40, 140, 144, 182, 192

ABBILDUNGSNACHWEISE

Archäologisches Landesamt Schleswig-Holstein, Schleswig (W. Bauch): 8–9, 346
Gesellschaft der Freunde des Klosters Preetz e.V. (Inhaber des Copyright): 156–157
Institut für Geowissenschaften, Archäometrie und Ingenieurphysik der CAU Kiel (H. Stümpel): 167
Kirchenbüro Mölln (S. Lübcke): 433
R. Knüppel: 29
Kunsthistorisches Institut für Kunstgeschichte der CAU Kiel (A. Henning): 160, 271, 285, 300, 310–314, 360
Landesamt für Denkmalpflege Schleswig-Holstein (F. Schneider): 22–23, 25, 37, 148, 203, 294, 350, 378
Landesarchiv Schleswig-Holstein, Schleswig: 278
Landesbibliothek Schleswig-Holstein, Kiel (S. Ahrens): 44, 47, 135, 215, 409
S. Ludwig: 142, 161, 259, 296, 302–303
Museum für Kunst und Gewerbe Hamburg (Th. Berg): 328–329
Museum für Kunst und Kulturgeschichte der Hansestadt Lübeck / St. Annnen-Museum (E. Krüger): 340, 406
Stiftung Schleswig-Holsteinische Landesmuseen Schloss Gottorf (J. Drees): 38, 159, 252, 326, 343
J. Thode: 83, 134, 141, 152, 158, 161, 166, 260, 268–269, 275–277, 283
Studierende der FH Kiel / FB Bauwesen unter Anleitung von J. Thode:
- O. Broska: 76, 291, 309, 361–362, Umschlagrückseite
- T. König: 79, 316, 322
- R. Piñeiro Álvarez: 31, 82, 136–137, 270, 286–287, 307, 319, 374
- A. Richter: 80–81, 261, 266, 285, 305, 308, 377, 405, Umschlagvorderseite
- J. Schulz: 24, 173
- J. Steinhusen: 176, 321

Die Grafiken werden aus folgenden Schriften zitiert oder überarbeitet (vgl. Literaturverzeichnis):

17: gez. nach Pelc 1988, S. 48 • 18: aus: Heuer 1938, gez. von W. Prange • 20: gez. nach W. Haas und J. Cramer, S. 432 • 34: aus: Binding 1978, S. 62 • 52–53: aus: Plath-Langheinrich 1993, S. 52 und 132 • 71: gez. nach Finke, S. 62 • 73–74: gez. nach Conrad, S. 234 • 99: aus: Hans Döllgast, S. 159 • 100: aus O. H. Schmidt, S. 11 • 109: gez. nach Vellev, S. 9 • 113: aus: Zs. Ges. f. Schlesw.-Holst. Gesch., 46.Bd., 1916 • 118: aus: Borchard, S. 8 • 126: gez. nach Lafrenz, 1985, S. 218 • 131: gez. nach Haupt 1925, S, 239f. und Schütz, S. 4 • 132: aus: Schütz, S. 4 • 179–180: aus: Binding 2001, S. 113 und 185 • 181: aus: O. H. Schmidt, S. 29 • 182: aus: Gruber, S. 50 • 189: aus: Binding 2001, S. 206 • 193: aus: Untermann, S. 514 • 198: aus: Badstübner, S. 62 • 207–208: aus: Heiko K.L. Schulze 2006, S. 41 und 47 • 227: aus: Bau- und Kunstdenkmäler... Lübeck, Bd. IV, S.6 • 241: Dehio, S. 107 • 348: Dehio, S. 121 • 352: aus: Lauenburgische Heimat 161/2002 • 368: aus: Gruber, S. 98 • 365: gez. unter Verwendung einer Grafik von Erdmann 1986, S. 17 • 366: gez. unter Verwendung einer Grafik in: Geschichte der Stadt Kiel, hg. von Jürgen Jensen und Peter Wulf. Neumünster 1991, S. 26 • 373: aus: Bau- und Kunstdenkmäler... Lübeck, Bd. IV, S. 38, grafisch ergänzt • 375: aus: a.a.O., S. 46 • 380: gez. nach Lafrenz 1987, S. 71 • 388: aus: Albrecht 1996, S. 56 • 392: aus: Archäologie in Flensburg, S. 52 (Ausschnitt) • 402: aus: Gläser, S. 25 • 417: aus: Das Annen-Kloster zu Lübeck, S. 20 • 423: aus: Buxheim 1996, S. 5 • 428: gez. nach Wätjer, S. 59 • 439: aus: Wissing, S. 54

Alle anderen Fotos und Grafiken stammen vom Verfasser oder aus dessen Archiv.